戦後日朝関係の研究　対日工作と物資調達

戦後日朝関係の研究

―― 対日工作と物資調達 ――

木村光彦
安部桂司 著

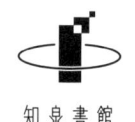

知泉書館

凡　例

- 『金日成著作集』，『金日成全集』，『金正日選集』から引用するばあい，それぞれ『著作集』，『全集』，『選集』と略す．同所収の談話や論文の原表記は「です・ます」体であるが，引用では「である」体にあらためる．これらの出版社，出版年は，巻末の引用文献一覧に一括する．
- 化学品名の表記は貿易統計の記名法にしたがい，非当用漢字をひらがなで記す（りん酸，ふっ素など）．
- 統計表の数字および記号の意味はつぎのとおりである：
  0　単位未満，－　該当数字なし，‥　資料なし．
- 出版地記載のない文献の出版地はすべて東京である．
- ロシア語は，Roman Alphabet で表記する．
- 引用ホームページ末尾の日付は最終アクセス日である．

はじめに

　本書の目的は，戦後の日朝関係をあらたな角度から論じることである．この主題については従来，その社会的重要性にみあう十分な研究がおこなわれたとはいいがたい．ふるくは，日本の植民地支配を断罪し，一方的に北朝鮮の側にたつ特定のグループによる議論がめだった[1]．近年この欠陥は是正されつつあるが，議論のおおくは叙述的で，分析にとぼしい．論点も日朝の政治交渉の追跡と解釈が主で，他の面の考察は希薄である[2]．本書

---

　1) その典型はつぎの書物である：藤島宇内・畑田重夫編『現代朝鮮論』勁草書房，1966年．朝鮮史を古代から論じた朴慶植・姜在彦『朝鮮の歴史』(三一書房，1961年，初刷1957年)は近現代の部分を，北朝鮮側の見解に全面的にしたがって叙述していた．刊行当初，相当の売れゆきであったようで毎年増刷された．

　2) 日朝関係にかんする著作で，戦後の政治交渉の通史には以下がある：山本剛士「日朝不正常関係史」『世界臨時増刊　日朝関係　その歴史と現在』第567号，1992年，150-97頁，高崎宗司『検証　日朝交渉』平凡社，2004年．類似のタイトル，『検証　日朝関係60年史』(和田春樹・高崎宗司著，明石書店，2005年)は，日本の諸政党や新聞，言論人が北朝鮮とどう接したかを評した論集である．より分析的な著作は，小此木政夫「戦後日朝関係の展開：解釈的な検討」日韓歴史共同研究委員会編『日韓歴史共同研究報告書』第3分科篇，下巻，同会，2005年，327-42頁である．李燦雨「日朝経済協力の方案」ERINA(環日本海経済研究所)報告書，未公刊，2002年は，日朝の経済関係を考察した論文である．
　北朝鮮外交の観点から近年の日朝関係を論じた研究は多数ある(たとえば，林泳采「冷戦終結以降の北朝鮮の対日外交」小此木政夫編『危機の朝鮮半島』慶應義塾大学出版会，2006年，305-24頁)．
　韓国人学者の研究のなかで，康仁徳「『北韓』の対日政策発展過程に関する研究」『亜細亜研究』(高麗大学校亜細亜問題研究所)第13巻第1号，1970年，49-128頁は，1945-67年の北朝鮮の対日政策について，経済関係をふくめ詳細に検討している．Shin, Jung Hyun, *Japanese-North Korean Relations: Linkage Politics in the Regional System of East Asia*, Kyunghee University, Seoul, 1981 (申正鉉「北韓の対日政策 (1953-1979)」『亜細亜研究』第65号，1981年，13-68頁)は日朝関係を国際関係からひろく論じた研究で，同時に経済面の考察をふくむ．辛貞和『日本の対北政策　1945〜1992年』図書出版オルム，ソウル，2004年は日本の対北政策に焦点をあて，その展開過程を日本内部の政治力学から分析している．

が焦点をあてるのは，北朝鮮による日本からの物資調達と，それにかかわる対日工作である．この点の解明は戦後の日朝関係の理解に不可欠であると考えるが，これまでその意義が看過されてきた．北朝鮮の工作についてはとくに，近年わが国で興味本位の議論があふれる反面，学術的な考察がすくない[3]．本書ではこれを主要な研究対象にふくめて，北朝鮮の対日物資調達を論じる．

工作とは何か．北朝鮮の国語辞典は工作を，「一定の任務をあずかりその執行のために活動すること」と説明し，用例として「地下工作」，「政治工作」をあげている[4]．英語では，インテリジェンス（intelligence）が工作に相当する．近年欧米ではこれについて研究者の関心がたかまり，理論と実証の両面から研究が進展している[5]．インテリジェンスはかんたんには定義できないが，Shulskyによれば，ある種の情報（information）・活動・組織を意味する[6]．活動はつぎの4要素をふくむ：収集，分析，秘密活動，カウンターインテリジェンス．収集，分析は，探索・諜報（スパイ，espionage）行為によって外交，軍事等にかんする情報をあつめ，政策の立案，施行に有用な分析をおこなうことである．探索・諜報にはさまざまな方法・テクニックがある．謀略的な2重スパイ（double-agent operations）はそのひとつである[7]．秘密活動は，政治に直接影響をあたえることをめざし，説得，脅迫，宣伝（propaganda），武力的行為（paramilitary action）から議会工作まではば広い活動をふくむ．それは戦争と外交の中

---

  3) 重村智計『北朝鮮の外交戦略』講談社，2000年は，工作という視点を明確にしめし北朝鮮の対日外交を論じている．いわゆる裏情報もふくむ有用な啓蒙書である．韓国の対日工作についてはジャーナリズムが積極的にとりあげてきた．とくに朴正熙時代の工作組織，KCIA（韓国中央情報部）にかんする著述はすくなくない．たとえば以下を参照．在日朝鮮民主法律家協会編『これがKCIAだ：「韓国中央情報部」黒書』一光社，1976年，金忠植（鶴真輔訳）『実録KCIA：南山と呼ばれた男たち』講談社，1994年（前者は親北朝鮮系の人々の著作，後者は韓国の体制批判派ジャーナリストの著作である）．
  4) 社会科学院『朝鮮語大辞典』第1巻，社会科学出版社，平壌，1992年，276頁．
  5) 専門学術雑誌として，1986年，*Intelligence and National Security* が創刊された．
  6) Shulsky, A. N., *Silent Warfare: Understanding the World of Intelligence*, second edition, revised by Schmitt, G. J., Maxwell Macmillan, New York, 1993, pp. 1-9. 最近わが国で公刊されたつぎの書物は，インテリジェンスをinformationに限定している．太田文雄『インテリジェンスと国際情報分析』芙蓉書房出版，2007年．
  7) 本書の第3章に登場する野坂参三は多重スパイであったことで知られる．ベトナムの共産党指導者，ホー・チミンも多重スパイであったうたがいが濃い．

間に位置する．カウンターインテリジェンスは，敵対的なインテリジェンスにたいする防御活動である．

インテリジェンスにおける秘密活動が戦争と外交の中間に位置するという考えは，もともと米国政府の Murphy 委員会報告による[8]．これは一見明解なようだが，じつはそうではない．位置関係の基準となる座標軸を示していないからである．有名なクラウゼビッツの戦争論は，戦争と外交（政治）を同一の次元でとらえ，前者を後者の道具とみる[9]．この考え方を応用すれば，インテリジェンスもまた外交の道具であり，戦争とのちがいは，随伴する暴力のていどが小さいことであるといえるかもしれない．一方，秘密性は外交にもともなう．秘密外交という言葉があるように，外交に秘密はつきものである．インテリジェンスの特徴は，秘密性や謀略性がとくにつよい，あるいはそれが一貫している点に求められよう．

金日成は日本の政治家や各界の人士と積極的に会談した．これは外交といえるが，同時にインテリジェンス─工作というにふさわしい．会談相手が一国の最高指導者としては異常に多かっただけではなく，そのなかに，反政府的な政治運動家や工作組織とつながる経歴不詳の人物がいたからである．買収やトラップ（罠）といった不透明な要素もうかがわれた．

秘密性は北朝鮮の特徴であった．それは他の社会主義国に比しても顕著であった．金日成は情報を閉ざしたなかで，対南革命戦略を展開した．これはかれの言動をはじめ北朝鮮の国家活動全般に，工作の色彩をあたえた．北朝鮮を「工作国家」とよぶことは不当ではない．

工作組織は一般に，本部とその支部ないし直轄組織，および協力組織から成る．協力組織はしばしば─とくに国際共産主義運動において─，前線組織すなわちフロントとよばれる．それは本部や支部の支援を目的に，社会の各分野の同調分子が組織する．レーニンはこれを，本部である共産党と大衆をむすぶ連結ベルトとよび，その働きを重視した[10]．前線組織の活動のひとつは，相手国の政府機関や工作組織と接触し，情報をえることである．この過程で前線組織は相手国の組織にとりこまれることがおこりう

---

8) 前掲，Shulsky, pp. 9, 205.
9) クラウゼヴィッツ（Clausewitz, Karl von）（篠田英雄訳）『戦争論』（*Vom Kriege*），岩波書店，1980 年，上巻，58 頁．
10) 公安調査庁『国際共産主義系前線活動組織の実態』同庁，1960 年，2 頁．

る．すなわちその組織員は２重スパイになりうる．あるいは自己保存のために前線組織が本部と対立し，支援活動から離脱することもおこる．前線組織はこのように，どこの国のために何の工作をおこなうのか，あるいはおこなわないのか，しばしば不明瞭になる．工作にはこうしたあいまいさがともなう．

　北朝鮮の工作を歴史的にみると，1945 年 8 月に北朝鮮に侵攻したソ連軍がまず，治安維持組織と工作組織を作った[11]．それらは金日成政権下で発展し，国外で多様な活動を展開した．具体的な活動には以下があった：①要人・亡命者の暗殺，②破壊活動，③拉致，④各界有力者・公共団体職員・反政府活動家・市民の抱きこみ，⑤直轄組織の構築と指導および協力組織との連携，⑥軍事偵察[12]．このうち日本ではもっぱら②以下がおこった．なかでも拉致は日本社会につよい衝撃をあたえた．この点で拉致問題は重要な研究テーマであるが，本書ではあつかわない[13]．本書で注目すべきは④，⑤である．⑤の直轄組織として機能したのは朝鮮総聯である[14]．

　北朝鮮の対日工作の目的は何であったのか．そのひとつは，物資調達であった．この問題には近年，核・ミサイル開発との関連で日本で関心がたかまっている．北朝鮮が日本製品を利用して核・ミサイル開発を推進したとの疑惑が存在するためである．それは事実である．しかし対日物資調達は，核・ミサイル開発にかぎった問題ではない．それは北朝鮮の軍事工業全般にかかわった．のみならず北朝鮮の国家戦略の根幹をなす重要性をもっていた．本書はこの点を詳細に検討する．

　物資調達の議論では，留意すべき点がふたつある．第 1 は技術移転の問題である．工業品は製造技術を体化したものであるから，その調達は技術移転の一形態をなす．すなわち対外物資調達によって技術移転がおこる．

―――――――

　11) 清水惇『北朝鮮情報機関の全貌：独裁組織を支える巨大組織の実態』光人社，2004 年，15-20 頁．
　12) 同上，31-32 頁．
　13) 拉致問題は韓国ではるかに深刻である―南北分断以来とくに朝鮮戦争中に，10 万名をこえる韓国人が北朝鮮に拉致された．韓国ではこの問題の解決をはかる必要から資料の整理がすすんでいる（最近の刊行物に，韓国戦争拉北事件資料院『韓国戦争拉北事件資料集』第 1 巻，同院，ソウル，2006 年がある）．拉致には，古代から普遍的にみられる人間の略取と近代の全体主義国家による犯罪という二面がある．精密な考察は今後の課題である．
　14) 正式名称は在日本朝鮮人総聯合会，以下，総聯と略す．

とくに精密機器や高品質の素材の調達は，先端技術の移転を意味する．技術移転は，技術者や各種媒体（書物など）をつうじた科学・技術情報の獲得によってもおこる．本書ではこうした技術移転の問題を重視し，物資のみならず人の移動について関心をはらう．

　第2は軍需品と民生品の区別である．経済学ではしばしば，軍需品と民生品を「大砲とバター」と表現する．現実には，大砲はたしかに軍需品であるとしても，バターが民生品であるとはいいきれない．軍が兵士の食事用に購入するバターは軍需品である．軍は戦闘組織体であると同時に生活組織体であるから，日常生活品を必要とする．紙，机，石鹸などは民生品でもあり，軍需品でもある．このように軍需品と民生品はかさなる．機械設備や原材料も同様である．現代では工作機械，鉄鋼，プラスチックなどほぼあらゆるものが，民生品製造にも兵器製造にもつかわれる．北朝鮮ではとくに，規格外の製品を日常的に兵器製造に使用した可能性が大きい（転用または代用）．こうした理由から，兵器専用品と兵器製造専用品をのぞき，調達物資をその特性によって軍事用と民生用に区別することはできない．その判断には使用状況にかんする具体的な情報を要する[15]．

　物資調達は北朝鮮からみれば輸入，日本にとっては輸出である．北朝鮮は貿易統計を秘匿しているが，この研究では日本の輸出統計が利用可能である．本書では戦後日本の対北輸出を，通関統計の最下位分類にまでさかのぼって調査する．これにふくまれない合法または非合法の輸出についても，可能な範囲でしらべる．対日物資調達は，その他の国々からの物資調達とも関連する．本書ではこれについて，限定的にではあるが考察をくわえる．他方，北朝鮮の輸出すなわち日本の輸入は，本書の対象外である．関心ははらうが，貿易バランスや対日輸入品との関連等で必要な場合をのぞき，議論しない．本書はこの点で従来の貿易研究とことなる[16]．

　15）　この問題は近年，大量破壊兵器の拡散の観点からひろく関心をあつめている．村山裕三「軍民両用技術の管理と日本の役割」黒澤満編『大量破壊兵器の軍縮論』信山社出版，2004年，279-300頁参照．

　16）　北朝鮮貿易の研究には以下がある．慶南大学極東問題研究所編『北朝鮮貿易研究』成甲書房，1980年，日本貿易振興会『北朝鮮の経済と貿易の現状』同会，1980年，同『北朝鮮の経済と貿易の展望』同会，1981-89，91-94，96，98-2000，02年．つぎの書物は北朝鮮経済のすぐれた実証研究で，貿易の分析をふくむ．Eberstadt, Nicholas, *The North Korean Economy: Between Crisis and Catastrophe*, Transaction Publishers, New Brunswick, 2007. 統

本書はこのように数量データを中心に，各種の資料，証言，状況証拠を総合して論じる．有益な資料のひとつは金日成の著作である．それはかれが，北朝鮮内の諸事情について具体的に語っているからである．本書の主題にかんしては，真偽不明のさまざまな情報が存在する．本書ではそのなかからできるだけ，確認できるもの，信憑性・具体性のたかいものを選択して利用する．大部分は，一般に容易に入手できる公開情報である．個人的にえた情報はごく一部にすぎない[17]．

以下，本書の構成と内容をしるす．

第1章と第2章は，本書の主題を論じるうえで欠かせない基礎的な考察をおこなう．第1章はソ連についてである．日本の敗戦後，北朝鮮に国家を創ったのはソ連―スターリン―であった．同盟国として長いあいだ政治的・経済的に北朝鮮をささえたのも，ソ連であった．そのささえにいかなる問題あるいは限界があったのか．これは北朝鮮の対日物資調達と密接に関連した．本章ではこれをさぐるために，戦前から戦後のソ連自身による対外物資調達と工作，および西側の反応について検討する．

第2章は，戦前から戦後の北朝鮮経済についてである．日本は戦前，北朝鮮に大量に投資した．その主目的は軍事工業の建設であった．敗戦によって日本は北朝鮮から撤退したが，設備はのこった．それは具体的に何であり，戦後から朝鮮戦争をへて，いかに継承・再建されたのか．第2章はこれを略述し，軍事優先体制の構築とその課題を展望する．

第3章から主題にはいる．同章は終戦から1950年代の日本の朝鮮人運動と共産主義運動，さらに北朝鮮の対日工作についてしらべる．この作業から，総聯など諸工作組織の生成過程とその背景，貿易および関連工作の進展状況があきらかになる．第4章から第6章はそれぞれ，1960年代，1970・80年代，1990・2000年代の工作と物資調達を検討する．とくに金日成・正日の戦略と北朝鮮経済の実態にてらして，総聯の活動と日本の対

計については，国連のデータベース（日本貿易振興会・アジア経済研究所が入手した貿易統計，CD ROM）が長期間にわたる北朝鮮の貿易データを収録している．

17) インテリジェンスの世界で重要な情報のおおくは，007が入手するような特別の秘密情報ではなく，新聞や雑誌が伝える公開情報であるといわれる．岡崎久彦『国家と情報：日本の外交戦略を求めて』文藝春秋，1984年，20頁，大森義夫『日本のインテリジェンス機関』文藝春秋，2005年，66頁．

はじめに

北輸出データを分析する．ソ連，中国の対北輸出にも言及する．つぎに補論を付す．これは本論を補足する一種のテクニカルノートで，樹脂と油脂にかんする調査である．さいごに本書をむすぶ．そこでは社会主義国と資本主義国の関係という広い観点から本書をまとめ，今後の課題を展望する．巻末に日本，ソ連，中国，韓国の対北輸出データを整理する．

　本書では各国から北朝鮮への輸出をそのまま北朝鮮の輸入と読みかえる[18]．本書は北朝鮮を中心に考察するので，「日本の対北（朝鮮）輸出」という表現より「北朝鮮の対日輸入」という表現を多用する．非合法の対北貿易は，かつてはもっぱら密輸とよんだが，最近は不正輸出・入とよぶことが多い．本書ではあえて統一せず，おおむね引用文献の表記にしたがう．日本，韓国，中国の貿易データは，注記のないかぎりすべて当該国の通関統計，ソ連の貿易データは『ソ連貿易統計年鑑』による．詳細は末尾の引用文献一覧にしるす．

　18）ソ連の対北輸出額は積出しソ連港の f.o.b. 価格，同輸入額は積出し外国港の f.o.b. 価格をベースにしている．その他の国の統計は通常の価格ベース（輸出は f.o.b.，輸入は c.i.f.）である．

目　次

凡　　例 …………………………………………………………… v
北朝鮮概観図 ……………………………………………………… vi
はじめに …………………………………………………………… vii

第1章　ソ連の対外物資調達と工作，1928-56 年 ………………… 3
　1　第1次5か年計画期から大戦直後の物資調達 ………………… 3
　2　西側の輸出規制 ………………………………………………… 11
　3　工作活動──国際共産主義運動 ……………………………… 14
　4　ま と め ………………………………………………………… 19

第2章　北朝鮮，戦前～1950 年代 ………………………………… 21
　1　軍事工業の発展と継承 ………………………………………… 21
　2　朝鮮戦争期 ……………………………………………………… 24
　3　停 戦 後 ………………………………………………………… 27
　4　軍事優先体制と日本──むすびにかえて …………………… 33

第3章　在日朝鮮人運動と工作の組織化 ………………………… 35
　1　在日朝鮮人の共産主義運動と総聯の成立 …………………… 35
　2　対日工作 ………………………………………………………… 48
　3　帰国運動 ………………………………………………………… 61
　4　要約と結論 ……………………………………………………… 66

第4章　第1次7か年計画と対日物資調達 ……………………… 67
　1　第1次7か年計画とプラント輸入計画 ……………………… 67
　2　日朝貿易会と日本人科学者・技術者 ………………………… 73

3　総聯と工作員……………………………………………………… 78
　　4　物資調達…………………………………………………………… 85
　　5　要　　約…………………………………………………………… 96

第5章　1970・80年代の戦略と展開………………………………… 97
　　1　概　　観──6か年計画，第2次・第3次7か年計画………… 97
　　2　デフォルトおよびその後……………………………………… 101
　　3　工　　作………………………………………………………… 107
　　4　総　　聯………………………………………………………… 116
　　5　物資調達………………………………………………………… 131
　　6　軍事建設──まとめにかえて………………………………… 147

第6章　金正日時代の物資調達……………………………………… 151
　　1　先軍政治………………………………………………………… 151
　　2　総　　聯………………………………………………………… 154
　　3　対日工作と日本の輸出規制…………………………………… 163
　　4　物資調達………………………………………………………… 170
　　5　まとめ…………………………………………………………… 181

補論　樹脂と油脂……………………………………………………… 183

おわりに………………………………………………………………… 197

付　表…………………………………………………………………… 201
あとがき………………………………………………………………… 269
引用文献一覧…………………………………………………………… 271
索　引…………………………………………………………………… 305
英文目次・要旨………………………………………………………… 319

図表目次

北朝鮮概観図……………………………………………………………………… vi
表 1-1　米国の対ソ輸出額，1941-44 年……………………………………… 7
表 1-2　武器貸与法による米国の対ソ供給物資，1941-45 年 9 月………… 8
表 1-3　欧米企業の対ソ技術供与契約，1929-45 年………………………… 9
表 1-4　米国の対ソ・対共産圏輸出額と英国の対ソ機械輸出額，1946-53 年……… 13
表 3-1　対日輸入額，1956-60 年……………………………………………… 60
表 4-1　対日輸入額，1961-70 年……………………………………………… 86
表 4-2　対日輸入工業品目数，1962，70 年………………………………… 86
表 4-3　対ソ輸入，機械設備，1960-70 年…………………………………… 87
表 4-4　対日輸入，金属加工機械，1968 年………………………………… 88
表 4-5　対日輸入，電気計測器・通信機器，1961-70 年…………………… 89
表 4-6　対日輸入，主要化学品，1963-70 年………………………………… 90
表 4-7　1965 年平壌日本商品展示会：出品者，製造者，展示品………… 93
表 4-8　帰国者の持帰り特殊荷物，1965-67 年……………………………… 95
表 4-9　対ソ輸入，主要化学品，1963-70 年………………………………… 96
表 5-1　北朝鮮の貿易収支，対資本主義国，1967-75 年…………………… 104
表 5-2　朝銀の店舗数，預金・貸出金，1960-90 年………………………… 117
表 5-3　「1 冊の会」が北朝鮮に送った技術文献の例：軽工業，化学工業，
　　　　農水産業部門………………………………………………………… 127
表 5-4　対日輸入額，1970-90 年……………………………………………… 132
表 5-5　対日輸入，レール，1973-87 年……………………………………… 135
表 5-6　対日輸入，建設・鉱山機械，1984 年……………………………… 137
表 5-7　対日輸入，金属加工機械，1983 年………………………………… 138
表 5-8　対日輸入，光学・測定・精密その他機器，主要製品，1984 年…… 140
表 5-9　対日輸入主要化学品の潜在的用途………………………………… 142
表 6-1　主要朝銀の預金と貸出金，1992-2002 年…………………………… 156
表 6-2　大量破壊兵器関連の規制リストの概略…………………………… 167
表 6-3　ミサイル構造材に転用可能なステンレス鋼の輸出規制，省令の改正，
　　　　1998 年…………………………………………………………………… 168
表 6-4　対日輸入額，1991-2005 年…………………………………………… 170
表 6-5　対日・対中・対韓輸入額の比較，1990-2006 年…………………… 171
表 6-6　対日輸入，核・ミサイル開発に転用可能な疑惑物資，品目例，
　　　　1990 年以降………………………………………………………………… 174
表 6-7　対北不正輸出，報道例，1900・2000 年代………………………… 175

表 6-8　北朝鮮の 2 潜水艦が装備した日本製電子機器 …………………… 177
表 6-9　対中輸入，ウラン精製に転用可能な化学品，1992-2006 年 ………… 179
表 6-10　対日・対中輸入工業品，1980 年代から 90 年代の品目例………… 179
表(補)-1　対中輸入，塩，1985-91 年 ……………………………………… 191
表(補)-2　対ソ輸出，塩酸・晒し粉・カーバイド，1960-85 年 ………… 192
表(補)-3　戦前朝鮮のイワシ水揚げ量と油脂製品生産量………………… 194

付表 1　対日輸入額，1961-2006 年 ………………………………………… 212
付表 2　対日輸入，主要金属・機械製品，1961-2005 年 ………………… 223
付表 3　対日輸入，主要化学品（上位 5 品），1976-96 年………………… 229
付表 4　対日輸入，化学品，1976-2005 年 ………………………………… 232
付表 5　対日輸入，非鉄金属・同製品，1976-2005 年 …………………… 238
付表 6　対日輸入，各種品，1981-2005 年 ………………………………… 240
付表 7　対ソ輸入額，1955-90 年 …………………………………………… 248
付表 8　対中輸入額，1987-2006 年 ………………………………………… 249
付表 9　対中輸入，各種品，1992-2006 年 ………………………………… 251
付表 10　対韓輸入額，1991-2006 年………………………………………… 264
付表 11　対西側諸国（上位 5 か国）輸入額，1972-2003 年……………… 265
付表 12　職業別在日朝鮮人数，1964，69，74，84，90 年 ……………… 267
付表 13　朝鮮籍外国人の対北朝鮮出入国者数，1970-2005 年…………… 268

戦後日朝関係の研究

——対日工作と物資調達——

第 1 章

ソ連の対外物資調達と工作，1928-56 年

本章では戦前から戦後のソ連について本研究の観点から考察する．対象時期はとくに，1928 年の第 1 次 5 か年計画開始から 1956 年のスターリン批判・コミンフォルムの解散までである．第 1 節では既存の研究にもとづいて，第 1 次 5 か年計画期から大戦直後の対外物資調達を概観する．第 2 節は戦後の米国による対ソ経済封じ込めについてのべる．第 3 節は，ソ連が国際的な工作活動をつうじてこれに対抗したことを論じる．第 4 節は本章のまとめとする．

1 第 1 次 5 か年計画期から大戦直後の物資調達

1928 年，スターリンは第 1 次 5 か年計画を開始した．その基本目標のひとつは，来るべき戦争に備えるために，近代工業を発展させて兵器を大量に生産することであった[1]．スターリンは計画を強力に推進した．その結果，公式報告によると国民経済に占める近代工業の比率は 1929-33 年間，55％から 70％にたかまった[2]．とくに機械工業の比率が 15％から 26％に上昇した．スターリンはつぎのように述べた：「わが国にはトラクター工業，自動車工業，工作機械工業，本格的な現代的化学工業，農業機械工業，航空機工業はなかった．いまや，それがある．」[3] これは「いまや戦車，大

---

1) マルクス・エンゲルス・レーニン研究所編（スターリン全集刊行会訳）『スターリン全集』第 13 巻，大月書店，1953 年，197，205 頁．

2) 同上，337-38 頁．

砲，弾薬，戦闘機の大量製造能力がある」と述べたにひとしい．彼の言葉では，「われわれは国防能力の方面にみられた余［空］白を完全に埋めた．」[4]

ソ連の急速な軍事工業化は第1に，外国—資本主義諸国—からの大規模な設備輸入と技術導入によって可能になった．これは当時西側で周知の事実であったが，戦後は忘却される傾向にあった．それは，ソ連の秘密政策にくわえ，関係した西側の企業や政府機関が口を閉ざしたからである[5]．かれらは冷戦下，ソ連を利した過去の行為に批判があつまることをおそれた．社会主義を支持する西側の知識人は，イデオロギー上の理由からこの事実に目をふさいだ[6]．そのなかで一部の西側研究者は，これについて詳細な分析をおこなっている[7]．

いくつかの点のみ指摘すると，第1次5か年計画期，ソ連の輸入の90％は生産財（とりわけ機械設備と鉄鋼・同製品）であった[8]．なかでも多

---

3) 同上，204頁．
4) ヤフニッチ，A. M. 他（山岸守永編，西澤富夫・上野友蔵訳）『ソ聯邦の工業政策』南満洲鉄道株式会社，大連，1938年，50頁．近年の研究は，第1次5か年計画期に兵器工業にたいする国家財政支出が激増したことを明らかにしている．Davies, R. W., "Soviet Military Expenditure and the Armaments Industry, 1929-33: A Reconsideration," *Europe-Asia Studies*, vol. 45, no. 4, 1993, pp. 577-608, Stone, David R., *Hammer and Rifle: The Militarization of the Soviet Union, 1926-1933*, University Press of Kansas, Lawrence, Kansas, 2000, pp. 204-05. スターリン体制下の経済にかんする最近の理論的研究は，Gregory, Paul R., *The Political Economy of Stalinism: Evidence from the Soviet Secret Archives*, Cambridge University Press, Cambridge, 2004 参照．
5) Pipes, Richard, *Survival Is Not Enough: Soviet Realities and America's Future*, Simon and Schuster, New York, 1984, pp. 259-60.
6) 日本のマルクス経済学者は欧米，日本の資本主義の発展にかんするおびただしい研究を残した反面，ソ連経済については理論，歴史ともほとんど研究していない．これは，マルクス経済学が資本主義経済の理論であったためである．
7) もっとも包括的な調査は，Sutton, Antony C., *Western Technology and Soviet Economic Development, 1930 to 1945*, Hoover Institution Press, Stanford, 1971 である（同著者は同じ出版社から以下の同様の書物を刊行している：*Western Technology and Soviet Economic Development, 1917 to 1930*, 1968, *Western Technology and Soviet Economic Development, 1945 to 1965*, 1973）．以下の書物はわが国におけるソ連経済の実証研究で，比較的イデオロギー色がうすい：有木宗一郎『ソ連経済の研究 1917～1969年』三一書房，1972年．同書は西側からの設備輸入にはふれているものの，その意義を十分に評価していない．技術導入にはまったく言及していない．ソ連の学者は，（当然のことながら）設備・技術導入の意義を小さく評価した．総合的な議論は，Holliday, George D., *Technology Transfer to the USSR, 1928-1937 and 1966-1975: The Role of Western Technology in Soviet Economic Development*, Westview Press, Boulder, 1979 を参照．

かったのはドイツ製の工作機械であった[9]．英国からは電気設備，米国からは製鉄・石油設備を輸入した．ソ連はさらに，多数の欧米一流企業と契約をむすび技術者を招請した．分野は各種の鉱工業・建設業にわたった．たとえば，クズネックの大規模製鉄所の建設は全面的に，米国 Freyn 社の技術者の指導に負った[10]．資本主義諸国では 1929 年に大恐慌がはじまり，国内市場がおおはばに縮小した．欧米企業にとって，ソ連への設備・技術輸出は魅力あるビジネスであった．

　輸入の見返りは，小麦等の穀物，原油，木材，毛皮など 1 次産品の輸出であった．穀物輸出は 1930 年 480 万トン，31 年 520 万トンにたっした[11]．当時，ソ連は交易条件の悪化（農産物輸出価格が工業品輸入価格に比して低下）に直面し，国内消費をきりつめて輸出した[12]．これを当時の日本人観察者はつぎのように伝えた：「ロシアは，国内建設の必要上から人民に食ふものを食はせず，着せるものも着せず，苟も外国に於て売れるものは凡て外国に輸出して所要の建設費に当てた．」[13] 財輸出の不足分は金輸出と短期借款で補填した[14]．輸出の必要にくわえ，増加する工業労働者・兵士を扶養するために，農村の穀物徴発が一層きびしくおこなわれた[15]．こ

　8）　笠原直造編『蘇聯邦年鑑　1943-44 年版』日蘇通信社，1943 年，337-38 頁．Holtzman, Franklyn D., "Foreign Trade," Bergson, Abram and Kuznets, Simon eds., *Economic Trends in the Soviet Union,* Oxford University Press, London, 1963, p. 297.
　9）　同上，笠原編，340 頁．
　10）　前掲，Sutton, *Western Technology…, 1930 to 1945,* pp. 61-62.
　11）　笠原直造編『蘇聯邦年鑑　1941 年版』日蘇通信社，1941 年，536 頁．穀物生産量は，1930 年 7,660 万トン，31 年 5,870 万トンであった．ミッチェル（Mitchell, B. R.）編（中村宏監訳）『マクミラン世界歴史統計Ⅰ　ヨーロッパ編，1750-1975』原書房，1984 年，277 頁．
　12）　前掲，Holzman, p. 305.
　13）　秦彦三郎『隣邦ロシア』斗南書院，1937 年，64 頁．この著者は陸軍将校で，第 1 次 5 か年計画期にソ連で諜報活動に従事した．終戦時は関東軍総参謀長の地位にあり，シベリアに抑留された．
　14）　Baran, Paul A., "The USSR in the World Economy," Harris, Seymour E., ed., *Foreign Economic Policy for the United States,* Greenwood Press, New York, 1968, p. 174. ソ連政府は国内の退蔵金銀を集めるために，各都市にトルグシン（torgsin）とよばれる食料・日用品販売店を設けた．そこではルーブル貨はうけつけず，貴金属と外貨のみ通用させた．以下の書物は，当時目撃した光景として，老人が金歯を抜いて食料を買い求める様子を記している．西村敏雄『ソ連と共産革命の実態』日本再建協会，1954 年，36-37 頁．
　15）　徴発した穀物の在庫量の検討は，つぎの論文を参照．Davies, R. W., Tauger, M. B. and Wheatcroft, S. G., "Stalin, Grain Stocks and the Famine of 1932-1933," *Slavic Review,* vol.

れは各地で深刻な飢饉をひきおこした．とくに1932-33年のウクライナ大飢饉はよく知られる[16]．

　軍事工業化の第2の要因は，国家の命令による強制的な生産活動であった．強制労働はこれを端的にしめす．スターリンは労働力として大量の囚人をつかった．かれは数百万の国民を反革命分子として捕らえ，一部を処刑し，他を強制労働に従事させた．このために全国に強制収容所（gulag, グラーグ）システムをきずいた．囚人は，鉱山，ダム，鉄道，製錬所，木材伐採場などで過酷な作業についた[17]．一例として，1935年にはじまった北極圏ノリリスクにおけるニッケル鉱採掘は，すべて囚人労働者がおこなった[18]．グラーグの人口総数は1935年，約100万人で，1941年までに200万人に増大した[19]．

　重化学工業の基盤が整備されたことから，第2次5か年計画の初期，1933-35年には輸入，輸出がともに減少した．輸入はその後，ふたたび増加した．英国，ドイツから高級機械，カナダ，米国，オランダ等から銅，アルミニウム，ニッケル，鉛，すずなど非鉄金属を多量に輸入したためである[20]．これら非鉄金属の調達は，兵器生産増強の前提であった[21]．

　1939年以後，ソ連にとってもっとも重要な物資調達先は米国であった．1939-42年間，両国の通商関係は以下のように推移した[22]．

54, no. 3, 1995, pp. 642-57.

16) くわしくは以下を参照．コンクエスト，ロバート（Conquest, Robert）（白石治朗訳）『悲しみの収穫　ウクライナ大飢饉：スターリンの農業集団化と飢饉テロ』（*The Harvest of Sorrow: Soviet Collectivization and the Terror-Famine*, New York, 1986），恵雅堂出版，2007年．

17) Khlevniuk, Oleg V. (trans. Saklo, V. A.), *The History of the Gulag: From Collectivization to the Great Terror*, Yale University Press, New Haven and London, 2004, chap. 6.

18) クルトワ，ステファヌ（Courtois, Stephane）・ヴェルト，ニコラ（Werth, Nicolas）（外山継男訳）『共産主義黒書　ソ連篇：犯罪・テロル・抑圧』（*Le Livre Noir du Communisme: Crimes, Terreur et Repression*, Robert Laffont, Paris, 1997），恵雅堂出版，2002年，216頁．

19) 同上．

20) 前掲，笠原編，1941年版，528-30頁，同，1943-44年版，339-40頁，水谷国一『ソ聯邦の機械工業』南満洲鉄道株式会社調査部，大連，1941年，21頁．

21) 第2次5か年計画期の兵器関連工業の生産増大については以下を参照．Harrison, Mark and Davies, R. W., "The Soviet Military-economic Effort during the Second Five-year Plan (1933-1937)," *Europe-Asia Studies*, vol. 49, no. 3, 1997, pp. 369-406.

1　第1次5か年計画期から大戦直後の物資調達

表 1-1　米国の対ソ輸出額，1941-44 年

(百万ドル)

	現金決済分	武器貸与法による分（借款）	計
1941	104.9	0.5	105.3
1942	64.7	1,358.2	1,422.9
1943	28.9	2,960.1	2,990.0
1944	30.0	3,427.0	3,457.0
合計	228.5	7,746.6	7,975.1

注）四捨五入のため，各欄の合計は合計欄の数値とかならずしも一致しない．
出所）Kerblay, B. H., "The Economic Relations of the U. S. S. R. with Foreign Countries during the War and in the Post-war Period," *Bulletins on Soviet Economic Development* (Department of Economics and Institutions of the USSR, University of Birmingham), no. 5, March 1951, pp. 3-4.

1939年11月　ソ連・フィンランド戦争勃発．米，対ソ輸出禁止令．
1941年1月　米，同禁止令撤廃，兵器（航空機および部品）輸出禁止解除．
1941年3月　米国で武器貸与法（Lend-lease Act）成立．
1941年8月　米ソ通商協定1年延長，米，積極的な輸出方針を採る．
1941年10月　米，英国との共同コミュニケで，ソ連が要求した資材をほぼすべて供給することを決定したと発表．
1941年11月，42年1月　米，ソ連に各10億ドルの借款供与を表明．
1942年6月　モロトフソ連外相訪米．米ソ経済協定および米ソ新武器貸与協定が成立．米，対ソ30億ドル借款供与を表明．

独ソ開戦（1941年6月）から1943年1月までに，米国はソ連に少なくとも以下の物資を送った：飛行機数千機，戦車，銃砲，食料品（豚肉，鶏卵，植物油，乳製品，小麦，魚類製品等），鉄鋼58万トン，アルミニウム・ジュラルミン4.6万トン，銅・真鍮・ニッケル・モリブデン9.4万トン，レール7.5万トン，石油類26.8万トン，トルエン・トリニトロトルエン（TNT爆薬）5万トン，各種自動車7.3万台，軍靴300万足，電話

22）前掲，笠原編，1942年版，458頁，同，1943-44年版，353-54頁．

表 1-2 武器貸与法による米国の対ソ供給物資, 1941-45 年 9 月

飛行機・同備品	軽・中型量爆撃機, 重爆撃機 (1 機), 貨物機, 索敵機, 通信器など計 1.4 万点
車両 (戦車・トラックを含む)	軽戦車 1.2 千台, 中戦車 5 千台, ジープ 4.8 万台, 二輪車 3.2 万台, トラック 35 万台, 蒸気機関車 1.9 千台など計 47 万台
爆薬	無煙火薬 13 万トン, TNT 火薬 13 万トンなど計 32.6 万トン
海軍用備品	運搬船 90 隻, タンカー 19 隻, 砕氷船 3 隻, 掃海艇 77 隻, 魚雷艇 175 隻, 水上機フロート 2,398 個, 各種エンジン・モーター 1 万台ほか
食料	穀物 115 万トン, 砂糖 67 万トン, 缶詰 78 万トン, 植物油 52 万トン, ソーセージ・バター類 73 万トンなど計 430 万トン
機械設備	各種機械 11 億ドル
資材・金属製品	鉄鋼・同製品 260 万トン, 非鉄金属 78 万トン, 電話線 100 万マイル, 化学品 82 万トン (エタノール 36 万トン, トルエン 11 万トン, エチレングリコール, グリセリン, ウロトロピン, メタノール, フェノールなど), 石油製品 216 万トン, 綿布 1 億ヤード, 毛織物 6 千万ヤード, 紙・同製品 1.4 万トン, 皮革 4.6 万トン, 軍靴 145 万足, スキー靴 22 万足, タイヤ・チューブ 700 万本など

注) トンはショートトンとロングトン混用.
出所) 前掲, Sutton, *Western Technology…*, *1945 to 1965*, pp. 5-10 (原資料は米国務省報告).

線 10 万マイル, 野外電話機数百台等[23]. 武器貸与法によってソ連が米国から得た物資の総額は 1941-44 年間, 77 億ドルであった (表 1-1). 米政府は, ドイツが降伏した 1945 年 5 月, 同法を撤廃した[24]. このときまでに上記総額は 113 億ドルに増加した[25]. その半分は武器および軍用備品・機械設備で, のこりは原材料, 消費財, 石油製品等であった (品目詳細は表 1-2 参照). これらの物資はソ連の軍, 民間にとって大きなたすけになった. たとえば, 米国が供与した車両総数 47 万台にたいし, 1943-45 年間にソ連が生産した戦車と自動車は 9 万台にすぎなかった[26]. 満洲で終戦をむかえ, その後抑留されたある日本人 (逓信省技官, 元技術中尉) はつ

---

23) 武器貸与局長官の報告. 同上, 1943-44 年版, 355-56 頁. ドイツ軍が運送船を撃沈したため, 物資の一部はとどかなかった.

24) Mastanduno, Michael, *Economic Containment: CoCom and the Politics of East-West Trade*, Cornell University Press, Ithaca and London, 1992, p. 67. 運送のおくれのために, 同法による対ソ輸出は記録上 1946 年 9 月までつづいた. 前掲, Kerblay, p. 4.

25) Smith, Glen A., *Soviet Foreign Trade: Organization, Operations, and Policy, 1918-1971*, Praeger, New York, 1973, pp. 164-65.

26) ブローベル, I. M. (茂木宏治訳)『ソ連邦重工業史』新読書社出版部, 1955 年, 244 頁.

表 1-3 欧米企業の対ソ技術供与契約，1929-45 年

国名	件数	分野例	企業例
米国	141	石油精製，時計，自動車，プレス機，トラクター，ダム，電気機器，製紙，爆撃機設計，戦車，非鉄金属，高炉，ゴム，採鉱，発電機，ニトロセルロース，缶詰	Austin, Boeing, Du Pont, Douglas, Ford, Westinghouse, Glenn L. Martin
ドイツ	30	飛行機，ベアリング，ディーゼルエンジン，冷凍機	I. G. Farben, Krupp, Siemens-Schukert
英国	11	自転車，蒸気タービン，戦車，化学製品	Vickers-Armstrong, Imperial Chemical Industires
フランス	8	アルミニウム，コークス，ラジオ，ジュラルミン	Disticoque, Societe du Duralumin
その他	25	農業機械，工作機械，ヘリコプター，電信	Fiat, International Harvester
計	215		

注）英米共同の1件を両国それぞれにふくめた．その他はイタリア，満洲国，スイス，スウェーデン，デンマーク，チェコスロバキア，オランダ，スペイン，ノルウェー，カナダの各国．
出所）前掲，Sutton, *Western Technology…, 1930 to 1945*, pp. 363-72.

ぎのようにのべた：「吾々が入ソして先ず気がついたことは，made in USA のマークのはいった色々の製品が国民の重要な部分までも占めていたことである．兵器については云わずもがな，満洲の戦線で真先に突進してきたのはアメリカ製の機動車輌であり，兵隊はアメリカ製の自動小銃を抱えアメリカ製の靴を穿いていた．」[27]

1929-45 年間，ソ連が欧米から公式に導入した技術援助は，200 件を超えた（表 1-3）．それ以外に，おおくの分野で模倣がおこなわれた．軍用機や戦車も例外ではなかった[28]．

大戦終結の前後，ソ連軍は東欧や満洲の占領地から，工場設備や資材を大量に奪取した[29]．たとえば 1945-47 年，同軍はドイツの軍用機・ミサイ

---

27) 樋口欣一編著『ウラルを越えて：若き抑留者の見たソ連』乾元社，1949 年，253-54 頁．

28) たとえば，戦闘機 I-18（MIG-3）は英国のハリケーン，爆撃機 TU-4 は米国の B-29，T-26 戦車は英国のヴィッカーズ 6 トン戦車，BT-7 戦車は米国のクリスティ戦車の模倣であった．前掲，Sutton, *Western Technology…, 1930 to 1945*, p. 225，ダグラス，オージル（加登川幸太郎訳）『無敵！T34 戦車』サンケイ新聞出版局，1973 年，15-16 頁，Zaloga, Steven J., "Technological Surprise and the Initial Period of War: The Case of the T-34 Tank in 1941," *Journal of Slavic Military Studies*, vol. 6, no. 4, 1993, p. 635.

ル製造設備のおよそ 2/3 を解体してソ連に搬送した[30]. 西側の占領地からも一部, 賠償として物資を獲得した. くわえて, 多数のドイツ人技術者を本国に連行した[31]. こうした物資と人材は, ソ連工業の再建と発展とくに兵器の開発・軍事工業の育成に大きな役割をはたした. その最重点は核・ミサイル開発であった. ソ連は大戦中に米英の各界に多数の諜報員を配置し, 米国の原爆開発——マンハッタン計画について大量の情報を得ていた[32]. 当時ウラン鉱は, ソ連領内では未発見であった. 満洲に入ったソ連軍は同地のウラン鉱に重大な関心を示した[33]. 同軍は 1946 年から, 東欧とくにドイツのザクセン州やチェコでウラン鉱を大量に採掘しソ連にはこんだ[34]. 北朝鮮からもウラン鉱(モナザイト)を搬送した[35]. その量は 1949 年間だけで 5,700 トンにのぼった[36]. ソ連軍はドイツの核関連施設も解体し, ソ連に送った[37].

　ドイツ人科学者の連行は計画的, 組織的であった. ソ連軍は 1946 年 10

---

29) 前掲, Sutton, *Western Technology…, 1945 to 1965*, とくに chap. 2.

30) 同上, p. 278.

31) 日本人技術者も連行した. その例は大連の満鉄中央試験所員である(ソ連はこの研究所につよい関心をよせた). 拉致されたこの技術者はその後, 消息不明となった. 杉田望『満鉄中央試験所』徳間文庫, 1995 年, 199 頁.

32) これについてはドキュメンタリーを含め, 多数の文献がある:モス, ノーマン (Moss, Norman)(壁勝弘訳)『原爆を盗んだ男:クラウス・フックス』(*Klaus Fuchs: The Man Who Stole the Atomic Bomb*, 1987), 朝日新聞社, 1989 年, ホロウェイ, デーヴィド (Holloway, David)(川上洸・松本幸重訳)『スターリンと原爆』上(*Stalin and the Bomb: The Soviet Union and Atomic Energy, 1939-1956*, Yale University Press, 1994), 大月書店, 1997 年, 152-53 頁など. 最近ロシア政府は, 原爆関連情報の入手に大きく貢献したとして, 元・ソ連軍参謀本部情報総局(GRU)情報員(ジョージ・コーヴァル, 2006 年死去)に勲章を授与した. 『産経新聞』2007 年 11 月 18 日.

33) 高碕達之助『満洲の終焉』実業之日本社, 1953 年, 205 頁. 同書(114 頁)によれば, 終戦前の営口の東, 大石橋近辺でウラン鉱が発見され, 原爆開発のためにそれが約 5,000 トン日本に送られた.

34) 前掲, ホロウェイ, 253-54 頁. 1946 年 12 月に稼動をはじめたソ連最初の原子炉では, ベルリン郊外の工場から運んだ精製ウラン(いわゆるイエローケーキ)を使った. ナチスは, 占領したベルギー領コンゴからもちかえったウラン鉱を精製し, この工場に隠匿していた. 「ウラン捜し ソ連核開発秘話 ユーリー・ハリトンが明かす:4」『朝日新聞』夕刊, 1992 年 3 月 13 日.

35) 木村光彦・安部桂司『北朝鮮の軍事工業化:帝国の戦争から金日成の戦争へ』知泉書館, 2003 年, 202-05 頁. モナザイトについては次章, 22 頁参照.

36) 同上, 201 頁.

37) 前掲, Sutton, *Western Technology…, 1945 to 1965*, pp. 235-36.

月22日，この日だけで，ロケット研究者，自然科学者，技術者とその家族2万名を占領下の東ドイツから拉致した[38]．その後5-10年間，科学者たちはモスクワ近郊の町や湖の中の孤島でロケット開発に従事した．必要な試験装置，計測器をはじめ各種の機器，資材には，ドイツから運んだ戦利品を充当した[39]．黒海沿岸のスフミの核研究所は250名の優秀なドイツ人技術者をあつめ，核開発をすすめた[40]．1949年の原爆実験，57年の大陸間弾道ミサイル・人工衛星スプートニク1号の打ち上げは，この結果可能となった．

この過程でふたたび大飢饉が起った．直接の原因は食糧徴発と干ばつであった．「過剰死」は1946-48年，100-150万人にのぼった[41]．

2　西側の輸出規制

米ソ関係は第2次大戦末期から悪化しつつあった．戦後，ソ連は対米借款の返済を拒否した[42]．米国内では，軍関係者や議会を中心に反ソのうごきが本格化し，対ソ貿易統制の声がたかまった[43]．これにたいして商務省は，ソ連の報復によってマンガンやクロムなど戦略物資の対ソ輸入が停止する

---

38) マグヌス，クルト（Magnus, Kurt）（津守滋訳）『ロケット開発収容所』（*Raketensklaven: Deutsche Forscher hinter Rotem Stacheldraht*, Deutsche Verlags-Anstalt, Stuttgart, 1993），サイマル出版会，1993年，1頁．

39) 同上，48-49，160頁．

40) 前掲，Sutton, *Western Technology*…, *1945 to 1965*, pp. 237．ゴールドシュミット，ベルトラン（Goldschmidt, Bertrand）（矢田部厚彦訳）『秘録　核開発をめぐる国際競争』（*Les Rivalites Atomiques*），毎日新聞社，1970年，123頁．「遠心分離器の"父"ツィッペ博士に聞く」『読売新聞』朝刊，2005年5月15日．当時，ソ連にすぐれた研究者がいなかったわけではない．核開発を指導したのはクルチャトフ，ゼリドヴィチ，ハリトンらソ連の学者であった（そのなかには多くのユダヤ人がいた）．前掲，ホロウェイおよびサハロフ，アンドレイ（Sakharov, Andrei）（金光不二夫・木村晃二訳）『サハロフ回想録』上，読売新聞社，1990年，275頁参照．

41) Ellman, Michael, "The 1947 Soviet Famine and the Entitlement Approach to Famines," *Cambridge Journal of Economics*, vol. 24, no. 5, 2000, pp. 603-30．下斗米伸夫『アジア冷戦史』中央公論新社，2004年，32頁．

42) 前掲，Smith, p. 165．

43) 加藤洋子『アメリカの世界戦略とココム：転機にたつ日本の貿易政策』有信堂高文社，1992年，24-38頁．

ことを懸念した．実業界は，市場喪失をおそれた．さまざまな思惑が交錯するなか，商務省は1948年3月にあらたな輸出許可制度を発足させた[44]．1949年には議会は輸出統制法を制定した[45]．これは表面的には無差別原則をかかげて欧州全域を対象としたが，じっさいは，対ソ連・東欧輸出の規制であった．輸出禁止となったのは，兵器製造に直接つかう材料・設備，戦力向上に寄与しうる技術を体化した材料・設備（基準1A）であった[46]．この基準リストに記載された品目は1950年1月現在，機械，石油設備，化学設備，精密機械，非鉄金属など計167点であった．他に，戦略的重要性をもつ品目—銅・鉛・亜鉛等の金属，トラック，鉄道レールなど—約300点が輸出禁止対象となった（基準1B）．

　1950年1月，ココム（Cocom, Coordinating Committee for Export Control, 対共産圏輸出統制委員会）が成立し，本部をパリにおいた[47]．これは米，英，仏，伊とベネルックス3国が秘密裡に結成した組織で，共産圏への輸出を国際的な規模で制限することを目的とした．同年ノルウエー，デンマーク，カナダ，西独が加盟した．日本は1952年，講和条約発効にともなってこれに加盟した[48]．国内根拠法は外為法（「外国為替及び外国貿易法」およびこれに準拠する「輸出貿易管理令」，1949年制定）であった．ココムの輸出規制品目は，前述の米商務省の基準1Aを踏襲した．成立時，基準1A（177品目に増加していた）中の144品目がListⅠ（無条件輸出禁止）にうつされた．ListⅡ（数量制限品目）には6品目，ListⅢ（監視品目）には27品目が記載された[49]．

　1950年6月，朝鮮戦争が勃発した．米国は，敵国貿易法（Trading with the Enemy Act）にもとづいてただちに，北朝鮮との貿易・金融取引を全面的に禁止した[50]．米国内では同時に，対共産圏輸出制限のうごきがいっ

　　44）Adler-Karlsson, Gunnar, *Western Economic Warfare 1947-67: A Case Study in Foreign Economic Policy*, Almqvist & Wiksell, Stockholm, 1968, p. 22.
　　45）前掲，加藤，201頁．
　　46）前掲，Mastanduno, pp. 69-70.
　　47）ココムの成立は1949年11月という説もある．前掲，加藤，62頁．
　　48）前掲，Adler-Karlsson, p. 52.
　　49）前掲，Mastanduno, p. 80.
　　50）ドローカー，リンダ・S「北朝鮮の対米貿易及び対西側貿易の動向と見通し」前掲，日本貿易振興会，1983年，117頁．

表 1-4　米国の対ソ・対共産圏輸出額と英国の
　　　　対ソ機械輸出額, 1946-53 年

(百万ドル)

	米国の対ソ輸出, 総額	米国の対共産圏輸出, 総額	英国の対ソ輸出, 電気・金属加工・その他機械
1946	422	‥	‥
1947	166	693	‥
1948	28	397	14.3
1949	7	145	24.8
1950	1	64	27.0
1951	0	3	8.3
1952	0	1	6.7
1953	0	2	4.8

注) 前掲, Kerblay によれば, 1947, 48 年の米国の対ソ輸出はカナダの対ソ輸出を含むが, 下記, Gerschenkron によれば, 1947 年の数値は同輸出を含まない.

出所) 前掲, Adler-Karlsson, pp. 167, 302, 前掲, Kerblay, p. 16, Gerschenkron, Alexander, "Russia's Trade in the Postwar Years," *Annals of the American Academy of Political and Social Science*, May 1949, p. 87, US Department of Commerce, *Statistical Abstract of the United States*, Government Printing Office, Washington D. C., 1957, p. 906.

そうつよまった. 翌年 10 月, 議会で「援助と貿易統制にかんする相互防衛援助統制法」が成立した. これは通常バトル法 (Battle Act) とよばれる[51]. バトル法は, 同盟国が基準 1A・1B 中の品目を共産圏に輸出したばあい, 米国はその国にたいする援助を停止することを規定した[52]. 西欧諸国は, 東西貿易がみずからの経済復興に必要であるとかんがえ, 米国の貿易統制政策に抵抗していた. バトル法はこうした態度をとる西欧にとって大きな圧力となった. ココム加盟国は 1952 年, 中国にたいしていっそう厳格な輸出制限をおこなうために, 中国委員会 (China Committee, 略称 Chincom, チンコム) を設けた[53].

1953 年 6 月 1 日現在, ココムリスト上の品目数はつぎのとおりであった── List I　263, List II　110, List III　66[54]. 他に, 米国が独自に設定し

---

51) 「バトル」は「戦闘」ではなく, 法案を審議した下院外交委員会特別委員会の委員長名にちなむ.
52) バトル法の全文は, 前掲, Adler-Karlsson, pp. 28-30 参照.
53) 「中国」は, ソ連領をのぞくアジアの共産圏全体を指した. 前掲, 加藤, 170 頁.

た輸出禁止品目が182点にのぼった．ココム規制品目が世界の貿易品全体にしめる価額割合は，Adler-Karlssonの推計によれば，1949年の5％以下から1953年には30-70％に上昇した[55]．

統制の結果，1947-49年，米国の対ソ・対共産圏輸出は大きく減少し，朝鮮戦争時にはほぼ全面的に途絶した（表1-4）．英国の対ソ機械輸出も1950-53年におおはばに減少した（同）．

3　工作活動——国際共産主義運動

ソ連は建国以来，世界革命をめざして国際共産主義運動を強力に展開した[56]．戦前は1919年3月に結成したコミンテルン（Komintern，共産主義インターナショナル）をつうじて，各国の共産主義者に党の組織化，宣伝・革命工作をおこなわせた．これらの党は事実上，コミンテルンの支部であった．日本共産党もそのひとつであった．1935年，世界のコミンテルン加盟共産党数は76をかぞえた[57]．1943年5月，スターリンはコミンテルンを解散した．当時，独ソ戦が最高潮にたっしていた．スターリンにとって，米英と連携を強化し，援助を獲得することが何より重要であった．そのために国際共産主義運動の一時中断を決めたのである[58]．

戦後，欧米があらたな反共包囲網を形成するなか，1947年10月，ソ連および欧州8か国の共産党はコミンフォルムを結成した（Kominform，共

54）　前掲，Adler-Karlsson, p. 55.
55）　同上，p. 147.
56）　これにかんする文献は多数ある．ソ連の世界戦略（Grand Strategy）と政治戦略（Political Strategy）については，前掲，Pipes, pp. 51-83. 対日戦略については，甲谷悦雄『平和的共存のかげにあるもの：ソ連邦の対日基本方略』自由アジア社，1955年が有益である．
57）　ソ連邦共産党中央委員会付属マルクス＝レーニン主義研究所編（Institut Marksizma-leninizma pri TsK KPSS）（村田陽一郎訳）『コミンテルンの歴史』下巻（*Kommunisticheskij Internatsional, Kratkij Istoricheskij Ocherk*, Izdatel'stvo Politicheskoj Literatury, Moskva, 1969）大月書店，1974年，72頁．
58）　コミンテルンは，組織解散を反ファシズム勢力の団結のためと説明した．国際労働運動研究所編（Institut Mezhdunarodnogo Rabochego Dvizhenija）（国際関係研究所訳）『コミンテルンと東方』（*Kominterun i Vostok*, Nauka, Moskva, 1969），協和産業KK出版部，1973年，154-55頁．

産党・労働者党情報本部,本部ベオグラード).これは表向きはコミンテルンとことなり,各党が自主的に相互の情報交換・活動調整をおこなう機関とされた.しかしじっさいは,ソ連共産党が各党を統制し,共産主義の宣伝・運動を推進する組織であった.

コミンフォルムは具体的な運動目標を,反戦平和のための宣伝活動強化,平和擁護組織の拡充,労働戦線の統一においた[59].ここでいう平和運動とは普遍的なものではなく,ソ連擁護—米帝国主義者の攻撃からソ連をまもる—を意味した[60].のみならずそれは,資本主義陣営を打倒する長期的な世界革命戦略にもとづいていた[61].ソ連にとって,大衆運動と外交・宣伝によって平和擁護をうったえること—平和攻勢—は,自由主義陣営の分裂と弱化を図る重要な手段であった.

平和運動の一環として,1949年4月にパリとプラハで同時に第1回世界平和擁護者大会(平和擁護世界大会)が開催された[62].大会議長のJ. Curie(有名なキュリー夫人の女婿で自身も物理・化学者)は共産党員であり,副議長12名もすべて共産党の党員もしくは支持者であった.J. Curieは,世界科学者連盟の創設(1946年7月)を指導したひとりでもあった[63].同連盟は,世界の科学者による平和運動の推進と,西側からの科学・技術情報の獲得をめざす国際共産主義運動の前線組織のひとつであった[64].上記の世界平和擁護者大会の開催は,同連盟にくわわった科学者のイニシアチブで実現した[65].

第2回世界平和擁護者大会は,朝鮮戦争勃発後まもない1950年11月に

---

59) 日刊労働通信社編『コミンフォルム重要文献集』同社,1953年,11-12頁.
60) 村上公敏・木戸蓊・柳沢英二郎『世界平和運動史』三一書房,1961年,64-69頁.
61) 前掲,甲谷,65-68頁.
62) 前掲,日刊労働通信社編『コミンフォルム……』16-19頁.
63) 公安調査庁『国際共産主義勢力の現状(昭和三十七年版)』同庁,1962年,550-51頁.大沼正則・藤井陽一郎・加藤邦興『戦後日本科学者運動史』上,青木書店,1975年,161頁.J. Curieはフランスの原子力開発を指導したが,後年,思想的かたよりから要職をはずされた.
64) 他の主要な前線組織は,労働組合の国際団体,世界労連であった(1945年10月創立).西側は1949年に国際自由労連を結成してこれに対抗した.コミンテルン時代は,国際労働者救援会と国際革命戦士救援会が国際共産主義運動の代表的な前線組織であった.カー,E. H. (Carr, E. H.)(内田健二訳)『コミンテルンの黄昏 1930-1935年』(*The Twilight of Comintern, 1930-1935*, Macmillan Press, 1982),岩波書店,1986年,368-71頁.
65) 前掲,村上・木戸・柳沢,53-56頁.

ワルシャワでひらかれた．同大会は，朝鮮からの外国軍隊の撤退を主張するとともに，台湾への米国の武力干渉を非難した．同時に，抽象的な表現ではあるが，西側による対共産圏輸出制限を批判した[66]．

　この第2回世界平和擁護者大会が母体となって，世界平和評議会が成立した．同会議長にはJ. Curieが就いた．日本からは大山郁夫（参議院議員）と平野義太郎（元東大助教授）が評議員に選出された[67]．大山，平野はともに日本共産党にきわめて近い人物であった[68]．世界平和評議会第1回会議は1951年2月に東ベルリンでひらかれた．この会議にはカワムラ・カズオ（偽名）なる人物が参加し，日本再軍備反対，ソ・中を含む対日全面講和条約締結，米帝国主義の朝鮮侵略戦争反対，平和擁護を唱える演説をおこなった[69]．これはソ連の主張と完全に一致した．世界平和評議会は1952年，科学委員会を組織し，朝鮮戦争における米軍の細菌戦にかんする調査をおこなった．同委員会は，米軍が細菌兵器を使用したとの報告書を発表した[70]．これはコミンフォルムの意向にそった反米プロパガンダのひとつであった[71]．世界平和評議会はこのように，表面的には中立をよそおっていたが，ソ連―コミンフォルムに協力する前線組織であった．同評議会は1960年代には，多数の前線組織のなかでもっとも活動的・重

---

66) 日本平和委員会編『平和運動20年資料集』大月書店，1969年，11-12頁．

67) 前掲，村上・木戸・柳沢，19頁．丸山真男他『大山郁夫　評伝・回想』新評論，1980年，260頁．「平野義太郎　人と学問」編集委員会編『平野義太郎　人と学問』大月書店，1981年，334頁．

68) 大山は戦前，労農党の委員長をつとめた．同党の指導権は日本共産党がにぎっていた（片岡政治編『公安調査庁資料　日本共産党史（戦前）』現代史研究会，1962年，183頁）．大山は戦時中，米国で事実上の亡命生活を送った．平野は共産主義思想を奉じていたが，戦時中に転向し，戦後ふたたび転向した．

69) 前掲，日刊労働通信社編『コミンフォルム……』339-46頁．

70) 他の前線組織―国際民主法律家協会・国際民主婦人連盟―もそれぞれ同様の報告書を発表した．これらの報告書の邦訳は，藤目ゆき編『国連軍の犯罪：民衆・女性から見た朝鮮戦争』不二出版，2001年にある．

71) Tucker, Spencer C., ed., *Encyclopedia of the Korean War: A Political, Social and Military History*, ABC-CLIO, Santa Barbara, 2002, vol. I, pp. 77-78．和田春樹『朝鮮戦争全史』岩波書店，2002年，363頁．上記，藤目の訳書は，これらの報告書が反米プロパガンダであったことを記していない．朝鮮戦争当時，北朝鮮で流行した急性伝染病の原因は，医療・衛生状況の悪化や栄養不足であった．戦前からの北朝鮮の伝染病については，木村光彦・安部桂司「北朝鮮の伝染病：もうひとつの脅威」『青山国際政経論集』第66号，2005年，111-22頁を参照．

3 工作活動

要な存在となった[72].

世界平和評議会第 1 回会議は，1951 年夏にソ連で大規模な「国際経済会議」をひらくことを決議した[73]．決議文によればその趣旨は，各国から経済学者，実業家，技術者，労働組合関係者を召集し，諸国民の生活水準の向上と諸国間の経済関係の改善について議論することであった．会議は予定よりおくれて 1952 年 4 月に，モスクワで開催された．参加国はソ連，東欧各国，英・仏・西独をふくむ西欧各国および米国，中国・北朝鮮・インドなど第 3 世界の国々，合計 49 か国，参加者総数 471 名であった．会議の結果，おもに西欧と東側諸国のあいだで総額約 2 億ポンドの貿易契約が成立した．貿易拡大のための組織，国際貿易促進委員会（協会）（以下，国貿促）を各国に設置することもきまった．

会議の参加者・支援者，西側の一部の新聞・雑誌は上記の契約を，東西間の貿易促進に寄与するとして賞賛した[74]．しかし米政府は当初から，この会議がソ連の平和攻勢の一環であると警戒していた[75]．ソ連にはふたつの目的があった．第 1 は政治目的である．米国がきびしい輸出統制をしくのにたいし，西欧諸国は東西貿易拡大をのぞんでいた．この会議が，米国と西欧のあいだの亀裂をひろげる可能性があった．第 2 は実利目的である．ソ連は西側からの物資調達・技術導入機会の減少によって困難に直面した．国際経済会議はその打開策であった[76]．

国際経済会議の準備委員会は日本の実業界，政界，学界にもひろく支持・参加をよびかけた．自由主義者の石橋湛山（52 年 10 月から衆議院議員）や経団連会長，石川一郎もそのなかにふくまれていた[77]．石橋らは国際経済懇談会を組織し，代表のモスクワ派遣をきめた[78]．しかし吉田政権

---

72) 西ドイツの有名な工作組織，いわゆるゲーレン機関の指導者ゲーレンの見解による．ゲーレン，ラインハルト（Gehlen, Reinhard）（赤羽龍夫訳）『諜報・工作 ラインハルト・ゲーレン回顧録』（*The Service*），読売新聞社，1973 年，314 頁．
73) 前掲，日刊労働通信社編『コミンフォルム……』409-25 頁．
74) 高良とみ・宮腰喜助・帆足計・平野義太郎『国際経済会議』三笠書房，1952 年，13-14 頁．
75) 前掲，Adler-Karlsson, pp. 84-85，『朝日新聞』朝刊，1952 年 1 月 22 日．
76) 日本で当時この点を指摘した発言として，『東洋経済新報』第 2504 号，1952 年，67 頁参照．
77) 平野義太郎『日本平和経済の構想：国際経済会議への日本側一試案』三一書房，京都，1952 年，192-95 頁．

が代表への旅券発給をこばんだため，参加したのは女性政治家の高良とみ（参議院議員，緑風会）のみであった[79]．高良は戦時中は国策に協力し，戦後左派系に転じた．高良と，おくれて訪ソした帆足計（前参議院議員，社会党），宮腰喜助（衆議院議員，改進党）は会議後，北京を訪問した．これは，国際経済会議に出席した中国代表団が高良らにつよく働きかけた結果であった[80]．高良らは北京で南漢宸（中国国貿促主席，中国人民銀行総裁）と戦後初の日中貿易協定をむすんだ[81]．中国は国際経済会議の直後に中国国貿促を発足させていた．この協定締結は日本で反響を呼んだ．それは，当時の政治的制約を無視した非現実的なものであったが，日中貿易促進運動に刺激をあたえた[82]．

　北朝鮮は 1952 年 10 月，朝鮮国貿促を組織した[83]．日本国貿促は 1954 年に発足した．東西貿易の拡大をのぞむ政界・実業界の有志と左翼人士（平野義太郎等）がその中心となった[84]．共産党系の組織，日中友好協会（1950 年結成）は，日中貿易発展への寄与を期待して，組織をあげてこれに協力した[85]．日本国貿促はソ連・中国各地で工業展・見本市を開催したり，貿易協定を締結するなど活発に対ソ・中経済交流をすすめた[86]．1960

---

78) 『日本経済新聞』朝刊，1952 年 1 月 28 日，『東洋経済新報』第 2509 号，1952 年，32 頁．日本国際貿易促進協会『要覧』同会，1973 年，1 頁．石橋は反共・親米の立場をとっていたが，東西貿易をつうじた平和共存の実現に期待をよせた．かれの基本的なかんがえは以下を参照．鴨武彦編『石橋湛山著作集 3　政治・外交論』東洋経済新報社，1996 年，292-99 頁．

79) ヨーロッパ経由，陸路でモスクワ入りした．高良とみ『私は見て来た　ソ連・中共』朝日新聞社，1952 年，2-31 頁．

80) 帆足計『ソ連・中国紀行：平和と貿易のために』河出書房，1952 年，320-23 頁．

81) 協定全文および談話・共同声明は，同上，334-38 頁参照．

82) 平岡健太郎『日中貿易論』日本評論社，1956 年，160 頁，金子恵美子編『日中貿易界の百人：日中貿易十年の歩み』三杏書房，1958 年，226-28 頁，押川俊夫『戦後日中貿易とその周辺：体験的日中交流』図書出版，1997 年，96-98 頁．

83) 日朝貿易会『日朝貿易関係 37 年誌　1956～1993』同会，1993 年，2 頁．

84) 前掲，押川，195-200 頁．初代会長は村田省蔵（1878-1957）であった．村田は戦前，大阪商船社員として中国に駐在したあと，同社社長，近衛内閣の逓信・鉄道相，フィリピン派遣軍最高顧問を歴任した．戦後は公職追放処分をうけ，解除後，財界諸団体，海外友好団体の役職に数多くついた．日中貿易の拡大につよい意欲をもち，1955 年，国貿促会長として訪中し周恩来と会見した．伊藤武雄編『村田省蔵追想録』大阪商船株式会社，大阪，1959 年．

85) 日中友好協会編『日中友好運動五十年』東方書店，2000 年，70-71 頁．

86) 詳細は，前掲，日本国際貿易促進協会を参照．

年代に中ソ対立が激化すると，反ソ・親中路線をとった[87]．

4 まとめ

スターリンは，ソ連経済を自力で発展させたことを強調した．しかしこれは偽りであった．工業発展は，欧米からの物資調達と技術移転に依存した．第2次大戦の勝利には米国の援助，戦後の工業再建には「戦利品」がおおきな役割をはたした．ソ連はこれらの事実と，工業化の裏に大量の粛清，飢饉，貧困があったことを秘密にした．反面，みずからの成果をほこる対外プロパガンダを展開した．その結果西側のおおくの知識人，政治家，官僚，労働組合指導者に，社会主義の優越性を信じさせることに成功した[88]．

戦後の対ソ輸出規制はソ連工業の発展を困難にした．スターリンはこの規制を回避するために工作をおこなった．西側では，親社会主義勢力が工作に協力した．実業界は利潤動機からこれに応じた．

1953年3月，スターリンが死去した．1956年2月フルシチョフは，ソ連共産党第20回党大会でスターリン批判をおこなった．同大会は，西側との平和共存，社会主義移行への多様性，各国共産党の独自性をみとめる決議を採択した．同年4月，コミンフォルムが解散した．一見するとこれは国際共産主義運動の終焉にみえたが，じつはそうではなかった．スター

---

[87] 社会運動調査会編『左翼団体事典 1968年版』極東出版社，1968年，1041-46頁．当時日貿促の要職にあった萩原定司は戦前，満鉄中央試験所員であった．戦後日本共産党に入党したが，親中共派であったため，日中の共産党間で対立がふかまると党を除名された．思想運動研究所編『日本共産党本部：ここで何が行なわれているか』全貌社，1967年，171頁．丸沢常哉『新中国建設と満鉄中央試験所』二月社，1979年，奥付頁．中国中日関係史学会編（武吉次朗訳）『新中国に貢献した日本人たち』日本僑報社，川口，2003年，80-88頁．国貿促関係者の以下の著作はココム規制をつよく非難するなど，反米かつ親中国の姿勢が顕著であった：平井博二『日中貿易の基礎知識』田畑書店，1971年．

[88] これが一般大衆にまで浸透したかは疑問である．最近の研究によれば，ソ連指導部内では1945-47年，プロパガンダ競争で西側に負けているというつよい焦りがあった（Pechatnov, V., "Exercise in Frustration: Soviet Foreign Propaganda in the Early Cold War, 1945-47," *Cold War History*, vol. 1, no. 2, 2001, pp. 1-27）．日本では，シベリア抑留者の相当数がソ連の思想教育によって共産主義に傾き，帰国直後に共産党に入党した．ある者はソ連の工作員として活動した．しかしその後おおくは共産党をはなれ反共に転じた．かれらは体験からソ連の実情を語り，反ソ勢力の一角を形成した．

リンとフルシチョフのあいだに基本的なちがいはなかった[89]．各国では，共産党および前線組織が存続した．かれらは運動をつづけた．西側で親社会主義・親ソ勢力を拡大することは，ソ連指導部にとってぜん重要な目標であった．政治的にはもちろん，先進技術と戦略物資を獲得する――ココムを空洞化させる――うえで，これらの勢力にはたかい利用価値があった．

[89) ちがいはフルシチョフが暗殺や大量粛清をおこなわなかった点である．フュレ，フランソワ（Furet, Francois）（楠瀬正浩訳）『幻想の過去：20世紀の全体主義』(*Le Passe d'une Illusion*, Robert Laffont S. A., Paris, 1995)，バジリコ，2007年，687-88頁．

第 2 章

北朝鮮, 戦前～1950 年代

　ソ連は1945年8月8日に対日参戦を宣言した．翌日，ソ連軍は満洲および北朝鮮に侵攻し，日本の同地域支配を崩壊させた．1946年2月，北朝鮮ではソ連軍司令部がスターリンの指示にもとづき，金日成を首班とする行政組織，北朝鮮臨時人民委員会を発足させた．この組織は1948年9月，正式な政府（首相金日成）となった．戦時期に満洲と北朝鮮では，日本企業による軍事工業の建設が急速かつ広範に進展していた．金日成政権は北朝鮮における同工業を継承し，その復旧と成長をはかった．その詳細はすでに本著者の前著でしるした[1]．本章では，第1節でこれを要約する．第2節は，旧ソ連の内部資料によって朝鮮戦争期の北朝鮮軍事工業についてのべる．第3節は，停戦後の工業政策および経済再建の実態について論じる．第4節は金日成の軍事体制と日本の役割を展望し，むすびとする．

1　軍事工業の発展と継承

(1) 戦　　前

　北朝鮮では日本統治期に，鉄道，港湾，電力などインフラストラクチュアの整備がすすんだ．1930年以降，とくに水力発電所の建設が顕著であった．鴨緑江には，世界的規模の大ダム—水豊発電所—が建設された．鉱物資源の開発も活発であった．北朝鮮には，以下をはじめ多様な鉱物資源が

---

[1]　前掲，木村・安部『北朝鮮の軍事……』．

豊富に存在した：石炭（無煙炭，非粘結性有煙炭），石灰石，鉄，金，銀，銅，鉛，亜鉛，黒鉛，マグネサイト，タングステン，モナザイト，バリウム，リチウム．反面，原油，コークス炭（粘結炭），水銀，硫黄，ボーキサイトを欠いた．日米開戦後は，金銀鉱の採掘が抑制された一方，兵器生産に不可欠な鉱物（鉄，銅，亜鉛，ニッケル，マグネシウムなど）の採掘が加速した．ウラン鉱開発も試みられた．モナザイトやフェルグソン石はウランを含有する重要鉱物で，北朝鮮西部に分布した．平安北道鉄山郡のモナザイト鉱山は戦時中に，日本窒素（1940年以前は朝鮮窒素，以下，日窒）の子会社，日窒鉱業開発が経営した．当時，ここで採掘したモナザイトを咸鏡南道・興南の化学工場（後述）にはこび，チタンやセリウムを抽出した．黄海道の菊根鉱山は高品位のウラン鉱（フェルグソン石）を産し，日本陸軍はこれを原爆製造に利用するかんがえであった．

インフラストラクチュアの整備と鉱物資源の開発は，重化学工業発展の基盤となった．製鉄業では，1918年に三菱が兼二浦に製鉄所をもうけた．これは高炉，平炉，圧延設備をもつ銑鋼一貫製鉄所で，海軍艦艇用の厚板・大形鋼の生産を主目的とした．そののち，日本高周波重工業城津工場（1937年），三菱鉱業清津製錬所（1939年），日本製鉄清津製鉄所（1942年），三菱製鋼平壌製鋼所（1943年）などが建設された．このうち，日本製鉄清津製鉄所は高炉2基で銑鉄を生産したが，製鋼設備は未設置であった．原料鉱は茂山鉱山の磁鉄鉱であった．日本高周波重工業城津工場は，電気炉で特殊鋼―戦時中はとくに銃身鋼―を生産した．

戦時期には軍の指示で軽金属工業の発展がはかられ，航空機用のアルミニウム，マグネシウム製造工場が各地に設置された．

化学工業では1920年代後半から，安価な電力を利用して，日窒が興南に一大化学コンビナートを建設した．それは化学肥料とくに硫安の製造を主としたが，戦時期には火薬・爆薬，航空機燃料などの軍需生産の重要性がたかまった．化学工場には設備の製造・修理を行なう工作工場が付設された．これは独立の工作工場に匹敵する規模に発展した．

兵器工業では，1918年に陸軍が平壌に工場を設け，戦時期にその設備を大幅に拡張した（平壌兵器製造所）．ここでは弾丸と爆弾を製造した．

セメント工業では，ダム，港湾，道路などの建設需要を見込んで，日本の主要セメントメーカーが朝鮮に進出した．小野田，宇部，浅野の各社は

平壌，元山など数か所に近代的大工場を設置した．

　耐火煉瓦製造の発展も顕著であった．耐火煉瓦は溶鉱炉用として製鉄には欠かせなかった．主要原料は咸鏡南道端川郡で多量に産出するマグネサイトで，同郡には1942年に品川白煉瓦が工場を建設した．

　軽工業でも，重化学工業ほど目だたなかったが，発展が起った．繊維工業，食品加工工業では各地に中小規模の工場が設立された．戦時期には，綿，麻の紡織工場が軍服や布，ロープなどを製造し，軍需に応じた．

　以上のほか，非鉄金属製錬，電極，石油精製，油脂，製材，パルプ・製紙，薬品，製塩，造船などの分野で近代工業が発展した．ゴム・繊維加工部門では中小工業が起った．機械修理をおこなう小工場もふえた．これら一連の工業は，戦時総力体制のもとで直接・間接に軍需とむすびつき，軍事工業の性格をつよめた．

(2) 1945-50年

ソ連占領軍は北朝鮮各地で，穀物，工業原料・製品・半製品在庫を奪取し本国に送った．工業設備も解体し持去った．その対象となったのは，大型発電機（水豊発電所の2基），アルミニウム製造設備，工作機械，モーターなどであった．しかし撤去の規模は限定的であった[2]．

　1946年以降おおくの工場は，既存の設備と抑留日本人技術者を使って生産の復興をはかった．これは困難をきわめた．第1に，国内の経済組織の変革にともない流通の混乱，生産効率の低下が生じた．第2に，中国・満洲・日本の政治的変動・経済的混乱の結果，原料や部品の補充が困難となった．アルミニウム，マグネシウム工業ではとくに，原料不足，技術的困難が深刻で，生産の復興は不可能であった．

　金日成は1945年9月に，ソ連軍とともに北朝鮮に入った．かれは日本企業がのこした近代工業につよい関心を示し，工場を精力的に視察した．なかでも兵器工業にいちはやく注目し，前述の平壌兵器製造所の拡張をはかった．1947年にはここで機関銃の試作を開始した．

　国家成立後，金日成は軍備拡充に多大な努力を傾けた．かれは演説で，

　2）　水豊発電所の第4号発電機はのちに返還した．朝鮮電気事業史編集委員会編『朝鮮電気事業史』中央日韓協会，1981年，518頁．

人民軍，保安隊，警備隊の強化の必要をくりかえし説いた[3]．平壌兵器製造所はあらたに65号工場と呼ばれ，北朝鮮の兵器工業の中核と位置づけられた．1949年には，元山造船所で初の海上警備艦が建造された．この造船所は，戦前の朝鮮造船工業元山造船所を継承したものであった．警備艦の鉄板は，黄海製鉄所（旧日本製鉄兼二浦製鉄所）で製造した[4]．

1949年3月に金日成はソ連を訪問し，経済文化協力協定をむすんだ．これに付属する秘密協定で，ソ連は大量の兵器を北朝鮮に売却することに同意した．TNT火薬工場，地下兵器工場の建設援助も約束した．

金日成にとって大きな課題は，軍備強化の基礎となる各種工業の生産をいかに戦前水準に回復させるかであった．かれは演説で成果を強調したが，これは実態をかくすものであった．1950年までに，いくつかの部門――繊維工業など――では戦前水準を凌駕したものの，製鉄，化学といった基幹部門では依然，戦前のピークにはるかに及ばなかった．

2　朝鮮戦争期

北朝鮮の人民軍は万端の準備をととのえて，1950年6月，南に侵攻した．戦いは当初，人民軍が圧倒的に優勢であった．同年9月に国連軍（米軍）が仁川上陸を敢行すると，状況は一転，人民軍に不利となった．10月，平壌が陥落した．同月，抗美（米）援朝をスローガンに中国軍が参戦した．中国軍は国連軍・韓国軍に激しい攻撃をくわえた．これを機に形勢は再逆転し，中国軍は12月に平壌を奪還した．ソウルをめぐる攻防を経て1951年春になると，戦線は38度線をはさんで双方一進一退の状態におちいった．

金日成は対南侵攻直後，兵器・軍用品生産の一層の増大を指令した．旧ソ連の秘密解除文書によると，軍事委員会決定第7号（1950年7月10日）により，34の企業が工兵装備の生産に業務を転換した[5]．平壌の繊維工場

---

　　3) たとえば，金日成「部隊の戦闘準備と戦闘力を強化しよう」朝鮮人民軍第238軍部隊の軍人におこなった談話，1949年8月26日，『著作集』第5巻，200-04頁．
　　4) 同「祖国の海を鉄壁のように守るために」警備艦41号の建造ドックで，元山造船所の働き手と海兵たちにおこなった談話，1949年8月31日，同上，212頁．

と羅興の機械工場（旧理研特殊製鉄羅興工場）にはそれぞれ，船橋（渡河）用平底船 150 隻の建造，「軍用容器」（内容は不明）5 万個の生産が指示された．65 号工場には弾薬生産の強化命令，龍城の工作機械工場（旧日窒の興南工作工場）と平壌の農業機械工場には弾薬製造に必要な工作機械の製造命令がくだった（軍事委員会決定第 19 号，1950 年 7 月 24 日）[6]．

　命令どおりの生産は達成困難であった．平壌の繊維工場では，平底船を期限（8 月 15 日）までにわずか 6 隻建造したにすぎなかった[7]．羅興では 7 月末の期限までに，軍用容器を 1 個も生産できなかった．米空軍機 B29 の激しい空爆があったからである．空爆では鉄道，橋とともに，重要産業施設が目標となった．7 月 19 日の興南肥料工場への爆撃は，設備のおおくを破壊した[8]．8 月 27 日には黄海製鉄所に大型爆弾数百発が投下され，高炉，コークス製造設備，圧延設備に大きな損害が生じた[9]．

　米地上軍の本格的な反攻がはじまると，金日成ら労働党・政府幹部は家族とともに，いちはやく平壌を脱出した．1950 年 10 月，主要機関は満洲──金日成・党中央・閣僚は通化，外務省連絡所は瀋陽・牡丹江──に移動した（51 年 1 月まで）[10]．北朝鮮内には，江界に党の連絡所（臨時首都）を置いた．中国に避難した兵員と幹部・家族の総数は 56,000 人以上であった[11]．

　5）　産業相鄭一龍の報告．木村光彦「1950-51 年の北朝鮮経済資料（続）」『青山国際政経論集』第 58 号，2002 年，211-13 頁．
　6）　前掲，木村・安部『北朝鮮の軍事……』263-64 頁．
　7）　前掲，木村「1950-51 年の……（続）」213 頁．
　8）　"Akt Obsledovanija Razrushenij, Prichinennykh Amerikanskoj Aviatsiej Khynnomskomu Kombinatu"（「調書　米空軍による興南コンビナートにたいする被害調査」）n. d., ロシア外務省公文書館，fond 0102, opis 6, delo 49, papka 22, listy 204-05．
　9）　木村光彦「朝鮮戦争中の北朝鮮にかんする資料」『青山国際政経論集』第 72 号，2007 年，128 頁．
　10）　民族問題研究所編『朝鮮戦争史：現代史の再発掘』コリア評論社，1967 年，127 頁．
　11）　北朝鮮駐在ソ連大使顧問，V. Pelishenko の報告による（木村光彦「1950-51 年の北朝鮮経済資料」『青山国際政経論集』第 57 号，2002 年，241 頁）．満洲地域では，北朝鮮と中国の協議の結果，1950 年 11 月間島・吉林在住の朝鮮人が 3 個の予備軍団（6 万名）と各種軍事教育機関（1.5 万名）を編成した（韓国国防軍史研究所編（翻訳・編集委員会訳）『韓国戦争』第 3 巻，かや書房，2002 年，272-73 頁）．満洲に逃げた人民軍や幹部たちは現地で必需品購入のために中国紙幣を必要とした．他方，朝鮮に進軍した中国軍は朝鮮紙幣を必要とした．このため，双方の資金融通をめぐって 1950 年 11 月末に朝中両国のあいだで取決

金日成は同時に，重要工場—興南の化学工場・元山の金属製錬工場（旧住友鉱業元山製錬所）・南浦の化学工場等—の計画的疎開を命じた．1950年10月以降，老若男女の労働力を動員して基礎設備と原材料の移転・保全をはかる一方，移動不可能な設備を破壊した[12]．疎開先は，黄海道・平安南道・咸興の工場は江界方面，端川・清津・咸鏡南道の工場は恵山方面，清津から北方の工場は茂山方面であった．65号工場は6月下旬に平安南道成川郡内の地下鉱山に移転し，10月の平壌陥落にともない，鴨緑江岸に再移転した[13]．同工場は疎開により，860名の幹部，労働者，技術者と重要書類，設計図の保全に成功した．中国領内に疎開した工場もあった．新義州の繊維工場がそのひとつであった（軍用衣類，メリヤス下着，綿布製造）[14]．全体的に疎開は困難な作業であり，混乱をまぬがれなかった．そのなかで，分散した各企業は爆薬，手榴弾，機関銃など各種兵器の生産に力をそそいだ．

北朝鮮地域の支配権を回復したのち，金日成は軍事工業の維持・拡大に全力をあげた[15]．65号工場は成川郡の鉱山に復帰し，対戦車手榴弾，シュパーギン式自動小銃，82ミリ迫撃砲などを製造した[16]．その労働者総数は1951年秋には3,600名にたっした．1951年第1四半期，産業省傘下の鉱工業企業の生産計画額は総計4億ウォン，そのうち兵器生産額は1億ウォンにのぼった[17]．この数字は，金日成が兵器生産をいかに重視したかを証明する．

1949年3月のソ連との協定にもとづいて，1952年11月に慈江道江界郡で，1953年2月には前川郡で地下兵器工場の建設が始まった[18]．これらはそれぞれ95号工場，96号工場と呼ばれた．工場に隣接して，ソ連人技術者用住宅と建設労働者用住宅も建てられた．労働者用住宅の総戸数は江界

めが成立した（同上，木村，241-43頁）．
12) 前掲，木村「1950-51年の……（続）」215-16頁．
13) 木村光彦・安部桂司「北朝鮮兵器廠の発展：平壌兵器製造所から65号工場へ」『軍事史学』第37巻第4号，2002年，55頁．
14) 前掲，木村「1950-51年の……」228頁．
15) 朝鮮民主主義人民共和国科学院歴史研究所編『朝鮮人民の正義の祖国解放戦争史』外国文出版社，平壌，1961年，244頁．
16) 前掲，木村・安部『北朝鮮の軍事……』265-66頁．
17) 前掲，木村「1950-51年の……」231-33頁．
18) 前掲，木村・安部『北朝鮮の軍事……』258-61頁．

郡で200戸，前川郡で150戸であった．1戸当り5名居住とすれば労働者総数はそれぞれ1,000名，750名となる．これは建設規模が相当大きかったことを示す．工事は戦争期間中には終了しなかった（1954年4月時点で進行中であった）．その一因は，セメントの質が不良なために地下補強工事を停止したことであった．95号工場の近辺では，1952年，ソ連との協定によらない別の地下兵器工場（シュパーギン式自動小銃製造用）の建設もすすんでいた[19]．

　金日成は他方で鉱物——とくに鉛・亜鉛——の増産を命じた．これは国産兵器の原料および輸出品として重要であった．ソ連製の兵器や資本財は無償ではなく，見返りが必要であった．そのため1950年以前からの対ソ鉱物輸出が戦争期間中も継続した[20]．

3　停戦後

(1)　基本政策

1953年7月，金日成は中国軍総司令官の彭徳懐とともに，板門店で停戦協定に署名した．かれにとってこの停戦は平和への道ではなく，南とのあらたな対決のはじまりであった．1953年8月かれは人民軍に，韓国軍・米軍掃討の決意をもつよう呼びかけた[21]．同時に，つねに完全な戦闘準備態勢を堅持すること，あらたな防御陣地を前線に早急にきずくことを命令した．

　戦闘準備には，軍事工業の基礎となる重化学工業の復興が不可欠であった．金日成は停戦後すぐ，降仙製鋼所（旧三菱製鋼平壌製鋼所）を訪れた[22]．つづいて，興南・咸興，元山を訪問した[23]．翌年には，熙川機械工

　19）　前掲の北朝鮮政府の刊行書，『朝鮮民主主義人民共和国』（171頁）は，1952年から大規模な地下工場の建設がはじまったと記述している．
　20）　木村光彦・青木則子「1952年北朝鮮の経済資料」『青山国際政経論集』第70号，2006年，159-60頁．
　21）　金日成「祖国解放戦争の勝利をかため，人民軍の戦闘力を強化することについて——朝鮮人民軍最高司令官命令〇〇五七七号」1953年8月28日，『著作集』第8巻，68頁．
　22）　同「自力で降仙製鋼所を復旧しよう」降仙製鋼所労働者との談話，1953年8月3日，同上，1頁．

場・同自動車部品工場，黄海製鉄所を視察した[24]．これらはいずれも，兵器製造に密接に関係する重要工場（都市）であった．東西の海岸沿いに立地した工場は，朝鮮戦争中に米軍の艦砲射撃の標的となった．この経験から金日成は，できるだけ工場を内陸部に移転・建設するよう指示した[25]．工場地下化のいっそうの推進も命じた[26]．

　工業再建はもちろん，自力では不可能であった．金日成は1953年9月にソ連，11月には中国を訪問し，無償援助——機械設備や原燃料の供給・技術者派遣——を要請した．東欧には別途，代表団をおくった．ソ連からは総額10億ルーブルの援助獲得に成功した．計画では主たる使途は以下のとおりであった：水豊発電所・城津製鋼所・金策製鉄所・南浦製錬所・勝湖里セメント工場・馬洞セメント工場・興南肥料工場の再建，平壌紡織工場・魚類缶詰工場・塩酸工場・染色工場・トラクター修理工場・ラジオ放送局の新設，地質調査・鉱山開発[27]．これらのなかで一見軍事と無関係な工場も，じつは軍事と密接にむすびついていた．すなわち，セメントは防御陣地や地下工場の建設に不可欠であった．繊維工場・缶詰工場は兵士の

---

23) 同「有能な技術者を自力で大量に養成しよう」興南工業大学，咸興医科大学教職員との談話，1953年10月18日，同上，80頁，「すべての力を民主基地の強化のために」祖国統一民主主義戦線咸鏡南道活動者会議でおこなった演説，1953年10月20日，同，87頁，「戦後の復興建設における咸鏡南道の課題」咸鏡南道の党・政権機関・大衆団体および経済機関活動家協議会でおこなった演説，1953年10月21日，同，107頁，「江原道の当面の課題」江原道の党・政権機関・大衆団体および経済機関活動家協議会でおこなった演説，1953年10月23日，同，136頁（江原道における演説地は明記されていないが元山であったと推定する）．

24) 同「機械製作工業を発展させるための課題」煕川機械工場，煕川自動車部品工場の幹部および労働者協議会でおこなった演説，1954年4月10日，同上，323頁，「黄海製鉄所は戦後経済建設の『1211』高地」黄海製鉄所の労働者，技術者，事務員との談話，1954年6月1日，同，405頁．

25) 同「すべてを戦後の人民経済復興発展のために」朝鮮労働党中央委員会第六回総会でおこなった報告，1953年8月5日，同上，18頁．

26) 同「人民軍を質的に強化し幹部軍隊につくろう」朝鮮人民軍第四回煽動員会議でおこなった演説，1954年5月27日，同上，390頁．地下施設は工場にとどまらなかった．金日成は朝鮮戦争中，平壌の地下に大規模な劇場（間口20m，奥行50m，高さ13m，800人以上収容可能）を造った．福島要一「廃墟の中から起ち上る人々：朝鮮民主主義人民共和国を訪れて」『新しい朝鮮』創刊号，1954年，45-49頁（朴慶植編『在日朝鮮人関係資料集成（戦後編）』第10巻，不二出版，2001年，12-13頁）．

27) 前掲，慶南大学極東問題研究所，310，342頁，Vanin, J. V. ed., *SSSR i Koreja*, Nauka, Moscow, 1988, pp. 246-47.

衣服・携行食品，塩酸工場は爆薬（また化学兵器）の製造に重要であった．当時の北朝鮮内部を知る者の証言によれば，じっさいには金日成は，援助資材のおおくを金策製鉄所（旧日本製鉄清津製鉄所）と興南肥料工場の復旧につかったという[28]．肥料工場復旧の主眼は硝安製造であった．硝安は火薬原料にほかならなかった．中国は八億元を援助した．その大半は道路，鉄橋などの改修を金額換算したものであった[29]．

　1956年6-7月，援助要請のために金日成はふたたびソ連を訪問し，さらに東欧諸国を巡った．この結果ソ連から無償援助3億ルーブル，借款1.7億ルーブルをえた[30]．これは前回の援助額を大幅に下回ったが，金日成はこれによって，同様に，発電所，セメント・機械工場などの修復，新設をはかった．

　金日成は，戦略物資の大量備蓄計画もたてた．かれはこれを，1957年人民経済計画で留意すべき課題のひとつにあげた[31]．主要な備蓄対象は鋼材，石炭，食糧であった．当時，金日成は祖国の平和的統一を唱えたが，これは韓国への外交攻勢を目的としたスローガンにすぎなかった．かれは内部では，「平和的統一のためには人民軍の戦闘力と戦闘準備の強化が必要である」と述べ，その一環として備蓄を指示していたのである[32]．

(2) 実　態

工業の再建は，金日成の思惑どおりには進行しなかった．たとえば，興南の肥料工場は停戦から4年後の1957年7月時点で復旧が完了していなかった[33]．同工場の創建は1929年で，建設に要した期間は約2年であった

---

　　28) 朴甲東『証言　金日成との闘争記』成甲書房，1991年，259頁．
　　29) 同上．
　　30) 前掲，慶南大学極東問題研究所編，312，342頁．
　　31) 金日成「内外の現情勢と一九五七年度人民経済計画の樹立において留意すべき問題について」朝鮮民主主義人民共和国内閣第十回全員会議での結語，1956年12月1日，『著作集』第10巻，369頁．
　　32) 同「祖国統一問題と人民軍の課題」朝鮮人民軍軍事・政治幹部会議でおこなった演説，1957年11月27日，『著作集』第11巻，351-52頁．
　　33) 同「咸鏡南道党組織の課題」咸鏡南道の党・政権・経済機関および大衆団体の活動家におこなった演説，1957年3月26日，同上，72頁．硝安工場は1958年に復旧した．同「興南硝安工場の操業式でおこなった激励の辞」1958年4月20日，『著作集』第12巻，188-92頁．

（硫安年産能力40万トン）[34]．これとくらべると復旧は遅かった．水豊発電所の再建は1958年8月であった．このとき金日成は当初の工事予定期間をおおはばに短縮したと誇ったが，停戦からすでに5年が経過していた[35]．この発電所の起工は1937年で，4年後の1941年には第1号発電機が稼動をはじめた[36]．1945年8月には，予定した全7基の発電機中6基が稼動した．朝鮮戦争中，ダムや発電機への恒久的な被害は大規模ではなかった[37]．にもかかわらず，再建に要した年月は創建より長かった[38]．

　国内の技術者の不足，労働者の意欲欠如，組織の非効率性が修復をおくらせた[39]．援助国側にも問題があった．ソ連・東欧諸国が機械設備を迅速に送ってこなかったのである．金日成はつぎのように述べた：「以前に多額の外貨を使ってターニングミル［工作機械の一種］を1台買い入れたことがあるが，それが到着するまでに4年もかかった．もしこのようなやり方でターニングミルを10台輸入するとすれば40年かかる．」[40] 旧ソ連の内部資料はこうした事実をうらづける．1954年，ソ連による漁業関連設備の期限内引渡しは51％にすぎなかった[41]．1957年，城津製鋼所（旧日

34）　前掲，木村・安部『北朝鮮の軍事……』52頁．
35）　金日成「水豊発電所復旧改造工事の竣工式でおこなった演説」1958年8月30日，『著作集』第12巻，428頁．
36）　前掲，木村・安部『北朝鮮の軍事……』114頁．
37）　米軍は停戦交渉を有利にはこぶため，1952年6-7月，北朝鮮の各発電所を空爆した．米軍の偵察によれば，これにより水豊発電所の発電能力70万KW中，12万KWが不能となった．ソ連軍の報告では，変圧器と配電設備に大きな被害がでた．水力タービンは無傷であった．発電機は，稼動していた4基中2基のコイルが焼けた．ダムの被害はなかった．米軍の空爆は同年9月，53年2月にもおこなわれた．前掲，Tucker ed., vol. II, pp. 623-24, 国防部軍事編纂研究所編『ソ連軍軍事顧問団団長ラズバエフの6・25戦争報告書』第3巻，同所，ソウル，2001年，109, 113頁．
38）　1959年の各発電所の復旧状況は，木村光彦・青木則子「1959年北朝鮮の発電所の資料」『青山国際政経論集』第74号，2008年，99-113頁参照．
39）　金日成は以下の演説で，経済運営上の欠陥を総括した．金日成「社会主義経済建設における当面の課題について」朝鮮労働党中央委員会総会での結語，1959年12月4日，『著作集』第13巻，412-76頁．当時の平壌駐在東ドイツ大使は本国への報告のなかで，北朝鮮の同志は経済計画の策定に未経験であり，このことが重大な経済困難をひきおこしていると述べた．統一研究院編『ドイツ地域北韓機密文書集』ソンイン，ソウル，2006年，21頁．
40）　金日成「社会主義建設でひきつづき革命的高揚を堅持し，今年度の人民経済計画を完遂するために」朝鮮労働党中央委員会常務委員会拡大会議でおこなった演説，1959年5月5日，『著作集』第13巻，266頁．
41）　Rossijskij Gosudarstvennyj Arkhiv Ekonomiki, *Dokumenty o Sovetsko-Korejskom Ekonomitseskom Sotrudnitsestve. 1949-1970 gg.*, vol. II, 複写版，n. d., 第47頁．

本高周波重工業城津工場)の復旧計画を立案したのは「工業建設計画」キエフ支部であった[42]．計画書の作成は，関係各部局との調整に手間どり，遅延をくりかえしていた．城津製鋼所は北朝鮮唯一の兵器用特殊鋼製造工場であったから，金日成はその復旧をとりわけ重視していた．この重要工場の復旧計画の作成を，北朝鮮からはるか遠くのキエフで，ソ連人技術者が官僚主義的におこなっていたのである．このように，社会主義国に顕著な官僚主義およびソ連の中央部・東欧と北朝鮮の距離の隔たりが，納期のおくれをもたらした．

ソ連人技術者には，知識も欠如していた．日本企業は，城津製鋼所の製鋼設備をはじめ，アンモニア，酢酸ビニール，人絹，石灰窒素，セメントの製造設備など，ソ連よりすすんだ設備を北朝鮮にのこした[43]．ソ連の技術者はこれらに十分な対応能力をもたなかった．かれらはむしろ学ぶ立場にあった．

金日成は大規模な大衆動員によって，修復のおくれを挽回しようとした．これは一時的には重点部門で建設のスピードアップと生産増加をもたらしたが，労働者，設備を消耗させ，生産効率をいっそう低めた．製品の質の低下も深刻化した．労働者は，量的な生産目標達成のために品質をおとす方法をえらんだ．この結果，一見増産が実現しても，生産現場で使用にたえない製品が頻出した．金日成はこの点について，くりかえし不満を述べた[44]．

北朝鮮の公式の工業統計は1958-59年，鉄鋼，セメントなど基礎資材の大幅な生産増を記している[45]．この増加は，同時期に大型の工業施設が復旧したことと整合的である[46]．これらの資材の生産能力が日本統治期の水

---

42) 木村光彦・土田久美子「1950-60年代ソ連の対北朝鮮技術協力にかんする資料」『青山国際政経論集』第68号，2006年，139-61頁．

43) 前掲，Vanin ed., p. 259, 前掲，木村・安部『北朝鮮の軍事……』152頁．木村光彦・青木則子「1950-60年代北朝鮮の経済資料」『青山国際政経論集』第73号，2007年，115-16頁．

44) 建築材料，鋼材，化学繊維の質の問題は以下を参照．金日成「建設の質を高めるために」平壌市建設者会議でおこなった演説，1958年12月25日，『著作集』第12巻，577頁．「咸鏡北道党組織の任務」朝鮮労働党咸鏡北道委員会拡大総会でおこなった演説，1959年3月23日，『著作集』第13巻，217，224頁．

45) 後藤富士男『北朝鮮の鉱工業：生産指数の推計とその分析』国際関係共同研究所，1981年．

準を超えたとすれば，この時期であったといえよう[47]．しかし増産の意義はつぎの2点から，割り引かねばならない：(a)粗悪品の産出，(b)輸送・保蔵過程でのおおくのロス．

　北朝鮮の工業統計は兵器生産をふくまないが，1950年代後半にこれが増大したことは確実である．それは日本統治期の小規模な弾丸・爆弾生産からおおきく飛躍した．

　重工業，軍需重視政策は国民生活をつよく圧迫した．食料不足は慢性的で，1955年には飢饉がおこった[48]．にもかかわらず，1955-59年，対ソ輸入額の約40％は機械設備で，食料品は6％にすぎなかった（付表7）．薬のような民生に必須の物資もいちじるしく不足した．金日成はアスピリンとペニシリンの国内生産をふやすため，1958年，大規模な製薬工場を建設した（順川製薬工場）[49]．しかし製品が国民にひろく供給されることはなかった．それが軍用であったことは容易に推測できる．国民の窮乏は，1959年以降に帰国した在日朝鮮人の証言からも明白である．帰国者のおおくは日本で，みずから貧困層に属していたかあるいは身近で貧困者に接していたが，北朝鮮の庶民は，かれらに大きな衝撃をあたえるほど貧しい生活を送っていた[50]．

---

　46)　前掲，慶南大学極東問題研究所編，342頁．
　47)　旧ソ連資料と公式統計の比較検討はつぎを参照．木村光彦「1940-50年代の北朝鮮生産統計」『青山国際政経論集』近刊予定．
　48)　これはハンガリーやソ連の資料から判明する．Szalontai, Balazs, *Kim Il Sung in the Khrushchev Era: Soviet-DPRK Relations and the Roots of North Korean Despotism, 1953-1964*, Woodrow Wilson Center Press, Washington, D.C. and Stanford University Press, Stanford, 2005, pp. 62-66．下斗米伸夫『モスクワと金日成：冷戦の中の北朝鮮1945-1961年』岩波書店，2006年，253，283頁．
　49)　リョム，テギ『朝鮮民主主義人民共和国　化学工業史(1)』平壌，1994年，170-72頁．
　50)　たとえば，鄭箕海（鄭益友訳）『帰国船：北朝鮮　凍土への旅立ち』文芸春秋，1997年参照．このころ北朝鮮は同盟国に食糧援助を要請していた．東ドイツには米，小麦各2万トンを求め，その代金の80％を1962年初に金で支払う意向を示した．前掲，統一研究院編，27頁．

4 軍事優先体制と日本──むすびにかえて

朝鮮戦争後，金日成は農業協同化を強力におしすすめた．その最大の目的はつぎの2点であった．(a)農民を統制下におく，(b)労働者（および兵士）に供給する穀物を全面的に掌握する[51]．後者は軍事工業化を推進する基本条件であった．1950年代，北朝鮮の政権内には金日成に対抗する勢力が存在した．そのなかには相対的に民生を重視する考えの者もいた．金日成はこうした反対派の排除に全力をかたむけた．韓国では朝鮮戦争後，米軍の駐留がつづき，国軍の整備もすすんだ．金日成は，これに対抗し統一を実現するために，軍事最優先の体制の構築をはかったのである．

1959年9月，北朝鮮はソ連と原子力平和利用協定をむすんだ[52]．これは上記の文脈から，平和利用ではなく軍事利用を志向したものとみなければならない．北朝鮮がウラン，黒鉛，ジルコンを豊富に産出すること，化学コンビナートを有することは，将来の核開発を誘う要因であった．都相禄，李升基といったすぐれた物理学者，化学者もいた[53]．

金日成が直面した深刻な問題のひとつは，同盟国とくにソ連──物資調達先としてもっともたよるべき国──の経済的後進性・非効率性であった．前章で検討したように，ソ連じたい西側に依存しなければ発展がのぞめなかった．ソ連はまた政治的にも信頼しうる同盟国ではなかった[54]．この点で，

---

51) 木村光彦『北朝鮮の経済：起源・形成・崩壊』創文社，1999年，116-17頁．

52) 詳細は以下を参照．Kaurov, Gregory, "A Technical History of Soviet-North Korean Nuclear Relations," Moltz, James Clay and Mansourov, Alexandre Y. eds., *The North Korean Nuclear Program: Security, Strategy, and New Perspectives from Russia*, Routlege, New York and London, 2000, pp. 15-16.

53) この両名は北朝鮮の工作組織が拉致したといわれる．久保田るり子編・金東赫著『金日成の秘密教示：対日・対南工作，衝撃の新事実』産経新聞社，2004年，201頁．都相禄（1903-1990）：1932年東京帝国大学理学部物理学科卒業，1938年中国長春工大教員，1945年ソウル大学教授，1946年金日成綜合大学物理学部長，1954年同核物理講座長．核物理にかんする教科書を多数執筆，人民科学者称号・金日成勲章受章，46年以降，10余回金日成の接見をうける（『朝鮮大百科事典』第6巻，百科事典出版社，平壌，1998年，248頁）．公安調査庁の報告によれば，都相禄は1957年ごろ東大に手紙をおくった．その中でかれは，日本の原子力研究につよい関心をよせていると述べ，日朝の学術交流を申し入れた（『公安調査月報』第6巻第5号，1957年，111頁）．李升基については補論参照．

物資，技術を西側から直接導入しうるならば，そのほうがはるかにのぞましかった．日本は西側のなかでもっとも魅力的な条件をそなえていた．第1に，日本には戦前北朝鮮で操業していた企業のおおくが残存し，技術者も健在であった．設備のメインテナンス・更新をはかるうえで，これらの企業・技術者は最適であった．第2に，日本経済は朝鮮戦争を契機に，戦前をこえる発展の道をあゆみはじめていた．これをになう日本企業は，欧米の新技術を積極的に導入していた．第3に，日本は競争的な市場経済システムを採用していた．その最大の利点は，納期・契約を順守すること，価格にみあう品質を保証することであった．第4に，日本は北朝鮮と距離が近く，運送コストを節約できた．第5に，文化・言語・風土・制度基盤が類似し，製品の適合性（たとえば発送電の周波数—70頁）や技術習得の点で有利であった．政治的理由とはべつに，こうした経済的理由から，金日成にとって日本への接近は重要政策のひとつとなったのである．

---

54) 中国も北朝鮮にとって十分に信頼できる相手ではなかった．同盟国にたいする北朝鮮の不信については以下の書物（近刊予定）を参照．Weathersby, Kathryn, *Learning Mistrust: North Korea and its Allies, 1945-1991.*

第 3 章

在日朝鮮人運動と工作の組織化

本章では1945年から1950年代の在日朝鮮人運動と北朝鮮の工作を論じる．重点のひとつは総聯の成立である．その過程は複雑で，日本内外の情勢がさまざまに影響した．第1節ではこれを整理する．議論の中心は終戦後日本の共産主義運動である．第2節では貿易工作を軸に北朝鮮の対日工作をしらべ，これをめぐる日本側のうごきを検討する．第3節は在日朝鮮人の帰国運動を論じる．第4節で要約と結論をしるす．

1 在日朝鮮人の共産主義運動と総聯の成立

(1) 在日本朝鮮人聯盟

歴史研究者の間で周知のように，1930年以降，多数の在日朝鮮人が日本共産党に入党し活動した[1]．戦前，日本共産党の正式党員は1,000名を超

---

1) 戦前の朝鮮人共産主義運動にはさまざまな流れがあった．在日朝鮮人と日本共産党のかかわりについては以下を参照．坪江汕二『在日本朝鮮人の概況』巌南堂，1965年，徐大粛（金進訳）『朝鮮共産主義運動史 1918-1948』コリア評論社，1970年，199-206頁，社会問題資料研究会編『朝鮮人の共産主義運動』社会問題資料叢書第1輯，思想研究資料（特輯），東洋文化社，京都，1973年，朴慶植『8.15解放前 在日朝鮮人運動史』三一書房，1979年，131-34，227-68頁．一方，日本共産党の公式党史は戦前の朝鮮人党員の活動を無視（隠蔽）している．『日本共産党の45年』日本共産党中央委員会出版局，1970年，『日本共産党の五十年』日本共産党中央委員会出版局，1972年，日本共産党中央委員会『日本共産党の六十年 1922-1982』同出版局，1982年，同『日本共産党の六十五年 1922-1987』上・下，同出版局，1988年，同『日本共産党の七十年 1922-1992』上・下，同出版局，1994年，同『日本共産党の八十年 1922-2002』同出版局，2003年．

えなかったが，労働組合などに多くの同調者がいた．1930年代はじめ，共産党員の3分の1，共産党系労働組合員の過半は朝鮮人であった[2]．入党者のなかに金天海と金斗鎔がいた．金天海は1898年に慶尚南道蔚山で生まれ，1920年に渡日した．日本では朝鮮人労働運動・共産主義運動の先頭にたった[3]．金斗鎔は1903年もしくは1904年に咸鏡南道咸興で生まれ，1910年代に渡日した．日本で中等教育を受けたのち，東京帝大に入学した[4]．かれはここで共産主義に触れ，その後，朝鮮人労働運動，プロレタリア文化運動にくわわった．

　日本の敗戦直後，在日朝鮮人は日本各地で政治・社会団体を結成した．そのなかでもっとも有力な組織に成長したのが，在日本朝鮮人聯盟（1945年10月結成，以下，朝聯）であった[5]．朝聯は当初，朝鮮半島への帰還事業，貧困家庭への援助，日本人との対立の調停などを目的とし，多様な考えの人々を糾合していた．しかし次第に日本共産党の影響下に入った．これを指導したのが上述の金天海と金斗鎔であった．金天海は共産党の中央委員・朝鮮人部長の地位につくと同時に，朝聯の最高顧問に就任した．金斗鎔は，共産党中央委員候補・朝鮮人部副部長と朝聯中央委員・情報部長を兼ねた（1945年11月現在）[6]．朝鮮人の日本共産党員は1946年2月およそ1,000人といわれたが，1948-49年には2-3万人に増加した[7]．全（届出）党員数は49年頃およそ10万人であったから，朝鮮人党員の割合は2-3割にたっした[8]．朝鮮人の入党には金天海がおおきな役割をはたした[9]．

―――――

　2）　Scalapino, Robert A. and Lee, C. S., *Communism in Korea,* Part I, University of California Press, Berkeley, 1972, pp. 188-89.
　3）　樋口雄一「金天海について：1920年代を中心に」『在日朝鮮人史研究』第18号，1988年．宮崎学『不逞者』角川春樹事務所，1998年．
　4）　鄭栄恒「プロレタリア国際主義の屈折：朝鮮共産主義者金斗鎔の半生」一橋大学社会学部修士論文，2002年（http://members.jcom.home.ne.jp/katoa/03chun.html，2006年8月14日）．
　5）　朝聯の結成大会およびそれ以後の全体大会（第5回まで）の議事内容は，以下を参照．金仁徳『在日本朝鮮人聯盟全体大会研究』ソンイン，ソウル，2007年．
　6）　朴慶植編『朝聯，民戦関係』朝鮮問題資料叢書　第9巻，アジア問題研究所，1983年，9-10頁．金斗鎔はこの時期，共産党の機関誌『前衛』にたびたび寄稿した．よく知られた論文は，「日本における朝鮮人問題」第1巻第1号，1946年，14-19頁，「朝鮮人運動は転換しつつある」第14号，1947年，38-39頁，「朝鮮人運動の正しい発展のために」第16号，1947年，18-20頁である．ほかに，北朝鮮関連で「北朝鮮労働法令について」第1巻第12号，1947年，50-52頁という論評もある．
　7）　坪井豊吉『在日同胞の動き』自由生活社，1975年，63-64頁．

共産党にとって朝聯は有力な革命勢力であった．朝鮮人共産党員は日本の革命と朝鮮民族の解放・独立をむすびつけ，運動を展開した[10]．

朝聯はみずからを戦勝民族とみなし，合法・非合法のさまざまな手段によって活動した．たとえば，旧朝鮮総督府東京事務所を占拠し，事務所に使用した[11]．これはかれらにとって不当なことではなかった．かれらの解釈では，母国の搾取機関の所有物は自分たちに帰属するものであったからである．朝聯は豊富な活動資金をえた．まず，朝鮮への引揚者が得べき資金を入手した[12]．朝聯は，引揚げる者に勧めて預金通帳を朝聯に預けさせた．メンバーはこれをもとに大蔵省と交渉し，預金の引出しに成功した．その額は1946年1-4月の間で1億円以上であった．鉄道運賃払い戻し金，未払い賃金・諸手当，配給物資も回収・獲得した[13]．本来これらを得るはずの者は，多くがすでに朝鮮半島に引揚げていた．けっきょく，獲得した資金はそのまま朝聯の金庫に入った．朝聯メンバーはさらに，動員先であった軍需工場の資材や空襲の焼け跡を占有した．かれらはそれを転売したり，みずからの営業活動の基盤とした．焼け跡の闇市では，取引を仕切った[14]．後述のように，南北朝鮮との間の密輸（麻薬，覚醒剤をふくむ）も公然の秘密であった．朝聯はまた，朝鮮人に配給するという約束で，警察が朝鮮人闇商人から没収した商品を安い公定価格で購入した．ところが同メンバーはこれを闇市場に流し，差益をえた．こうして朝聯が獲得した資金は共産党の手に入り，その財政を支えた[15]．

---

8) 日刊労働通信社編『戦後日本共産主義運動』同社，1955年，159頁．
9) 玉城素「日本共産党の在日朝鮮人指導（その一）」『コリア評論』1961年4月号，27頁．
10) 朴慶植『解放後 在日朝鮮人運動史』三一書房，1989年，89-91頁．共産党再建のために活動した朝鮮人の体験談はおおい．たとえば，張錠壽『在日六〇年・自立と抵抗：在日朝鮮人運動史への証言』社会評論社，1989年．
11) ワグナー，エドワード・W『日本における朝鮮少数民族 1904年-1950年』現代日本・朝鮮関係史資料第1輯，湖北社，1975年，73頁．
12) 同上，73-74頁．
13) 未払い賃金要求の実情について，当時朝聯と交渉した日本製鐵釜石の担当者の回顧談がある：林泰『林泰回顧談：戦中戦後の身辺と釜石』釜石製鐵所総務室，釜石，1987年，27-30頁．
14) 以下は当時の大阪の状況を，取締り側の観点から詳細に叙述している．鈴木栄二『総監落第記』鱒書房，1952年，10-15頁．これにたいする批判的な叙述は，尾崎治『公安条例制定秘史：戦後期大衆運動と占領軍政策』柘植書房，1978年，58-59頁参照．
15) 篠崎平治『在日朝鮮人運動』令文社，東京・長野，1955年，256-61頁．

思想的に共産党に反発する在日朝鮮人（アナーキストや民族主義者，宗教者）は，45年11月に朝鮮建国促進青年同盟（建青），46年1月に新朝鮮建設同盟（建同）を結成し，朝聯に対抗した．1946年10月，両団体は在日本朝鮮居留民団（民団）を結成した（48年10月に在日本大韓民国居留民団と改称）．民団の勢力は朝聯よりはるかによわかった．1947-48年，在日朝鮮人全人口60-70万人のうち，7割以上が朝聯系といわれた[16]．民団と朝聯の対立はしばしば暴力事件に発展した[17]．

　1946年2月に北朝鮮臨時人民委員会が発足すると，朝聯はその支持を表明した．この時期，金日成の名は在日朝鮮人の間でほとんど知られていなかった．後年の文献には，朝聯にたいしてかれが直接指示をあたえたとするものがある[18]．これはかれの権威の粉飾で，じっさいは朝聯にたいする金日成個人の影響力は当時，なきに等しかった．

　1949年9月日本政府は，暴力行為・破壊活動を理由に朝聯と民青（在日本朝鮮民主青年同盟，朝聯の青年部）に「団体等規正令」を適用し，これらを解散させた[19]．同時に，全財産没収，金天海ら幹部の公職追放を命じた．これにたいして日本共産党は反対声明を発表したが，「挑発には乗らない」としてつよい抗議行動をおこなわなかった[20]．解散時，朝聯の全

　16）前掲，日刊労働通信社編『戦後日本共産……』1955年，118頁．朴在一『在日朝鮮人に関する綜合調査研究』新紀元社，1979年，37-38頁．
　17）民団東京50年史編纂委員会編『民団東京50年史』在日本大韓民国民団東京地方本部，1998年，135-38頁．大阪韓国人百年史編集委員会編『大阪韓国人百年史（民団大阪60年の歩み）』在日本大韓民国居留民団大阪府地方本部，大阪，2006年，100頁．
　18）韓徳銖『主体的海外僑胞運動の思想と実践』未来社，1986年，152頁と在日朝鮮人歴史研究所編『朝鮮総聯』朝鮮新報社，2005年，14頁には，大要つぎのような叙述がある：「1948年10月，金日成は朝聯に，代表団を招請する国際電報をおくった．朝聯がこれにおうじることを日本政府が許可しなかったために，朝聯は秘密裏に代表団を派遣した．1948年12月，金日成はかれらと会見し，かれらが共和国公民の自覚をもって米帝国主義と闘争するべきことを強調した」．
　19）塩釜では朝聯と民団が大乱闘事件を起こしたので，政府は朝聯の解散と同時に，民団宮城県本部と建青塩釜本部を解散させた．
　20）前掲，朴慶植『解放後……』256-57頁．共産党の声明は，社会運動資料刊行会編『日本共産党資料大成』黄土社書店，1951年，359-62頁参照．公安関係者の情報によれば，金日成は朝聯と共産党に以下のメッセージを寄せた：「この解散を予定の行動と受取った……我々はアジアの共産党員として『中共』を中心として大同団結し……諸君は冷静沈着に日共幹部の指導を受け，朝鮮人党員として立派な成果を収められんことを望む」（前掲，篠崎，235-36頁）．しかし金日成がこの時期に，日本の情勢をみきわめたうえで本当にこうしたメッセージを発したかは疑問である．一方，韓国の李承晩大統領は朝聯の解散措置をつよ

勢力は 36 万人余といわれた[21]. 朝聯解散をうけて金天海は 1950 年 6 月, 北朝鮮に密出国した[22]. 金斗鎔は 1947 年にすでに出国していた[23].

朝鮮人共産党員は, 旧朝聯傘下の残存組織を拠点に組織再建をはかった. 共産党中央はその指導のために, 朝鮮人部を民族対策部 (民対, 責任者朴恩哲) に改編し各地方で組織化をすすめた.

(2) 武装闘争

1949 年, 中国の内戦で共産党の勝利が確定し, 新国家が成立した (10 月). 同年 11 月, 毛沢東につぐ中国共産党の実力者, 劉少奇がいわゆる劉少奇テーゼを提示した[24]. 劉はそのなかで, 日本, 朝鮮をふくむ「アジアの植民地・半植民地」の共産党に毛沢東流の武装闘争を呼びかけた. かれはこれ以前, 49 年 7 月に秘密裡に訪ソし, スターリンと会談をおこなった[25]. 劉少奇テーゼはあきらかにスターリンとの協議の結果であった. 49 年 12 月には毛沢東が訪ソした. 毛は 50 年 2 月までモスクワに滞在し, 台湾侵攻問題, 中ソ関係, 日本・朝鮮・東南アジアの革命戦略についてスターリンと議論をかさねた[26].

50 年 1 月 6 日, コミンフォルムの機関紙 (各国語版)『恒久平和と人民民主主義のために』が論評「日本の情勢について」を掲載した[27]. それは,

---

く非難した. かれは, 日本政府と占領軍が全在日朝鮮人を共産主義者とみなしていると感じたのである. 民団も, これがみずからの追放につながることを恐れ, 非難の声をあげた. Lee, Chagnsoo and De Vos, George, *Koreans in Japan: Ethnic Conflict and Accommodation*, University of California Press, Berkeley, 1981, p. 85. 民団 40 年史編纂委員会編『民団 40 年史』在日本大韓民国居留民団, 1987 年, 67-68 頁.

21) 前掲, 日刊労働通信社編『戦後日本共産……』118 頁.

22) 前掲, 宮崎, 288 頁. 舞鶴市警の発表によると, 金天海は 6 月 20 日に密航船で舞鶴を出航し, 23 日に元山に到着した.『朝日新聞』朝刊, 1951 年 6 月 12 日.

23) 前掲, 鄭栄恒, 33 頁. 前掲, 坪井 (76 頁) によれば, 金斗鎔は金天海と対立し 1948 年 11 月に出国した.

24) 世界労連 (前章, 脚注 64) のアジア・大洋州労働組合代表者会議での挨拶. 劉少奇著作集刊行会編訳『劉少奇著作集』第 2 巻, 三一書房, 京都, 1952 年, 223-33 頁.

25) 石井明『中ソ関係史の研究 (1945-1950)』東京大学出版会, 1990 年, 233-41 頁. 太田勝洪・朱建栄編『原典中国現代史 第 6 巻 外交』岩波書店, 1995 年, 35 頁.

26) 同時期, ホーチミンもひそかにモスクワを訪れていた. この点および毛とスターリンの会談の詳細は, 同上, 石井, 第 7 章参照.

27) 日本共産党中央委員会五〇年問題文献資料編集委員会編『日本共産党五〇年問題資料集 1』新日本出版社, 1981 年, 1-3 頁.

日本共産党の占領下平和革命戦略にたいするきびしい批判で，スターリン自身が書いたといわれる．『プラウダ』がただちにこれを転載した．共産党の幹部はつよい衝撃をうけた．党内は，批判を拒否する主流派（徳田球一，野坂参三，伊藤律ら「所感派」）と受容する反主流派（志賀義雄，袴田里見，宮本顕治ら「国際派」）に分裂し，大混乱におちいった．1月17日，中国共産党がコミンフォルム論評支持を公にした[28]．この結果，主流派はコミンフォルムの批判を受けいれ，1月21日の『アカハタ』にその旨，中央委員会決議として発表した[29]．コミンフォルムは1月27日，劉少奇テーゼを支持する論評を発表した[30]．

50年6月6日，占領軍（マッカーサー）は，法秩序無視を理由に，共産党の全中央委員の公職追放を指令した．徳田，野坂ら主流派幹部は非公然組織をつくるために，反主流派をのこして地下に潜行した．党内の分裂は深刻化した．

同月15日，朝鮮人共産党員が全国代表者会議を開催した．かれらはそこで，あらたな組織，民戦—在日朝鮮統一民主戦線—の結成をきめた．

同月25日，朝鮮半島で北朝鮮軍（人民軍）が南侵を開始した．この直後，民対の責任者，朴恩哲は共産党本部で，北朝鮮を支援する強力な朝鮮人組織の結成を指示した．これにもとづいて，東京に祖国防衛中央委員会，地方に祖国防衛委員会（祖防委）と祖国防衛隊（祖防隊）が成立した（総責任者，盧在浩）[31]．祖防委は在日朝鮮人に，米軍用の軍需品の生産・輸送反対闘争への参加をよびかけた．当時日本は朝鮮で戦う米軍の後方基地であったから，こうした妨害活動は北朝鮮にとって重要な意義をもった[32]．

50年10-11月，徳田と野坂が中国に密出国し，いわゆる北京機関を組織した[33]．12月，反主流派は袴田里見を中国に派遣した[34]．翌51年4月，

---

28) 同上，9-11頁．
29) 同上，16頁．
30) 前掲，日刊労働通信社編『コミンフォルム……』317-19頁．
31) 前掲，朴慶植『解放後……』272-73頁．盧在浩はのちに総聯の幹部になった．
32) 日本と朝鮮戦争のかかわりは，山崎静雄『史実で語る朝鮮戦争協力の全容』本の泉社，1998年，大沼久夫編『朝鮮戦争と日本』新幹社，2006年を参照．
33) 西野辰吉『首領：ドキュメント徳田球一』ダイヤモンド社，1978年，219頁．和田春樹『歴史としての野坂参三』平凡社，1996年，243頁．
34) 袴田里見『私の戦後史』朝日新聞社，1978年，73-78頁．51年秋には伊藤律が密出国した．伊藤律『伊藤律回想録：北京幽閉二七年』文芸春秋，1993年，19頁．

かれらはモスクワに赴いた．中国共産党幹部（中央対外連絡部長），王稼祥が同行し，ともにスターリンとの会談にのぞんだ[35]．会談でスターリンは日本における武力革命の方針を示し，徳田，野坂，袴田はこれにしたがうことを表明した．この結果，日本共産党は全組織をあげて武装闘争に突入することになった．スターリンはその資金を供与した[36]．

51年1月，在日朝鮮人80名が東京で民戦の結成大会を開いた[37]．民戦はのちに表にあらわれたが，当初は秘密組織であった．2月，東京にのこった共産党指導部は，秘密裡に第4回全国協議会（4全協）をひらき，軍事方針を採択した[38]．そこでは在日朝鮮人が国内の少数民族であることを確認し，同盟して日本革命をめざすとした[39]．同年10月，共産党は第5回全国協議会（5全協）を開催し，いわゆる51年綱領を採択した[40]．同綱領は，「日本の解放と民主的変革を平和手段によって達成することはまちがいである」としるした．指導部は，武装の準備と行動を開始する指針も提示した[41]．

---

35) 王が属した中央対外連絡部は外交，対外工作を担当する中国共産党の組織であった．スターリンとの会談は4回ひらかれ，袴田は最後の4回目のみ出席した．このとき他の主流派幹部，西沢隆二およびソ連側からマレンコフ，ベリヤ，モロトフが同席した．同上，袴田，96頁，前掲，和田『歴史としての……』245頁．

36) 名越健郎『クレムリン秘密文書は語る：闇の日ソ関係史』中央公論社，1994年，83-84頁．共産党は1994年刊行の党史でこの事実をみとめたが，資金はあくまで，党規約に反する北京機関（「徳田・野坂分派ら亡命者集団」）に供与されたとした．コワレンコ（元ソ連共産党中央委員会国際部副部長，戦後ソ連の対日工作にかかわった中心的人物）によれば，ソ連は1945-64年間，日本共産党に毎年約50万ドルを供与した．のちに共産党に君臨した宮本顕治が住んだ広壮な邸宅も，ソ連の援助資金で建設されたという．前掲，日本共産党中央委員会『日本共産党の七十年』上，221頁，コワレンコ，イワン（Kovalenko, Ivan Ivanovich）（加藤昭監修，清田彰訳）『対日工作の回想』文芸春秋，1996年，222頁参照．

37) 前掲，朴慶植『解放後……』279頁．

38) 「軍事方針について」『内外評論』第2巻第6号，通巻第15号，1951年3月15日（日刊労働通信社編『最近における日共の基本的戦略戦術』同社，1953年，178-82頁）．

39) 前掲，日刊労働通信社編『戦後日本共産……』727-29頁．

40) 「日本共産党当面の要求（新しい綱領）」『内外評論』第2巻第17号（『健康法』第26号）1951年8月23日，『アカハタ』1952年7月15日，「新綱領を提示するに当って」『内外評論』同上（前掲，日刊労働通信社編『最近における日共の……』1-20頁）．日本共産党の公式党史によれば，この綱領はスターリンが作成し，上記のモスクワ会談で日本共産党幹部に提示した．前掲，日本共産党中央委員会『日本共産党の八十年』111頁．

41) 「われわれは武装の準備と行動を開始しなければならない」『球根栽培法』第2巻第22号，通巻第31号，1951年11月8日（脇田憲一『朝鮮戦争と吹田・枚方事件』明石書店，2004年，798-815頁）．

第3章　在日朝鮮人運動と工作の組織化

　祖防委・祖防隊員の大多数は共産党員であった[42]．祖防隊は1951年8月15日，米侵略主義との闘いに全力をつくすことを宣言した[43]．1952年には祖防委が「在日朝鮮民族の要求と闘いも，党の新綱領がもつ内容と完全に一致している」とし，軍事行動を指示した[44]．祖防隊は軍事組織的性格をつよめ，日本人共産党員の行動部隊（「中核自衛隊」）とともに武装闘争を実行した[45]．1952年，交番や税務署の襲撃，街頭での警官隊との衝突が各地でおこった．東京では5月に皇居前メーデー事件，6月に新宿駅前火炎ビン事件が発生した．前者では，朝鮮人が徳田球一と金日成の写真を掲げて暴徒化した．6月には大阪の枚方・吹田でも騒乱がおこった．朝鮮人が密集していた大阪は，祖防隊員が全国で最多であった[46]．朝鮮人はこの騒乱の中心部隊となり，火炎ビンで警官隊を襲撃した[47]．

　42）　前掲，日刊労働通信社編『戦後日本共産……』754頁．
　43）　祖防隊の綱領．前掲，日刊労働通信社編『最近における日共の……』347頁．
　44）　「在日朝鮮民族の当面する要求（綱領）草案」『セチョソン』（『新朝鮮』）（祖国防衛全国委員会機関紙）号外，1952年7月23日（朴慶植編『解放後の在日朝鮮人運動Ⅱ』朝鮮問題資料叢書　第10巻，アジア問題研究所，1983年，171-72頁），『種まく人』（祖国防衛全国委員会「祖国防衛闘争を強力に発展させるために祖防隊の組織と行動を拡大し強化せよ」）1952年，同上，朴慶植編，347-56頁．
　45）　中核自衛隊については，「中核自衛隊の組織と戦術」『球根栽培法』第2巻第27号，通巻第36号，1952年2月1日（前掲，日刊労働通信社編『戦後日本共産……』192-200頁）参照．共産党と祖防隊は各地で軍事訓練をおこなった．これにかんする検察の報告は，兵本達吉『日本共産党の戦後秘史』産経新聞出版，2005年，116-27頁を参照．
　46）　梁永厚『戦後・大阪の朝鮮人運動　1945-1965』未来社，1994年，109頁．
　47）　以上の騒乱事件で，とくに朝鮮人の関与についてはつぎの文献を参照．前掲，坪井，393頁，前掲，朴慶植『解放後……』309-18頁，前掲，脇田，379，387頁，警視庁史編纂委員会編『警視庁史』昭和中編（上），同会，1958年，481-508頁，朴東廉『友と愛，そして母』新幹社，2001年，260頁，金昌烈『朝鮮総聯の大罪：許されざる，その人びと』宝島社，2003年，26-30頁，西村秀樹『大阪で闘った朝鮮戦争：吹田枚方事件の青春群像』岩波書店，2006年．
　前掲，篠崎（103頁）は，金日成が1952年3月，民戦にさらなる武装闘争を指令したとしるす．しかしその事実は確認できない．当時の地方共産党幹部の証言では，祖防隊には朝鮮半島から労働党員が潜入していた（高橋正美・遠藤忠夫「宮城県共産党と仙台の在日朝鮮人社会」13頁，朝鮮研究会編『地域社会における在日朝鮮人とGHQ』（『和光大学総合文化研究所年報　東西南北』別冊01），2000年）．このころ北朝鮮の政権幹部で祖防委と関係がふかかったのは金日成ではなく，むしろ朴憲永（副首相兼外相，南労党系）であったという見方がある．朴がかれらをつうじて，破壊活動を直接指示していたのかもしれない．これに関連して注目すべきは，朴が1946年に『前衛』に寄稿していたこと，同じく『前衛』の寄稿者，ハンクン・ツラリムもおそらく南労党系であったことである．朴憲永「南朝鮮における三民主政党の合同」第13号，1947年，11-12頁，ハンクン・ツラリム「朝鮮の便り」第1

日本の一般国民は共産党の武装闘争につよく反発した．その結果，共産党は社会から完全に遊離した．徳田は1952年7月，党活動の欠陥をみとめ，修正する方針を発表した．この方針は最初コミンフォルム機関紙（英語版）に論文として発表され，ついでモスクワ放送で放送された．論文はただちに日本共産党の機関紙『アカハタ』に翻訳・転載された[48]．こうした経緯から，この方針がスターリンの意向——平和攻勢に転じる——にもとづいていたことは確実である[49]．徳田論文はじっさい，「日本共産党がスターリンの思想に忠実にしたがう必要をとくにみとめる」と明記していた．非合法活動については，それを全面的に排除するのではなく，「合法活動との結合の技術を習得すること」を主張した．
　1952年10月と1953年4月，共産党は衆・参議院選挙に全力を傾注した．結果は惨敗で，当選者は1名にすぎなかった．
　1953年，スターリンの死去につづき，北京で徳田球一が死んだ（10月）．この間，朝鮮戦争の停戦が実現した（7月）．1954年9月，野坂，袴田らはモスクワでソ連，中国の共産党幹部と協議のうえ，軍事方針の転換をきめた[50]．1955年1月，共産党は機関紙で明確に，過去の「極左冒険主義」を自己批判した[51]．同年7月，第6回全国協議会（6全協）で正式に軍事方針の廃棄を決定した．このように共産党は，スターリンの指示ではじめた武装闘争に失敗し，平和革命路線に復帰した．

(3) 総聯の成立

1953年2月，祖国統一民主主義戦線（北朝鮮政府の工作組織）が平壌から

巻第1号，1946年，30-32頁．同「北朝鮮臨時人民委員会の土地改革」第1巻第5号，1946年，29-32頁．同「朝鮮の民主民族戦線」第1巻第6号，1946年，22-25頁．当時の『前衛』編集の実情は以下を参照（ただしここで言及した点についてはふれていない）．寺尾五郎「『前衛』創刊のころ」法政大学大原社会問題研究所編『証言　占領期の左翼メディア』御茶の水書房，2005年，341-66頁．
　48）　徳田球一「日本共産党三十周年記念に際して」『アカハタ』復刊第12号，1952年7月15日（前掲，日刊労働通信社編『最近における日共の……』111-19頁）．
　49）　前掲，甲谷，194頁．
　50）　前掲，日本共産党中央委員会『日本共産党の八十年』121-22頁．
　51）　「アカハタ1・1主張　党の統一とすべての民主勢力との団結」『アカハタ』第1540号，1955年1月1日（日刊労働通信社編『最近における日共の基本的戦略戦術（三）』同社，1956年，133-38頁）．

民戦にアピールをおくった[52]．この中で同戦線は，民戦が日本共産党の指導のもとで，反米・反政府（吉田政権）闘争をつづけることをもとめた．これは従来の路線と基本的に変わらなかった．9月には金天海（同戦線中央議長団）が平壌放送で演説をおこない，金日成をたたえる一方，同様の路線をしめした[53]．1954年2月，共産党中央は，日本人民と在日朝鮮人の統一戦線を強化し，反米・反政府闘争を発展させることを決定した．同年8月28日，民対と民戦はこの方針を確認した[54]．

在日朝鮮人運動の路線転換の流れは，1954年夏から秋にかけてあらわれた．1954年6月，周恩来がジュネーブでネルーと会談し，平和5原則を発表した．原則のひとつは，アジアおよび世界各国間の内政不干渉であった[55]．同年8月30日，北朝鮮の南日(ナム・イル)外相が平壌放送で声明を発表した．そのなかで南日は，在日朝鮮人が外国人—共和国公民—として正当な権利を保障さるべきことを日本政府に要求した[56]．これは，日本共産党の従来の立場と対立するものであった．在日朝鮮人が日本共産党の指導をはなれ，日本の内政に関与しないことを示唆したからである．同年10月，中国紅十字代表団が来日した．中国紅十字は，看板は人道団体（赤十字）であったが，対外的な政治工作を任務としていた．日中友好協会は前年から，同代表団の訪日実現をめざして全国的な運動を展開していた[57]．代表団の副団長，廖承志は在日華僑の総会で，日本の内政にかかわるべきではないことを強調した[58]．日本共産党は1955年1月，前記，極左冒険主義の自己

---

52) 前掲，朴慶植『解放後……』342-43頁．同戦線については，『朝鮮民主主義人民共和国』外国文出版社，平壌，1958年，153-54頁参照．
53) 『解放新聞』1953年9月22日，26日（朴慶植編『解放後の在日朝鮮人運動Ⅲ』朝鮮問題資料叢書　補巻，アジア問題研究所，1984年，472頁）．
54) 前掲，朴慶植『解放後……』346-48頁．
55) 前掲，太田・朱編，61-62頁．
56) 邦訳全文は，梶村秀樹『梶村秀樹著作集　第6巻　在日朝鮮人論』明石書店，1993年，227-28頁参照．
57) 日本中国友好協会（正統）中央本部編『日中友好運動史』青年出版社，1975年，64-66頁．日中友好協会は60年代，日中両共産党の対立の結果，分裂した．上の書物は親中共派の組織の編纂による．
58) 高峻石『在日朝鮮人革命運動史』柘植書房，1985年，321頁．廖承志(1901-1983)は東京生まれで，青年時代から共産主義運動に参加した．1949年以後，中国共産党の国際平和運動，華僑むけ統一戦線工作，対日工作などに従事した（ファリゴ，ロジェ(Faligot, Roget)・クーファー，レミ(Kauffer, Remi)（黄昭堂訳）『中国諜報機関：現代中国［闇の抗争史］』(*Kang Sheng et les Services Secrets Chinois*, Robert Laffont, S. A., Paris,

批判とともに，つぎのような在日朝鮮人運動の路線転換を提示した：「民戦の役割は重要である……［その］基調は［在日朝鮮人の］生活権と共和国公民の意義と権利にある……廖副団長の他国の内政不干渉の立場を正しく理解すべきである……在日朝鮮人に日本革命の片棒をかつがせようと意識的にひき廻すのは明らかに誤りである」[59]．こうして，在日朝鮮人運動を共産党の活動から分離する方針が明確にされた．

1955年2月，南日外相がふたたび声明を発表し，日本との国交正常化と経済交流をよびかけた（後述）．日本共産党はこれを支持する談話を発表した[60]．民戦は3月に中央委員会をひらいた．ここで，朝聯の元幹部のひとり，韓徳銖（1907年，慶尚北道慶山郡生）が路線転換をつよく主張した[61]．かれはこれ以前にひそかに北朝鮮にわたり，思想教育と金日成の指示をうけていたという[62]．民戦は韓徳銖の主導のもとで5月24日，第6回臨時全国大会を開催し，解散を宣言した．翌日，あらたな組織，総聯が発足した．韓徳銖は同議長（議長団の筆頭）に就任した．7月，共産党は民対の解散，朝鮮人党員の離党を正式に決定した．この決定は朝鮮人党員

1987），光文社，1990年，305-06頁）．日本では，1962年に高碕達之助とともに日中貿易覚書に署名したことでひろく知られる．

59）「在日朝鮮人の運動について」党中央指示，1955年1月（前掲，日刊労働通信社編『最近における日共の……（三）』671頁）．金日成は1954年9-10月の中国訪問時，北京滞留中の野坂参三ら日本共産党幹部と会見したといわれる（呉圭祥『記録　在日朝鮮人運動　朝鮮総聯50年　1955.5-2005.5』綜合企画舎ウィル，2005年，30頁）．中国共産党（周恩来）の主導のもとで，このとき両者が，日本共産党による在日朝鮮人運動指導の放棄について協議したのかもしれない．

周恩来がしめした内政不干渉の原則は，中国共産党にとって戦術的・便宜的なものにすぎなかった．1960年代後半，日中の共産党間で意見対立がふかまると，中国共産党は日本共産党にたいし激烈な内部干渉をおこなった．小島優編『日中両党会談始末記』新日本出版社，1989年参照．

60）「中央民対会議の結語」中央民対会議，1955年3月3日（同上，日刊労働通信社編，672頁）．

61）前掲，朴慶植『解放後……』353頁．韓徳銖「在日朝鮮人運動の転換について」（日刊労働通信社編『最近における日共の戦略戦術（四）』同社，1956年，717-39頁）．韓徳銖は20歳のときに渡日した．日本での活動には未知な点がおおい．ある記述によれば，渡日から7年後に丹那トンネル工事現場で朝鮮人労働争議を指導し，治安維持法で逮捕されたという（青木英一他『図説　内側から見た朝鮮総連』イースト・プレス，2006年，48頁）．しかしその真偽は不明である．有力な説は，かれが戦時中に日本海軍の軍属として横須賀の基地ではたらいていたということである．

62）同上，青木他，49頁および朴甲東（元南朝鮮労働党幹部）の証言（2006年9月2日，東京）．

に一方的に通告された[63]．金日成はのちに，上の経緯をつぎのように総括した：「総聯の結成以前，在日朝鮮同胞は日本共産党の指導のもとに，日本独占資本と日本反動政府に反対してたたかった．わが党は，朝鮮人はなによりも朝鮮革命をおこない，在日同胞は民主主義的民族権利を守り，祖国の統一独立を実現するためにたたかうべきであるという在日朝鮮人運動の路線転換をしめした．」[64]．

以上，在日朝鮮人運動は終戦以来，組織，目標，手段の面でめまぐるしい変化を経て，総聯の結成にいたった．すなわち，朝聯から民戦，日本における民族解放から朝鮮の革命（祖国統一），平和的な闘争から武装闘争さらにその放棄という変化である．これには，スターリンの革命戦略と中国・朝鮮半島の情勢の変化といった外部要因が大きく作用した．

総聯は結成大会で宣言，綱領，規約，活動方針を採択した[65]．宣言は，すべての在日朝鮮人を北朝鮮政府と金日成のまわりに結集させると明記した．これは総聯が朝鮮労働党の支配下にはいることを意味した．宣言は同時に，総聯が日朝間の関係の正常化につとめるとしるした．同年9月，総聯の代表団がひそかに北朝鮮にわたった．金日成は同団と会見し，総聯の路線を支持しその活動を積極的に支援する，とくに教育費を送ると約束した[66]．

日本政府にとって，総聯の結成は歓迎すべき出来事であった．北朝鮮を支持する在日朝鮮人が日本共産党から離脱し，かつ国内政治への関与を中止したからである．政府は反面，総聯が北朝鮮の工作組織として機能し，将来深刻な問題をひきおこす危険を軽視した．

結成以後，総聯内部には韓徳銖主流派と旧民対系反主流派（朴恩哲ら）

---

63) 金乙星『アボジの履歴書』神戸学生青年センター出版部，神戸，1997年，238頁．この書物の著者，金乙星は当時共産党の地方幹部で，民対の解散後，その対外工作部門の債務処理にあたった．1956年，朴恩哲とともに北朝鮮に密航，平壌で労働党の思想教育をうけたのち，1961年，日本に密入国した．

64) 金日成「総聯活動家は団結を強化すべきである」朝鮮民主主義人民共和国創建二十五周年在日朝鮮人祝賀団との談話，1973年9月8日，『著作集』第28巻，437頁．句点を若干修正した．

65) 『新朝鮮』第8号，1955年9月（前掲，日刊労働通信社編『最近における日共の……（四）』739-54頁）．

66) 前掲，韓徳銖『主体的海外……』178頁，『解放新聞』1955年10月22日（同上，755-56頁）．

の対立がのこった．韓徳銖主流派の主要メンバーは朝鮮戦争中，在日朝鮮人運動に積極的には参加していなかったが，総聯内では「先覚分子」となった[67]．先覚分子は，北朝鮮に服従することを運動の基本とするグループであった．これにたいして「後覚分子」は，日本共産党による指導を重視する者であった[68]．この呼称は総聯内部でつかわれ，外部では，先覚分子は韓徳銖主流派，後覚分子は民対派とよばれた．

結成直後は，民対派の力がつよかった．かれらには，朝鮮戦争中，闘いの先頭にたったという自負があった．情勢変化による路線転換の必要はみとめたが，韓徳銖に全面的にしたがうことを拒否した．韓徳銖が，従来の民戦の路線は根本的に間違いであったとしたことに反発したのである．1957年，総聯東京本部大会は両派の対立のために，一時流会となった[69]．

この対立の緩和方案のひとつが「学習組」の結成であった[70]．民対派は総聯内部に，前衛党的性格の非公然組織をつくることを主張した．韓徳銖はこれに反対であったが，けっきょく民対派の提案をうけいれた．活動家の数では，民対派の方が多かったからである．韓徳銖はこの組織をつうじて逆に，在日朝鮮人活動家にたいする共産党の影響を完全に排除し，かれらを朝鮮労働党に忠実な活動家に転換させようとはかった．こうして1957年5月，総聯第3回全国大会で「学習組」組織化の具体的方針が決定された[71]．学習組はその後，総聯の中核組織として思想教育や工作活動を展開した[72]．

総聯は1958年の第4回全国大会以後，民主的方法—下部機関の決議をつみあげて全国大会をひらく—を廃した．全国大会が先行し，下部機関はその決定を受容する存在となった．機関運営は常任議長団の合議制から議

---

67) 前掲，朴慶植『解放後……』385頁．
68) 作家として名をなした金達寿は先覚分子，歴史家の姜在彦や朴慶植は後覚分子であった．朴慶植・張錠寿・梁永厚・姜在彦『体験で語る解放後の在日朝鮮人運動』神戸学生青年センター出版部，神戸，1989年，153頁，姜在彦『姜在彦在日論集：在日からの視座』新幹社，1996年，24頁，李進熙『海峡：ある在日史学者の半生』青丘文化社，2001年，61頁．
69) 前掲，朴慶植『解放後……』389頁．
70) 同上，416-19頁．
71) 学習組の組織，目的，運営は，『公安調査月報』第6巻第8号，1957年，134-38頁参照．
72) 前掲，金昌烈，58-90頁．

長一人制に移行した．韓徳銖は民対派の排除に成功し，権力基盤をかためた．この間，1957年，金日成はさきに約束したように，教育資金として多額の資金（2.2億円）を総聯に送った[73]．これは朝鮮大学校建設の基礎となり，総聯につながる在日朝鮮人を感激させた．送金はその後も継続した．そのねらいは，在日朝鮮人をひきつけ，総聯にたいする金日成の個人的な影響力をつよめる点にあった．

2　対日工作

(1)　密輸と工作員

終戦直後，日本と朝鮮半島および他の旧外地との間で密輸が激増した[74]．戦前の密輸はもっぱら開港を中心とした小規模・偶発的なもので，船員や沖仲仕が主たる従事者であった．戦後はこれが一変して組織的・計画的となった．とくに，10-20トンの小型船舶・機帆船によるいわゆる「船ぐるみ」が横行した[75]．1947-48年，朝鮮半島を仕向け・仕出し地とする密輸事件は820件，検挙された朝鮮人総数は2,222人にのぼった[76]．北朝鮮むけに多かった密輸出品は電気器具類であった[77]．これには民間人のみならず工作員も関与した．1946-47年，貿易会社，朝鮮商事の関係者（朝鮮労働党員）が日本で資材（ベアリング，発電機部品，医薬品など）や技術文献を大量に購入し，北朝鮮に密輸出した[78]．朝鮮商事は，対外物資調達のためにソ連占領軍が北朝鮮で設立したソ・朝合弁会社であった[79]．日本側

---

73)　送金はポンドでおこなわれた．前掲，在日朝鮮人歴史研究所編，55頁，『朝鮮民報』第1105号，1957年4月25日（日刊労働通信社編『最近における日共の戦略戦術（五）』同社，n.d.，945-48頁）．

74)　大蔵省関税局編『税関百年史』下巻，日本関税協会，1972年，220頁．

75)　神戸税関編『神戸税関百年史』同税関，神戸，1969年，344頁．

76)　法務省入国管理局『数字からみた在日朝鮮人』入管執務調査資料第8号，1953年，56頁．

77)　前掲，大蔵省関税局編，226頁．

78)　前掲，坪井，69-70頁．山田秦二郎『アメリカの秘密機関』五月書房，1953年，30頁（「日鮮スパイ団暗躍の全貌」『サンデー毎日』1951年6月3日号）．

79)　朝鮮商事の内部資料は米国議会図書館にある．ただし未整理なため公開されていない．その断片は，鄭在貞・木村光彦編『1945-50年北朝鮮経済資料集成』第10巻，企業篇（下），東亜経済研究所，ソウル，2001年，657頁にある．

2　対日工作

では朝聯の金天海，金斗鎔，韓徳銖らが同社関係者と密接に連絡をとっていた．朝鮮商事は香港でも対外調達をおこなった．香港からは硫黄など化学原料や繊維製品，電気機械器具を輸入した[80]．香港は当時，東アジアの密輸の拠点であった．

日本共産党は，小型漁船をチャーターして密輸・密航をくりかえした（かれらはこれを人民艦隊とよんだ）．1950 年 9 月に発覚した事件では，日本人の共産党員が在日朝鮮人をつかって北朝鮮からヘロインを密輸入した[81]．共産党はまた，中国や香港から武器弾薬を密輸入した[82]．1951 年には旧朝聯の幹部による拳銃・手榴弾の隠匿所持が発覚した．共産主義の文献（新聞，雑誌，パンフレットなど）も大量に密輸入し，国内で翻訳し配布した[83]．1958 年 3 月には，人民艦隊に属する漁船の船長ら関係者 10 名が逮捕された[84]．警視庁の見方によればこの漁船は共産党幹部の密航専用船で，野坂参三らが中国から帰国するさいに使用したうたがいがあった．

1950 年 9 月，警視庁は北朝鮮の大物工作員（許吉松）を逮捕した（「第 1 次北鮮スパイ事件」）[85]．かれは 1949 年 8 月，北朝鮮の工作組織（政治保

---

80)　当時の北朝鮮・香港間の貿易については，浅川謙次「南北朝鮮と香港の貿易」『アジア経済資料』第 50 号，1948 年，23-25 頁．木村光彦「1945-50 年の北朝鮮産業資料(3)」『青山国際政経論集』第 52 号，2001 年，136-37 頁参照．ソ連占領軍は北朝鮮側と共同で海運会社「Mortrans」を設立した．同社は北朝鮮と中国・ソ連間のみならず，香港とのあいだでも物資輸送をおこなった．木村光彦「1947-48 年北朝鮮の経済資料」『青山国際政経論集』第 75 号，2008 年，164 頁．

81)　久万楽也編『麻薬物語』井上書房，1960 年，88-92 頁．1949 年には，謎めいた「衣笠丸事件」がおこった．この事件では松下電器貿易が，時価 1,500 万円にのぼる大量の電気・通信機材を北朝鮮（元山）に密輸出し，みかえりに海産物や鉱産物を輸入しようとした．製品の最終仕向け地は満洲で，日中の共産党の工作組織が裏で計画したという．中国と北朝鮮の内部情報をさぐっていた米占領軍の秘密諜報組織（「キャノン機関」）もまた，関与したといわれる．大森実『戦後秘史 7　謀略と冷戦の十字路』講談社，1976 年，150-58 頁．斎藤周行『拝啓　松下幸之助殿　つくられた神話への提言』一光社，1976 年，127-48 頁．森詠『黒の機関』徳間書店，1985 年，117-48 頁．佐藤正『歴史と時代の産物としての帝銀・下山両事件ほか：真実は隠しとおせない』新生出版，2005 年，258-77 頁．

82)　辻本隆一『神戸港を中心とする密輸の動向』検察資料 26，法務府検務局，1951 年，62 頁．

83)　同上，61 頁．以下は，朝鮮戦争に参戦した中国軍兵士を英雄的にえがく書物で，おそらくこの時期に日本に密輸入された共産主義宣伝文献のひとつである：民主新聞社編『最も愛する人びと：朝鮮前線ルポルタージュ』同社，瀋陽，1952 年（日本語）．

84)　『朝日新聞』夕刊，1958 年 3 月 22 日．

85)　前掲，坪井，71-72 頁．前掲，山田，31-32 頁．『朝日新聞』朝刊，1951 年 5 月 12 日．諜報事件研究会編『戦後のスパイ事件』東京法令出版，1991 年，48-49 頁．

衛局）から派遣され，日本に潜入した．日本では米占領軍の動向や軍事物資の輸送状況にかんする情報をあつめた．コミンフォルムとの秘密連絡にもあたったという．金天海の密出国をたすけたうたがいもあった．この事件では日本人の共産党員をふくむ 40 名が逮捕された．首謀者の工作員は 1951 年 7 月，占領軍の軍事裁判で懲役 10 年，罰金 5,000 ドルの判決をうけた．

　1952 年 5 月，上記スパイ網の再建を目的に，あらたな北朝鮮工作員が潜入した．1953 年 9 月，警視庁はこの工作員を逮捕した（「第 2 次北鮮スパイ事件」）[86]．所持品は指令文書 4 通，3,000 米ドルであった．同工作員は 1960 年，出入国管理令・外国人登録法違反などの罪により最高裁で懲役 1 年の判決をうけた．

　1955 年 6 月には警視庁が北朝鮮大型スパイ団を新潟港から密出国寸前で探知し，合計 18 名を逮捕した（「第 3 次北鮮スパイ事件」）[87]．その首謀者（韓載徳）は戦前，早稲田大学在学中に金斗鎔とともにプロレタリア文化運動に参加した．逮捕・投獄を経て新聞記者としてはたらき，戦後，北朝鮮政府の機関紙「民主朝鮮」の主筆となった．金日成の随行記者もつとめ，『金日成将軍凱旋記』を著して金日成の信任をえた．内務省で工作員教育をうけ，1953 年 8 月，上海経由で日本に潜入した．日本では，日朝貿易の開始に必要な政治・経済情報の収集や貿易会社の設立工作に従事した．スパイ網の構築，韓国の軍事情報の収集もおこなった．他の逮捕者に，東京・西新井病院の金万有院長がいた．同院長は，工作員がもちこんだサントニンを買いうけ資金調達をたすけたとの嫌疑をうけた．かれはのちに，平壌に大病院を建設した人物としてしられる（124 頁）．韓載徳は 1957 年，出入国管理令・外国人登録法違反の罪で懲役 1 年 6 か月，執行猶予 4 年の判決をうけた．

　1956 年 8 月，元・民戦の地方幹部（北海道大学農学部卒）が北朝鮮から指令をうけて，北朝鮮に以下の各種機材を密輸出した（「陳東式事件」）：

　86）　同上，諜報事件研究会編，49-50 頁，前掲，社会問題資料研究会編，199 頁，実業の世界社編『朝鮮問題知識のすべて』実業の世界社，1977 年，374 頁．
　87）　同上，諜報事件研究会編，50-51 頁，『朝日新聞』朝刊，1955 年 9 月 7 日，李元洪（柳根周訳）『赤い濁流：これが朝総連の内幕』翰林出版社，ソウル，1970 年，201-04 頁，呉基完『北朝鮮諜報機関の全貌』世界日報社，1977 年，19-73 頁．

トランシーバー，顕微鏡，工業用ミシン，漁網，マニラロープ，ワイヤロープ，製図器具，船底塗料など[88]．この元幹部は57年12月に逮捕され，68年3月，外為法・関税法・出入国管理令違反で懲役1年5か月，執行猶予2年の判決をうけた．かれはこののち韓国籍を取得し，日本に在住した．80年代には北朝鮮に学術雑誌を寄贈する運動を組織した（126頁）．

1957年6月には，日本共産党員の密入出国をたすけた容疑で，密貿易従事者の在日朝鮮人が逮捕された（「弘昇丸事件」）[89]．かれは出入国管理令・外国人登録法違反で，処罰された．

1958年10月に警視庁が逮捕した工作員は，石川県の海岸から密入国した（「第4次北鮮スパイ事件」）[90]．かれは総聯幹部と接触し，朝鮮大学校の建設資金の使途状況や総聯中央の幹部の動向をさぐっていた．1959年，東京高等裁判所は出入国管理令・外為法違反でこの工作員に懲役1年，執行猶予4年，罰金10万円の判決をくだした．

占領期に検挙された工作員は，軍事裁判で相当重い量刑が科せられた．主権回復後はおおくが，出入国管理令・外国人登録法・外為法違反による軽い刑（執行猶予つきの懲役刑や罰金刑）でおわった．かれらは国外退去となっても容易に日本に再潜入し，工作活動を再開した（上記，韓載徳など）．

(2) 対日接近——左翼人士の招請と1955年2月南日声明

1953年11月，大山郁夫が戦後日本人としてはじめて公式に，北朝鮮を訪問した．大山には共産党員の亀田東伍らが同行した．この訪問は，ブタペスト，モスクワ，北京などヨーロッパと中国をめぐる長旅の一環であった．この間大山は，世界平和評議会総会に出席，さらにモロトフ外相・周恩来首相と会見するなど精力的に活動した[91]．金日成は訪朝団と会見し，米帝国主義者・日本反動支配層とたたかう日本人民と在日朝鮮人に連帯と敬意

---

88) 前掲，実業の世界社編，375頁．辛昌錫「布施辰治先生の思い出」『布施辰治 植民地関係資料集 vol.2，朝鮮・台湾編』布施辰治資料研究準備会，盛岡，2008年，190，197-98頁．
89) 前掲，実業の世界社編，374頁．
90) 前掲，諜報事件研究会編，53頁．
91) 前掲，丸山他，262-66頁．

を表明した[92]．1954年3月には岡田春夫（労農党），櫛田ふき，8月には，黒田寿男（労農党），平野義太郎，福島要一らが訪朝した[93]．黒田らは訪朝直前に，世界平和評議会の一員としてヨーロッパ，ソ連，中国を訪れていた[94]．ソ連では日ソ間の漁業問題について日本政府へのメッセージをうけとった[95]．平壌では経済交流について協議した[96]．こうした共産党・社会党系人物の平壌招請は北朝鮮による公的な対日接近の端緒であった[97]．とはいえそれは，訪朝が訪ソ・中の一環であった事実がしめすように，金日成の独自の政策ではなかった．ソ連による平和攻勢の一部であった．他方，日本政府には，これら訪問者をつうじて共産圏諸国の情報（未帰国の抑留邦人の消息をふくむ）を収集するねらいがあった．

　北朝鮮政府は1955年2月25日，平壌放送をつうじて対日関係をめぐる南日外相声明を発表した．その内容は以下のとおりであった．

> 朝鮮民主主義人民共和国［以下，共和国］の人民は……独立した対外政策を樹立し，ソビエト社会主義共和国同盟，中華人民共和国およびその他のアジア隣接諸国との正常な関係を回復，発展させるために努力している日本人民に熱烈な支持と声援を送っている．［中略］［日本の帝国主義者の］戦争政策に反対し……諸国民間の親善関係の維持を念願する朝鮮人民と日本人民とは，つねに友好的関係をもっていた．　共和国政府は……わが国と友好関係をもとうとする一切の国家と正常な関係を樹立

　92）　同上，265頁および金日成「朝鮮での停戦を祝う日本人民平和友好使節団接見席上でおこなった演説」1953年11月9日，『著作集』第8巻，151-54頁．
　93）　朝鮮貿易協会『朝鮮貿易要覧　1972年度版』同会，1972年，52，741頁．労農党（労働者農民党）は1948年に黒田，岡田らが社会党を離党して結成した．1957年，社会党と再合同した．櫛田ふきは戦前の労農派経済学者，櫛田民蔵（1934年没）の妻で，戦後は共産党にはいり婦人運動家として活動した．思想運動研究所編『新版　進歩的文化人』全貌社，1965年，142頁．
　94）　前掲，「平野義太郎　人と学問」編集委員会編，314頁，前掲，福島，45頁．福島については，75-76頁参照．
　95）　『読売新聞』朝刊，1954年8月29日．
　96）　日朝貿易会『日朝貿易25年誌　1956-1981』日朝貿易会，n. d., 1頁．
　97）　これ以降（1955-66年）の日本人の訪朝記録は，木元賢輔「戦後日朝交流小史」前掲，藤島・畑田編，327-42頁を参照．以下の2書は1955-72年に訪朝した新聞記者による帰国報告である．訪朝記者団『北朝鮮の記録：訪朝記者団の報告』新読書社，1960年，太平出版社編『新しい朝鮮から』同社，1973年．

する用意をもっていたし，まず相互の利益に合致する貿易関係と文化的連携を設定することを希望してきた．共和国政府は日本政府首相鳩山氏が共和国との経済関係を改善し，会談する用意のあるむねを表明した最近の発言を好意をもって迎え，日本政府と貿易，文化関係およびその他朝・日関係の樹立，発展にかんする諸問題を具体的に討議する用意をもっている[98]．

この声明の骨子はつぎの2点である．①日本の一般国民は，帝国主義者・米国への追随者と異なる存在であり，ここに日朝の友好関係促進の根拠がある．②鳩山首相の呼びかけをうけ，北朝鮮政府は，貿易をはじめ広範な日朝関係の樹立について日本政府との討議におうじる．すなわち声明は，北朝鮮の従来の立場—反米・反日—を維持しながら，日本にたいして関係改善を提起したのである．

これにたいして日本政府筋は同日，つぎのように語った．

鳩山首相はこれまでにとくに北鮮との関係についてのべたことはないはずであり，従ってこんどの北鮮放送は共産圏一般についての鳩山談話をもとにした平和攻勢の一つであろう．北鮮との政治的な関係調整ということになると朝鮮が南北に分割されている現状なので，ソ連との場合とは違って非常な障害がある．経済，文化関係については中共との場合に準じた行き方も考えられるが，北鮮政府の国際的な地位からみていまのところあまり積極的な進展があるとは予想できない[99]．

このように日本政府は，南日声明中の鳩山発言を否定した．さらに，政治的な関係調整—国交樹立—はもとより，経済・文化交流にも否定的な姿勢をしめした．

声明が鳩山発言を歪曲したのは事実であった．これにさきだつ1955年1月に鳩山首相は年頭記者会見をおこなった．その場で首相は，ソ連，中国との国交正常化およびそれに資する貿易・交通振興の必要性を強調した

---

98) 『新しい朝鮮』1955年4月号，6頁（前掲，朴慶植編『在日朝鮮人関係……（戦後編）』125頁）．句読点と表現を若干修正した．
99) 『朝日新聞』夕刊，1955年2月25日．

が，対北朝鮮関係についてはいっさい言及しなかった[100]．声明の骨子①は，コミンフォルムの平和攻勢の論理と同一であり，上記の政府筋の発言はこの点で正鵠を射ていた．反面，日本政府がとくに意識しなかったのは，前章でのべたように，実際的な理由から北朝鮮が日本との経済交流をつよくのぞんでいたことである．

(3) 前線組織の結成と貿易工作の進展

戦後日本各地で日朝親善の運動と組織化が進展した[101]．1951年には東京で，朝鮮の歴史や文化に関心をもつ在日朝鮮人と日本人が日朝親善協会を設立した[102]．翌年，この組織の主導権を共産党がにぎった．有力メンバーはこれに反発，脱退した．組織は実体をうしなった．これを再建し全国組織（52年，日朝協会と改称）にそだてたのが，畑中政春であった．

畑中は1930年代初期にハルビンで，ロシア語をまなぶかたわら新聞記者をしていた[103]．戦時中は朝日新聞のモスクワ駐在員をつとめた．ソ連に傾倒し共産主義の信奉者となったため，1950年，公職追放（レッドパージ）の対象となった[104]．そののち平和運動・共産圏諸国との交流活動に従事し，国際共産主義運動に貢献した．前項の大山訪朝は，かれが事前に外務省と交渉して実現させた．1955年5月，畑中は訪中の帰途，「日本平和代表団」団長として平壌を訪問した．訪朝団の企業関係者は，北朝鮮側と貿易取引について具体的な協議をおこなった[105]．

帰国直後の6月，畑中は日朝協会理事長に就任した．このタイミングは，

---

100) 同上，夕刊，1955年1月4日．その後，鳩山は国会で対北関係についてあいまいな答弁をおこない，韓国政府からつよい抗議を受けた（金東祚（林建彦訳）『日韓交渉14年の記録：韓日の和解』サイマル出版会，1993年，109-10頁）．こうした点にかんする詳細な議論は以下を参照．朴正鎮「帰国運動の歴史的背景：戦後日朝関係の開始」高崎宗司・朴正鎮編『帰国運動とは何だったのか：封印された日朝関係史』平凡社，2005年，75-77頁．

101) 畑中政春編『日朝協会10年のあゆみ』同会，1965年．

102) 同上，3-4頁，前掲，坪井，545頁，社会運動調査会編『左翼団体事典 1961年版』武蔵書房，1961年，235-36頁，畑田重夫・川越敬三『朝鮮問題と日本』新日本出版社，1968年，188頁，李尚珍「日朝協会の性格と役割」前掲，高崎・朴編，236-37頁．

103) 畑中政春『平和の論理と統一戦線：平和運動にかけた三〇年』太平出版社，1977年，268-70頁．

104) かれのソビエト観は，同『ソヴェトといふ国』朝日新聞社，1947年を参照．

105) 『朝日新聞』朝刊，1955年5月28日，日朝貿易会『日朝貿易の手引 1970年』同会，1970年，18頁．

2　対日工作

理事長就任が中国・北朝鮮側との協議の結果であったことを示唆する．日朝協会は10月に第1回全国大会準備会をひらき，日朝間の経済・文化交流促進や在日朝鮮人の帰国問題を討議した（翌月，大会開催）[106]．北朝鮮側は日朝協会に画報『朝鮮』，『新しい朝鮮』，『人民朝鮮』などの雑誌を無償で大量に送った[107]．日朝協会はこれを配布するかわりにカンパを得，資金源のひとつとした．1957年10月の第3回全国大会で承認された前年度決算総額は約280万円，新年度予算総額は450万円にのぼった[108]．日朝協会の各地域支部には，専従職員として共産党員がはいった．日朝協会の運動方針は共産党の対朝鮮政策と完全に一致していた．このように同会は事実上，共産党の傘下団体—国際共産主義運動の前線組織—であった[109]．

　1955年3月11日，日本国貿促は朝鮮部会を発足させ，第1回会議を開催した．これはつぎのふたつの出来事に対応した：①直前の南日声明，②同月末予定の中国国貿促代表団の来日．②を推進したのは，日本国貿促と日中貿易促進議員連盟（代表理事，池田正之輔，自由党鳩山派）であった[110]．この来日は日中貿易のみならず，日朝貿易について協議することを目的とした[111]．上記会議には平野義太郎（同部会代表），東京朝鮮人商工会長のほか，東工物産，東洋棉花，羽賀通商など商社の関係者が出席した[112]．東工物産は1953年に川瀬一貫が創業した商社であった[113]．川瀬は

　106）『公安調査月報』第4巻第11号，1955年，133-34頁．畑田重夫「日韓会談反対闘争の展開とその歴史的役割」旗田巍他『日本と朝鮮』アジア・アフリカ講座Ⅲ，勁草書房，1965年，161-62頁．
　107）前掲，畑中編，22頁．『日本と朝鮮』第40号，1956年9月20日．
　108）『公安調査月報』第6巻第2号，1957年，99頁．同，第6巻第11号，1957年，112頁．1962年の日朝協会本部予算は，会費収入276万円，事業収入160万円（内，出版物販売40万円），寄付金収入215.5万円，総計651.5万円であった．会員数は1965年までに1.5万人にたっしたという．『日本と朝鮮』第113号，1962年5月1日．前掲，畑中編，1頁．
　109）日刊労働通信社編『最近における日共の基本的戦略戦術（八）』同社，1961年，122（-15）頁．
　110）前掲，金子編，244-47頁．この議員連盟の事務局長は，戦前からの左翼活動家で共産党員の松本健二であった．松本健二『戦後日本革命の内幕』亜紀書房，1973年，229頁．
　111）中国国貿促代表団は5月4日，日本側と第3次日中貿易協定を締結した．前掲，平岡，211-18頁．
　112）『解放新聞』（民戦の事実上の機関紙）1955年3月22日（前掲，朴慶植『解放後の在日朝鮮人運動Ⅲ』674頁）．
　113）前掲，押川，145-48, 197頁．前掲，金子編，44-45頁．東工物産は1993年，コーセン・ユニバーサルと合併し東工コーセンとなった．東工コーセン，ホームページ，2004

戦前，横浜ゴム取締役，ゴム統制会理事長を歴任した財界人で，中国各地に出張した経験から，中国への思い入れがつよかった．1954年には国貿促設立に参加した（のち同副会長に就任）．同年東工物産は，わが国戦後初の硫安・かせいソーダの対中輸出を仲介した．東洋棉花は戦前からの大手商社，羽賀通商は対中貿易に特化した商社であった．朝鮮部会会議では在日朝鮮商工人代表が今後，朝鮮部会と「表裏一体」で貿易促進運動をおこなうとのべた[114]．一方，平野はつぎの点を提起した：配船や決済など貿易実務の問題を解決する，対北禁輸（とくに漁船）の緩和を日本政府に要請する，日本国貿促と朝鮮貿易会社（北京弁事処）が貿易交渉を一元的におこなう[115]．

　55年6月，国貿促朝鮮部会は北朝鮮への貿易使節団の派遣を決定した．これは，平壌を訪問した国貿促会員，松岡武一郎（松岡産業社長）の以下の報告にもとづいた：①運賃の安い日本との貿易を北朝鮮がつよく希望している，②日本の代表団の訪朝と対日貿易協定の締結を期待している，③貿易品の輸送と決済は中国経由で可能である[116]．

　55年9月，日本国貿促は大型の「日本実業団」を中国に派遣した．これには日朝貿易にも関心をもつ商社の関係者が同行し，実質的に上記の対北朝鮮貿易使節団の役割をはたした[117]．10月15日北京で，中国国貿促の斡旋により，これら商社――東工物産，和光交易，東邦商会と朝鮮貿易会社のあいだで取引協定が成立した[118]．和光交易は戦前，沖電気大連工場に勤務していた高橋庄五郎が設立した商社であった[119]．高橋は終戦後抑留され，中国の電力・化学工業の再建に従事した．1949年に引揚げた直後，平野義太郎の依頼で中日貿易促進会（1949年5月発足）にはいり，日中貿易再開のために活動した．中日貿易促進会は当時，朝聯の影響下にあった朝鮮

年1月8日．

　114）前掲，『解放新聞』1955年3月22日．
　115）同上．
　116）『朝日新聞』朝刊，1955年6月7日．
　117）『日本経済新聞』朝刊，1955年9月6日．
　118）前掲，日朝貿易会『日朝貿易25年誌』1頁，海外事情調査所編『朝鮮要覧　南鮮・北鮮・在日朝鮮人運動　1960年版』武蔵書房，1960年，164頁．
　119）前掲，押川，41頁，前掲，金子編，62-63頁，日中貿易逸史研究会編著『ドキュメント：黎明期の日中貿易　1946年-1979年』東方書店，2000年，vii-viii頁．

商工会の援助で業務をおこなっていた．東邦商会は白水実が設立した[120]．白水は戦前，対中貿易でしられた東邦商工の常務であった．白水も国貿促の設立に参加した．日中貿易の促進につとめ，この分野で多くの人材をそだてた．2社はこのように，東工物産と同様，中国とつながりのふかい人物が設立した商社で，この時期の日中貿易をリードする存在であった．公安関係者は，いわゆる左翼系企業として，これら3社や前記の羽賀通商をマークしていた[121]．

　3社がむすんだ上記協定は，日・朝それぞれが500万ポンド（50億余円）の輸出をおこなうことをさだめた．日本からの輸出品目は，ニクロム線ほか電気資材5種，紙類13種，魚網など漁業関連製品5種，医療機械など機具21種（ココム規制品をふくまず），紋コールテンなど繊維製品90種，北朝鮮からの輸出品目は無煙炭，小豆など23種であった[122]．北朝鮮が日本に輸出をもとめた品目は，前述の密輸品目とかさなった．すなわち北朝鮮にとって，貿易の開始は密輸の合法化を意味した．

　55年10月19日，日ソ貿易会の田辺稔専務理事が平壌で北朝鮮の国貿促常務と会い，「日朝貿易促進にかんする議事録」を作成した[123]．この中で北朝鮮は日本に，各種圧延鋼材，金属，ワイヤロープ，電線類，工作機械，化学薬品，生活必需品をもとめた[124]．日ソ貿易会は1952年に発足した団体であった．1949年にソ連と日本共産党の主導で成立した日ソ親善協会が1951年，日ソ貿易促進会議を設立した．翌年のモスクワ国際経済会議を契機に，これが日ソ貿易会に発展した[125]．東工物産，和光交易，東邦商会は日ソ貿易会のメンバーであった．専務理事の田辺はシベリア抑留

120）前掲，押川，35-38，198頁．前掲，金子編，178-79頁．
121）東工物産の常務は日朝協会の常任理事であった（『日本と朝鮮』第77号，1960年1月25日）．前掲，思想運動研究所編『日本共産党本部』（210，218頁）によれば，同常務，和光交易の監査役，羽賀通商の社長は共産党員であったという．和光交易はのちに東芝機械不正輸出事件にかかわった（131頁）．
122）前掲，朝鮮貿易協会，742-43頁．繊維製品は，『朝日新聞』夕刊，1955年10月20日によれば9種であった．
123）前掲，日朝貿易会『日朝貿易の手引』19頁．『日本経済新聞』朝刊，1955年10月21日．
124）『日本経済新聞』朝刊，1955年10月21日．
125）前掲『左翼団体事典　1968年版』850頁．喜入亮『日ソ貿易の歴史』にんげん社，1983年，37-40頁．

からの帰還者で，1950年に日ソ親善協会にはいった[126]．同協会では貿易対策部長として，日ソ貿易促進運動に従事した．

　55年10月20日，金日成は，訪朝した社会党議員団と会見した[127]．この議員団の団長は，日朝協会の理事をつとめる古屋貞雄であった[128]．両者は両国間の問題について，日本人抑留者の引揚げや日本海における日本漁船の操業をふくめ，はばひろく協議した．その結果，国交正常化と経済・文化交流に努力することで意見が一致した．貿易についてはとくに，代表部の設置，商品見本市の開催で合意した[129]．

　以上，この時期，北朝鮮の対日貿易工作は，ソ連，中国による同工作の一環としておこなわれた．日本政府はこれにたいして，1955年10月25日の閣議で，北朝鮮との貿易，文化交流を一切禁止する方針を確認した[130]．政府は対中関係では当時，日本の民間団体が貿易協定の締結，貿易使節団の派遣，商品見本市の開催をおこなうことを黙認していた．しかし北朝鮮には，こうした黙認すらしないという厳しい態度をとったのである．中国は1950年にすでに英国から国家承認をうけていたが，1955年時点で北朝鮮を承認する西側の国は存在しなかった．この国際情勢から，対北国交正常化は問題にならなかった．経済交流をはかる動機も日本側には希薄であった．北朝鮮の資源や市場は，想定されるリスク以上の魅力に欠けた．例外的につよい関心をしめしたのは，戦前，原料用無煙炭を北朝鮮から輸入していた煉炭製造業者であった[131]．

　1956年2月，宮腰喜助議員（日朝協会貿易委員会副委員長）が訪朝し，日朝貿易促進について議事録を発表した[132]．これは関係者にあらたな刺激

　126）　同上，喜入，35頁．
　127）　『朝日新聞』朝刊，1955年10月21日．
　128）　古屋貞雄：1889年生，明治大学法科卒，弁護士・農民運動家．朝鮮，台湾で農民運動，独立運動を支援．戦後，引揚げ問題に従事．社会党中央執行委員，衆議院議員，日朝協会副会長，日中友好協会顧問，日本朝鮮研究所理事長を歴任．『朝鮮研究』第53号，1966年，13頁による．
　129）　前掲，朝鮮貿易協会，746-47頁，『日本経済新聞』朝刊，1955年10月24日．
　130）　『朝日新聞』朝刊，1955年10月26日．日朝貿易の文献ではしばしば次官会議決定（前日の各省次官会議での決定）といわれる．前掲，朝鮮貿易協会，752頁．
　131）　中村三郎「日本の無煙炭需給と日朝間の無煙炭取引」『日朝貿易』第79号，1973年，6頁．
　132）　前掲，朝鮮貿易協会，747-51頁，村上貞雄『私が関わった北朝鮮：50年代，60年代，そして中国』未公刊，2001年，6頁．

をあたえた．同月，前出の田辺日ソ貿易会専務理事らが日朝貿易連絡会を結成した[133]．翌月，同連絡会が日朝貿易会に発展した．これには 30 社ちかい商社―中小商社とくに日中，日ソ貿易関係商社が参加した．日窒など戦前朝鮮に関係した重要企業は参加しなかった[134]．専務理事には相川理一郎が就任した．相川は大山郁夫の秘書をつとめた人物で，貿易実務の経験はなかった[135]．事務局には，元・全学連活動家といわれる東大卒の人物がはいった．

1956 年 6 月，東工物産，東邦商会，和光交易，湊商会の代表が訪朝し，朝鮮貿易会社とあらためて取引契約をむすんだ[136]．これにもとづき同年 9 月，戦後はじめて正規の北朝鮮貿易（無煙炭輸入）がおこなわれた．これは対中貿易の形態―大連港で荷下ろし・中国銀行をつうじて決済―をとったので，日本政府は黙認せざるをえなかった．こうして，まがりなりにも日朝貿易がスタートした．同年 10 月には自民党，労農党の議員が平壌で北朝鮮政府要人と会談し，貿易促進をうたう共同コミュニケを発表した[137]．同月，日ソ共同宣言により日ソ国交回復が実現した．このうごきをとらえ，11 月 21 日，金日成は『読売新聞』記者を平壌にさそい，南日外相とともに会見した[138]．その席でかれは，日中間と並行して日朝間でも国交正常化がすすむことにつよい期待感をしめした．同時に経済交流について，使節団の交換，商品見本市の開催という具体的な提案をみずからおこなった．

1957 年 9 月，日朝協会，日朝貿易会，日本国貿促を代表して相川理一郎らが訪朝し，朝鮮国貿促と日朝貿易協定をむすんだ[139]．これは通商代表部の設置，商品見本市の開催を明記した．貿易品目は前記の 1955 年の協定とほぼおなじであった[140]．

1958 年 5 月，長崎でおこった中国国旗事件のために日中貿易が中断し

---

133) 『日本と朝鮮』第 33 号，1956 年 3 月 5 日．
134) 前掲，村上，7 頁．
135) 前掲，村上，6 頁および前掲，丸山他，163 頁．
136) 前掲，日朝貿易会『日朝貿易 25 年誌』3 頁．湊商会は元・三菱商事の社員が取締役をつとめる商社であった．前掲，金子編，156 頁．
137) 『日本経済新聞』朝刊，1956 年 10 月 17 日．
138) 『読売新聞』朝刊，1956 年 11 月 22 日．金日成「『読売新聞』記者の質問にたいする回答」1956 年 11 月 21 日，『著作集』第 10 巻，342-48 頁．
139) 前掲，日朝貿易会『日朝貿易の手引』21 頁．
140) 『日本経済新聞』朝刊，1959 年 2 月 10 日．

表 3-1 対日輸入額，1956-60 年

(千円)

	対日輸入	(参考：対日輸出)
1956	540	68
1957	20,175	404
1958	30	9,935
1959	73,956	5,916
1960	409,522	2,910

た[141]．大連経由の日朝貿易も同時に停止した．これは日朝協会，日朝貿易会の関係者および北朝鮮政府に衝撃をあたえた．中国への政治的配慮から，北朝鮮政府は中国の対日強硬姿勢に同調せねばならなかった．局面打開のために，集中的な対日工作が必要となった．朝鮮国貿促がただちに日朝協会，日朝貿易会，日本国貿促に電報をおくり，貿易障害を除去するよう要請した[142]．朝鮮国貿促は 8 月にもおなじ内容の書簡を上記団体におくった．12 月，朝鮮金剛協同貿易商社が日本の商社に，可能な取引方法について協議をもとめた．

1959 年 1 月，金日成は畑中政春を平壌にまねいた．畑中は 58 年 12 月にヘルシンキの世界平和評議会会議に出席したのち，モスクワ経由で平壌にはいった[143]．当時，漁業問題などをめぐって日韓会談が断続的におこなわれていた．金日成は畑中との会見で，これにつよい警戒感と反発をしめすとともに，大要つぎのようにのべた：「日本政府が非友好的である現況下では国交正常化は不可能である．しかし国交がなくとも両国人民の親善をふかめることはできる，貿易も可能であるしまた必要である」[144]．このように金日成は，国交正常化をとうめん断念するとのべる一方，貿易再開

---

141) 1958 年 5 月，長崎で開かれた日中友好協会主催の中国品展示会場で，ある男が中国の五星紅旗を引きずり下ろした．この事件の処理をめぐって日中両国政府のあいだで対立が生じた．前掲，日中貿易逸史研究会編著，63-70 頁，田中明彦『日中関係 1945-1990』東京大学出版会，1991 年，50-51 頁．
142) 前掲，日朝貿易会『日朝貿易の手引』23 頁．
143) 帰国は北京経由であった．前掲，畑中『平和の……』273 頁．
144) 金日成「在日朝鮮同胞が祖国に帰るのは当然の民族的権利である」日朝協会理事長との談話，1959 年 1 月 10 日，『著作集』第 13 巻，73 頁，畑中政春「金日成元帥との二時間：待ちわびる同胞の帰国」『週刊朝日』1959 年 2 月 15 日号，18-21 頁．平壌放送はこの会見における金日成の発言を放送した．『公安調査月報』第 8 巻第 2 号，1959 年，121 頁．

を畑中にはたらきかけた．翌月，朝鮮国貿促は上記の日本側 3 団体に，貿易再開をもとめる電報をおくった[145]．

1959 年 3 月，社会党国際局長，岡田宗司が訪中の帰途，平壌を訪問した[146]．北朝鮮側との協議の主眼は在日朝鮮人の帰国問題であったが，貿易問題も議題となった．岡田は朝鮮国貿促の代表と会見した．北朝鮮側は岡田に，民間貿易協定の締結を提案した．希望する輸入品は，鋼材，船舶，トラック，自動車タイヤ，機械設備，綿布，生糸等，同輸出品は茂山の鉄鉱石，黒鉛，無煙炭であった．

日朝協会ならびに日朝貿易会は日本国貿促と協議し，直接貿易をもとめて一般企業，政治家，地方自治体をまきこむ運動を全国でくりひろげた[147]．59 年 5 月には総聯傘下の在日本朝鮮人商工連合会とともに，日朝直接貿易打開全国大会をひらいた[148]．こうした運動の結果，同年 6 月に香港経由の日朝貿易が実現した．1959-60 年，北朝鮮の対日輸入は激増した（表 3-1）．

3　帰国運動[149]

在日朝鮮人（日本人妻・夫をふくむ）の北朝鮮への帰国問題は 1950 年代後半，日本の国内政治における焦点のひとつであった[150]．これには，当の在日朝鮮人をはじめ，日本，北朝鮮，韓国の各政府，日本内外の諸団体が

---

145) 『日本経済新聞』朝刊，1959 年 2 月 10 日．
146) 岡田宗司「朝鮮民主主義人民共和国を訪ねて」『月刊社会党　訪中使節団特別号』第 24 号，1959 年，141-45 頁．
147) 前掲，日朝貿易会『日朝貿易の手引』28-31 頁．
148) 『日本経済新聞』朝刊，1959 年 5 月 10 日．
149) 「帰国」は北朝鮮・総聯側の表現である．日本側は正式には帰還と表現した．韓国では北送と呼んだ．ここでは北朝鮮側の視点から帰国としるす．
150) これ以前，1946 年 12 月 19 日，朝鮮人の半島への帰還（引揚げ）にかんして「ソ連地区引揚に関する米ソ協定」が成立した．これに対応して北朝鮮臨時人民委員会は，決定「日本から帰国する朝鮮人民にかんする件」を発布した（臨時人民委員会決定第 139 号，1946 年 12 月 26 日）．その概要はつぎのとおりであった：咸興に 1 万名分の収容所を造る，食料・燃料を準備する，固定的生活地帯に帰還するまで逃亡，失踪することのないように保安局が責任をもつ，咸鏡南道鉄道局が生活地帯への輸送に責任をもつ．しかしじっさいに引揚げた者は 351 人のみであった（1947 年 3 月と 6 月に佐世保から北朝鮮・興南に向け出航した）．前掲，森田，37 頁，国史編纂委員会『北韓関係史料集』V，同会，果川，1987 年，862-63 頁．

それぞれの立場（推進，慎重あるいは阻止）から関与した[151]．日本国内では総聯が帰国（出国許可）をもとめる運動をおこした[152]．総聯は同時に在日朝鮮人に祖国の発展を宣伝し，帰国希望者を募った[153]．日本側で帰国運動を推進した中心組織は日朝協会であった．超党派の組織，在日朝鮮人帰国協力会も結成されたが，その活動は日朝協会がになっていた[154]．日朝協会は共産党の影響下にあったから，帰国運動の日本側中心勢力はけっきょく，共産党であった[155]．

日朝協会と総聯は，帰国を支持する世論の拡大をはかった．共産党は分派抗争，幹部の追放，武装闘争の失敗で勢力をそこなったとはいえ，活動的な党員と同調者を各界にもっていた．当時，日本人とくに知識人のなかには，社会主義にたいする憧憬がひろく存在した．こうした人材と雰囲気は，日朝協会と総聯をささえる基盤であった．論理的にも，「帰国希望者の意思は人道上尊重さるべきである」という意見には説得力があった．

有力な新聞社と出版社が北朝鮮の主張を支持し，帰国運動に賛同した．朝日新聞社にはもともと共産党員がおおかった．1950年にレッドパージをうけて退社した社員は104名で，3大新聞のなかで最多であった（毎日新聞社49名，読売新聞社34名）[156]．こののちも朝日新聞社では，親社会主

---

151) 実務的な協議を担当したのは日朝双方の赤十字であった．このため国際赤十字もこれに関与した．国際赤十字の資料を利用した最近の帰国運動研究には以下がある．朴正鎮「在日朝鮮人『帰国問題』の国際的文脈：日朝韓三角関係の展開を中心に」『現代韓国朝鮮研究』第5号，2005年，29-43頁．Morris-Suzuki, Tessa, *Exodus to North Korea: Shadows from Japan's Cold War*, Rowman & Littlefield Publishers, Lanham, Maryland, 2007.

152) 前掲，韓徳銖，194頁．

153) 宣伝資料としてたとえば，在日本朝鮮人総聯合会中央常任委員会宣伝部『帰国者のための資料』第1集〜第3集，1959-60年（朝鮮語）参照．この第2集は「地上楽園の幸福な人民生活」と題する章をふくみ，北朝鮮がいかにすばらしい国家であるかを宣伝した．この時期に総聯が展開した民族教育の強化（民族学校の建設，就学促進）も，帰国運動と密接に連動していた．金徳龍『朝鮮学校の戦後史　1945-1972』増補改訂版，社会評論社，2004年，177-80頁．

154) 議長には古屋貞雄，顧問には鳩山一郎，浅沼稲次郎，宮本顕治らが就いた．

155) 帰国協力会が1958年12月に発刊した『在日朝鮮人帰国協力会ニュース』の編集発行人は，共産党員の印南広志であった．帰国運動の当事者の回顧は以下を参照．張明秀『北朝鮮　裏切られた楽土』講談社，1998年，第6章．佐藤勝巳・小島晴則「告発対談：当事者が悔恨こめて指弾する"失楽園"北朝鮮帰国事業の推進者たち」『正論』2003年5月号，50-67頁．

156) 三宅明正『レッドパージとは何か：日本占領の影』大月書店，1994年，28頁．朝日新聞社百年史編修委員会編『朝日新聞社史　昭和戦後編』同社，1995年，123頁．

3　帰国運動

義的な考えをもつ者が編集の主導権を握った[157]. 朝鮮問題では帰国運動に賛意を表する一方, 北朝鮮経済の発展をたかく評価した[158].

　大手出版社, 岩波書店でも共産党の勢力がつよかった. 同社は1953-54年に,『日本資本主義講座　戦後日本の政治と経済』(全11巻) を刊行した. これは進歩派とくに共産党系の研究者を動員して編纂したもので, 当時北京在の日本共産党指導部が書いた「新綱領」の解説書の役割をはたした[159]. 東京新聞在勤中に公職追放された堀江正規が編集委員のひとりにくわわり, 第1巻の責任編集を担当した[160]. 当然のごとく, この講座では朝鮮戦争は韓国の北侵ではじまったと記述していた[161]. 岩波書店は1946年1月, 看板雑誌『世界』を創刊した. これに尽力したのは, 安倍能成, 小泉信三, 田中美知太郎などいわゆるオールド・リベラリストであった[162]. しかし同誌はまもなく, 社会主義的な傾向のつよい中堅・若手知識人の影響をうけるようになった. 初期から1948年まで同誌の編集実務を担当した塙作楽（はなわさくら）は, 共産党員であった[163]. 1958年, 安江良介が『世界』編集部にはいった (1972-88年, 編集長；1990-97年, 岩波書店社長)[164]. かれは共産党員ではなく, 理想主義的な立場から社会主義に共鳴する人物であった. 朝鮮問題には当初からつよい関心をよせ, 総聯幹部の投稿や論文を

---

　157) 森恭三はそうしたひとりであった. かれは戦前から1970年代まで朝日新聞社で重要な地位にあった. 森恭三『私の朝日新聞社史』田畑書店, 1981年, 上田泰輔「周恩来に躍らされて親中路線をひた走った幹部たち」『正論』2004年5月号, 160頁.

　158) 川上和久『北朝鮮報道：情報操作を見抜く』光文社, 2004年, 35-60頁, 高崎宗司「『朝日新聞』と『産経新聞』は帰国問題をどう報じたか」前掲, 高崎・朴編, 286-305頁.

　159) 監修には, 大山郁夫, 平野義太郎が参加した. この講座は異例の売れゆきを示した. 岩波雄二郎編『岩波書店五十年』岩波書店, 1964年, 347頁.

　160) 堀江は高野実 (のち, 総評事務局長) としたしかった. 高野は中国共産党指導部が信頼を寄せた親中派で, 共産党員であった. かれの入党は, 中国共産党が日本共産党の幹部を説得して実現させたという.「人民新聞コラム　渡辺雄三自伝　第10回」http://www.jimmin.com/doc/0101.htm, 2004年6月3日および増山太助『戦後期　左翼人士群像』柘植書房新社, 2000年, 82, 88頁参照.

　161) 宇佐美誠次郎編『戦後日本資本主義年表附解説』(『日本資本主義講座：戦後日本の政治と経済』別巻) 岩波書店, 1954年, 197頁.

　162) 当時の事情については, 都築勉『戦後日本の知識人：丸山真男とその時代』世織書房, 1995年, 121-25, 149-50頁, 稲垣武『「悪魔祓い」の戦後史』文藝春秋, 1997年, 14-15頁, 石原萌記他「言論の自由を守った闘い」『自由』2008年2月号, 25-26頁参照.

　163) 塙作楽『岩波物語：私の戦後史』審美社, 1990年, 26頁.

　164) 安江良介追悼集刊行委員会編『追悼集　安江良介　その人と思想』同刊行委員会, 1999年, 380-94頁.

『世界』に積極的に掲載して帰国運動を支援した[165]．

　朝鮮人の帰国は，日本政府にとってものぞましかった．かれらは社会不安要因であったし，生活保護受給所帯がおおく，財政負担になっていたからである[166]．

　韓国は，帰国運動は北朝鮮の陰謀であるとして当初からこれにつよく反発した[167]．李承晩政権は民団の動員や工作員の派遣をつうじて運動阻止をはかった[168]．

　ソ連，中国はこの運動をつよく支持した．東欧各国も支持を表明した．日朝協会理事長の畑中によれば，これら諸国は帰国運動を，社会主義陣営全体の問題としてとりあげた[169]．

　1959年2月，日本政府は帰国許可を閣議決定した．同年12月，帰国がはじまった．出港地は新潟港，船は北朝鮮側がチャーターしたソ連船であった[170]．帰国者数は12月だけで2,942人，翌60年は49,036人（随伴日本人家族3,937人をふくむ）にたっした[171]．「帰国」を故郷のある国への帰還と定義すれば，これは帰国ではなかった．在日朝鮮人のおおくは南朝鮮（韓国）出身だったからである．この意味で，帰国は厳密には移民であった．しかも資本主義国から社会主義国への大量移民という史上稀有の出来

　　165）鄭雨澤（総聯役員）「帰国を希望する在日朝鮮人」（投稿）1958年12月号，209-10頁，朴在魯（総聯宣伝部長）「朝鮮帰国を阻むもの」（論文）1959年11月号，281-85頁．この点を整理した研究として，尾高朋子・高崎宗司「帰国運動に関する『世界』と『中央公論』の論調」前掲，高崎・朴編，306-24頁参照．上記の鄭雨澤はみずから帰国したが，のちにスパイ容疑で逮捕され，収容所に送られたという．前掲，鄭箕海，173頁．

　　166）1956年3月現在，生活保護を受給する在日朝鮮人総数は2.4万世帯，11.7万人で，受給者総数の24％にたっした（前掲，朴在一，148頁）．前掲，Morris-Suzukiはこうした点から，朝鮮人の帰国に先鞭をつけたのは日本政府であったと主張する．この主張にたいする批判は，菊池嘉晃「北朝鮮帰還事業は日本の『策略』だったのか」『中央公論』2007年12月号，190-99頁参照．

　　167）帰国問題をめぐる日韓の政府間のやりとりは，前掲，金東祚，150-227頁参照．

　　168）民団の反対運動については，前掲，民団東京50年史編纂委員会編，144-48頁を参照．工作員派遣は，金贊汀『在日義勇兵帰還せず：朝鮮戦争秘史』岩波書店，2007年，227-41頁にくわしい（この書物が記述する工作員はもともと在日朝鮮人で，韓国側に立って朝鮮戦争に参加したのち韓国で暮らしていた）．

　　169）畑中は前記1958-59年の旅行をとおして，このことをつよく実感したという．『朝日新聞』朝刊，1955年2月3日．

　　170）金英達・高柳俊男編『北朝鮮帰国事業関係資料集』新幹社，1995年，347頁．ソ連が提供したのは老朽化した旧船であった．前掲，鄭箕海，54頁．

　　171）同上，金・高柳編，341頁．

3　帰国運動

事であった.

　総聯による帰国運動は，金日成の指示なしにはありえなかった．そのねらいはつぎの諸点であった：政治面で，①国際社会で韓国にたいする優越性を誇示する，②韓国と日本の対立を煽る，③帰国運動をつうじて日本で北朝鮮の宣伝をおこない，北朝鮮支持をひろげる，④日朝間の交流拡大，ひいては国交正常化につなげる．経済面で，⑤帰国者によって国内の労働力や技能者の不足をおぎなう．金日成は1958年7月，平壌駐在ソ連大使との会話で，平壌や各地方で労働力が不足しているので，産業・住宅建設に帰国者をつかうことができるだろうと述べた[172]．これは⑤をうらづける．金日成は当時，サハリン（樺太），中国東北部（満洲）からの朝鮮人の帰国も計画していた[173]．朝鮮戦争の結果若年労働力が減少したことから，労働力の補充は北朝鮮にとって重要な課題であった．

　帰国者の持ち帰り金も少なくなかった．帰国者には，1人あたり4.5万円まで英ポンド小切手で携行がゆるされた．その総額は，1959年12月第1次帰国から1960年10月第44次帰国までに1.3億円にたっした[174]．北朝鮮側は当初おそらく，帰国者がこれほどの金を持参するとは予想していなかった．それはけっきょく政府の手にはいり，望外の貴重な外貨収入となった．帰国者および日本にのこったその親族から物資や金銭を取得することは，その後北朝鮮の重要政策のひとつとなった．

　1960年8月，日朝協会代表団が訪朝し，国賓なみの待遇をうけた[175]．理事長の畑中政春は同年，北朝鮮の最高人民会議から国旗勲章をさずかっ

　172）　菊池嘉晃「『帰国運動』の背後に北朝鮮の"工作"」『読売ウイークリー』2006年7月16日号，72-73頁，同「北朝鮮帰還事業の爪痕：旧ソ連極秘文書から読み解く」『中央公論』2006年11月号，163-64頁．
　173）　民涛社編・朴亨柱著『サハリンからのレポート：棄てられた朝鮮人の歴史と証言』御茶の水書房，1990年，55-65頁，新井佐和子『サハリンの韓国人はなぜ帰れなかったのか』草思社，1998年，71-73頁，菊池嘉晃「コメも足りない『楽園』の虚妄」『読売ウイークリー』2006年8月13日号，22-23頁，同「北朝鮮帰還事業の爪痕　後編：旧ソ連・東欧文書で明かされる真相」『中央公論』2006年12月号，254-55頁．中国からは1959年5月までに6万人が帰国した（前掲，Szalontai, p. 152）．そのなかには医者や技術者がふくまれていた．貴重な人材をうしなった中国・東北部の一部の病院，工場，研究所は閉鎖に追いこまれたという．欧陽善（富坂聰訳）『対北朝鮮・中国機密ファイル』文芸春秋，2007年，51-52頁．
　174）　前掲，金・高柳編，140頁（原資料は日赤の報告書）．
　175）　前掲，李進熙，75頁．

た[176]．これは北朝鮮が，帰国運動や貿易拡大を支援した日朝協会をいかにたかく評価したかを証する．

4　要約と結論

　日本の敗戦から1950年前半にかけて，国際共産主義運動すなわちソ連共産党を盟主とする各国共産党の活動は，東アジアの政治をおおきく揺るがした．中国では共産党が内戦に勝利し，各国共産党の民族解放・武装闘争を鼓舞した．朝鮮半島では金日成が軍備をととのえ，韓国に侵攻した．日本では日本人および朝鮮人の共産主義者が革命運動を展開した．かれらはスターリンの指示で武装闘争を起こした．しかし朝鮮半島，日本における武装闘争はけっきょく，失敗におわった．

　1955年，日本の政治のわく組が大きく転換した．この年，自民党と社会党の2大政党が発足した．同時に，総聯が誕生した．55年体制は，日本人の親米政党と反米・親中ソ政党にくわえて在日朝鮮人—外国人—の政治団体が存立する体制であった．総聯は北朝鮮に忠誠をちかい，労働党の直接指導をうける組織として成立した．

　国家の経済基盤の強化および国際的地位の向上のために，金日成は日朝国交正常化をのぞんだ．しかしそれは現実には困難であった．そこで金日成は国交のないまま貿易—対日物資調達をおこなう方法を模索した．物資調達は当初，密輸によった．これを合法化するには組織的な対日工作が必要であった．ソ連，中国もおなじく，対日貿易をつよく欲した．これら3国の工作組織は日本の実業家，政治家，左翼人士に働きかけ，さまざまな交流団体，貿易団体を組織した．その運動の結果，3国の対日貿易は拡大した．日朝貿易は1959年から急増した．これは金日成にとって大きな成果であった．かれはさらに，総聯と日本の親社会主義勢力を利用して在日朝鮮人の帰国をはかった．これも同時期，実現した．日本政府と実業界はもっぱら，目前の問題処理あるいは短期的利益をめざして行動した．そこには，のちに深刻な問題が生じることへの警戒感が欠落していた．

---

176)　『日本と朝鮮』第83号，1960年7月25日．

第4章
第1次7か年計画と対日物資調達

　本章は1961-70年の対日物資調達を主題とする．第1節は第1次7か年計画の内実を要約し，金日成が日本からのプラント輸入によってその推進をはかったことをみる．第2節は，まず日朝貿易会の活動を調査する．つぎに日本人科学者・技術者の対北情報供与と技術指導について考察する．第3節は総聯の活動および北朝鮮工作員の貿易工作をしらべる．総聯の活動はさまざまな側面におよんだ．ここでは本研究の観点から焦点をしぼってのべる．第4節は貿易統計を検討する．対日輸入とともに対ソ輸入をしらべる．第5節は本章の議論を要約する．

1　第1次7か年計画とプラント輸入計画

(1)　第1次7か年計画

　北朝鮮政府は1961年，第1次7か年計画―人民経済発展7か年計画―を開始した．同年9月の労働党第4回大会で金日成は，この計画の基本的課題が「工業化と技術革命を徹底的に実現して，社会主義の物質的・技術的土台を強固にきず」くことにあるとのべた[1]．かれはそのために重化学工業の優先的な発展を強調し，とくにつぎの点に言及した：金策製鉄所の拡張，セメント工場・大型火力発電所・石油精製工場の建設，アルミニウム

---

1)　金日成「朝鮮労働党第四回大会でおこなった中央委員会の活動報告」1961年9月11日，『著作集』第15巻，197頁．

工業の創設，酸・アルカリ工業の発展，およびこれらにもとづく大型機械・精密機械・石炭・化学肥料・農薬・合成樹脂（塩化ビニール）・合成ゴム・人造繊維の増産[2]．金日成は同時に軽工業の発展と人民生活の向上にも言及したが，この計画の主眼は軍事工業の発展にあった．「武器を量産し，人民軍だけでなく全人民を武装させるためには，何よりも国の重工業の基礎をかため，それに依拠して兵器工業を早急に発展させねばならない」——これがかれの基本的なかんがえであった[3]．1962年12月，労働党中央委員会第4期第5次全員会議で金日成は，国防力の強化をあらためて強調した[4]．同時に，経済発展が制約をうけても国防力を強化せねばならないとの考えをしめした[5]．政府発表の数字によれば，国防支出の対国家予算比は1960年の19％から，1967-69年には30％に上昇した[6]．金日成は国家予算にしばられず随意に，物的・人的資源を国防建設に動員した．これを考慮すれば，じっさいの国防支出は上記の数値をさらに上回ったとみるのが妥当である．この時期，ウラン鉱山の開発，原子力研究施設の建設やソ連からの原子炉導入（1965年）など，核開発のうごきもつよまった．

　金日成は7か年計画で，自力更生をとなえた．これは実現不可能なスローガンあるいは願望にすぎなかった．じっさいは，ソ連や中国の援助にたよらねばならなかった．1959-60年，ソ連，中国は北朝鮮にあらたな援助を約束した[7]．1961年6-7月には金日成が両国を巡り，安全保障と経済援助にかんする条約を締結した．こののち，60年代前半，北朝鮮とソ連の関係が冷却化しソ連の援助が中断した．これは7か年計画実行の障害とな

　2）　同上，201-06頁．
　3）　金日成「兵器工業のいっそうの発展のために」全国兵器工業部門の党活動者会議でおこなった演説，1961年5月28日，同上，125頁．
　4）　『労働新聞』1962年12月16日．
　5）　国際情勢は当時，中ソ対立の激化，韓国軍事政権の成立，日韓国交正常化交渉の進展といった点で，北朝鮮にとって不利に展開していた．くわしくは，金学俊（李英訳）『北朝鮮五十年史　「金王朝」の夢と現実』朝日新聞社，1997年，第11章を参照．
　6）　金一「朝鮮民主主義人民共和国人民経済発展6個年（1971-76年）計画について」朝鮮労働党第5回大会での金一副首相の報告，1970年11月9日，朝鮮統一問題資料集編纂委員会編『朝鮮統一問題資料集』民族統一新聞社，1973年，671頁，国土統一院調査研究室『北韓経済統計集　1946-1985年』文聖景印，ソウル，1986年，156頁．
　7）　前掲，慶南大学極東問題研究所編，339，350頁．

った．中国との関係は逆にいっそう良好となったが，中国が北朝鮮に供給できる工業製品は，質・量ともに非常にかぎられた．対中関係は1960年代後半，文化大革命の進行とともに悪化した．

金日成は上記の全員会議で，1962年の経済目標が成功裡に達成されたと語った[8]．これは政治的な発言であり，信ずるにたらない．北朝鮮が公表する生産統計は虚偽の羅列であった[9]．それは客観的な数値ではなく，対外宣伝の手段であった．金日成自身のつぎの言葉は示唆的である：「現在，人民経済の各部門で技術革命が積極的におしすすめられていない．工場や農村で作業工程の機械化が満足に推進されていない．」[10] すなわち，重要課題とした技術革命が進展していないことを，彼みずからみとめていたのである．第1次7か年計画はけっきょく，北朝鮮政府の発表によっても3年間の延長を余儀なくされた．同政府はこれを，米帝国主義による戦争挑発が国防力の強化を強い，人民経済の発展を制約した結果とした[11]．

(2) プラント輸入計画

1959年2月，北朝鮮政府は自国の貿易商社をつうじ，日朝貿易会に火力発電設備の輸入希望を表明した．これは100万KW（5万KW容量20基），総額1億ドルにのぼる大型設備であった[12]．北朝鮮政府はこれを7か年計画中に稼動させる予定で，1960年末まで日本側の回答を待った．しかし日本側はこれに応じなかった．この設備はココム規制（外為法・輸出貿易管理令）に抵触するわけではなかったが，支払いリスクや韓国の反発をかんがえると，うけいれ可能な提案ではなかったのである．

北朝鮮の李周淵貿易相は1961年1月，訪朝した日朝貿易会の相川理一郎常務理事につぎのように語った：「［この発電設備は］日本からいまだに

---

8) 金日成「六つの目標を達成するたたかいでおさめた成果をかため発展させよう」朝鮮労働党中央委員会第四期第五回総会での結語，1962年12月14日，『著作集』第16巻，508頁．
9) 前掲，村上『私が関わった……』53頁．
10) 前掲，金日成「六つの目標を達成する……」『著作集』第15巻，511頁．
11) 前掲，金一，662頁．
12) 佐治俊彦「日韓会談のシワよせ受ける北鮮貿易」『エコノミスト』1962年4月17日号，52頁，宮原正宏「日朝貿易の現状と展望」『朝鮮研究月報』第5・6号，1962年，35頁．『日本経済新聞』（朝刊，1959年5月10日）は総額600億円と報道した．

確［回］答がないためやむを得ずソ連から入れることになった．日本に求めた理由は，わが国と周波数が同じで作り易いと考えたからである．」[13]同貿易相はさらに，「7か年計画では数百の新しい技術装備をもった工場を建設する，日本が応じさえすればプラント類を多数注文したい」とのべた[14]．同年11月，相川は平壤で後任の貿易相，李一卿から同様の要望をうけた[15]．翌62年訪朝した商社員に，同貿易相はいっそう率直に語った：

> 昨年の日朝貿易はわが国貿易額の1％以下であったが……1964年には10％ぐらいに発展させたい．しかし日本政府の非友好政策のために買いたいものも買えない．たとえば中波放送機がそのよい例である．われわれはやむをえずプラント類は社会主義国から買っているが，これは運賃その他からみて非常に不利である．なんとか，このような政治的障害を除去したい．皆様方の協力をお願いしたい[16]．

このように北朝鮮側は対日貿易にたいして，日本側関係者がおどろくほどつよい熱意をしめした．それは，7か年計画――とくに技術革命――を日本からの設備導入によって遂行しようとしたからである．ソ連から導入したのはやむをえざる結果であった．それは事実，問題をひきおこした．ソ連製の発電設備――平壤火力発電所（40万KW）・北倉火力発電所（60万KW）――の設置がおおはばに遅れたのである[17]．平壤火力発電所では1965年上半期にようやく，1号発電機（5万KW）の設置が完了した[18]．北倉火力発電所は7か年計画期中には着工に至らなかった[19]．

---

13) 同上，宮原．北朝鮮の周波数は韓国および西日本と同様，60サイクル（ヘルツ），ソ連はヨーロッパ規格で，50サイクルであった．終戦後ソ連が奪取した水豊の発電機2基（23頁）は，50サイクル専用機（第4号機，ジーメンス製）と50・60サイクル両用機（東芝製）であった（前掲，朝鮮電気事業史編集委員会編，516-17頁，森田芳夫『朝鮮終戦の記録：米ソ両軍の進駐と日本人の引揚げ』巌南堂書店，1986年，207頁）．1961年の北朝鮮政府の刊行書は，周波数の問題で電動機の稼動に支障があったことを示唆していた．前掲，朝鮮民主主義人民共和国科学院歴史研究所編，285頁．
14) 同上，宮原，36頁．
15) 「李一卿朝鮮貿易相談話」『朝鮮研究月報』第1号，1962年，65-66頁．
16) 同上．
17) 鄭鎮渭（小林敬爾訳）『平壤：中ソの狭間で』コリア評論社，1983年，104頁．
18) 世界政経調査会編『北朝鮮工場要覧　1967年版』同会，1967年，39頁．
19) 1968年着工，1972年一部完工，1985年8月全面操業（160万KW）開始．『日朝

1964年，日本の貿易関係者が朝鮮国貿促のまねきで訪朝した[20]．北朝鮮側は，工作機械，鉱山機械，計測器，発電設備など総額3,000万ドルの輸入計画を提示し，日本側と合意書を締結した[21]．工作機械はとくに高度の加工機械が中心であった．

1965年1月，金日成は日朝協会理事長，畑中政春と会談し，日朝貿易についてつぎのように語った：

> 日本が延払い輸出や（プラント商談の前提となる）関係者の入国を認めないのは残念である．これが認められれば対外貿易の20％は日本にふりむけたい．輸入は金（きん）で決済する．希望するならば茂山鉱山の鉄鉱石をいくらでも売る用意がある[22]．

北朝鮮はこれ以前，東工物産の仲介により，1961年に銑鉄を日本に2,500トン，5,000万円相当をはじめて直航輸出した[23]．金日成はここでさらに，金や鉄鉱石という重要な鉱物資源を輸出することによって，日本から物資を調達する意思を明確に表明したのである．

1960年代北朝鮮は，西欧諸国に輸入希望を表明した．品目は，以下をふくむ非常に広範囲のプラント・船舶類であった：発電設備（火力，水力），圧延設備（鉄鋼・非鉄金属），製錬設備，動力機械設備，工業用アルコール製造設備，原油加工設備，可塑剤製造設備，アクリル製造設備，合成ゴム製造設備，フィルム製造設備，貨物船，冷凍船[24]．西欧諸国はこれにおうじた．1964年末オランダが北朝鮮に，1万トン冷凍船1隻を5年延払いの契約で輸出した．オランダは年産20万トン能力の尿素設備も輸出した．西ドイツは60年代後半，平壌と北倉の火力発電所用発電機の一部および製紙・製靴工場設備，工作機械数百台を輸出した[25]．フランスと北

貿易』第317号，1985年，2頁．産業研究院『北韓の企業』同院，ソウル，1996年，382頁．
20)　李栄根監修『統一朝鮮年鑑　1965-66年版』統一朝鮮新聞社，1965年，683頁．
21)　『日本経済新聞』朝刊，1964年12月23日．
22)　同上，朝刊，1965年2月13日．
23)　『朝鮮商工新聞』1961年4月18日．将来の開発をめざして，1960年には日本人技術者が茂山，清津港を視察した．北朝鮮の国貿促がかれらを招請した．垣内富士雄『茂山鉄鉱山視察報告書』未公刊，1960年参照．
24)　『朝鮮研究』第39号，1965年5月号，40頁．

朝鮮は1968年にパリと平壌に相互に通商代表部を設置した．フランスは北朝鮮に可塑剤プラントを輸出した[26]．

　米国とことなり西欧諸国にとって，経済成長と緊張緩和のために東西貿易の拡大の意義はおおきかった．その主張をうけて50年代後半から，ココム規制は緩和の方向にむかっていた[27]．チンコムは1957年，事実上解体した．1960年代，西欧とソ連の貿易はおおはばに増大した．米国もみずからの経済的利益や政治的考慮から，対ソ貿易を増大させた．この変化のなかで，上記，西欧の対北輸出が実現した．

　北朝鮮が西欧に接近したのは，前述のようにソ連からの設備導入に問題があった一方，日本がプラント輸出に容易におうじなかったからである．のちに金日成は日本の革新市長会代表団にはつぎのように語った：

> われわれはまだ，化学繊維工場の設備を国内で生産できない．こういう工場設備を日本から買い入れるとよいが，日本とはまだ貿易関係がないので……やむをえず，フランスやイギリスのような遠いところから買い入れている[28]．

在日朝鮮人訪問団との談話では，トラクター，アニロン（アクリルの北朝鮮名），尿素の製造工場や「産業テレビジョン化」の設備を日本から購入しようとしたが果せず，自力生産（トラクター製造設備），オーストリアやフランスからの輸入（尿素，アクリル設備）にきりかえたとのべた[29]．

---

25) 『日朝貿易』第41号，1970年，2頁．
26) 前掲，朝鮮貿易協会，772頁．
27) 前掲，Masutanduno, pp. 99, 112.
28) 金日成「日本全国革新市長会代表団との談話」1972年5月14日，『著作集』第27巻，203頁．
29) 同「朝日輸出入商社の任務について」朝日輸出入商社代表団，東海商事株式会社代表団とおこなった談話，1973年2月12日，『全集』第51巻，94頁，「総聯の経済貿易活動家は貿易で主体性を発揮せねばならない」在日朝鮮商社代表団，在日朝鮮人記者団とおこなった談話，1973年8月4日，同，200-01頁．金日成は，尿素肥料工場の建設をはじめは咸鏡北道阿吾地に計画したが，のちにこれを興南に変更し，さらに平安北道南興（のちに平安南道安州に編入）に変更した．その建設は遅延を重ね，1976年にようやく完了した（年産能力40万トン）．前掲，産業研究院，130頁，金日成「肥料はすなわち米であり，米はすなわち社会主義である」興南肥料工場党委員会拡大会議での結語，1965年2月9日，『著作集』第19巻，165頁，「ソ連経済圏に組み込まれる北朝鮮」『北東アジア』第4号，1981年，26

2 日朝貿易会と日本人科学者・技術者

(1) 日朝貿易会

1960年,日朝貿易会は日朝協会ら関係団体とともに,香港を経由しない日朝の直接貿易をもとめて集会と陳情をくりかえした.7月,岸内閣が総辞職し,池田内閣が誕生した.岸は国際共産主義運動にたいしてつよい対決姿勢をとっていたが,池田は経済を重視した.日朝貿易会と日朝協会はこの機会をとらえ,貿易促進運動をいっそう推進した.池田内閣は1961年4月ついに,バーター取引(直接決済の禁止・輸出入リンク制)を条件に,日朝間の直接物資輸送による貿易をみとめた.

日朝貿易会は,北朝鮮側の意向をうけて,つぎの運動目標を以下の2点においた:①バーター取引制の廃止(直接決済制の実現),②日朝間の人事自由往来とくに北朝鮮の貿易・技術関係者の入国[30].かれらはこのために政治家との接触や世論喚起をはかり,精力的に運動した.これは実をむすび,1962年11月,政府はバーター取引制の廃止を決定した.同月,正和海運が朝鮮対外運輸会社と定期貨物船の就航で合意した.翌63年2月,日朝貿易会と朝鮮国貿促は貿易取引の合意書に調印した.これはその後の日朝貿易発展の土台となった.同年9月には,日朝銀行間のコルレス契約締結が実現した[31].

反面,技術関係者の入国は1960年代には実現しなかった.これはとくに韓国政府が自国の安全保障上の理由から,つよく牽制したためである.この問題は,上記,李貿易相が言及した中波放送機の輸入にあたって顕在化した.同機はNHK大阪中央放送局なみの設備(出力100KW,芝電気製)で,総額1億円をこす引合いであった[32].北朝鮮側は,老朽化した平壌放送の設備更新用にこの輸入を計画した[33].日本側のあつかい商社は東

頁.
30) 前掲,日朝貿易会『日朝貿易の手引』32頁.
31) 決済(ポンド使用)はロンドンのモスクワ人民銀行,中国銀行経由であった.同上,35,156頁.
32) 『朝鮮研究月報』第5・6号,1962年,50-51頁.

工物産であった．日朝双方の関係者は，試験放送における立会いが欠かせないとして，北朝鮮技術者の入国を日本政府につよくもとめた．政府はいったんこれを許可したものの，韓国政府の反対をうけてとりけした（1962年1月）．けっきょくこの設備は，日朝貿易会関係者の現場立会いをへたのみで出荷された[34]．

1964年には東工物産が北朝鮮側とアクリル繊維プラント（総額150億円，東邦ベスロン・呉造船所・日本窯業製造）の輸出仮契約をむすんだ．このときも北朝鮮技術者の入国問題がおこった．日朝貿易会は，関係貿易諸団体，文化団体，労働組合，学者・著名人とともに運動を展開し，政府に入国許可をだすようにせまった．政府は1966年7月に3名の入国を許可したが，韓国や米国の圧力をうけて，翌月これを撤回した．その結果，輸出契約は実行されずにおわった[35]．日朝貿易会関係者はのちに，このプラントの輸入目的が軍事用携帯毛布の生産であったことをあきらかにした[36]．

バーター取引制廃止以降，日朝貿易会は長期延払い輸出と輸銀（日本輸出入銀行）融資の認可獲得をめざした[37]．この認可は，機械設備の大型取引に不可欠であった．その第1歩として関係商社が1964-65年，酸素分離機，鋼材，ダンプカー，塩化ビニール重合設備の延払い輸出（2-3年）認可をえた．これらの輸出は実行された[38]．日朝貿易会はさらに，北朝鮮ゆき旅券の発給やココム制限撤廃の運動を展開した．

1964年，北朝鮮は日朝貿易会に日本製品の展示会開催を申し入れた[39]．これをうけて日朝貿易会は日本国貿促によびかけ，朝鮮国貿促とのあいだで「平壌日本商品展示会開催に関する合意書」を締結した．通産省と外務省には，関係者渡航の許可，輸出禁止品目の解除，補助金交付をはたらきかけた．その結果，1965年5月，同展示会がひらかれた．訪朝した日本

---

33) 前掲，佐治，51頁．
34) 前掲，宮原，33頁，前掲，村上『私が関わった……』14-15頁．
35) 前掲，日朝貿易会『日朝貿易の手引』42-43頁，『日本経済新聞』朝刊，1966年6月8日，7月15日，7月21日，8月18日．
36) 前掲，村上『私が関わった……』66頁．
37) 前掲，日朝貿易会『日朝貿易の手引』36頁．
38) 酸素分離機については補論参照．
39) 前掲，日朝貿易会『日朝貿易の手引』37頁，前掲，村上『私が関わった……』28，70頁．

側の関係者は79名で，その中心人物は宇都宮徳馬（後述）であった．かれは開幕式で韓国を批判する一方，北朝鮮を支持するあいさつをおこなった[40]．出品メーカー，あつかい商社はそれぞれ78社，20社，出品点数は工作機械，計測器など359点であった（後掲）．北朝鮮側からは1万名もの各機関の幹部，技術者が会場におとずれた．この大きな数は，北朝鮮政府が同展示会をひじょうに重要視し，全国の関係者に動員をかけたことを示唆する．その中心層は日本統治期に日本語で教育・訓練をうけた現場の技術者であった．北朝鮮側はこの展示会をつうじて，貴重な工業製品を購入することができた．同時に，技術交流の名目で日本企業から多くの技術情報を獲得した．

　この時期，日朝貿易会の年間事業計画は，日朝貿易の正常化のほか，米国の戦争挑発・日本政府の北朝鮮敵視政策反対，在日朝鮮人の民族的権利擁護・韓国による干渉反対といった政治的な項目をふくんでいた[41]．日朝貿易会は貿易促進運動をつねに，反米，反自民党政権，反韓国の政治運動と一体で展開したのである．同会はけっきょく，日本における国際共産主義運動の前線組織のひとつ―朝鮮問題に特化した貿易・政治工作機関―であった．日本政府や業界はこれを承知のうえで，同会を対北情報収集・貿易交渉のエージェントにつかった．

(2)　日本人科学者・技術者

日朝協会の畑中政春は1965年1月の訪朝時に，日朝双方で技術協力委員会を設置することで北朝鮮側と合意した[42]．これにもとづき同年8月に日本で，日朝科学技術協力委員会（会長永井彰一郎東大教授，無機化学（とくに硅酸塩）専攻）が設立された（北朝鮮では対外科学技術交流委員会）．メンバーには福島要一（日本学術会議会員），伏見康治（名大プラズマ研究所所長），桜田一郎（京大教授）がくわわった[43]．福島は東京帝大出身の農業経済専門家であった．終戦後，農林省で組合運動を指導したが，1949

---

40)　『朝鮮学術通報』第2巻第6号，1965年，51頁．
41)　『日朝貿易』第21号，1968年，8-10頁．
42)　『日本経済新聞』朝刊，1965年2月13日．
43)　『公安調査月報』第4巻第12号，1966年，102頁，前掲，社会運動調査会編『左翼団体事典　1968年版』979-80頁．

年にレッドパージによって退官した[44]．その後は民科（民主主義科学者協会）創設に尽力，中共派の平和運動家としても活動した[45]．伏見は東京帝大理学部出身の原子物理学者で，のちに日本学術会議会長，参議院議員（公明党）をつとめた．共産党にちかく，民科に属し『アカハタ』にも寄稿した[46]．桜田は思想的背景のうすい化学者であった．科学の普及をはかるという科学者精神と，人的なつながり——李升基と非常にちかい関係にあった——から参加した（補論）．

　日朝科学技術交流委員会は1966，67年に代表団を平壌に送った．1969年には，日朝貿易会および北朝鮮の対外技術交流委員会と共同で「平壌日本機械および硅酸塩技術展覧会」を開催した[47]．硅（珪）酸塩は二酸化珪素と金属酸化物から成る塩である．アルミニウム，マグネシウム，カリウム等をふくむ硅酸塩鉱物（電気石，長石，雲母，霞石など）は北朝鮮に豊富であった．この展覧会はその開発に必要な機械・技術の獲得を目的とした．とくに精密なガラス加工技術の導入に力点があった[48]．戦前北朝鮮では日本企業がガラス原料の硅砂や硼砂の開発をおこなっていた[49]．それは光学兵器の製造に不可欠であったが，戦後その技術が継承されなかった．展覧会の開催には曲折があった．ココム規制による出品チェックや人事往来の制限がひろくのこっていることを理由に，北朝鮮側が出展全品の事前買いつけにおうじなかったからである[50]．最終的には開催されたものの当

---

　44) 前掲，思想運動研究所編『新版　進歩的……』372-77頁．
　45) 民科は1946年，戦前のプロレタリア科学研究所や唯物論研究会の活動家が中心となって設立され，日本共産党の科学文化運動を推進する母体となった．その組織はコミンフォルムによる日本共産党批判によって動揺した．1954年，世界科学者連盟に加盟したが，活動はこのころまでに停滞に陥った．共産党系の学者は1965年，民科にかわる組織として日科（日本科学者会議）を創設した．くわしくは以下を参照．前掲，社会運動調査会編『左翼団体事典　1968年版』488-94，497-98頁，前掲，大沼・藤井・加藤，197-99頁，同，下巻，295-96頁，藤井陽一郎「戦後科学者運動史の評価をめぐって」日本科学者会議編『現代科学の展望』（現代人の科学　第12巻），大月書店，1976年，174，183-84頁，風早八十二「民科創立のころ」日本科学者会議編『科学者運動の証言』白石書店，1978年，24-36頁．
　46) 前掲，思想運動研究所編『新版　進歩的……』561頁．
　47) 前掲，日朝貿易会『日朝貿易の手引』53頁，村上貞雄「ピョンヤン日本機械および硅酸塩技術展覧会報告」『日朝貿易』第40号，1970年，13-17頁，同『70年代における日朝貿易の発展と朝鮮経済の破綻』未公刊，2000年，19-20頁．
　48) 同上，村上『70年代における……』20頁．
　49) 前掲，木村・安部『北朝鮮の軍事……』21，79頁．
　50) 『日本経済新聞』朝刊，1969年4月9日．

初計画よりは小規模となった．それでも参加したメーカー・商社は70社，出品点数は計測器，窯業用炉，圧延機，工作機械など約200におよんだ．北朝鮮側の参観者は約6,000名であった．

1967年7月，日朝技術交流委員会は平壌で「日本科学技術図書展示会」を開催した．実務は日朝貿易会が担当した．展示会には日本各地800か所からあつめた2,400種，6,000点以上の科学技術書，雑誌，資料（科学機器）を出品した[51]．北朝鮮側の参観者は学者，技術者など2,000名にのぼった．

1960年代前半には，設備据付を目的とした日本人技術者の訪朝が可能となった．当時の商社員（東工物産社員）の証言では，北朝鮮の技術者は日本の技術文献を表紙がすりきれるほど読んでいた[52]．かれらは設備据付を教育の場とかんがえ，作業の迅速さよりも技術習得を重視していた．そのため日本人技術者を優遇し，観光につれだすなど歓待した．

北朝鮮にとってとくに，戦前北朝鮮の工場ではたらいた日本人技術者との接触は重要であった．1960年代に新日本窒素（日窒の後身，のちチッソと改称）の技術者が戦後はじめて北朝鮮を訪れた[53]．この技術者は1930年代後半から終戦まで水俣工場に勤務し，カーバイドからアセチレンを作り，これと塩酸から塩化ビニールを製造する事業に従事した（補論）．同時に，日窒が興南に航空燃料イソオクタンの製造工場を建設するさい，原料のアルデヒド製造設備の設計を担当した．戦後は，東京本社調査部ではたらき，前述した塩化ビニール重合設備の対北輸出にたずさわった．この関係で1972年までに13回にわたって訪朝し，化学工業関係の技術情報を多数提供した．石油化学の開発計画の基礎提案もおこなった．これらの貢献を北朝鮮側はたかく評価し，この技術者に金日成バッジを授与した．

---

51) 松田頼宗「展示会の経過ともよう」『日朝貿易』第143号，1967年，12頁．
52) 中島晋「朝鮮滞在八ヵ月の感想：朝鮮の内外路線・西欧との活発な交流状況・プラント据付け立会いの経験など」『日朝貿易』第11号，1967年，15-17頁．
53) 中村清「戦後の興南工場」『くさのかぜ：草風館だより』（『聞書水俣民衆史』付録4），第37号，1990年，3-6頁．「日本で最初の塩化ビニール工場」「日本窒素史への証言」編集委員会編『日本窒素史への証言』続巻第十五集，1992年，62-101頁．

3　総聯と工作員

(1)　総　聯

総聯では1960年代に,活動家の組織ばなれが進行した.その一因は,総聯が金日成に完全に従属し,専制的な組織運営を強行したことであった.この過程では韓德銖の側近,金炳植が実権をにぎり,総聯内に混乱をひきおこした[54].それにもかかわらず,総聯の経済力は増大した.それは,在日朝鮮人のおおくが富裕化したからである.在日朝鮮人を職業別にみると,1960年代,農林漁業,採鉱業従事者がへった一方,事務職など第3次産業従事者や技術者,教員がふえた(付表12).これは在日朝鮮人が日本人とともに,高度成長の波にのってゆたかになったことをしめす.その好例がパチンコや焼肉産業の隆盛であった.両者は朝鮮(・韓国)人経営者がもっとも成功した産業としてしられる.パチンコ産業では70%が朝鮮人経営であったといわれる.1961-69年間,全国のパチンコ台数は78万台から157万台に増加した[55].

在日朝鮮人の資産増をしめすのは,「朝銀」の成長である.それは同和信用組合(1952年設立,朝銀東京の前身)にはじまった[56].その後,全国に朝銀愛知,朝銀茨城など地域別の信用組合が設立され,総聯がこれらを在日本朝鮮人信用組合協会のもとに統括した.朝銀は1960年代,急成長した――1960-70年に店舗数は32から108,預金額は50億円から1,000億円に増加した[57].

経済的地位の向上とともに教育水準もたかまった.総聯は設立時から,

---

54) 詳細は,統一朝鮮新聞社特集班『金炳植事件:その真相と背景』統一朝鮮新聞社,1973年参照.

55) 中島健吉『風雪五十年』彩書房,桐生,1997年,288頁.中島はパチンコ機械製造で財をなした.パチンコ店営業で成功した在日朝鮮(韓国)人の回想録には,鄭圭夏『順風満帆』イディー書籍出版部,1998年などがある.パチンコ産業の歴史分析は,韓載香「パチンコ産業と在日韓国朝鮮人企業」『社会経済史学』第73巻第4号,2007年,27-50頁を参照.

56) 呉圭祥『在日朝鮮人企業活動形成史』雄山閣出版,1992年,73-87頁.

57) 同上,207頁.韓国系の人びとは朝銀とは別組織の信用組合(東京商銀,愛知商銀など)を設立した.

3 総聯と工作員

いわゆる民族教育の発展を謳い，全国に初等，中等の民族学校を建てた[58]．大学―朝鮮大学校は 1955 年の総聯結成大会で設立が決議され，56 年 4 月，2 年制短大（法人認可外）として開校した．同年から 59 年にかけて，ペーパーカンパニー「共立産業」の名義で東京都下小平に土地を取得し，金日成からの送金で校舎を建設した[59]．1958 年，朝鮮大学校は 4 年制（文系，理系 2 学部 6 学科）大学に発展した．同校は金日成に忠実な総聯幹部の養成を主目的とし，寄宿舎制度にもとづく集団主義，外部との接触を禁止する秘密主義によって洗脳教育を実施した[60]．1960 年代には，朝鮮大学校は工学部（電気工学科，機械工学科，金属学科），理学部（数学科，化学科，生物学科）を設置した．全教員数は約 100 名，同学生数は約 1,000 名であった[61]．金日成は 1965 年，10 名の同校教員に共和国教授，副教授職をあたえた．毎年，8-10 億円にのぼる教育援助費・奨学金の送金もつづけた[62]．これらの措置のねらいは，総聯と本国との関係をいっそう緊密化し，朝鮮大学校の教員，学生を徹底的に，北朝鮮の国家建設と韓国における革命支援に奉仕させる点にあった．これは，同校の卒業式（1969 年）における韓徳銖のあいさつから明瞭である：

> 研究機関で働く卒業生は……自らが習得した科学知識と研究活動を通して祖国の社会主義建設と総聯愛国事業に積極的に寄与せねばならない……すべての卒業生は偉大なる首領金日成元帥の南朝鮮革命と祖国統一にたいする戦略戦術的方針を高くかかげて……闘争している南朝鮮革命家と愛国的人民を支持声援し……闘争せねばならない[63]．

韓徳銖には，わかい人材をみずから育てることによって，総聯内で権力

---

58) 詳細は，前掲，金徳龍参照．
59) 「特集 陰謀の拠点・朝鮮大学」『全貌』1967 年 11 月号，8-23 頁．朴東廉『若人の成長をみつめて：朝鮮大学校在職二十八年』私家本，2007 年，15-17 頁．朝鮮大学校，ホームページ，2007 年 11 月 10 日．
60) 前掲，李瑜煥，238-39 頁．
61) 前掲，社会運動調査会編『左翼団体事典 1968 年版』994 頁．工学部設立は前述の中島健吉の寄付によった．
62) 前掲，在日朝鮮人歴史研究所編，55 頁．
63) 『朝鮮新報』1969 年 3 月 22 日．

をさらに強固にするねらいがあった.

　朝鮮大学校の成長には,税制その他の面で優遇される学校法人認可が欠かせなかった. 総聯は1960年代前半, この認可をもとめて広汎な運動を展開し, 国内有力大学の学長をふくむ多数の教授, 文化人, 団体, 政党の賛同をえた[64]. 1967年には韓徳銖が朝鮮大学校に大河内一男東大総長をまねき, 運動をもりあげた[65]. 岩波書店の安江良介は, 1967年4月に美濃部亮吉が東京都知事になると特別秘書に就任し, 認可をあたえるようにかれに進言した[66]. 美濃部は都知事就任前, この問題について格別の知識や関心をもっていなかった. 就任半年後, 美濃部は認可の是非を都私立学校審議会に諮問した. 同審議会は朝鮮大学校の民族教育に疑問を呈し, 結論を明確にしない異例の答申をおこなった. これにたいし美濃部は1968年4月, 認可の決断をくだした[67]. この措置を総聯のみならず金日成みずからひじょうに歓迎した[68]. 韓徳銖はのちに, これが朝鮮人の祖国往来自由化にもつながったとのべた[69]. この間, 文部省は一貫して認可に反対した. 同省は, 朝鮮大学校をはじめ総聯傘下の民族学校の管理は国益上必要であるとし, 外国人学校法の制定をはかった. 総聯はこれを不当弾圧として世論にうったえた. 総聯は自民党の一部もとりこみ, 1967-72間, 7回にわたって同法案の成立を阻止した[70].

---

　　64) 前掲, 呉圭祥『記録……』78-79頁, 朝鮮大学校編『朝鮮大学校の認可問題にかんする資料(3)』同校, 1968年.
　　65) 『朝鮮大学校をみて』編集委員会編『朝鮮大学校をみて　増補改訂版』朝鮮大学校, 1967年. 民団は認可に反対する運動をおこした. 前掲, 大阪韓国人百年史編集委員会編, 149-50頁.
　　66) 朝鮮大学校『朝鮮大学校創立25周年を記念して』同校, 1981年, 12頁 (美濃部のあいさつ).
　　67) 美濃部亮吉『都知事12年』朝日新聞社, 1979年, 57-60頁.
　　68) 同上および美濃部亮吉「金日成首相会見記」『世界』1972年2月号, 47頁.
　　69) 韓徳銖「美濃部亮吉先生を偲んで」美濃部亮吉さん追悼文集刊行世話人会編『人間美濃部亮吉:美濃部さんを偲ぶ』リーブル, 1987年, 153-55頁.
　　70) 前掲, 韓徳銖『主体的……』227頁. 前掲, 李元洪 (268-70頁) によれば, 総聯は1960年代なかば, 京都にあらたな大学を設立すべく工作を展開した. これは工科大学で, 北朝鮮がもとめる科学技術者の養成を目的としたという. 資金提供者は神戸の在日商工人 (元日本共産党員, 総聯幹部) で, 初代万景峰号を寄贈した人物であった (118頁). このこころみは, 土地買収をめぐって地元で反対運動がおこったため, 失敗した. この件については, 買収反対運動があったのは事実であるが, 大学設立の計画が本当であったのかを含めて, 他の資料による裏づけを欠く (土地買収問題は, 『朝日新聞』朝刊, 1966年5月14日が報道した).

3　総聯と工作員

　総聯は積極的に日朝貿易の拡大運動をすすめた．この背景には本国の指示だけでなく，みずから貿易利益をえる目的があった．1961年6-7月に総聯は，全国各地で祖国貿易推進在日朝鮮人大会を開催した[71]．これには5,000名の商工業者が参加した．大会では，地方議会をつうじて日本政府に，強制バーター制の廃止をもとめることをきめた．同時に，共同出資による貿易商社の設立決議を採択した．この結果，東海商事株式会社が設立された．同社の資本金は5億円（当初の払込資本金は1億5,750万円）で，社長には総聯幹部の梁宗高が就任した[72]．東海商事は1962年4-9月に4.2億円の売上げを達成し，日朝貿易に従事する商社のなかで3位に成長した[73]．同社はこれ以後，日朝貿易専門の重要商社となった．総聯はさらに，祖国貿易推進在日朝鮮人委員会を組織し，世論工作，地方議会工作をつうじて貿易拡大運動をおしすすめた[74]．

　総聯は帰国運動を1960年代にもつづけたが，思惑どおりには進展しなかった．1960年に5万人近かった帰国者数は，61年には22,801人に激減した[75]．62年には3,497人となり，その後は2,000人ほどとなった．当初からの帰国希望者は，大半が1960年中に帰国した．他方，帰国者が手紙で，北朝鮮のきびしい生活状況を日本の親族や知己につたえた結果，あらたな帰国意欲がそがれた[76]．

　北朝鮮政府は，帰国希望者の増加を総聯に指示した．とくに企業者，科学者，技術・技能者の帰国を促進し，かれらが持参する設備と人的能力を7か年計画にくみいれることをはかった．その施策として同政府は1959年11月，在日朝鮮人科学者に国家科学院兼任研究士制度を適用すると発表した[77]．1960年4月には，以下の内閣命令第19号を布告した：

　71）李東埼「在日朝鮮人の祖国貿易：その経過と現状」『朝鮮研究月報』第5・6号，1962年，41-43頁．
　72）『日本経済新聞』朝刊，1961年8月8日．前掲，呉圭祥『在日朝鮮人……』125，138頁．梁宗高は，南朝鮮の慶尚北道尚州郡出身で日本在留40年，同和信用組合会長を務める有力商工人であった．『朝鮮商工新聞』1961年8月15日．
　73）『公安調査月報』第11巻第12号，1962年，84頁．
　74）呉圭祥『企業権確立の軌跡：在日朝鮮商工人のバイタリティー』朝鮮商工新聞社，1984年，65頁．
　75）前掲，金・高柳編，226頁．
　76）こうした手紙のいくつかは以下に収録されている：関貴星『楽園の夢破れて』亜紀書房，1997年，149-79頁．

「日本から帰国した技術者及び企業家の事業条件と生活活動を積極保障することについて」
　・帰国した技術者及び企業家が所持した生産設備を国家に販売することを希望する場合は，公正な価格でこれを購入する．
　・帰国した企業家が生産設備をもって国家の協同生産に参加することを希望する場合は，工場設備と生産資材その他諸般条件を保障する[78]．

これをうけて総聯は，韓徳銖議長みずから各地を巡り，帰国者の掘りおこしをはかった．幹部は，模範をしめすためにみずからの子弟を帰国させた．1961 年 2 月には，在日本朝鮮人商工連合会（会長梁宗高）が，「零細業者，生産企業者を先頭に，自らの技術技能，機資材，民族資本をすべて持って祖国建設に参加するために集団的に帰国する方向を全面的に提起した．」[79] 同連合会は商工人に，「機械製造業者たちよ！　各種加工業者たちよ！　君たちの技術は貴重だ．保有機械をすべて持って共和国に帰り，7 か年経済建設にともに参加しよう！」と呼びかけた[80]．この結果，ビニール・プラスチック加工，ミシン製造，洋服加工，製靴，自動車整備，精密機械製造，レンズ製造，塗装，メッキ，ベニヤ製造など多数の企業者・技術者集団が，工場設備をたずさえて帰国した[81]．造船技術者・造船工も帰国した．かれらの技能は漁船のみならず，砲艦や魚雷艇といった兵器の製造に利用可能であった[82]．

在日朝鮮人科学者は 1959 年 6 月に，各学術部門を統一した全国組織，

---

　　77)　「在日本朝鮮人科学者協会 25 年の歩み」『朝鮮学術通報』第 20 巻第 1 号，1984 年，16 頁．
　　78)　布告の第 1 項および第 3 項．鄭慶謨・崔達坤編（張君三訳）『朝鮮民主主義人民共和国主要法令集』日本加除出版，1993 年，1189 頁．
　　79)　『朝鮮商工新聞』1961 年 2 月 14 日．
　　80)　同上，1961 年 3 月 7 日．
　　81)　前掲，張明秀，287 頁．申在均「科学技術協会の 30 年」朝鮮大学校理学部（生物，化学）卒業生有志一同『科学技術時代に生きて：朝鮮大学校，科学技術協会とともに 30 余年』未公刊，1991 年，26 頁．1961 年 11 月に東京で 6 家族が組織した合成加工帰国者集団は，プラスチック・ガラス加工に 10 年の経験をもつ団長，プラスチック加工 10 年・電球製造 5 年の経験者，プラスチック加工用の金型製造 7 年の経験者などから成った．そのうち 3 家族が，射出特別成型機などの設備を携行して 1963 年に帰国した．『朝鮮新報』1963 年 1 月 26 日．
　　82)　黄宗屹・金龍煥（一色浩訳）「北朝鮮造船工業の概況（その 1）」『日本船舶海洋工学会誌』第 18 号，2008 年，40 頁．

在日本朝鮮人科学者協会（「科協」）を結成し，総聯に加盟した[83]．科協は同年8月，朝鮮大学校で第1次科協講習会を開催した．この場で朝鮮大学校教員で化学者の廉成根が帰国を宣言した．かれは翌年，すべての家財道具を整理して実験機材と書籍に換え，これをもって帰国した（補論）．このように60年代に帰国した科学者は約150名にのぼった[84]．かれらの専門は，医学，育種学，分子生物学，触媒化学，電子工学，有機合成化学，地質学，放射線生物学，半導体工学，冶金学，建築工学など多岐にわたり，理学博士5名，工学博士・農学博士各1名等日本の大学の博士号取得者11名をふくんでいた．科協はまた北朝鮮の要請におうじて，耐火物や硬質合金の技術者集団を組織し，帰国させた[85]．

帰国者が設備や資材を携行した結果，帰国者1人あたりの平均もちかえり荷物量は激増し，1965年1月以降2トンを超えた[86]．1966年10月には3.2トン，67年7月には5.8トンを記録し，67年12月には，積みきれなかったために別途1隻の貨物船を配船した．帰国船は，人道上必要な引揚げ船ではなく貿易船同様となった．この状況から日本政府は，1967年かぎりで帰国事業をうちきった．北朝鮮はこれをつよく非難し，平壌その他都市で抗議集会を組織した[87]．

帰国者の相当数は帰国前に不動産を総聯に寄付したり，その処分を総聯に委任した．総聯は任意団体なので法的な所有権をもたなかったが，それらは事実上総聯の資産となった[88]．

北朝鮮側からみれば，帰国者の財産や知識・技能は有用であった反面，かれらの思想は資本主義的・自由主義的で危険であった．そのため帰国者は監視・差別の対象となった．社会的・経済的に低い地位におとされる者もすくなくなかった．かれらのもちかえった資材や設備はけっきょく，国家の手に入った．私企業をみとめない北朝鮮では当然の帰結であった．日本の親族は帰国者に物資や現金を送り，支援する必要にせまられた．

---

83) 前掲，申在均，21-22頁，前掲，呉圭祥『記録……』50頁．
84) 前掲，申在均，25頁，ホアン，チョルホン「在日本朝鮮人科学技術協会の対北韓科学技術協力経験」『科学技術政策』2002年3・4月号（通巻第134号），60頁．
85) 前掲，張明秀，292頁．
86) 前掲，金・高柳編，194頁．
87) 李栄根監修『統一朝鮮年鑑 1967-68年版』統一朝鮮新聞社，1967年，346頁．
88) 前掲，金昌烈，276-77頁．

総聯はまた，北朝鮮との自由往来の実現につとめた．従来日本政府は，出国する在日朝鮮人に再入国許可をださなかったから，北朝鮮への帰国は永住帰国をいみした．総聯は1960年代に，共産党，社会党，労組，文化人，地方議員をまきこんで強力な自由往来運動を展開した．国際的にも運動をひろげ，1964年にはB. RussellやA. J. Toynbeeから運動にたいする支持をえた[89]．この結果，1965年には在日朝鮮人2名がはじめて，再入国許可をえて北朝鮮に出国した[90]．

(2) 工作員

　金日成が言及した茂山の鉄鉱石は，新日本産業が対日輸出工作を担当した[91]．同社社長（吉田龍雄）は北朝鮮出身で日本に帰化した人物であった．かれは朝鮮労働党幹部の親戚で，平壌と直接つながっていた．八幡製鉄の関連事務所と同じビルに事務所をおき，同社と交渉した．その結果，茂山鉄鉱石の輸出契約（35万トン）は1964年に成立し，予定どおり実行された[92]．

　終戦から1950年代にさかんであった密貿易は，その後もつづいた．1962年4月，舞鶴港から北朝鮮にナイロン製ロープ，魚網を密輸したグループを日本の警察が逮捕した[93]．1962年7月に警察が逮捕した他の工作員は，山形県酒田港を拠点とする貿易ルートの設定を任務としていた（大寿丸事件）[94]．同年9月に逮捕した北朝鮮工作員の任務は，北朝鮮貿易を希望する商社の実態調査，政財界実力者の北朝鮮貿易にたいする態度・影響力の調査であった（解放号事件）[95]．1965年には，警察は北朝鮮から密入国した労働党員を逮捕した．この人物はもともと日本に在住していたが，終戦直前に北朝鮮にもどり興南の消費組合幹部となった．日本では朝鮮人

　89）殷宗基『在日朝鮮人の生活と人権』同成社，1986年，175-88頁．
　90）前掲，在日朝鮮人歴史研究所編，149頁．
　91）前掲，村上『私が関わった……』23頁，久仁昌「私が愛した『北朝鮮スパイ』」『文藝春秋』1995年12月号，128-36頁．
　92）『日朝貿易』復刊第1号，1966年，25頁．八幡製鉄の稲山嘉寛社長は戦前茂山に勤務し，現地の事情に精通していた．こうしたことから輸入に積極的であった．
　93）『朝日新聞』夕刊，1962年4月22日．
　94）前掲，諜報事件研究会編，56-57頁．
　95）同上，58頁．

商工業者と接触し，香港を中継基地とした貿易会社設立の工作をおこなった（神田事件）[96]．

　帰国事業がはじまると北朝鮮の工作組織は，帰国船をつかって要員を送りこんだ．かれらは船内で，総聯幹部の直接指導や日本に潜伏する工作員との連絡にあたった．1967年に発覚した事件（外務省スパイ事件）では，1949年ごろ日本に密入国した工作員が，帰国船の入港のたびに新潟にゆき，指示をあおいでいた．この工作員は外務省の機密文書を盗みだした[97]．朝鮮大学校生・民族学校生を訪船させ思想教育をほどこすこと，船内で北朝鮮の印刷物を総聯に交付すること，日本の政治・経済・軍事・科学にかんする報告書や雑誌を総聯に準備させて北朝鮮にもちかえることも，帰国船を利用した工作員の重要な任務であった[98]．

　1969年には総聯中央の中堅幹部が，工作員の密出国の手助けをした容疑で逮捕された[99]．工作事件で総聯中央の幹部が逮捕されたのはこれがはじめてであった．

4　物資調達

(1) 概　観

　表4-1に，本書の巻末付表1から1961-70年の貿易統計を要約する．対日輸入総額は1961-65年間，16億円から59億円におおきく増加した．1966-67年には減少したが，のちふたたび増加し1970年には84億円にたっした．通期では5倍以上の伸びを記録した．輸入品はほぼすべて工業品であった．1961年にもっとも多かったのは電気機器で，鉄鋼，機械類，金属製品，ひも・綱等（とくに魚網）がこれについだ．1970年には機械類，

---

　96)　同上，69-70頁．『朝日新聞』夕刊，1965年3月31日．
　97)　この工作員は日本の公立高校を経て法政大学を卒業後，東大農学部農業経済学科に研究生として在籍した．のちに朝鮮人初級学校教員，朝鮮商工新聞記者となり，外務省職員（大臣官房国際資料部調査課）と接触して情報を入手し，本国に送ったとみられる．この工作員と外務省職員は国家公務員法違反で検挙され，大きく報道された．前掲，諜報事件研究会編，75-76頁．『読売新聞』朝刊，1967年11月30日．
　98)　前掲，金・高柳編，196頁（原資料は内閣調査室『調査月報』の論稿）．
　99)　『朝日新聞』朝刊，1969年12月10日．

表 4-1 対日輸入額,

	輸入合計	無機化学品	有機化学品	肥料	各種化学品	プラスチック	ゴム	紙
1961	1,604	2	29	-	16	37	213	12
1962	1,721	8	34	36	111	30	105	43
1963	1,925	8	111	43	149	147	24	31
1964	4,062	13	200	315	38	135	57	76
1965	5,942	1	435	401	14	156	19	107
1966	1,806	15	239	49	54	89	53	108
1967	2,293	85	145	-	42	80	109	107
1968	7,469	73	324	-	284	434	94	238
1969	8,697	110	339	17	270	560	62	339
1970	8,404	13	164	-	243	724	103	600

注) 貿易商品分類2桁品目中, 金額の多いもの. 輸入合計は, 省略した項目も含む

表 4-2 対日輸入工業品目数, 1962, 70 年

品目名	1962	1970	品目名	1962	1970
化合物	0	21	鉄鋼	13	14
染料等	9	18	非鉄金属製品	3	8
医薬品	10	27	その他の金属製品	15	29
精油, 香料等	4	10	機械類	41	111
人造プラスチック	15	24	電気機器	59	120
その他化学製品	4	9	車両, 船舶	2	11
ゴム製品	8	12	室内衛生用品等	2	8
紙・同製品	12	29	衣類	42	13
糸, 織物	22	49	光学機器類	24	69
ガラス製品等	2	7	雑製品	40	44

注) 貿易商品分類3桁の品目数. 品目数のすくない項目は省略した.

人造繊維, 電気機器がおおかった. 機械類・電気機器の輸入は68年から顕著に増大し, 70年には全体の44%をしめた.

この時期, 対日輸入は量的に伸びたのみならず, 多様化した. 3桁分類では, 衣類をのぞくすべての工業品の輸入品目数が増加した (表4-2). とくに機械類, 電気機器, 光学機器類の多様化が顕著であった.

対日輸入の特徴は, 対ソ輸入の伸びおよび品目とくらべると明瞭である[100]. 対ソ輸入は両国関係悪化のため, 1960年代前半ほぼ停滞した (付

---

100) ルーブルのドル換算レート (公定レート) は大幅に過大評価されていた. このた

1961-70 年

(百万円)

人造繊維	ひも,綱等	鉄鋼	鉄鋼製品	各種金属製品	機械類	電気機器	鉄道以外の車両	精密機器
63	101	288	-	103	126	358	1	5
48	97	679	136	5	51	110	0	16
204	30	443	115	-	37	178	129	4
837	171	1,261	80	5	94	233	40	12
331	16	2,490	2	50	814	153	406	35
194	15	248	5	1	121	111	23	33
283	115	127	23	6	195	170	29	44
403	188	757	148	5	1,511	1,150	36	199
694	205	297	63	17	2,622	1,627	34	228
1,005	109	148	87	25	2,970	738	46	117

(次章以下,同様).

表4-3 対ソ輸入,機械設備,1960-70年

(千ルーブル,%)

	1960	1962	1964	1966	1968	1970
A. 機械設備輸出総額	9,010	18,228	25,279	26,535	42,496	89,386
B. うち完成工場・材料	808	8,824	16,875	15,760	15,148	66,401
C. B/A(%)	9.0	48.4	66.8	59.4	35.6	74.3

注) Aは輸送機械をふくむ.

表7).1967-70年には急増したものの,全期をつうじた伸びは約3倍にとどまった.品目の点では,対ソ輸入の30-50%は非工業品であった.とくに原油の比重がたかかった.工業品のなかでは,機械設備が最大であった.1960年,そのうち完成工場・材料の占める割合は9%であった(表4-3).以後,同割合はおおきく上昇し,とくに1970年には70%を超えた.このように,ソ連の対北工業品輸出は工場用の機械設備に偏していた[101].

(2) 製品分析

1965年,鉄鋼輸入が急増した(前表4-1).これは,2年延払いで普通鋼

め絶対額の比較はあえておこなわない.

101) この時期のソ連による設備供給の詳細は以下を参照.パザノーバ,ナタリア(梁浚容訳)『岐路に立つ北韓経済:対外経協を通じてみたその真相』韓国経済新聞社,ソウル,1992年,58-62頁.

表 4-4 対日輸入，金属加工機械，1968 年

種類	台数	価額 (千円)	平均単価 (千円)
数値制御式旋盤	35	163,163	4,662
普通旋盤	11	46,703	4,246
ならい旋盤	7	4,055	579
立旋盤	31	66,136	2,133
その他の旋盤	34	43,563	1,281
ボール盤	1	215	215
中ぐり盤	8	28,494	3,562
数値制御式フライス盤	9	33,500	3,722
その他のフライス盤	39	156,196	4,005
平削盤	7	111,673	15,953
数値制御式研削盤	5	17,338	3,468
内面研削盤	3	10,519	3,506
その他の研削盤	59	75,848	1,286
ホブ盤	16	103,733	6,483
歯切盤・歯車仕上機械	26	54,356	2,091
金切のこ盤	1	683	683
その他の金属工作機械	41	80,098	1,954
液圧プレス（金属加工用）	1	3,901	3,901
ドローイングマシン	5	15,502	3,100
その他の金属加工機械	9	39,592	4,399
計	348	1,055,268	3,032

材が2.4万トン輸入されたからであった[102]．同年北朝鮮は，レール（重軌条）も4,800トン（2.2億円）輸入した．この年以外には普通鋼材の輸入はほとんどなく，鉄鋼輸入の大半は2次製品や特殊鋼—すずメッキ鋼板（1963年：1,321トン・1億円），珪素鋼板（1964年：300トン・0.3億円；1965年：1,999トン・1.9億円），ステンレス鋼管（1964年：426トン・2.7億円；1965年：128トン・0.8億円）など—であった．

　当時（その後もまた）北朝鮮の製鋼技術では，一定の厚板と丸鋼以外の鉄鋼製品をほとんど製造できなかった．線材やステンレスはもとより，レールやメッキ板用の薄鋼板も生産不能であった[103]．鋼材は生産可能で輸出

---

102)　『日朝貿易』編集部「朝鮮の鉄鋼業と日朝間の鉄鋼取引」『日朝貿易』第28号，1968年，8頁．

103)　金日成はつぎのようにのべた．「わが国が工業国であり，多くの大金属工場をもっていながら，レールをつくれないというのは話にならない」（金日成「全国機械工業部門

表 4-5 対日輸入，電気計測機器・通信機器，1961-70 年

	電気計測機器		通信機器		
	台	百万円	台	百万円	kg	百万円
1961	97	2	3	0	0	0
1962	52	1	833	13	618	4
1963	20	19	179	5	1,262	4
1964	5,407	19	166	64	1,588	8
1965	1,186	4	516	63	215	3
1966	1,044	27	217	32	52	1
1967	141	13	571	64	658	4
1968	1,088	119	2,145	162	3,867	24
1969	1,975	157	4,294	192	6,610	70
1970	2,667	89	5,132	172	2,558	31

注） 金額は百万円未満を四捨五入．通信機器のkg欄は部分品の重量をしめす．電気計測機器（輸出統計品目番号 729.5），通信機器（同 724.9）は次の品目をふくむ．電気計測機器：電流計，電圧計，温度計，検定用機器，周波数測定器，抵抗計，速度計，オシロスコープ他．通信機器：有線・無線通信機器，マイクロフォン，イヤフォン，拡声器，放送用以外のテレビ受像機，レーダー，方向探知機他．

も行なっていたが，質がひくく建材にはつかえなかった[104]．レールの輸入は，金日成がくりかえし下した鉄道輸送改善命令に対応していた．メッキ鋼板は缶詰用に不可欠であった．電動機の電磁石用珪素鋼板も国内では製造できず，輸入しなければならなかった[105]．

　機械類の輸入では金属加工機械がおおかった．それは 1968 年：348 台・10.6 億円，69 年：261 台・9.9 億円にのぼった．機種は，数値制御式その他の旋盤，フライス盤，歯切盤，平削盤，研削盤などで，高額の機械もふくんでいた（1968 年，平削盤の平均単価 1,600 万円）（表 4-4）．1969 年に輸入された立旋盤 1 台は，価額 3,800 万円であった（同表にはしめしていない）．

活動家会議での結語」1967 年 1 月 20 日，『著作集』第 21 巻，48 頁）．同様に以下を参照．同「わが国人民経済の当面の発展方向について」朝鮮労働党中央委員会第四期第七回総会での結語，1963 年 9 月 5 日，『著作集』第 17 巻，358 頁，「党活動の強化と国の経済管理の改善について」朝鮮労働党中央委員会第四期第十二回総会での結語，1965 年 11 月 15-17 日，『著作集』第 20 巻，89 頁．

　　104） 村上貞雄『北朝鮮の対日債務問題の顛末』未公刊，2001 年，63 頁．
　　105） 金日成「経済指導における革命的規律と秩序の確立について」党中央委員会政治委員会，内閣合同会議でおこなった演説，1968 年 10 月 21 日，『著作集』第 23 巻，98 頁．

表 4-6　対日輸入，主要化学品，1963-70 年　(トン)

	ステアリン酸	DOP	多塩基酸	水銀	ベンゼン
1963	45	370	79	0	0
1964	292	735	193	0	0
1965	600	150	120	0	0
1966	110	643	579	0	0
1967	140	524	191	11	0.2
1968	460	407	430	7	200
1969	300	930	421	10	300
1970	325	420	402	0	0

注）　多塩基酸は，多塩基酸及びその誘導体（その他のもの）の略．

　電気機器でめだったのは電気計測器，通信機器である．これらは 60 年代後半それぞれ毎年数千台輸入された（表 4-5）．金日成は計測器の国内生産を指示していたが容易に実現できず，輸入がつづいた[106]．通信機器のなかには，台数はすくないが，レーダー，ローラン（ロングレンジ）レシーバー，方向探知機があった（付表 2）．これらは，漁船用など民生品として輸出許可がおりた．しかし後年の金日成の発言によれば，無線機器は朝鮮人民軍が優先的につかっていた[107]．68，69 年には電力用その他のコンデンサー類の輸入が急増した（両年の電力用コンデンサー輸入合計，2,211 台・7.6 億円）．発送電を円滑におこなうために日本製機器は必需品であった．金日成は当時，全国に分散して小規模発電所を建設しようとしていた．かれは，この方式は大規模発電所にくらべて効率はおとるが，戦時の被害抑制に効果がおおきいとのべた[108]．

　化学品の輸入はこの時期，品目数，量ともすくなかった．相対的に多かったのは，ステアリン酸，DOP（(オルト) フタル酸ジオクチル）である

　　　106）　前掲，金日成「わが国人民経済の当面の発展方向……」『著作集』第 17 巻，360 頁．

　　　107）　「漁船に設置する無線通信機は人民軍の中隊用のものでもまにあう」（金日成「水産業を発展させ，漁獲高を高めよう」水産部門活動家協議会でおこなった演説，1978 年 2 月 14 日，『著作集』第 33 巻，108 頁）．同「貿易港を現代化し，港湾の管理運営を改善するために」党中央委員会政治委員会・中央人民委員会・政務院合同会議でおこなった演説，1979 年 1 月 21 日，『著作集』第 34 巻，115 頁も参照．

　　　108）　同「七か年計画の重要生産目標を達成するため，チョンリマの勢いで総突撃しよう」朝鮮労働党中央委員会第四期第十七回拡大総会での結語，1968 年 4 月 25 日，『著作集』第 22 巻，192 頁．

4　物資調達

（表4-6）．ステアリン酸は脂肪酸の一種で，石鹸，化粧品，樹脂安定剤，ろうそくなどの製造にひろくつかわれる．戦前北朝鮮では日窒が興南油脂工場でイワシ油や大豆油から，ダイナマイト用グリセリンとともにこれを大量に生産していた（補論）[109]．金日成政権下では油脂の国内生産が困難となり，ステアリン酸を継続的に輸入しなければならなかった．DOPはフタル酸エステルの一種で，重要な塩化ビニール可塑剤であった．北朝鮮ではこれを生産できなかったため，塩化ビニール製品の製造にその対外調達を必要とした（補論）．フタル酸エステルはまた，爆発しやすい危険物で，銃，ロケット，ミサイルの推進薬に転用可能であった[110]．表4-6で「多塩基酸」の具体的な品目は不明であるが，後年の実績から推すと，おそらく無水マレイン酸であった．これも合成樹脂工業でつかう物質であった．水銀は北朝鮮に産せず，輸入に依存せねばならなかった．化学工業では触媒原料として重要である．水銀はビナロン製造過程でも必要であった（補論）．兵器工業では，水銀は雷管製造に不可欠で，戦時中，興南火薬工場ではその不足になやみ，代替原料の開発につとめていた[111]．ベンゼン（ベンゾール）は化学工業の基礎物質で，兵器製造をふくむあらゆる分野で利用可能性があった．爆薬の基本原料であるし，航空ガソリン添加剤（オクタン価をたかめる）にもつかう[112]．またこれを混酸でニトロ化したニトロベンゼンは，化学兵器の原料（製剤，アダムサイト）として有用である．

　他に軍事・工作関連で，ヨットその他の船舶（ゴム加工をした織物製のもの，輸出統計品目番号735-342）の輸入が注目に値する．これはゴムボートをふくむ．当時，北朝鮮の工作員が海上ルートから韓国にたびたび潜入した．かれらが使用したゴムボートはすべて日本製であった[113]．統計では，上記の品目の輸入が1963年から毎年あり，70年までに合計で712艇，1.4億円を記録した．

　　109）　岩間茂智「特集　興南工場：油脂工場」『化学工業』第2巻第1号，1951年，77-79頁．
　　110）　塩川二朗監修『カーク・オスマー化学大辞典』丸善，1988年，1044頁．
　　111）　刈谷亨「特集　興南工場：火薬工場」『化学工業』第2巻第1号，1951年，81頁．
　　112）　渡辺徳二編『現代日本産業講座IV　各論III　化学工業』岩波書店，1959年，248頁．
　　113）　前掲，実業の世界社編，128頁．

1965, 69年の平壌の展示会の出展商品はほぼすべて売却された[114].
1965年展示会の売却総額は2.5億円にたっした. これは上記の貿易統計
にはふくまれない. その大半は精密な計測器や工作機械で, 多種にわたっ
た（表4-7）. 各種の放射能測定器もあった. これらはウラン精製の研究
などに必須であった[115]. こうした機器はココム規制品であった可能性がた
かい. 扱い商社はほぼすべて日中友好商社と総聯系商社で, 東工物産と東
海商事がもっとも多く出品した[116].

　帰国船にもちこむ大型携行品（持帰り特殊荷物）は厳密には税関申告を
必要とするはずであるが, 貿易統計に計上されていない. 1965-67年の大
型携行品は自動車, 自転車, 各種機械, 実験器具, 苗木など多様であった
（表4-8）. 当時, たとえば乗用車の対日輸入は合計9台にすぎなかったか
ら, 携行品の重要性は小さくなかった.

　対ソ輸入主要品目のなかで化学品を観察すると, 表4-9のとおりであっ
た. 無水酢酸からはビナロンの主要原料, 酢酸がとれた. 無水酢酸は, モ
ルヒネからヘロインを製造する過程でつかう原料でもあった. シアン化ナ
トリウム（別名, 青酸ソーダ）はメッキや製錬にひろく使用する. 北朝鮮
の戦略的輸出品, 金（きん）の製錬に不可欠な材料であった[117]. それはまた, 化学
製剤（タブン, GA）の原料でもあった. 硫黄は北朝鮮に不足した資源で,
化学工業の基礎化学品, 硫酸の主要原料であった. 紙・パルプ製造でも必
要とした. トリニトロトルエンはTNT火薬である.

　その他, 軍事に直接関連する対ソ輸入品として雷管があった. その輸入

---

　114) 前掲, 日朝貿易会『日朝貿易の手引』37頁,『日本経済新聞』朝刊, 1970年1月
21日.

　115) たとえば, つぎの論文を参照. 丁世鐘・金福現・白用国「イオン交換法によるウ
ラニウム, ジルコニウム, チタンおよび希土類元素の分類」『朝鮮学術通報』第5巻第5・6
号, 1968年, 222-26頁. これは1967年に北朝鮮の研究者が自国の学術誌に発表した論文の
翻訳である. それは, ソ連や中国の文献とならんで米国および日本の文献（ウラン・トリウ
ム鉱物研究委員会編『ウラン : その資源と鉱物』朝倉書店, 1961年）を参照する一方, 詳細
な実験結果を記している.

　116) 同表で第一通商は三井物産系の大手商社であった. 睦はもともと共産党のトラッ
ク部隊の関係者が設立した. 中国から最初に日中友好商社の指定をうけ, 日中貿易でもっと
も有力な商社であった. しかし日中両共産党が対立した結果, 1966年に友好商社指定をはず
された. 前掲, 小林, 58頁, 前掲, 思想運動研究所編, 209-11頁.

　117) 戦前日本で一般的であったのは, 水銀を使う混汞法とシアン化ナトリウムを使う
青化法の併用であった. 利根川金之助『鑛製錬場の設計と建設費』丸善, 1938年, 4頁.

4　物資調達

表 4-7　1965 年平壌日本商品展示会：出品者，製造者，展示品

出品者	製造者	商品分類	展示品
アタゴ光学器械製作所	同左	計測器類	薄層クロマト濃度計，検糖偏光計，直流電圧装置，電気泳動槽
長計量器製作所	同左	〃	天秤型高温粘度測定装置ほか 3 点
中小工業貿易協同組合*	コロナ電子	〃	測定スタンド，電気マイクロメータほか 3 点
	東京電波工業	〃	トランジスタ高周波定数測定器，同出力容量測定器ほか 3 点
	その他 2 社	〃	静電電圧計，瞬間蒸発機ほか 1 点
第一通商*	東芝機械	工作機械	立型平面研削盤
	その他 4 社		全自動粉末冶金プレス，ホブ研削盤，油圧万用自動盤 2 点ほか 1 点
大豊*	津上製作所	計測器類	ゲージブロック，工具顕微鏡測定器，万能測定顕微鏡
大華貿易*	海上電機	〃	超音波風速温度計，多周波超音波発生装置
	日本電気機材	〃	電子管精密特性試験装置
	富士重工業	その他	草刈機ほか 2 点
協邦通商*	日本真空技術	計測器類	超高真空計，真空ポンプ一式，超高真空排気セット，真空高温炉
	東京電波	〃	信号発生器ほか 1 点
	目黒電波計測器	〃	回転むら計，ひずみ率計，自動記録式周波数分析器，検波器，各種信号発生器 4 点，Q メータ 2 点
	オーバル機器工業	〃	各種オイルメータ 5 点，流量計，全ステンレス製化学用定量計 2 点，ボイラー給水用温水計ほか 2 点
共和交易**	島本鉄工所	工作機械	主軸台移動型精密自動旋盤，自動ピニオン歯割盤
	アサヒ製作所総本社	〃	洗濯機，脱水機，乾燥機
	小松製作所	その他	油圧式アングルドーザー
睦	日本純水素	計測器類	水素高純度精製装置
	日本高周波	〃	通過型電力計ほか 5 点
	その他 7 社	〃	計 19 点
日本協同組合貿易*	日進機械製作所	工作機械	芯無研削盤 2 点
	岩崎通信機	計測器類	シンクロスコープ 2 点ほか 2 点
ニューロング	同左	その他	工業用ミシン 3 点
日協商事	神戸工業	計測器類	空気放能汚染度計，万能放射能線量計，中性子サーベーメータ，γ 線スペクトロメータ，γ 線欠陥

第 4 章　第 1 次 7 か年計画と対日物資調達

			探知器，計数率計，4π比例計数管，β線透過型厚み計ほか 2 点
日華貿易興業*	京浜電測器	計測器類	電気秒時計，各種変圧器 3 点，各種変流器 2 点，電圧調整器，可搬式計器較正装置，直流較正装置，三相積算電力計試験台，安定化直流電源ほか 11 点
理学電機	同左	〃	半導体資料カット治具，水晶用資料カット治具，同予備部品，小角散乱装置，同予備部品，カット面検査装置ほか 2 点
昌栄通商*	国際機械振動研究所	〃	指示騒音計，動的釣合試験機，低域振動計，精密指示騒音計
新日本通商*	中央電子	〃	高速パルス発生器，オシロスコープほか 1 点
	松下通信工業	〃	2 現象オシログラフ
	エヌエフ回路設計ブロック	〃	超低周波発振器，トランジスター式高感度交流電圧計ほか 3 点
	ユニオン電機製造所	〃	電子溶接機
	三和無線測器研究所	〃	広帯域高感度真空管電圧計
	前川製作所	その他	高速多気筒冷凍機
	その他 2 社	計測器類	計 6 点
三興貿易*	東洋理化工業	〃	恒温恒湿槽，キセノン標準光源
	東京電子測器製作所	〃	ストロボスコープ
豊島商会*	ワシノ機械	工作機械	光学的精密倣研削盤
東芝交易	野村精機製作所	〃	高速精密自動旋盤
	北井産業	〃	小型ホブ歯切盤 2 点
特殊電極	同左	その他	溶接見本各種
東邦商会*	理研計器	計測器類	ガス検定器ほか 2 点
	光明理化学工業	〃	硫化水素検知器，亜硫酸ガス探知器 2 点，炭酸ガス探知器ほか 2 点
	安立電気	〃	信号発生器，広帯域精密周波数計ほか 2 点
東海商事**	豊和産業	工作機械	歯車形削盤 2 点
	堀場製作所	計測器類	微量酸素定測器，自律式超精密平面ラップ盤ほか 2 点
	東京試験機製作所	〃	超精密級 PH メータ
	その他 5 社	〃	計 15 点
東工物産*	横河電機製作所	〃	超万能分流器 2 点，各種分流器 11 点，検流計 2 点，各種抵抗器 9 点ほか 49 点

4　物資調達　　　　　　　　　95

	呉造船所 島津製作所 その他7社	その他 計測器類 計測器類， 工作機械	油圧式万能掘削機ほか4点 万能有機元素分析装置ほか8点 計40点
和光交易*	浜井産業	工作機械	高速精密ホブ盤，小型半自動ホブ盤
	国洋電機工業	計測器類	トランジスタ定数測定器ほか2点
柳本製作所	同左	〃	ガスクロマトグラフ2点，ポーラログラフ2点，水銀蒸留装置，光度滴定装置ほか5点
湯浅貿易*	日鍛製作所	工作機械	ハイスピード空気ドロップハンマー

注）　＊　日中友好商社，＊＊　総聯系商社．この分類は，『日中貿易友好商社一覧（昭和）42年8月現在』前掲，社会運動調査会編『左翼団体事典　1968年版』1140-61頁および『日朝貿易』復刊第1号，1966年．表紙裏の広告の共和交易代表者名による．
出所）「平壌日本商品展示会展示品一覧表」『朝鮮研究』第39号，1965年，39-48頁．

表4-8　帰国者の持帰り特殊荷物，1965-67年

自転車・自動車	自転車72，オートバイ45，耐火煉瓦用トラック3，乗用車44，大型トラック2，中型トラック20，小型トラック22，ライトバン・軽自動車8，オート3輪車2，ジープ4，マイクロバス2，冷凍車1，救急車1，その他10
工具 器具・機器	自動車修理用1，水道工事用1，塗装用1，電気カンナ30 自動車整備器具4，理化実験器具1，写真現像器具1，電気試験器具1，医療器具7，理容器具1，無線電話機20，電気機器1，変圧器1，冷蔵庫22，冷凍機3，映写機1，ミシン41
機械	（ゴム）靴製造機2，ゴム紐製造機1，豆腐製造機1，塗装機3，研磨機1，ビニール加工機1，ガラス製造機1，工学（研究用）機械2，食品加工1，配合飼料製造機1，コンデンサー製造機1，溶接機5，鍍金機2，撮影用機械1，魚網編機1，農業機具1，プラスチック成型機1，プレス機1，毛糸機械1，染色機1，整毛機1，高周波放電機1，玩具製造機1，工作機械4，魚洗機1，合成化学・樹脂加工機2，遠心分離機3，印刷機3，電球製造機1，放射線関連機1，電気（電子）関連機械2，クリーニング機1，精米機1，化粧合板加工機1
その他	苗木2,000本・12梱，牛1頭，研磨材68袋，自動車用グリース200缶，肥料40袋（1袋40kg入り），ライフル銃3丁ほか

注）　単位は以下のとおりである．自転車・自動車：台，工具・器具・機器：式（セット），個または台，機械：式（セット）または台．
出所）　前掲，金・高柳編，195-96頁（原資料：内閣調査室「在日朝鮮人の北鮮帰還について」『調査月報』第150号）．

表 4-9 対ソ輸入，主要化学品，1963-70 年

(トン)

	無水酢酸	シアン化ナトリウム	ベンゼン	トリニトロトルエン	エチルアルコール	硫黄
1963	100	2	519	..	..	..
1964	70	300	503	..	..	..
1965	30	100	516	5,400	..	..
1966	71	120	301	5,400	..	..
1967	99	119	514	5,000	..	4,800
1968	170	230	1,546	..		8,000
1969	42	250	2,055	..	446	5,912
1970	..	200	2,602	..	779	7,266

量は1965年，342万個にのぼった．

5 要 約

　第1次7か年計画の最大のねらいは軍事力強化であった．北朝鮮の工業技術水準は非常にひくかった．そのため計画遂行に日本製品の利用が不可欠であった．期間中，対日物資調達は顕著に増大した．技術情報の獲得もすすんだ．日本における国際共産主義運動の前線組織—日朝協会や日朝貿易会がこれにおおきく貢献した．総聯は，資金を蓄積し学校組織を充実させた．日本の各界への影響力もつよめた．その結果，本国との人事往来が進展し，物的・人的に本国の経済運営に協力する体制がととのった．企業者，技術者，科学者の集団帰国はこの時期の重要なできごとであった．
　ココム規制はあったが，軍事に直接利用可能な精密機器の輸入もおこなわれた．展示会はココムやぶりと技術情報獲得の手段であった．きびしい制約は，対日プラント輸入の分野で残存した．その制約を除去することが金日成のつぎの課題となった．

第 5 章

1970・80 年代の戦略と展開

本章は 1970 年代と 80 年代を対象とする．おもな論点は前章とおなじである．第 1 節はこの時期の全体を概観する．第 2 節は 70 年代初期に北朝鮮がデフォルトにおちいった経過とその後の推移をのべる．第 3 節は総聯にたいする金日成の指示と日本人への工作，第 4 節は総聯の活動について論じる．第 5 節は調達物資の統計分析である．ここでは化学品について技術的にかなり詳細な議論をおこなう．不正な物資調達の例もあげる．第 6 節は軍事建設の実態に言及し，まとめとする．

1 概 観——6 か年計画，第 2 次・第 3 次 7 か年計画

北朝鮮は 1971 年に 6 か年経済計画を開始した．その中心課題は前期とおなじく技術革命であった[1]．金日成はあらゆる部門で技術革命の遂行を命じた．とくに重視したのは，鉱業（「採取工業」）とりわけ石炭生産部門であった．1960 年代から西側では石油化学が発展し，全面的に旧来——戦前から——の石炭化学にとってかわった．ソ連は技術的に，これに追随できなかった．北朝鮮では金日成が自立的（主体的）経済建設の立場から，原油輸入を要する石油化学工業の導入をきらった[2]．これは，石炭化学とくに

---

1) 金日成「朝鮮労働党第 5 回大会でおこなった中央委員会事業総括報告」1970 年 11 月 2 日，『全集』第 45 巻，165 頁．
2) 同「人民保健医療法を貫徹しよう」朝鮮民主主義人民共和国最高人民会議第六期第四回会議でおこなった演説，1980 年 4 月 4 日，『著作集』第 35 巻，112-13 頁．呉源哲「北

カーバイド工業や木材化学への依存がつづくことを意味した.

カーバイド工業は電力を大量に消費する点で非効率であった. 水力発電所では冬の渇水期に能力が顕著に低下した. これはカーバイド炉の操業停止をひき起した[3]. 金日成は石炭火力発電所の建設を命じたが, 国内では良質の発電機やタービン, ボイラーを製造できなかった[4].

木材化学部門のひとつは, おが屑からのアルコール製造であった[5]. その技術は1930年代後半, 日本企業（東洋拓殖）がドイツから輸入したものであった[6]. アルコールは代用燃料, 爆薬製造その他工業用原料のほか, 重労働に従事する国民の慰安（飲料）に使われた[7].

金日成は, 原油輸入をへらすために自動車輸送より鉄道輸送を重視し, そのうえ鉄道の電化をはかった[8]. その結果, 電力不足は工業生産のみならず物資輸送にも悪影響をあたえた.

金日成は, 石油化学の有利さを理解しなかったわけではない. 部分的に

朝鮮経済が倒壊する理由」『新東亜』1995年1月号, 157-58頁.

3) 金日成「政務院の幹部協議会でおこなった演説」1978年3月30日, 『著作集』第33巻, 153頁.

4) 同「熱管理で革新を起こそう」全国熱管理員大会でおこなった演説, 1972年6月30日, 『著作集』第27巻, 321頁.「電力生産の増大と保健医療事業の改善で提起される若干の問題について」党中央委員会経済事業部および政務院の責任幹部におこなった演説, 1978年3月21日, 『著作集』第33巻, 142頁.

5) 同「両江道を美しく住みよい楽園にかえよう」朝鮮労働党両江道委員会拡大総会での結論, 1979年7月26日, 『著作集』第34巻, 321-22頁.

6) 前掲, 木村・安部『北朝鮮の軍事……』89頁. 導入した技術の代価は300万円で, 当時大きな金額であった. 黒野勘六「アルコール専売制度に就いて」『工業化学雑誌』第41巻第5号, 1938年, 327頁.

7) 高青松（中根悠訳）『金正日の秘密工場：腐敗共和国からのわが脱出記』ビジネス社, 2001年, 51頁.

8) 金日成「鉄道輸送能力の不足を解消するために」鉄道運輸部門活動家協議会でおこなった演説, 1978年3月13日, 『著作集』第33巻, 127頁. 金日成は同時に, 戦時には敵機の爆撃で電線が切断されるおそれがあるので, ディーゼル機関車が有用であるとのべた. つぎの発言も参照：「蒸気機関車は, 給水もひんぱんにし石炭もたかねばならないので, 戦時には不適当である. 鉄道を電化すれば豆炭を使用する必要もない. 金属工場をはじめ豆炭を使用するところは多いが, 豆炭工場に石炭を満足に供給できないため, 豆炭の大量生産ができない. 蒸気機関車に豆炭を使うと石炭の損失は大変なものである. 蒸気機関車に使う石炭を外国に輸出するだけでも, 鉄道電化に必要な銅を十分輸入することができる. 勾配の急なところで電気機関車は蒸気機関車よりも多くの貨物を牽引することができる. わが国は山地が多いので, 鉄道を電化するほうが決定的に有利である」(同, 127-28頁). 北朝鮮の鉄道にかんする全般的な解説は, 花房征夫「北朝鮮の鉄道状況と京義線連結問題」亜細亜大学アジア研究所編『南北朝鮮統一の条件（上）』同所, 2001年, 61-82頁を参照.

はその導入をはかった．かれが輸入を計画した尿素やアクリル，合成ゴムの製造設備は石油化学のそれであった[9]．金日成はその工場を6か年計画中に建設しようとしたが，実現できなかった[10]．

技術革命を各分野で推進するには，機械工業とくに工作機械の大量生産が必要であった．金日成は同生産の重要性をくりかえし強調し，「工作機械の子生み運動」を展開するように命じた[11]．

6か年計画は，韓国経済の急成長をつよく意識していた．韓国は1965年に日韓国交正常化をはたした．これにより，日本から大量に資金と技術を導入し，重化学工業化を推進することが可能になった．北朝鮮にとってこれへの対抗策は，同様に日本から資金と技術をえることであった．1972年，金日成は日本の記者につぎのようにのべた：「共和国は，創建当初から……日本と善隣関係を結ぶことを望んできたし，今日も両国間の異常な事態に一日も早く終止符をうち，正常な関係を樹立することを望んでいる」，「日本の経済が発展し……他国との友好関係の発展に貢献するならば，非常に好ましい．」[12] この言葉に金日成の焦りをみることができる[13]．

1975年9月，北朝鮮政府は6か年計画をくりあげ達成したと発表した[14]．これは宣伝にすぎず，じっさいには2年の「調整期間」を必要とした．第2次7か年計画は1978年にはじまり，1984年に終了した．1985-86年はふたたび調整期間とされ，87年に第3次7か年計画がスタートした．第2次，第3次7か年計画も技術革命を強調した点で，以前の計画とかわらな

---

9) 『北朝鮮研究』第66号，1979年，6頁．

10) 合成ゴム工場の建設は金日成が中止した．金日成「咸鏡南道党委員会と道内の重要工場，企業所党委員会の中心的活動について」咸鏡南道・咸興市党委員会および咸興市内の工場，企業所党委員会合同執行委員会拡大会議でおこなった演説，1979年6月4日，『著作集』第34巻，225頁．

11) 同「新年の辞」1971年1月1日，『著作集』第26巻，6頁，「工作機械生産の成果をかためよう」熙川工作機械工場の幹部および模範労働者との協議会でおこなった演説，1971年10月9日，同，379頁，「江原道党委員会の中心課題について」朝鮮労働党江原道委員会拡大総会でおこなった演説」1978年10月5-6日，『著作集』第33巻，496頁．

12) 同「わが党のチュチェ思想と共和国政府の対内対外政策のいくつかの問題について」『毎日新聞』記者の質問にたいする回答，1972年9月17日，『著作集』第27巻，393，395頁．

13) 焦り（および傲り）をキーワードに国家安全保障を論じた書物として，以下を参照．土山實男『焦りと傲り：安全保障の国際政治学』有斐閣，2004年．

14) くわしい発表数字は，前掲，国土統一院調査研究室，51-52頁参照．

かった[15]．金日成は1950年代以来，たえずつぎのように言った：「人民生活を画期的に向上させる」，「技術革命によって社会主義の土台を強固にする」，「自立的民族経済を確立する」等々．かれは実績をほこるために，あるときはこれらを過去形で表現した．べつのときには未来形でのべ，号令をかけた．

以上の計画とは別個に金日成は，1988年に科学技術発展3か年計画を提示した．これは第3次7か年計画の要とされ，電子工学や生物学，熱工学などの発展をとおして先進国の技術水準においつくことを目標とした．

軍事面では，金日成は1971年につぎのようにのべた：「人民軍は万端の戦闘準備を整えねばならない」，「人民軍によりすぐれた武器を供給せねばならない」，「前線と後方で防御工事を早急に終えて全国土を徹底的に要塞化し，戦略物資の備蓄を極力おしすすめねばならない」[16]．北方の山間部，慈江道ではとくに，地下工場の建設促進を指示した[17]．金日成はこれを土地や暖房費の節約のためとのべたが，主眼は防空であった．

核・ミサイル開発は軍事力強化の切り札であった．金日成はその推進をはかった．ソ連は，北朝鮮に供与する核技術を平和目的に限定するために，国際原子力機関（IAEA）への加盟をもとめた．北朝鮮は1974年に同機関に加盟した．80年代にはいると，平和利用と称しながら本格的に核開発をすすめ，第2の原子炉の建設を企図した．これは85-86年に稼動をはじめた．ミサイル開発は70年代にはじまった[18]．ソ連，中国から技術を導入し，国産化をはかった．80年代にはエジプトとスカッド（Scud，米軍のコードネーム）ミサイルの共同生産をこころみ，80年代半ばにはイランの資金（原油）提供をうけて量産化体制の確立につとめた[19]．80年代後半

---

15) 70・80年代の経済計画の詳細は，北韓研究所『北韓総覧 1983-1993年』同所，ソウル，1994年，382-95頁を参照．

16) 前掲，金日成「新年の辞」『著作集』第34巻，8-9頁．備蓄量の増大について，第一副首相金一は労働党第5回大会で，「戦略物資の予備を準備するために工業と農業部門ですべての可能性を動員して，最大限に増産，節約しなければならない」とのべた．前掲，金一，690頁．

17) 金日成「慈江道住民への給養活動を改善するための課題について」慈江道の党および国家・経済機関・勤労者団体活動家協議会でおこなった演説，1971年2月28日，『著作集』第26巻，90頁．

18) 小都元『ミサイル事典』新紀元社，1996年，396-97頁．

19) 同『世界のミサイル：弾道ミサイルと巡航ミサイル』新紀元社，1997年，171-73

にはイラン，シリアにスカッド・ミサイルを多数輸出した．イランはそれを対イラク戦争で使用した[20]．

この時期には権力の移譲も進展した．金日成は1974年，当時朝鮮労働党ナンバー2の地位にいた弟の金英柱を追放し，金正日を党中央委員会政治委員会委員の職に就けた．これによって事実上，金正日が後継者にきまった[21]．朝鮮労働党の元幹部，黄長燁によれば，このとき以来，北朝鮮の政権は金日成・正日の共同政権となった[22]．金日成自身がみとめたように，金正日はしだいに党を掌握し実権を独占した[23]．総聯の支配権もにぎった．こうして金日成は1990年までに，顧問格にすぎない存在になった．

金正日は，みずからの権威をたかめるために記念碑的建造物を大々的に建設した．主体思想塔，人民大学習堂，競技場，遊園地などがそれである．1989年にはソウルオリンピックに対抗して，平壌で世界青年学生祭典を開催した．これらは，軍事建設にくわえて経済負担をました．

2　デフォルトおよびその後

1970年はじめ北朝鮮は，大規模縫製工場を建設するために，ミシン3,500台の輸入契約を日本側とむすんだ[24]．1971年4月，日朝貿易会はホテルオークラで，日朝貿易開始15周年記念レセプションを盛会裡に開催した．これは日朝貿易の順調な発展を示すイベントであった．参加者は会員企業55社91名，来賓137名，計228名をかぞえた．出席した来賓には，成田

頁．Bermudez, Joseph S., "Egypt's Missile Development," Potter, William C. and Jencks, Harlan W., *The International Missile Bazaar: The New Suppliers' Network*, Westview Press, Boulder, 1994, pp. 32-34. 同，"Iran's Missile Development,"同．pp. 51-58.

20)　北朝鮮をめぐる「ミサイル・コネクション」の要約は以下を参照．浦川涼子「"ミサイル・コネクション"による北朝鮮の弾道ミサイル開発」『月刊JADI』1996年7月号，25頁．

21)　金正日の台頭については，徐大粛（古田博司訳）『金日成と金正日：革命神話と主体思想』岩波書店，1997年，第7章参照．

22)　黄長燁（萩原遼訳）『続・金正日への宣戦布告：狂犬におびえるな』文藝春秋，2000年，67-68頁．

23)　金日成「社会主義経済の本性に即して経済管理を正しくおこなうために」経済学者との談話，1990年4月4日，『著作集』第42巻，263頁．

24)　『日本経済新聞』朝刊，1970年1月21日．

知巳委員長ほか社会党の各議員，民社党・共産党の議員，宇都宮徳馬，平野義太郎，福島要一，帆足計，韓徳銖，梁宗高，金圭昇（科協会長）などにくわえ，通産省輸出業務課長，外務省北東アジア課長がいた[25]．

1971 年 11 月，与野党の国会議員 240 名が，日朝友好促進議員連盟を結成した．久野忠治（自民党佐藤派，のちに田中派）が会長代理に就任した．久野は土木事業で成功して政界入りした人物で，日中貿易に関心がたかかった．久野がこのとき登場した背後にはおそらく，田中角栄の意向があった．田中は社会主義国との経済交流につよい意欲をもっていたからである．北朝鮮が田中に直接工作した可能性もある[26]．

1972 年 1 月，久野ら議員連盟の代表団が訪朝した．これを仲介したのは前述した総聯の金炳植で，久野は佐藤首相のつよい反対にもかかわらず出国した[27]．同代表団は平壌で，朝鮮国貿促と貿易促進合意書を締結した．当時平壌に滞在中の日朝貿易会の関係者もこれに参加した[28]．　合意書のおもな内容は以下のとおりであった：1976 年までに貿易総額を 1.5-2 億ポンドに拡大する，高額のプラント輸出を 8 年以上の延払いとする，貿易関係者の相互往来を保障する，相互に貿易代表部を設置する[29]．72 年 7 月，田中内閣が成立した．まもなく，同年 12 月，東工物産がエチレングリコール製造プラントの 6 年延払い輸出許可を獲得した[30]．エチレングリコールは重要な化学原料で，ポリエステル繊維，酢酸ビニル系樹脂溶剤，不凍ダイナマイト，不凍液，耐寒潤滑油，代用グリセリンの製造などおおく

---

25) 『日朝貿易』第 55 号，1971 年，2-3 頁．
26) この件とは異なるが，北朝鮮が田中への工作を計画した例は以下を参照．金哲「幻の田中角栄工作と北の裏切り　革命人生の破綻：在日朝鮮商工人の衝撃証言　下」『正論』2004 年 5 月号，139-40 頁．
27) 前掲，重村，46 頁，李瑜煥『日本の中の三十八度線：民団・朝総連の歴史と現実』洋々社，1980 年，69 頁．金炳植は東芝会長，土光敏夫ら有力財界人の訪朝も計画したが，かれ自身の失脚により実現しなかった．『朝日新聞』朝刊，1972 年 10 月 7 日．
28) この経緯については，前掲，村上『1970 年代における……』37-51 頁参照．
29) 全文と解説は，『日朝貿易』第 62 号，1972 年，4-5 頁，同，第 64 号，1972 年，4-6 頁参照．決済には，ポンド不安のため，1972 年 8 月からマルクが使用されることになった．吉田良衛「日本の対北朝鮮貿易の現況　8 の 2」『コリア評論』第 139 号，1973 年 2・3 月号，26 頁．
30) 前掲，村上『1970 年代における……』，71-72 頁．東工物産は同年，年産 30 万トンのエチレンプラントの対中輸出契約を締結した．これは日中国交正常化後はじめての大型プラント輸出で，輸銀融資が適用された．こうした業績により日本政府は翌年，東工物産の創業者，川瀬一貫に勲章をさずけた（前掲，東工コーセン，ホームページ）．

の用途があった．戦前は日本窒素が本宮工場でアセチレンから製造し，不凍ダイナマイトの原料として火薬工場に供給していた[31]．

　1972年には平壌でカラーテレビ放送がはじまった．日本電気がこれをうけおい，日本から設備を導入し，日本人技術者が工事を完成させた[32]．

　1973年7月，三井物産のダミー会社，新和物産が，順川セメント工場用プラントの8年延払い許可をえた．この工場建設は6か年計画の柱のひとつであった．製品のセメントは国土の要塞化，施設の地下化に不可欠であったのみならず，輸出にもむける予定であった．契約額は400億円にのぼり，日本の対北輸出品では過去最大であった．同年12月，新和物産は繊維機械（タオルプラント）輸出で初の輸銀融資の許可をえた[33]．つづいてボルト・ナット製造設備の輸出にも輸銀融資の適用がきまった[34]．このように上記の貿易促進合意はおおきな効果を発揮し，政経分離のもと，国交正常化抜きの貿易拡大の梃子となった．とくに輸銀融資の許可は，大型の重化学プラント輸出に道をひらく画期的な出来事であった[35]．金日成は，田中内閣が佐藤内閣とはことなり北朝鮮にたいする敵視政策を緩和したとして，その姿勢を評価した[36]．

　日本の商社員，技術者の北朝鮮渡航も増加し，1972-73年には年間500名から800名にたっした[37]．平壌には50名から100名の商社員と技術者が常駐するようになった[38]．設備据付のために長期滞在するケースもあった．

　輸入増の反面，北朝鮮の輸出は大きくはふえなかった．1960年代初にはじまった茂山鉄鉱石の輸出は，1975年を最後に停止した．その主因は

31）　廣橋憲亮「特集　興南工場：本宮工場」『化学工業』第2巻第1号，1951年，67頁．
32）　『北朝鮮研究』第1巻第4号，1974年，59頁．
33）　前掲，村上『1970年代における……』57-58頁．
34）　日本貿易振興会『北朝鮮の経済動向と日朝貿易の現状』同会，1976年，63頁．
35）　相川理一郎「1974年の日朝貿易の展望と課題」『日朝貿易』第84号，1974年，5頁．
36）　前掲，金日成「わが党のチュチェ思想と……」『著作集』第27巻，393頁．田村元「金日成主席と会談して」『エコノミスト』1975年8月26日号，52頁．
37）　相川理一郎「合意書2年目：日朝貿易の新たな課題」『日朝貿易』第75号，1973年，4頁．
38）　同上および村上貞雄「帰国報告」『日朝貿易』第89号，1974年，25頁．

表 5-1 北朝鮮の貿易収支，対資本主義国，1967-75 年

(百万ドル)

A.

	対日本		対その他資本主義国	
	輸入	輸出	輸入	輸出
1967	6.4	29.6	23.8	13.3
1968	20.7	34.0	25.7	23.1
1969	24.1	32.2	60.7	32.2
1970	23.3	34.4	54.1	33.2
1971	28.7	30.1	59.6	44.6
1972	93.4	38.3	141.3	50.4
1973	99.7	72.2	204.9	68.6
1974	251.9	108.9	448.3	170.9
1975	179.7	65.0	302.1	304.0

B.

	対西ドイツ		対フランス	
	輸入	輸出	輸入	輸出
1973	38.8	16.7	61.9	5.5
1974	82.4	33.0	98.7	12.6
1975	81.2	71.3	22.7	18.9

注）「その他資本主義国」は，日本，ソ連，中国，東欧を除くすべての国．包含国数は年によって異なる．
出所）国連のデータベース．

インフラストラクチュアの不備であった．茂山鉄鉱石をつみだす清津港の処理能力が貧弱で，大量輸送ができなかったのである．そのためコストがかさみ，オーストラリアやその他の輸出国に対抗できなかった[39]．他方，輸入設備の稼動は順調にはゆかなかった．たとえば前記順川セメント工場の建設では，当初からトラブルが続出した[40]．それは金日成が，ずさんかつ無理な計画を指示したためであった．けっきょく北朝鮮の対日貿易収支

---

39) 前掲，村上『1970 年代における……』4 頁．
40) 同上，55-57 頁．北韓研究所『北韓総覧 1993-2002』同所，ソウル，2003 年，851-52 頁．北朝鮮の文献は，1977 年に操業開始，翌年金日成が工場を再訪し，設備の改善を指導したと記している．前掲『朝鮮大百科事典』第 15 巻，29-30 頁．

は1972年から大幅な赤字におちいった（表5-1-A）．これは対日貿易工作が成果をあげた皮肉な結果であった．

　北朝鮮の貿易収支は1960年代後半から，西欧（とくに西ドイツとフランス）とのあいだでも悪化した（同表-A,B）．1974-75年，北朝鮮の主要輸出品である亜鉛鉱や鉛鉱の国際価格が暴落した[41]．これは北朝鮮の外貨繰りにさらに悪影響をおよぼした[42]．この結果北朝鮮は，資本主義諸国にたいしてデフォルト（債務不履行）におちいった．日本ではこの問題が1974年に表面化した．北朝鮮は各国に支払い延期を要請し，交渉がはじまった[43]．日朝間の交渉では，債務総額は約800億円とされた（1976年末）[44]．

　この間，75年1月，外務省はとうぶん対北輸出に輸銀融資をみとめない方針をあきらかにした[45]．報道によれば，これは債務問題よりむしろ，日韓関係に配慮した結果であった．韓国は，前記のボルト・ナット製造設備の輸出が北朝鮮の軍事力強化につながることを警戒し，輸銀融資の抑制をもとめていた．日朝貿易会は外務省の姿勢につよく反発した[46]．

　日朝貿易会では，債務問題の処理をめぐって内紛が生じた[47]．内紛の背景には同会と北朝鮮との関係冷却化があった．これは債務問題が表面化する以前にはじまっていた[48]．日朝貿易会はけっきょく，70年代後半には貿

　41）　当時，石油ショック後の不況でおおくの一次産品の価格が下落した．なかでも亜鉛鉱と鉛鉱の価格下落は大きく，その幅はロンドン市場でそれぞれ36％，27％にたっした．北朝鮮の日本への同輸出額（円ベース）はそれぞれ14％，37％減少した．日本銀行調査統計局『日本経済を中心とする国際比較統計』第19号，同局，1982年，93頁，『日朝貿易』第163号，1978年，11頁．

　42）　北朝鮮政府は「外貨獲得突撃隊」を組織して国民に朝鮮人参や薬草の採集をさせたり，外交官に麻薬の密売や免税品の横流しをさせた（当時の亡命者の証言による）．『朝日新聞』夕刊，1976年11月9日．

　43）　詳細は，前掲，村上『北朝鮮の……』各頁および前掲，慶南大学極東問題研究所編，441-54頁を参照．

　44）　前掲『北朝鮮の対日主要言論集』257頁．

　45）　『朝日新聞』朝刊，1975年1月6日，現代朝鮮研究会編『新版　朝鮮要覧』時事通信社，1978年，263-64頁．

　46）　同上，朝刊，1975年1月7日．対北輸銀融資の実行はけっきょく合計で4件，13億8,800万円でおわった．国際協力銀行編『日本輸出入銀行史』同行，2003年，352頁．

　47）　相川専務理事と村上常務理事が対立した．村上は退職し，1979年3月に東工物産に入社した．前掲，村上『北朝鮮の……』68頁．

　48）　前掲，村上『70年代における……』（29-40，49-54頁）によれば，そこにはいくつかの不明瞭な事情が介在した（日本共産党と朝鮮労働党の不和，金正日の台頭，総聯の金炳植による日朝貿易独占工作など）．

易促進団体としての機能をおおきく低下させた．反面，日本側の対北経済情報収集機関としての性格をつよめた[49]．

　1979年8月，日朝の関係者は債務支払い条件について合意にたった．これにより北朝鮮は，西欧より優先的に日本に債務の返済をはじめた[50]．この事実は，第2次7か年計画の実施にあたって北朝鮮が対日物資調達をいかに重視していたかをしめす[51]．

　1980年7月，三井物産などの日本商社と関係企業が日本貿易振興会（JETRO）と共同で，東アジア貿易研究会を設立した[52]．同会は北朝鮮・中国との貿易問題の研究を目的とした．これに対応して北朝鮮側は，あらたに東アジア貿易促進会を組織した[53]．同年9月，自民党AA研（アジア・アフリカ研究会）代表団が訪朝し，金日成と会見した．金日成はこの場で，日本の技術協力によって資源開発をおこなう希望を表明した[54]．1985年9月には南海電鉄・川勝傳会長が平壌で東アジア貿易促進会の代表と会談し，日朝貿易拡大にかんする備忘録に調印した[55]．金日成は川勝に会い，日朝経済交流は両国人民の利益であると語った[56]．これをうけて同年11月，東アジア貿易研究会と朝鮮アジア貿易促進会が，交流について具体的に討議した．北朝鮮側は技術導入，設備輸入，合弁事業を日本側に要請し，つぎの案件を提示した：イワシ・メンタイの大量加工，果物加工，（鉛・亜鉛）製錬所・鉄道の近代化，コンブ養殖，噴射口・燃料ポンプ・研磨板・工具セット・既製服・トラック・IC・アルミニウム・ステンレスの製造設備，圧延・石炭液化・鉱山採掘の設備など[57]．しかしこれ

　49）　元・日朝貿易会職員，故田中喜与彦氏旧蔵の文書中には，1978年に日本の政府機関に提出したとおぼしき短い報告書がある．それは北朝鮮の石油科学プラントの稼動状況や中国による経済援助の実態を記していた．

　50）　1981年に北朝鮮は295億円を支払ったが，なお元本だけで640億円の債務がのこっていた．OECD諸国全体にたいする債務総額は1983年，6.4億ドルであった．前掲，日本貿易振興会，1981年，85頁，『日朝貿易』第231号，1981年，6頁，OECD, *Financing and External Debt of Developing Countries*, OECD, Paris, 1986, p. 159.

　51）　前掲，日本貿易振興会，1982年，79-80頁．

　52）　同上，78頁．

　53）　宮原正宏『日朝貿易27年のあゆみと現状』日朝貿易会，1983年，11頁．

　54）　前掲，日本貿易振興会，1981年，102頁．

　55）　若林凞・唐笠文男編著『資料　朝鮮民主主義人民共和国』同刊行会，2000年，438-39頁．

　56）　前掲，日本貿易振興会，1985年，65頁，『朝鮮時報』1986年1月1日．

らの案件が実現することはなかった．82年以降，79年の合意にもかかわらず，北朝鮮が債務支払い期限を順守しなかったからである．86年，日本政府（通産省）は大手商社のダミー会社をふくむ30社に輸出保険をはじめて適用し，保険金約300億円を支払った[58]．

デフォルト後，日本の技術協力が停止したわけではない．個別企業による技術者派遣はつづいた．その全貌は不詳であるが，ある証言によれば1981年，金策製鉄所（清津）の拡張計画を指導するために，日本の鉄鋼メーカーの技術者が訪朝した[59]．他の技術協力に漁業分野のそれがあった．これは日朝漁業交渉で決定し，1988年からエビ養殖，コンブ加工などの分野でおこなわれた．その総事業費は1993年までに約2億円にたっした[60]．

3 工　作

1971年1月，金日成は総聯全体大会にはじめて祝賀文をよせた[61]．さらに総聯の関係者をつぎつぎに平壌によんだ．72-74年の総聯の各種訪問団は33，参加総数は551名をかぞえた[62]．金日成は精力的にかれらを接見した．その回数は同期間中，24回におよんだ[63]．1971-74年に接見したおもな代表団は以下のとおりである：総聯幹部（1971年3月，5月，72年6月，73

57）　同上，日本貿易振興会，66-67頁．

58）　このときまで日本政府は，韓国への配慮から輸出保険の適用をみあわせていた．中曽根内閣のもとで日韓関係が改善したことから，この措置にふみきった．保険金を受領した企業は北朝鮮から元利を回収し，通産省に返済する義務を負った．『朝日新聞』朝刊，1986年10月2日，田中喜与彦「対外経済関係」小牧輝夫編『金正日体制下の北朝鮮経済：現状と展望』平成11年度外務省委託研究報告書，未公刊，1999年，87頁．

59）　金鍾益他（小林敬爾・飯田学而訳）『在米学者七人による　北朝鮮見たまま』コリア評論社，1984年，119頁．

60）　李泳采「日朝漁業暫定合意の歴史と現状：『政治的牽制手段』から『経済的利益手段』へ」鐸木昌之・平岩俊司・倉田秀也編『朝鮮半島と国際政治：冷戦の展開と変容』慶應義塾大学出版会，2005年，264頁．同論文によれば，北朝鮮は70年代には日朝漁業交渉を政治的手段につかったが，80年代なかばからその力点を経済的利益の獲得にうつした．

61）　前掲，韓徳銖『主体的……』235頁．金日成はこれ以前，韓徳銖個人あてにしばしば公開書簡を送った．

62）　同上，239頁

63）　前掲，呉圭祥『企業権……』124頁．同『記録……』98頁．

年3月,74年9月),科学者 (72年12月),商工人 (73年5月,10月,11月,74年4月),商社・貿易団体 (73年2月,8月),民族学校教員 (73年8月),青年 (74年9月).金日成は談話で内外情勢の認識をしめし,日本での工作を指示した.それは朝鮮語版『全集』第46巻-第54巻に多数しるされている(日本語版の『著作集』では第27巻-第29巻,ただし翻訳は『全集』収録分の一部のみである).その内容を整理すると,つぎのとおりである.

(a) 総聯幹部にたいして

- 総聯は在日同胞をよりおおく獲得すること,在日同胞が日本人化しないように民族教育をおこなうこと,民族的権利の擁護闘争・祖国自由往来闘争をおこなうこと[64].
- 総聯は在日朝鮮公民にたいする思想活動に従事する政治組織であり,祖国の統一と朝鮮革命の勝利をめざしてたたかう革命的組織であり,在日朝鮮公民の権利と利益を擁護する民族的組織である.総聯はけっして行政化してはならない[65].
- 現在,総聯の成員のほとんどは中小商工業者とインテリである.信用組合による低利融資をつうじて中小商工業者を多く獲得し,かれらを革命的商工業者に変えること,祖国の社会主義建設を積極的に支持させること[66].
- 対人活動に力を入れ,すべての在日朝鮮人を教育改造して朝鮮労働党と北朝鮮政府のまわりに結集させること,日本の政界,社会各界,財界,言論界の人士との関係を発展させること[67].

(b) 科学者にたいして

- 国防工業の建設がもっとも困難である.自動化工学部門と電子工学部門を発展させるべきである[68].

---

64) 金日成「第4次在日同胞祖国訪問団成員とおこなった談話」1971年3月11日,『全集』第46巻,390頁,「総聯は対人事業方法をさらに洗練させなければならない」在日朝鮮人代表団とおこなった談話,1971年5月7日,同,189-91頁.
65) 同「総聯活動家の課題について」総聯活動家との談話,1973年6月1日,『著作集』第28巻,306-07頁.
66) 同上,308,313-15頁.
67) 金日成「総聯組織をさらに強化するために」在日朝鮮人祝賀団との対話,1972年6月14日,『著作集』第27巻,259,265頁.

3　工　作

・機械工学，電子工学がたちおくれている．在日朝鮮人はなんとしても先進科学と技術を修得するべきである．そうすれば祖国の科学技術発展を助けることができる．大型船舶建造に電子工学が必要である．重要なのは自動操舵機，羅針盤など艤装品であるが，それらには電子素子や器具が必要である．自動化工業のための純金属，人体に無害な除草剤，ビナロンの染色法を研究すべきである[69]．

(c)　商工人にたいして

・在日朝鮮人商工業者は愛国事業をなすべきである．祖国の隆盛発展に積極的に寄与するのは神聖な義務である[70]．

・日本の財閥，進歩的人士との交流実現に貢献せねばならない[71]．

(d)　教員にたいして

・総聯の教育活動家はわが党の革命思想，チュチェ［主体］思想で武装すること，学生・生徒，中小商工業者の子弟を革命家に育てること[72]．

(e)　青年にたいして

・社会主義祖国を擁護し，南朝鮮の民主化運動を支持する活動と，日本の民主勢力をはじめ世界の革命的人民との団結を強める活動を成功裡におこなうために，青年を革命化すること[73]．

以上から，総聯幹部，関係者を総動員し，政治的，経済的に北朝鮮に奉仕させる金日成の戦略が明白である．総聯を革命組織と規定し，在日朝鮮人のみならず日本人への浸透工作を指示した点は，とくに注目に値する．かれの指示は具体的な点にまでおよんだ．国防工業のために科学者に電子工学を研究させよという指示はその例である．金日成は，北朝鮮の科学者・

---

68)　同上，245頁．

69)　金日成「在日朝鮮人科学者はわが国の科学技術の発展に積極的に貢献すべきである」在日朝鮮人科学者代表団との談話，1972年12月16日，同上，536-39頁．

70)　同「在日朝鮮人商工業者は祖国と民族のための愛国事業に積極的に寄与すべきである」第二次在日同胞商工業者祖国訪問団との談話，1973年11月19日，『著作集』第28巻，550-51頁．

71)　前掲「朝日輸出入商社の任務について」『全集』第51巻，94頁．

72)　金日成「総聯教育活動家の任務について」在日朝鮮教育活動家祖国訪問団および朝鮮大学校音楽・体育部祖国訪問団におこなった演説，1973年8月31日，『著作集』第28巻，401-17頁．

73)　同「わが国の情勢と在日本朝鮮青年同盟の任務について」在日本朝鮮青年芸術・体育代表祖国訪問団，第二次在日朝鮮教育活動家祖国訪問団，在日朝鮮高級学校学生祖国訪問団成員におこなった演説，1974年9月24日，『著作集』第29巻，460頁．

技術者のレベルがひくいことをよく認識していた[74]．他の例は，信用組合（朝銀）の融資を手段として，商工業者を取り込めという指示である．金日成は商工人につぎのようにも述べた：「日本が鉄鉱石を買うならば，みかえりに可塑剤，ナフサを要求せよ」，「東京や大阪で朝鮮飲食店を現代的に立派に経営し，祖国から原材料を運んで加工して売れば，商売がうまくゆく．東京には外国人がおおいので，日本人だけでなく外国人にも祖国の宣伝ができ，金も沢山かせげる．」[75] 前者は貿易品の指示，後者は，焼肉店で工作をおこないつつ金をかせいで献金せよという指示であった．総聯幹部はこうした指示（「教示」）を「お言葉」（マルスム）とよび，絶対的な命令とうけとった[76]．

　金日成は 1975 年以降も，くりかえし総聯関係者に同様の指示をあたえた[77]．金正日も総聯の活動に関心をはらい，さまざまな指示をだしていた．たとえば 1975 年，かれは党中央委員に，総聯は信用組合の運営をうまくおこなわねばならない，党幹部はそのために必要な手助けをしなければならないと語った[78]．

　金日成は 1972 年に総聯議長の韓徳銖に労働英雄称号を，朝鮮大学校教

　74）　前掲「総聯教育活動家……」『著作集』第 28 巻，515 頁．
　75）　前掲「朝日輸出入商社の任務について」『全集』第 51 巻，95，97 頁．
　76）　日本で苦労して成功した商工人ら総聯の関係者は，金日成から直接言葉をかけられたとき，大きな感動をあじわった．かれらはそれを率直に回想している．たとえば，朝鮮商工新聞社『民族と経営理念：朝鮮人企業家の群像(1)』同社，1986 年，81 頁，金日宇編『シリーズ・朝鮮学校の歩み：私たちの東京朝鮮第三初級学校物語　創立〜20 期 (1945〜1967 年）　証言編』一粒出版，2007 年，307 頁．
　77）　『著作集』からそのいくつかをあげる．金日成「総聯の活動を確固と対人活動に転換させるために」在日朝鮮人祝賀団との談話，1975 年 5 月 5 日，第 30 巻，260-77 頁，「在日同胞商工業者は祖国の社会主義建設に積極的に寄与すべきである」第六次在日同胞祖国訪問団との談話，1976 年 6 月 30 日，第 31 巻，255-64 頁，「朝鮮大学校代表団との談話」1976 年 11 月 29 日，同，504-08 頁，「わが国の科学技術を発展させるための在日朝鮮人科学者，技術者の課題について」在日朝鮮人科学者代表団，総聯畜産および生物技術代表団との談話，1979 年 4 月 13 日，第 34 巻，162-72 頁．以下は『全集』のみ収録する．「総聯科学者の科学研究事業で主体を確立することについて」第 4 次在日本朝鮮人科学者祖国訪問団成員とおこなった談話，1975 年 12 月 14 日，第 58 巻，279-89 頁，「総聯は対外事業をりっぱにおこない祖国統一偉業に積極的に貢献しなければならない」在日朝鮮人祝賀団とおこなった談話，1978 年 5 月 16 日，第 67 巻，75-85 頁．
　78）　金正日「総聯事業をりっぱに助けることについて」朝鮮労働党中央委員会責任幹部とおこなった談話，1975 年 3 月 25 日，金正日『在日本朝鮮人運動と総聯の任務』朝鮮労働党出版社，平壌，2000 年，41-42 頁．

員2名に共和国博士号を授与した[79]．1975年には朝鮮大学校に金日成勲章をさずけた[80]．教育費送金も継続した．こうした措置は，総聯の忠誠心をたかめるのに効果を発揮した[81]．

　金日成はさらに，総聯その他のルートをつうじて各界の日本人に接触し，かれらを訪朝させてみずから日本人への工作をおこなった．かれはつぎのようにのべた．

> 総聯が日本の社会各界と言論界，各政党の支持をうけたのは，大きな成果である．日本の言論界，社会各界の支持があれば反動層は総聯に手出しができない．それゆえわたしは，ほかの国から来た人には会わなくても，日本からやってきた人にはほとんどみな会い，総聯を積極的に支援してくれるように話している．自民党のある進歩的人士と10年前に会い，昨年もまた会った．かれは帰国後わが国に有益な仕事をたくさんした．これまで『読売新聞』，『朝日新聞』，『毎日新聞』などもわれわれに大いに助力した[82]．

ここでいう自民党の進歩的人士とは，党内最左派として知られた宇都宮徳馬であった[83]．宇都宮は1964年に初訪朝，翌年再訪，それ以降87年までに6回訪朝し，金日成と個人的な関係をきずいた[84]．1974年8月の会談では，日本からの溶鉱炉輸入が日本政府の圧力で不許可になった問題について，金日成と協議した．このとき金日成は宇都宮に，これを技術援助の形

---

　79) 前掲，呉圭祥『記録……』75頁，前掲，在日朝鮮人歴史研究所編，152頁．
　80) 同上，在日朝鮮人歴史研究所編，155頁．
　81) 送金された教育費がすべてほんとうに教育に使われたかは疑問である．韓国の諜報機関はそれが総聯の宣伝工作費に転用されたとみていた．中川信夫・松浦総三編『KCIAの対日マスコミ工作：その実態と実例』晩聲社，1978年，92頁．
　82) 金日成「総聯の活動を確固と対人活動に転換させるために」在日朝鮮人祝賀団との談話，1975年5月5日，『著作集』第30巻，262-63頁（原文中，一部を省略）．
　83) 宇都宮は自民党AA研の一員として1974年8月8日に訪朝した．このとき，朝鮮対外文化連絡協会金寛燮委員長はあいさつのなかで，かれの活動をたかく評価した（前掲『対日主要言論集』219頁）．宇都宮は元・朝鮮軍司令官，宇都宮太郎の息子で，朝鮮に親近感をいだいていた．ミノファーゲン製薬の創業者としてもしられた．ミノファーゲンの製造には，中国自生の薬草（甘草）が必要であった．おそらくこれがひとつの理由で，宇都宮は中国とも関係をふかめた．
　84) 坂本龍彦『風成の人：宇都宮徳馬の歳月』岩波書店，1993年，213頁．

態で実現する可能性を打診した．

　金日成はまた，1972 年 10 月，岩波書店の安江良介を平壤にまねいた．安江は『世界』の編集長に就任した直後であった．金日成は安江に，北朝鮮は自立的経済をもっているので，日本に鉄鉱石を売っても日本の原料供給基地になるとはいえないなどと語った[85]．金日成は 76 年，79 年にも安江と会った[86]．この間，73 年，岩波書店取締役の緑川亨に会い，同社の活動に満足の意を表した[87]．金日成は『世界』を毎号翻訳させて読んでいた[88]．とくに同誌が連載した論稿，「韓国からの通信」を，韓国の腐敗を暴露するものとしてたかく評価した．金日成は東京の出版社，未来社の社長や編集長とも会った[89]．未来社は 1970 年代に，金日成を賞賛する書物やかれの著作集，「主体思想」の研究叢書を刊行し，金日成の宣伝に貢献した[90]．

　有力新聞社・通信社・放送局はすこしでも北朝鮮情報を得，スクープをとろうと金日成へのインタビューをきそった．記事はかれの言葉を無批判につたえ，結果的に金日成の対日宣伝工作をたすけた[91]．1971-80 年間，

---

85) 金日成「日本の政治理論雑誌『世界』編集長との談話」1972 年 10 月 6 日，『著作集』第 27 巻，426 頁．『世界』はこの談話を掲載した（安江良介「金日成首相会見記」1972 年 12 月号，65-83 頁）．

86) 金日成「日本の政治理論雑誌『世界』編集長との談話」1976 年 3 月 28 日，『著作集』第 31 巻，52-75 頁，金日成・安江良介「朝鮮の平和と統一 〈会見記録〉」『世界』1976 年 6 月号，120-35 頁，同「朝鮮の統一と国際情勢 〈会見記録〉」『世界』1979 年 1 月号，146-57 頁．

87) 「岩波書店が友好的，親善的，兄弟的立場にたって朝鮮民主主義人民共和国のすべての成果を広く紹介し，われわれに共感する立場から，わが国のために多くのよいことをしてくれたことをありがたく思っている」金日成「緑川亨岩波書店常務取締役・総編集長との談話」1973 年 9 月 19 日，『著作集』第 28 巻，456 頁，緑川亨「金日成主席会見記」『世界』1973 年 11 月号，75-85 頁．

88) 金日成「日本の学者一行との談話」1975 年 11 月 6 日，『著作集』第 30 巻，571-72 頁．

89) 同「総聯に課せられた 3 つの課題について」第 11 次，12 次在日同胞祖国訪問団，在日朝鮮人科学者協会代表団，在日朝鮮人商工人生産品展示会参加代表団とおこなった談話，1973 年 10 月 17 日，『全集』第 53 巻，84 頁，松本昌次『朝鮮の旅』すずさわ書店，1976 年，220-29 頁．

90) 西谷能雄他『金日成首相生誕 60 周年を祝して：チュチェ思想に輝く朝鮮民主主義人民共和国』1972 年，『金日成著作集』翻訳委員会訳『金日成著作集』全 6 巻，1970-75 年，朴庸坤『チュチェ思想の世界観』1981 年，同『チュチェ思想の理論的基礎』1988 年など．刊行書は大量に北朝鮮（総聯）が買上げ，同社の財政を潤した．松本昌次「わたしの戦後出版史⑰ 1960～70 年代における北朝鮮とのかかわり」『論座』2007 年 8 月号，329-39 頁．

3 工 作

前記のほかに，金日成が単独または団体で会った日本人にはつぎのような人物がいた：美濃部亮吉（東京都知事），槙枝元文（日教組委員長），竹入義勝（公明党委員長），市川誠（総評—日本労働組合総評議会—議長），岩井章（元総評事務局長），黒田了一（大阪府知事），畑和（埼玉県知事），小田実（作家），久野忠治（前出），田村元（自民党衆議院議員，田中派），佐々木更三（前社会党委員長），成田知巳（社会党委員長），飛鳥田一雄（社会党委員長），田英夫（社会党参議院議員），三宅正一（社会党衆議院議員），寺沢一（東大教授，法学），安井郁（法政大学教授，法学），藤島宇内（評論家），大鷹淑子（自民党参議院議員，田中派），高木健夫（日朝文化交流協会理事長，元読売新聞論説委員），後藤基夫（朝日新聞編集局長），新潟市代表団や教職員代表団のメンバーなど[92]．

---

91) 以下の書物は，こうした報道姿勢をとる新聞社の体質をあきらかにしている．福田恆存監修『新聞のすべて』高木書房，1975 年（とくに，北朝鮮報道について 322-23 頁を参照）．朝日新聞社や他の新聞社にはまた，ソ連の工作員が接近し記者の取り込みをはかっていた．前掲，コワレンコ，283-87 頁．レフチェンコ，スタニスラフ・A（Levchenko, Stanislav A.）『KGB の見た日本：レフチェンコ回想録』（*On the Wrong Side: The Memoir of a Former KGB Officer in Japan*），日本リーダーズ・ダイジェスト社，1984 年，90-94 頁．Andrew, Christopher and Mitrokhin, Vasili, *The Mitrokhin Archive II: The KGB and the World,* Penguin Books, London, 2005, pp. 303-04 を参照．前掲，中川・松浦編書は逆に，親北の立場から日本のマスコミにたいする韓国の工作を批判的に描いている．

92) 前掲，美濃部「金日成……」46-74 頁．『朝鮮学術通報』第 8 巻第 6 号，1971 年，35-36 頁．日本教職員組合『発展するチョソンと教育：朝鮮民主主義人民共和国訪問日教組代表団報告集』同組合，1973 年．久野忠治「英明な現代の領導者」安井郁・高橋勇治編『チュチェの国　朝鮮を訪ねて』読売新聞社，1973 年，49-52 頁．高木健夫「親子のような間柄」同，77-80 頁．田英夫「"北からの脅威"がおとぎ話とわかる日：朝鮮民主主義人民共和国を訪ねて」『エコノミスト』1975 年 8 月 8 日号，16-19 頁．前掲，田村，50-53 頁．同「極めて強い平和統一の願望：金日成と自民党議員団の会見記」『朝日ジャーナル』1975 年 8 月 22 日号，20-23 頁．山口淑子「吹き飛んだ『感傷旅行』」藤島宇内編『今日の朝鮮』三省堂，1976 年，33-35 頁．宇都宮徳馬「主席大いに語る」同，86-113 頁．三宅正一「自信あふれる統一のあゆみ」同，114-15 頁．寺沢一「独立と平和統一への三原則」同，116-18 頁．市川誠「大躍進の新しい朝鮮」同，231-41 頁．藤島宇内「主体をうちたてた朝鮮人民」同，242-70 頁．『朝日新聞』夕刊，1976 年 11 月 10 日，11 日．「佐々木更三の歩み」編集委員会他『佐々木更三の歩み』総評資料頒布会，1982 年，498-506 頁．成田知巳追悼刊行会『成田知巳・活動の記録』第 3 巻，同会，1982 年，446-50 頁．チュチェ思想国際研究所『金日成主席は世界の領導者：各界人士の会見記』同所，1982 年．岩井章『ひとすじの道 50 年』国際労働運動研究協会，1989 年，193-96 頁．槙枝元文「寛大な人柄，こまやかな心配り」チュチェ思想国際研究所『金日成主席との印象深い会見：金日成主席誕生 80 周年記念会見記集』同所，1992 年，165-82 頁．『こんにちは朝鮮：朝・日新時代のために』朝鮮画報社，1992 年，50-51，58-59 頁．以下，金日成の『著作集』と『全集』（巻号と頁のみ記す）．『著

第5章　1970・80年代の戦略と展開

　日本共産党は1968年以降，金日成の南朝鮮革命路線やソ連のチェコ侵略をめぐって朝鮮労働党と対立した[93]．このため70・80年代，共産党と日朝協会関係者の訪朝はとだえた．金日成は，代替策として社会党との関係の発展をはかった．社会党は朝鮮戦争の勃発直後，この戦争を北朝鮮の侵略とした[94]．このため50年代，北朝鮮とは友好関係になかった．1963年に同党は，はじめて代表団を北朝鮮に派遣した．1970年，金日成は同党代表団（第3次，団長，成田知巳委員長）と会見した．これを期に社会党と北朝鮮および総聯との関係は緊密化した．73年，社会党の主導で「日朝国交正常化国民会議」が発足した[95]．田英夫（前出）は，「朝鮮民族の統一を支持する会」を結成し代表世話人となった．74年，社会党は従来の見解を転換し，朝鮮戦争を米軍の侵略とした[96]．

　前記の槙枝，市川，岩井は社会党系の人物であった．市川は1974年の金日成との初会見以来，76-88年間に5回，死去する96年までに計8回訪朝した[97]．かれは1976年に「朝鮮の自主的平和統一支持日本委員会」

作集』第27巻，225頁；第29巻，497頁；第30巻，288頁；第32巻，45頁；第33巻，233頁；第34巻，196頁，『全集』第52巻，331頁；第59巻，294頁；第60巻，464頁．小田と岩井は1976年11月に朝鮮対外文化連絡協議会の招請で訪朝した．金日成の小田との会見録は，金日成「日本の社会活動家との談話」『著作集』第31巻，407-23頁，小田実『私と朝鮮』筑摩書房，1977年，200-12頁にある．高木健夫は『週刊読売』別冊（『チュチェの国：朝鮮』1972年9月）で北朝鮮を賛美するいっぽう韓国を誹謗したことから，韓国政府と民団からつよい抗議をうけた．その結果，読売新聞社は謝罪し，高木は同社を辞めた（前掲，大阪韓国人百年史編集委員会編，170-71頁）．日教組は1972年に北朝鮮の教育職業同盟と交流協定をむすび，交流をふかめた．日教組編『日教組三十年史』労働教育センター，1977年，709頁．

93)　1966年には，宮本顕治書記長をはじめ日本共産党の最高幹部が訪朝した．同党と朝鮮労働党は共同声明を発表し，米国のベトナム侵攻を非難する一方，国際共産主義運動の団結をうったえた（前掲，李栄根監修『統一朝鮮年鑑1967-68年版』345頁）．その後の両党の対立にかんしては，『国際友好・連帯運動と覇権主義：日朝関係をめぐって』日本共産党中央委員会出版局，1987年，赤旗編集局編『北朝鮮覇権主義への反撃』新日本出版社，1992年，不破哲三『ソ連・中国・北朝鮮：三つの覇権主義』新日本出版社，1996年，201-54頁を参照．

94)　日本社会党五〇年史編纂委員会編『日本社会党史』社会民主党全国連合，1996年，194頁．

95)　前掲，李瑜煥，125頁．

96)　原彬久『戦後史のなかの日本社会党』中央公論社，2000年，263頁．

97)　市川誠『朝鮮で見たこと考えたこと』彩流社，1989年，1頁，『朝鮮新報』online日本語版，1999年6月1日（http://www1.korea-np.co.jp/sinboj/sinboj1999/sinboj99-6/sinboj99-6.htm，2007年6月16日）．

を結成し，初代議長に就任した．1977-78 年には，同委員会を代表して朝鮮の自主的平和統一支持世界大会（77 年：ブリュッセル，78 年：東京）に参加した[98]．同委員会の議長にはのちに槇枝が就任した．岩井は 1976-80 年間，4 回訪朝した[99]．同委員会の事務局長もつとめた．金日成は同委員会の活動を「ひじょうに好ましい」と語った[100]．小田実は市民活動家で，韓国の軍事政権に反対する立場から金日成を支持した．思考や人脈の点では社会党にちかかった．安井郁は 1978 年，金日成思想の宣伝組織，チュチェ思想国際研究所（事務局，東京）を設立し，初代理事長に就任した[101]．安井は戦後，平和運動，原水禁運動をつうじて国際共産主義運動に参画した[102]．中ソ対立のなかで平和運動から手をひいたのち，金日成の信奉者となった．チュチェ思想国際研究所の設立は金日成の意思を直接反映していた[103]．すなわち同研究所は金日成がみずから作った対日工作の協力組織であった[104]．

　日本国内では，民団が強固な反北朝鮮勢力を形成したうえ，国民の多数

　98）　同上，市川，224-25 頁．ブリュッセル大会で市川がおこなった基調報告は『朝鮮時報』1977 年 3 月 5 日を参照．

　99）　岩井章編著『現代の朝鮮問題』十月社，1980 年，2 頁．

　100）　金日成「朝鮮の自主的平和統一支持日本委員会代表団との談話」1978 年 4 月 17 日，『著作集』第 33 巻，190 頁．同委員会の活動は 1980 年代に入っても活発であった．同会代表委員・事務局長の若林凞（元・朝日新聞記者）は，北朝鮮を賞讃しその政策を全面的に支持するつぎの書物を刊行した．若林凞『白頭山への旅』雄山閣出版，1988 年．

　101）　安井郁『朝鮮革命と人間解放』雄山閣出版，1980 年，215-16 頁．

　102）　安井は戦前は東京帝大教授であった．戦時中に国策に協力する内容の書物を刊行したため，1948 年に退官となった．1958 年，レーニン平和賞受賞．前掲，思想運動研究所編『新版　進歩的……』452-56 頁．前掲，李瑜煥，126 頁．

　103）　のちに同研究所理事長に就任した井上周八（立教大学教授，元・共産党員）の発言による（鈴木邦男・井上周八・重村智計『日本国民のための北朝鮮原論』デジタルハリウッド出版局，2000 年，20 頁）．井上は以下のような著書を刊行し，精力的に北朝鮮の宣伝をおこなった：『現代朝鮮と金正日書記』雄山閣出版，1983 年．設立から 10 年間の同研究所の表だった活動は，『朝鮮時報』1988 年 4 月 7 日参照．

　104）　チュチェ思想国際研究所の設立と前後して，類似の協力組織，「自主の会」および「キムイルソン主義研究委員会」が東京で結成され，『自主の道』，『キムイルソン主義研究』などの宣伝雑誌を発行した．その中心人物，尾上健一は 1975 年以降定期的に訪朝し，金日成と会った．尾上は新左翼系の人物とされるが，経歴は不詳である．日本共産党は尾上らを，金日成盲従主義者としてつよく非難した．尾上健一「自主性のために生きる人民の生命の源」前掲，チュチェ思想国際研究所『金日成主席との……』53-65 頁，前掲『国際友好・連帯運動と覇権主義……』64-127 頁．恵谷治他『北朝鮮対日潜入工作』宝島社，2003 年，232-40 頁．

は北朝鮮に疑念や反発をいだいていた[105]．これにたいして親北勢力は上記の個人や組織が核となり，出版，講演，催し，中央・地方の政界での活動などをつうじて，社会的影響力を発揮した．

4 総　　聯

(1) 組　　織

金日成の指示にしたがい，総聯は組織の拡大につとめた．総聯内では，金日成が商工人にあたえた前記の指示は「1973年5月26日教示」と呼ばれた．これにもとづき，この前後から総聯はとくに，若い世代——2世・3世の商工人をとりこむ活動を活発に推進した[106]．各地で商工人集会をひらき，思想教育と組織化をはかった．東京では商工会の会員が1958年の1,400人から，1977年，2,921人，1987年，3,167人に増加した[107]．総聯は税金減免運動も展開した．これは商工人の団結と経済基盤の強化をねらったものであった．その結果1976年11月，商工人の団体は，税務当局との団体交渉によって納税額を決定するという異例の権利を獲得した[108]．

こうした活動にもかかわらず，在日朝鮮人の総聯ばなれはとまらなかった．組織のしめつけは逆に一般の在日朝鮮人の反感を買った．韓国経済の成長の結果，韓国に魅力を感じ，総聯と手をきる者もふえた[109]．

他方，在日朝鮮人の富裕化はいっそう進行した．パチンコ産業は1975年には192万台規模に拡大し，名目売上高（貸玉料）は1965年の3,800

---

105) 以下の刊行物中の論考は当時，北朝鮮の実像にせまり，金日成体制の問題点を的確に指摘していた．『実業の世界臨時増刊　韓半島の戦争と平和』実業の世界社，1975年．

106) 前掲，韓徳銖『主体的……』245頁．呉圭祥『企業権……』127-34頁，同『記録……』132頁．

107) 洪淳一・康省因・朴忠佑・姜英植・李東夏編『在日本朝鮮人東京都商工会結成55周年記念集』・呉圭祥『東京都商工会55年史』在日本朝鮮人東京都商工会常任理事会，2000年，22頁．

108) 前掲，呉圭祥『在日朝鮮人企業……』171頁．在日同胞商工連合会商工部「在日同胞商工人の税金問題をめぐって」『統一評論』1978年6月号，95頁．ただし国税庁はこの事実を否定している．詳細は，西岡力「朝鮮総聯の対北朝鮮送金と税金問題」前掲，亜細亜大学アジア研究所編，93-120（とくに100-18）頁．野村旗守『北朝鮮送金疑惑』文芸春秋，2002年，193-200頁参照．

109) 環太平洋問題研究所編『韓国・北朝鮮総覧　1984』原書房，1983年，540-42頁．

表 5-2 朝銀の店舗数,預金・貸出金,1960-90 年

(百万円)

	店舗数	預金	貸出金
1960	32	4,972	4,759
1965	65	30,053	27,709
1970	108	102,705	93,088
1975	130	277,670	250,477
1980	152	562,569	511,976
1985	174	1,049,408	920,622
1990	174	1,953,905	1,761,483

注) 各年3月末の値.
出所) 前掲,呉圭祥『在日朝鮮人企業……』207-08 頁.

億円から 1975 年には 1.2 兆円にふえた[110]. パチンコ産業の成長は 1980 年代も継続した. 1986 年には,総聯みずからパチンコ店(直営店)を開設し,同産業に参入した[111]. 在日朝鮮人企業は他の産業でも成長した.通信機器製造や建設業などで高度な技術を開発し,下請け企業の立場を脱する企業もあらわれた[112].

朝銀は,在日朝鮮人の富裕化を背景に経営を拡大した.1970-85 年,店舗数は 108 から 174 に,預金額は 1,000 億円から 1 兆円にふえた(表5-2). 1970 年の預金額は全地方銀行 61 行中第 47 位,1985 年のそれは同 64 行中第 34 位に相当した[113]. すなわち朝銀は普通銀行をうわまわる率で成長した.朝銀の預金がすべて朝鮮人のものであったとはいえないが,この数字はかれらが一般日本人以上に急速に所得・資産をふやしたことを示唆する[114].

---

110) 前掲,中島,288-89 頁,余暇開発センター『レジャー白書』同センター,1977 年,36-37 頁,同,1992 年,74 頁(1965 年の売上高はスマートボールの売上げをふくむ).この額は客が出玉を換金したあと再投入する金額をふくむので,実質売上高はその 10% ていどである.

111) この背後には金正日の指示があったという.金賛汀『朝鮮総連』新潮社,2006 年,149 頁.

112) その例は前掲,朝鮮商工新聞社,176-230 頁を参照.

113) 地方銀行の預金額順位は,大蔵省銀行局『銀行局金融年報』金融財政事情研究会,昭和 45 年版,60 年版による.朝銀の組合員数,職員数は 1989 年にはそれぞれ,10 万人,3,500 人にたっした.朴進山『在日一世の追憶(自叙略伝)』私家本,2007 年,52 頁.

上記，1985年の朝銀の預金額は，同年の北朝鮮の対日輸入総額の約17年分（1兆円÷600億円）に相当した．在日朝鮮人の総所得と北朝鮮のそれを正確に比較することは困難であるが，この事実から前者がかなりの大きさにたっしたことは推測できる[115]．

朝鮮大学校の発展は，在日朝鮮人の間に高等教育が普及したことをしめす．同校は1990年までに8学部（政経，歴史地理，文，理，師範教育，工，外国語，経営）に拡大する一方，全寮制の教育をつづけた[116]．卒業生は金日成に忠実な北朝鮮公民（朝鮮籍）であった．民族学校から日本の大学・大学院に進学し，博士号（とくに理工系）を取得する者もふえた．1973-89年間，科協会員中，朝鮮奨学会の奨学生で理工系の博士号をえた者は合計60名（理学24，工学30，農学6），うち朝鮮大学校卒業生は29名（理学12，工学14，農学3）であった[117]．

(2) 活　動
① 帰国・自由往来運動

1967年に中断した帰国事業は71年5月に再開した．これは，本国の指示をうけて総聯が日本政府にはたらきかけた結果であった．北朝鮮は60年代のように，帰国者に資材や設備を携行させることをねらった．そもそも再開時に就航した帰国船，万景峰号（初代）は，神戸の在日商工人が日本の中古船を改造し，寄贈したものであった（3,573トン，収容人数100人弱）[118]．総聯は在日朝鮮人に帰国をよびかけたが，これに積極的におうじ

---

114) 逆に，もちろん，朝鮮人が朝銀だけに預金したわけではない．同時期，韓国（民団）系の信用組合も急成長した．詳細はつぎの組合史，回顧録を参照．大阪商銀信用組合『大阪商銀二十年史』同組合，大阪，1973年．東京商銀信用組合『東京商銀三十年史』同組合，1984年．李鍾大『玄海灘の波濤を越えて』育英出版社，横浜，1983年．

115) 80年代末，朝鮮・韓国籍の在留外国人総数は約70万人，北朝鮮の総人口は約2,000万人（北朝鮮政府統計）であった．かりに，当時の日本と中国の1人当りGNP格差を基準として，在日朝鮮人の1人あたり所得が北朝鮮のそれの50倍であったとすれば，前者の総所得は後者のそれをうわまわる．前者のうち総聯傘下の人々の割合を10%とすれば，その総所得は北朝鮮のそれの約18%（70×50×0.1÷2000）となる．かりにこれがもっと低い値――たとえば10%であったとしても，有意に大きいといえる．

116) 朝鮮大学校，ホームページ，2007年11月10日．

117) 前掲，申在均，28頁．

118) 前掲，金昌烈，154頁．田駿『朝総連Ⅰ　その最近の活動』実業の世界社，1976年，103頁．万景峰号は1973年，北朝鮮工作員による日本人拉致に使われたことがのちに判

る者はわずかであった．北朝鮮の生活のきびしさはすでに疑いえなかった．仕事・生活の現状および将来の見通しの点で，日本をはなれる動機は非常にうすれていた．帰国者総数はけっきょく，1971年1,318人，1972年1,003人，1973年704人，1974年479人にすぎなかった[119]．このなかで，1976年，道路舗装企業家・技術者集団7世帯24名が帰国した．かれらは中古，新品あわせて9億円相当の設備を携行した[120]．帰国者は1983年にはゼロとなり，帰国事業は事実上終了した．万景峰号は帰国者と貨物の輸送に大きく貢献した．金日成はこれをたかく評価し，1977年1月，同号に国旗勲章第1級を授与した[121]．

一方，総聯による短期訪問の組織化は順調にすすんだ．既述のように，70年代にはいると祖国訪問団の往来が急増した．1977年から1989年までに，新潟港経由で出入国した朝鮮人総数は，400人台から5,000人超に激増した（付表13）．

入国規制の緩和により，北朝鮮からの代表団訪日もふえた．1972年には日朝貿易会の招請で，朝鮮国貿促の代表が初来日した[122]．1973年には，放送技術，製鉄，セメント，空調などに特化した6代表団，計40人超が来日した．貿易・技術関係者の入国はその後，1974年14代表団（66人）（以下，同），75年18（74），76年23（68），77年19（78），78年26（87）を記録した．その分野は，船舶，機械，印刷，セメント，空調，通信，「自動化」，建材，日用品，テレビ，劇場設備，石材など多岐にわたった．1980年代，貿易・技術関係者をふくむ北朝鮮からの新規入国者数は，年間数百人にのぼった（同上付表）．

② 貿易商社

在日商工人は1972年に，本国の指示により朝日輸出入商社を設立した．これは駐日貿易代表部の機能をはたすもので，平壌の経済機関・貿易商社

明した．『産経新聞』2007年4月26日．
119) 前掲，金・高柳編，341頁．
120) かれらは帰国後，北朝鮮の道路工事のやり方を批判し，行方不明となった．前掲，張明秀，298-90頁．
121) 『朝鮮時報』1977年1月19日．
122) 前掲，相川「1974年の……」4頁．以下，『日朝貿易』第130号，1977年，15頁，同，第184号，1979年，2頁，前掲，村上『北朝鮮の……』65-66頁による．

および北朝鮮の各国貿易代表部と連携して，貿易の仲介にあたった[123]．商工人はまたおなじころ，朝鮮石材（のちに隆興貿易と改称），朝鮮産業などあらたな貿易商社を設立した[124]．デフォルトをうけて撤退した日本の商社にかわって，これらの商社が対北朝鮮貿易をになった．かれらは本国関係機関の指示により，北朝鮮が必要とする物資を日本で調達，輸出した．同様に，北朝鮮の産物を輸入した．前出の東海商事の1975年12月第15期株主総会報告によると，同社の過去1年間の対北貿易実績は，輸入68億9,429万円，輸出（おもに機資材）150億8,459万円であった[125]．同年の朝鮮石材の第2期株主総会報告では，花崗岩など北朝鮮の石材65,848トンを日本に輸入，北朝鮮には石材採掘用に24億円相当の掘削機・大型自動車を輸出した．1975年の北朝鮮の対日輸入総額は533億円であったから，この両社のあつかい額だけで33％にたっした．1979年には，東海商事は創立以来最高の売上高，243億8,198万円を達成した[126]．これは同年の日朝貿易額1,046億円の23％に相当した．このように，日朝貿易は在日朝鮮人と北朝鮮との貿易，いわゆる朝・朝貿易と化した．

商工人はまた，外貨獲得をめざす金日成の指示によって，北朝鮮の産物を第3国に輸出する事業に従事した[127]．その一環として，1975年には西ドイツ，フランス，パキスタン，イラン，中国，ソ連など合計10か国以上に貿易視察団を派遣した[128]．

③　献品・献金

総聯は1971-72年に，金日成生誕60周年を祝す「150日間革新運動」を展開した．これによって思想運動とともに金日成に贈り物をささげる運動を推進し，高価な貴金属製品や家具など合計6,500点を平壌に送った[129]．

---

123) 田中喜与彦「日朝経済関係の現状と展望」渡辺利夫編著『北朝鮮の現状を読む』日本貿易振興会，1997年，132頁．
124) 前掲，呉圭祥「企業権……」137-38頁，張明秀「帰国船上の『献金工作』」別冊宝島編集部編『朝鮮総聯の研究』別冊宝島第221号，1995年，120頁．
125) 『朝鮮商工新聞』1975年12月16日．同報道によれば，同社はこの年，総資産55億8,281万円にたいして9億9,747万円の利益をあげ，10％もの高配当率を実現したという．
126) 同上，1979年12月4日．
127) 前掲，呉圭祥『在日朝鮮人企業……』167頁．
128) 『朝鮮商工新聞』1975年2月2日，9月23日．
129) 前掲，韓徳銖『主体的……』235-37頁．

4 総　聯

このころから各種の工場設備や資材を北朝鮮に送る運動も活発となった. これは県単位, 団体・事業別, 祖国訪問団別に組織化された[130]. 1972年にはフィルム製造やオフセット印刷工場など3工場 (20億円相当) が送られた[131]. 1976年には金正日が, 金日成生誕65周年を記念して食料品加工工場, 亜鉛処理工場などを送るよう総聯に指示した[132]. 総聯は1975年, 建設機械製造工場, 77年, インスタントラーメン製造工場, 79年, 製糖工場, 80年, ビール・醤油の製造工場を寄贈した[133].

1981年は金日成生誕70周年と金正日生誕40周年であった. 総聯はこれを記念して「300日間愛国革新運動」を展開した. このとき総聯は金日成に, 芸術品など記念品にくわえて総額50億円にのぼる食品や雑貨を贈った[134]. それは金日成が国民にほどこす品で, かれの統治手段のひとつであった. 総聯は各種工場設備 (26件) と資材・機器 (五百数十件, 一千数百点) も贈った. その内訳は, 野菜, 医薬品包装材, サイダー, 精米, 人造毛皮, 部品, 小型工作機械, 特殊金属鋳物, 樹脂日用品の製造・加工設備, 建設機械, 自動車などであった[135]. 商工人が本国に寄付した工場は, 北朝鮮への忠誠の証として愛国○○工場とよばれた[136]. 愛国工場は1990年までに, 67か所, 総額200億円にのぼったといわれる[137]. じっさいには80年代にはいると, 長年の献品疲れや世代交代のため商工人は祖国支援に消極的になった[138]. ある商工人が1984年に北朝鮮の内情暴露本を出版すると, この傾向はつよまった[139]. しかし帰国した親族をもつ商工人は,

---

130) 李昌洛「祖国の社会主義建設と在日同胞」『科学技術』第30巻第1号, 1993年, 8頁.
131) 前掲, 統一朝鮮新聞社特集班, 100頁.
132) 前掲, 張明秀「帰国船上の……」119頁.
133) 同上, 120頁. 前掲, 在日朝鮮人歴史研究所編, 155, 157頁.『労働新聞』(1979年4月15日) は製糖工場 (平壌愛国玉糖工場) の竣工式を写真入りでおおきく報じた. これはトウモロコシから糖を製造する工場であった. 竣工式には総聯の韓徳銖議長も出席した.
134) 東海商事が中国でこれらを買いつけた. 韓光熙『わが朝鮮総連の罪と罰』文藝春秋, 2002年, 173頁.
135) 前掲, 韓徳銖『主体的……』283頁, 呉圭祥『企業権……』149頁.
136) 『朝鮮商工新聞』1982年5月18日.
137) 前掲, 申在均, 26頁.
138) 前掲, 張明秀「帰国船上の……」125-26頁, 前掲, 野村『北朝鮮……』268頁.
139) 前掲, 金賛汀『朝鮮総連』142-43頁. 暴露本は, 金元祚『凍土の共和国: 北朝鮮幻滅紀行』亜紀書房, 1990年 (初版1984年) である.

親族の安全や地位・生活の保障のために献品の要求におうじざるをえなかった．

　総聯は資金贈与をつうじても本国に貢献した．それは不正なルートでの送金，いわゆる闇送金をふくんだ[140]．これに従事した者の証言によれば，新潟港にはいる往来船に現金をはこびこむ方法が主であった[141]．これは1979年8月，大型貨客船，三池淵号（8,322トン）の就航を機に組織化された[142]．80年代には，総聯は潤沢な朝銀の資金で裏金をつくり，多額（億あるいは数十億円単位）の現金を往来船にはこんだ[143]．有力商工人から資金を詐取して送金することもあった[144]．北朝鮮帰国者の家族は祖国訪問時，帰国者の身の安全とひきかえに北朝鮮の関係者に現金をわたした[145]．かれらにとって帰国者は人質にひとしかった．1989年の世界青年学生祭典は，総聯の献金（と奉仕団派遣）によって可能になったといわれた．金日成・正日はこれを「愛国的誠意」のあらわれとして，たかく評価した[146]．

　日朝間の貿易収支は1972-86年間，北朝鮮側の赤字がつづき，その額は1972年の170億円から，ピーク時の1983年には477億円に増加した（付表1）．この貿易赤字は，総聯による贈与（現金および現物）の大きさを示唆する．現実には，総聯からの送金は対日輸入のみならず第3国からの輸入につかうことができたし，あるいは一部は円のまま，もしくは外貨に換えられ，日本に還流したり欧州の銀行に預金されたかもしれない．その全貌の解明は困難である．

　　140）　正規の送金は郵便局や普通銀行があつかった．大手の銀行は1970年代に北朝鮮への送金業務をはじめたが，貿易代金の不払い問題がつづくなかで撤退した．例外的に栃木の足利銀行は1979年に北朝鮮の銀行とコルレス契約をむすび，送金業務を2002年まで続行した．同銀行は乱脈融資により2003年に経営破綻した．幹部の責任追及の過程で，北朝鮮との癒着や在日朝鮮人企業への巨額融資が問題となった．「血税一兆円で隠蔽した足利銀と北朝鮮の『深い闇』」『週刊文春』2003年12月11日号，42-43頁，『下野新聞』2004年7月9-11日，Yomiuri Online, http://www.yomiuri.co.jp/e-japan/tochigi/kikaku/036/5.htm，2008年3月10日．
　　141）　前掲，韓光熙，221-27頁，張龍雲『朝鮮総連工作員：「黒い蛇」の遺言状』小学館，1999年，97頁．
　　142）　三池淵号のトン数は『朝鮮時報』1979年9月3日による．
　　143）　前掲，金賛汀『朝鮮総連』144-45頁．
　　144）　たとえば，1987-90年に東明商事（86年に不正輸出事件にかかわった（146頁））が朝銀愛知の副理事長に10数億円を詐取された．前掲，野村『北朝鮮……』第3章．
　　145）　前掲，金元祚，第Ⅵ章．
　　146）　前掲，呉圭祥『記録……』155頁．

④　合弁事業

金日成は1980年代，合弁企業の推進をはかった．主たるねらいは，在日商工人との間で合弁企業を設立し，出資形式であらたな献品・献金をさせる一方，日本の先進技術を効果的に導入する点にあった[147]．1984年9月，北朝鮮の最高人民会議は外国企業との合弁にかんする法令（合弁ないし合営法）を採択した[148]．1986年2月28日，金日成は在日商工人を接見し，合弁企業の設立を直接指示した（綱領的2・28教示）[149]．

　金日成はかつて，外資導入は従属，亡国の道であるとのべ，韓国の経済戦略を批判した[150]．合弁法成立後もかれは，訪朝した『世界』の安江良介編集長に「絶対に外資は導入しない．われわれは南朝鮮のように500億ドルの負債国にはならない」と語った[151]．かれの理解では合弁事業は外資導入ではなかった．第1に，北朝鮮公民である在日商工人との合弁は，外国人との合弁の範疇にはいらなかった．第2に金日成は合弁の目的が技術導入にあることを強調した．そうであるかぎり，資本主義諸国との合弁であっても，それは経済的従属につながる外資導入ではなかった[152]．かくして合弁事業は，技術革命を推進し，自立経済の強化・発展に資する主体的方法とされたのである[153]．

---

147)　実態の一端は以下を参照．東北アジア問題研究所編『在日朝鮮人はなぜ帰国したのか』現代人文社，2004年，95-97頁．
148)　法令の全文は，環太平洋問題研究所編『韓国・北朝鮮総覧　1987』原書房，1986年，342-45，504-06頁を参照．
149)　前掲，呉圭祥『記録……』140頁．この指示は『金日成著作集』には記されていない．以下を参照．宮塚利雄「北朝鮮における合弁事業の展開について：在日朝鮮人との合弁事業を中心に」前掲，日本貿易振興会，1992年，114頁．
150)　金日成「朝鮮民主主義人民共和国政府の当面の課題について」最高人民会議第三期第一回会議でおこなった演説，1962年10月23日，『著作集』第16巻，448頁．金日成は1974年，接見した外国人につぎのように語った．「政治的に完全な自主性を保つためには，必ず経済的に自立しなければならず，経済的に自立するためには，多面的に発達し，自らのしっかりした原料基地をもち，そして現代技術で装備された民族経済を建設しなければならない．われわれは，自国の資源と技術，人民の労働によって国と人民の経済生活を自力でまかなえる経済を建設するという自立的経済建設路線を貫いた．」「ダオメー政府機関紙『ダオ・エクスプレス』社長との談話」1974年9月19日，『著作集』第29巻，422頁．
151)　金日成「日本の政治理論雑誌『世界』編集長の質問にたいする回答」1985年6月9日，『著作集』第39巻，99頁．
152)　同「技術革命の促進と金属工業の発展について」朝鮮労働党中央委員会第六期第十一回総会での結語，1986年2月5-8日，同上，318頁．
153)　「合営はわが国の実情に合うように作成されたわれわれの方式の法：朝鮮経済政

総聯は金日成の指示にしたがって，1986年6月，合営事業研究会を発足させた．つづいて，以下の組織を設立した：86年9月，朝鮮国際合弁総会社（北朝鮮側と共同）；87年4月，合営事業推進委員会；1989年，朝鮮合弁銀行．朝鮮合弁銀行は資本金20億円で，総裁には総聯副議長・商工連合会会長，全演植が就任した[154]．同銀行は足利銀行，ミッドランド銀行（英国），中国銀行香港支店・ロンドン支店，セントラル・インターナショナル・ハンデルス銀行（オーストリア）とコルレス契約をむすんだ[155]．こうした措置によって商工人への情報提供，事業斡旋，国際決済の環境整備が進展し，合弁事業が具体化した．総聯の資料によれば，合弁事業は1989年末までに契約98件，投資金額113億円，うち操業41件にたっした[156]．操業をはじめた主な事業（製品）は以下のとおりであった：藁加工，水産物，運輸，貿易，銀行，被服，靴，日用品，木材加工，合板，電子製品，建設装備（クレーン，ブルドーザー）修理，テレビ部品，小型変圧器，エンジン再生，自転車，医療器具，タイヤ，鉱物製錬・加工（長石）．このように合弁事業は労働集約的な繊維加工業のほか，鉱業，機械工業をふくんでいた．会社ではないが，北朝鮮政府（保健部）との合弁形式で平壌に大規模な病院も建設された（総工費140億円，1986年完成）[157]．出資者は東京・西新井病院長金万有で，かれには出入国管理令違反の容疑で逮捕された過去があった（50頁参照）[158]．この病院の建設地は人民軍の敷地で，金日成・正日が党機関に直接指示して工事をすすめた[159]．金日成は同病院をつうじて，日本の医療技術の導入をはかった[160]．

⑤　核・ミサイル開発協力

策委員会副委員長の発言要旨」『日朝貿易』第297号，1984年，9-13頁．
　154）朴三石「在日朝鮮人による合弁事業の現状と課題（上）」『月刊朝鮮資料』1990年5月号，50，54頁．
　155）同上，（下），『月刊朝鮮資料』1990年6月号，68頁．
　156）同上，51-52頁．『日朝貿易』第367号，1989年，10頁，同，第373号，1990年，8-9頁．
　157）『日朝貿易』第328号，1986年，6頁．
　158）西新井病院は2006年10月，医薬品の対北不正輸出疑惑で警察の家宅捜索をうけた．日本人拉致にかんしても疑惑が指摘されている．『産経新聞』2006年10月15日．
　159）韓英善『祖国の大地に（金萬有篇）』平壌出版社，平壌，113頁．
　160）同上，156頁．

前節でみたように1970年代，金日成は総聯に自動化工業や電子工業の開発協力を命じた．1980年代には，科学者・技術者にアルミニウムやチタンの開発研究を指示した[161]．金正日は1985年に「科学技術をさらに発展させるために」と題する演説をおこない，つぎの点を強調した[162]．

・外国の先進科学技術，近代的プラントを導入せねばならない．それは自力更生の原則には反しない．
・集積回路，電子工学，自動化工業を発展させねばならない．
・チタンでステンレス鋼を生産する問題，霞石からアルミニウムを生産する問題を解決せねばならない．

このような金日成・正日の指示のポイントは，核・ミサイル開発であったとかんがえる．核・ミサイル開発には科学知識と工業基盤が必要である．とくに酸・アルカリ工業，素材（高級合金鋼，軽金属，プラスチックなど）工業，精密機械工業が不可欠である．酸・アルカリ工業は前述のように，戦前以来，興南にコンビナートが存在した．しかし設備更新が自力ではできなかった．高品質の合金鋼・軽金属・プラスチックや精密機械の国産化はほとんどみこみがなかった．金日成・正日はそのため，日本から設備，資材や製品，部品を調達することをはかったのである．総聯がはたすべき役割は大きかった．1988年2月と5月に総聯中央に指示があり，そこでは，科学技術発展3か年計画の達成は，総聯が先端技術・製品を収集できるか否かで決まるといわれたという[163]．同年10月にも，三池淵号の船内で本国幹部から同様の指示があった[164]．金日成・正日がもとめた先端技術は，顕著におくれた北朝鮮経済には適合しない．それがもとめられるのは，核・ミサイル開発にほかならなかった．

⑥　科学・技術協力

総聯傘下の科協に属する科学者・技術者は1970年代の祖国往来の実現と

---

161)　金日成「主体的な軽金属工業を発展させるために」経済部門の責任幹部との談話，1986年11月10日，『著作集』第40巻，198-99頁．
162)　金正日「科学技術をさらに発展させるために」朝鮮労働党中央委員会責任幹部におこなった演説，1985年8月3日，『日朝貿易』第367号，1989年，11-24頁．
163)　麻生惣一郎「ニッポンが支える北朝鮮の原発計画」『諸君』1990年5月号，84頁．
164)　同上．

ともに，北朝鮮に科学技術資料を送る運動を本格化させた[165]．かれらは，動力，計測器，高分子，農薬，稲育種，木材化学，有機合成など専門別に集団を組織し，科学技術面で北朝鮮への貢献につとめた．金日成はこれをたかく評価し，1975年，訪朝した在日朝鮮人科学者一行に感謝の意を表明した[166]．1981年，総聯は金日成生誕70周年を祝して書籍10万冊を送った[167]．1982年には，ある在日韓国人（元・民戦の地方幹部）が「1冊の会」を発足させた[168]．かれは前年に訪朝したさい，旧知の金日成綜合大学教授（北海道大学の同窓生）に書物の寄贈を懇請され，同会を組織した．数百人の在日朝鮮人・韓国人がこれに参加し，自然科学の学術雑誌・書籍を定期的に北朝鮮に送る運動を展開した[169]．そのなかには，『塩化ビニル可塑剤カタログ集』といった特殊な技術文献や核燃料処理にかんする書物もあった（表5-3）[170]．1986年9月の総聯第14回全体大会以後，文献送付は総聯組織をあげた大衆運動となった．こうして1980年代末までに，学術雑誌・書籍22万冊，各種見本・機器4万点が送られた[171]．

　在日朝鮮人科学者・技術者は他にも，以下のように北朝鮮への技術協力をおこなった：北朝鮮技術者の訪日斡旋・案内，平壌での展示会の開催，現地指導，北朝鮮の科学者との共同研究．1970年代，科協は日朝科学技術協力委員会と連携し，日朝間の技術交流を仲介した．同委員会は定期的に北朝鮮側（朝鮮対外技術交流協会）と協議し，交流計画を採択した[172]．こうして北朝鮮技術代表団のうけいれ，日本の代表団の派遣，平壌での展覧会の開催，農作物種子・見本品の交換，特許・新技術の相互通知が決定した．前記の技術代表団訪日はこの過程をへて実現した．72年10-11月

---

165) 前掲，申在均，26頁，前掲，李昌洛，7頁．
166) 前掲，金日成「総聯科学者の科学研究事業……」『全集』第58巻，285頁．
167) 前掲，韓徳銖『主体的……』283頁，前掲，麻生，84頁．
168) この人物はかつて対北密輸の容疑で逮捕された（51頁）．
169) 同会の活動は2001年までつづいた．このときまでに贈本総数はおよそ4万冊におよんだ．前掲，辛昌錫，193-94頁，『朝日新聞』朝刊，2001年12月29日．
170) こうしたカタログの利用者はほぼ業界関係者にかぎられる．図書館でも収集していない．表5-3で『塩化ビニル安定剤総覧』，『装置工業用バルブ』は国会図書館と中国の図書館（天津）の2館，『塩化ビニルレジン総覧』は日本1館（福井大学），中国2館（天津，遼寧省）のみ所蔵している．その他は多かれ少なかれ日本の大学図書館が所蔵している．NACSIS Webcat，NDL OPACの検索結果による．
171) 前掲，申在均，27頁．
172) 前掲『北朝鮮の対日主要言論集』284，290-96頁．

4 総　聯

表 5-3 「1冊の会」が北朝鮮に送った技術文献の例：軽工業，化学工業，農水産業部門

書名	出版社	書名	出版社	書名	出版社
食品分析ハンドブック	建帛社	土壌調査ハンドブック	博友社	プラスチック磁石の現状と将来展望	富士経済
食料工学	恒星社厚生閣	森林保護学	朝倉書店		
ビタミンD	講談社	新しい薬用植物栽培法	広川書店	プラズマ中の集団現象	岩波書店
最新日本の食品機械総覧	光琳書院	家畜衛生ハンドブック	養賢堂	実用プラスチック用語辞典	プラスチックスエージ
最新冷凍食品事典	朝倉書店	農薬の化学	大日本図書	実用ガス燃焼	省エネルギーセンター
最先端食品加工技術	シーエムシー	毒物ダイオキシン	技術と人間	エマルジョンの応用	高分子刊行会
澱粉科学ハンドブック	朝倉書店	特殊合成ゴム10講	日本ゴム協会	エポキシ樹脂の高機能化と用途展開	シーエムシー
水産加工品総覧	光琳書院	再生ゴム	同		
		ゴム用語辞典	同	シリコーンの最新応用技術	同
イネの冷害生理	北海道大学図書刊行会	防食技術便覧	日刊工業新聞社		
冷害	家の光協会	核燃料と廃棄物処理	同文書院	マグネトセラミックス	技報堂
トウモロコシの生産と利用	光琳書院	燃料再処理と放射性廃棄物管理の化学工学*	日刊工業新聞社	マニュアル実験組織化学	丸善
生食用トウモロコシ	農山漁村文化協会			膜利用技術ハンドブック	幸書房
新農業機械総覧	地球社	プラスチック廃棄物の有効利用	三共出版	膜分離技術の応用	化学工業社
90年代の農薬工業	シーエムシー	防食工学	日刊工業新聞社	マイコンアニメーションで学ぶ科学	培風館
土壌の物理	東大出版会				
飼料ハンドブック	日本科学飼料協会	プラスチック複合材料精密機器	同	新素材高分子材料と最新製造加工技術	総合技術
農業気象学	文永堂				
食品科学大事典	講談社	プラスチックの強度設計と選び方	工業調査会	新感光性樹脂の実際技術	シーエムシー
食品加工技術ハンドブック	建帛社			新界面活性剤	三共出版
		プラスチック成形加工とコンピュータ	同	染色学	相川書房
肥料便覧　第2版	農山漁村文化協会			光ファイバ光学材料	共立出版

表 5-3（続）

書名	出版社	書名	出版社	書名	出版社
ハイブリッド繊維強化複合材料	シーエムシー	塩化ビニル可塑剤カタログ集	同	学・医化学への応用	
炭素繊維	同	塩化ビニルレジン総覧	同	酵素分析法*	講談社
特殊機能紙	同	ジルコニアセラミックス	内田老鶴圃	感光性樹脂の実際技術	シーエムシー
特殊機能色素	同	構造材料セラミックス	オーム社	晶析工学	培風館
特殊機能接着剤	同	超高温セラミックス	朝倉書店	最新触媒利用技術	アイピーシー
特殊機能繊維	同	セラミックス接着，接合技術	シーエムシー	最新燃料便覧	幸書房
特殊塗料の機能と開発プロセス	同	セラミックスの超精密加工	日刊工業新聞社	最新燃料油と潤滑剤の実務	成山堂
塗料配合便覧	高分子刊行会	機能性セラミックスの整理法	同	核酸タンパク質構造解析法	サイエンス社
塗装技術ハンドブック	日刊工業新聞社	接着剤及び接着技術	繊維研究社	高機能性材料の開発	化学工業社
塗料添加剤の製法・処方・開発	シーエムシー	新しい接着技術の開発と応用	シーエムシー	工業化学プロセス	日刊工業新聞社
塗料の選び方使い方	日本規格協会	高速接着技術	同	化学装置コストハンドブック	工業調査会
最新ポリウレタン応用技術	シーエムシー	吸着剤，吸着操作の設計	技報堂	装置工業用バルブ	日本工業出版
最新有機薬品科学	広川書店	高圧液体クロマトグラフィー：その生化	東京化学同人	合成樹脂材料	職業訓練材料研究会
高分子凝集剤	高分子刊行会			溶剤ポケットブック	オーム社
高分子材料の活用技術	日刊工業新聞社			合成洗剤の知識	幸書房
塩化ビニル安定剤総覧	ポリマー工業研究所				

注）「人民大学習堂」の日本語図書目録の一部．文献の多くは 1980 年代に刊行されたものである．
＊は英書の翻訳．その他はすべて日本人の著作．
出所）『日文単行本図書収集目録（軽工業，化学工業，農水産業部門）』人民大学習堂，1989 年 9 月 25 日，科学技術政策研究院北韓科学技術研究会『1 冊の会の対北韓科学技術協力：書信と支援目録』同院，ソウル，2003 年，247-63 頁．

に訪日した代表団は以下の工場を見学した：トヨタ自動車，旭硝子，大同製鋼，神戸製鋼，日立造船，三菱重工，京阪煉炭，宇部興産，光和精鉱，旭化成，東芝，新日鉄，東洋ガス化学など[173]．1972年10月には，工業計器，同2月には真空凍結乾燥食品（インスタントラーメン）製造設備の展覧会が開かれた（主催者は前者が日朝貿易会，後者が同会と日朝科学技術協力委員会）[174]．科協メンバーはこうした場で通訳をつとめ，技術用語をはじめ日本の技術情報の伝播に大きく貢献した．

1980年5月には在日朝鮮人の道路舗装技術者が代表団を組織し，約1か月間，平壌で道路舗装を指導した[175]．かれらは事前に大量の資材を送った．1985年，合弁法の成立に対応して，科協は「在日本朝鮮人科学技術協会」と改称し技術重視の姿勢をつよめた[176]．1987年には，科協はイオン交換法の技術代表団を北朝鮮に派遣した．同代表団は，咸興の物理化学研究所，電気化学研究所を訪問し，北朝鮮の研究者と交流をおこなった[177]．87年中に訪朝した科協メンバーは，合計80人にたっした[178]．同年，北朝鮮からは製塩技術代表団が訪日し，科協メンバーの仲介で瀬戸内海沿岸の製塩企業を視察した[179]．1988-89年には科協の大阪支部が金属化学樹脂生産技術代表団（14名），金属金型生産技術代表団（5名）を組織し，北朝鮮で技術指導をおこなった[180]．

1980年代の在日科学者・技術者によるおもな研究・技術協力のテーマ，展示会出展品は，以下のとおりであった[181]．

　　　研究協力：植物成長促進，C1化学[182]，超伝導セラミック，高分子材
　　　　　　　料，シリカート建築材料，コンピュータ・自動制御．

---

173) 『日朝貿易』第71号，1972年，13-15頁．
174) 前掲，日朝貿易会『日朝貿易37年誌』12頁．
175) 『朝鮮商工新聞』1980年5月13日．
176) 安部桂司「工業技術水準：日本からの技術移転を考える」前掲，渡辺編著『北朝鮮の……』151頁．
177) 同上，146頁．
178) 前掲，麻生，86頁．
179) 前掲，安部，146頁．
180) 加藤昭・『週刊文春』取材班「金正日の直属スパイ：仮面は『大学副学長』」『週刊文春』1999年10月7日号，35頁．
181) 前掲，申在均，27頁．前掲，李昌洛，8頁．
182) シーワン化学：化学式に1価のC（炭素）をもつ物質を研究する分野．

技術協力：鋳物製造，製鋼工程における脱硫・電極改善，棒鋼圧延，
希土類製錬，小型エンジン製造，セメント製造，乾電池製
造，鉱山調査，NC工作機械製造，ロボット設計．
展示会出展品：朝鮮語ワープロ，小型エンジン，自動天秤，超硬質金
属材料，植物成長促進剤，医療用高分子材料，界面活性剤，
大気汚染測定装置，遺伝子工学用試薬，ソーラーシステム．

上記で，セメント製造への技術協力は，前述の順川セメント工場でおこなわれた．北朝鮮の技術者は原料問題でこの設備の稼動ができず，科協に協力をもとめた．科協は順川支援技術集団を組織し，日本からの廃タイヤ導入によって問題解決をはかった[183]．

科協は日本人研究者の訪朝も仲介した．1980年代に訪朝した専門家にはつぎの人物がいた：糸川英夫（宇宙工学），伏見康治（前出），宗像英二（応用化学，元日本原子力研究所理事長）[184]．

---

183) 「科協中央理事会事業総括報告」『科学技術』第2号，1995年，16頁．セメント製造には石灰石や粘土のほかに鉄も必要である．廃タイヤには鉄線が入っている．日本のセメント会社は第1次石油ショック後，ロータリーキルンで廃タイヤをもやし，その鉄をセメント製造に利用する方法を開発した．科協はこの方法を北朝鮮に導入した．技術の概要は，産業調査会『廃棄物リサイクル事典』同会，1995年，248-51頁参照．

184) 前掲，麻生，87頁．他に，巡航ミサイル誘導装置に関連する研究者（都内有名私大所属）も訪朝した．宗像英二は応用化学の専門家で，戦前は日本窒素興南工場，戦後は旭化成に勤務した．宗像が訪朝した事実は，筆者が本人に直接確認した（2001年7月14日）．これら日本人科学者の北朝鮮滞在はいずれも短期間であった．1981年には作物学者の川田信一郎（東京大学名誉教授）が訪朝した．川田はいくつかのモデル農場を見学し，帰国後これにもとづいて見聞記を書いた．それは北朝鮮農業を賞賛する内容で，かれが北朝鮮の宣伝工作に完全に幻惑されたことをしめす．川田信一郎『一国の農業は斯くありたい：朝鮮の農業と農学』農山漁村文化協会，1985年．

5　物資調達

(1)　概　観

対日輸入は1970年以後，顕著に増加し，74年には735億円という突出した額を記録した．75-78年は減少したものの，のちふたたび増加し，1980年には849億円にたっした（表5-4）．主要品目は鉄鋼・同製品，機械，電気機器，車両，化学製品，紙，プラスチック，合成ゴムであった．鉱物性燃料の輸入も増大した．これはおもにコークス・半成コークスで，製鉄原料であった[185]．

1980年代には対日輸入は減少した．とくに後半の減少がおおきく，85-90年には590億円から254億円に半減した．一方，対日輸出額は86-90年におおきく増加した（付表1）．この結果，日朝間貿易収支は1987年以降，北朝鮮側の黒字に転じた．

輸入減の要因は日本側の規制であった．1982-84年，東芝機械と伊藤忠商事が和光交易（56頁）の仲介で，ココム規制品の超精密大型工作機械4機と関連プログラムをソ連に不正輸出した[186]．85年12月にこの件で通産省に内報があり，事件となった（東芝機械不正輸出事件）．政府はココム規制の厳格化をせまられた．87年9月，政府は外為法を改正し，共産圏むけの輸出許可要件と罰則・行政制裁の強化，未遂罪の創設などを規定した[187]．同時に輸出関連の約150団体に関連法規の遵法徹底をもとめた[188]．88年4月には通産省内に検査官室を新設した．業界も対策を講じ，89年，輸出管理の促進機関，戦略技術貿易情報センターを設立した[189]．これらの措置は，対北輸出にもおおきな影響をあたえた：「日本政府は各企業にも

---

185)　前掲，日本貿易振興会『北朝鮮の経済と貿易の現状』69頁．
186)　通商産業省貿易局編『改正外国為替及び外国貿易管理法の解説：戦略物資・技術違法輸出の防止に向けて』商事法務研究会，1988年，13頁．以下の当事者の回顧録も参照．熊谷独『モスクワよ，さらば：ココム違反事件の背景』文藝春秋，1988年．
187)　同上，通商産業省貿易局編，10-11頁．
188)　同上，14-15頁．
189)　前掲，加藤，265-66頁．同センターはのちに安全保障貿易情報センターと改称した．安全保障貿易情報センター，ホームページ，2007年8月24日．

表 5-4　対日輸入額，

	輸入合計	鉱物性燃料	無機化学品	有機化学品	各種化学品	プラスチック	ゴム	紙
1970	8,404	16	13	164	243	724	103	600
1972	28,781	1	106	455	215	1,114	211	849
1975	53,332	238	96	356	334	1,111	1,059	1,628
1977	33,761	830	36	612	1,645	995	766	1,365
1980	84,946	3,935	589	1,040	3,548	1,950	2,489	4,250
1982	78,071	3,480	912	1,507	3,103	2,337	2,317	3,128
1985	59,050	1,082	1,542	1,019	798	2,152	2,825	2,111
1987	30,842	416	523	598	359	1,423	1,187	775
1990	25,382	309	747	271	350	1,109	1,030	527

ココム委を作ってダブルチェックをしている．疑わしきは拒否するという態度で，ココムに該当しないものまでメーカー自身が自粛するように仕向けている．昨年契約した大型トラックなどを現在もなお輸出できない状態である．日朝の貿易は停止状態にある．」[190]

　規制強化にはぬけ道があった．第1は，第3国を迂回した輸入である．貿易取引に従事した北朝鮮の元工作員によれば，日本製の規制電子部品をシンガポール，天津，上海経由で輸入したという[191]．世界貿易統計では1980年代後半，第三国から北朝鮮への輸出が急増した（付表11）．香港の対北輸出は1985年には0.5億ドルにすぎなかったが，翌年から激増し，87年には1.2億ドル，89年には1.3億ドルとなった．シンガポールや中国の対北輸出も同様で，1985-89年，前者は0.2億ドルから0.5億ドル，後者は2.2億ドルから3.8億ドルに増大した．第2は，個人による貨物持出しである．これは祖国訪問者の急増とともに，大きく増加した．新潟港では総聯による抗議をおそれて，祖国訪問者の貨物にたいする税関の検査があまかった[192]．小型の規制品の持出しに困難はなかった．

　上記のぬけ道および他のルートによる不正な貨物搬出を考慮すれば，この時期，統計上の対北輸出が北朝鮮の対日物資調達を著しく過小評価して

---

　　190)　日朝貿易会専務理事，相川理一郎の談話．『朝鮮時報』1988年4月14日．
　　191)　長谷川熙「北朝鮮の元秘密工作員の証言：北のミサイルは"日本製"だ」『アエラ』1998年10月5日号，30-31頁．貨物がこれら第三国にはこばれたとはかぎらない．それはたんに書類上の操作で，じっさいには北朝鮮に直接こばれたかもしれない．
　　192)　前掲，野村『北朝鮮……』74頁．

5　物資調達

1970-90 年　(百万円)

人造繊維	ひも,綱等	鉄鋼	鉄鋼製品	アルミニウム・同製品	機械類	電気機器	鉄道以外の車両	精密機器
1,005	109	148	87	2	2,970	738	46	117
4,788	218	2,716	494	60	10,564	1,922	1,256	603
612	200	4,536	2,630	412	18,477	8,116	4,232	759
3,857	1,059	1,339	1,253	1,134	5,586	4,369	2,027	990
3,722	1,229	6,183	4,824	1,238	18,844	7,506	9,481	3,022
1,912	670	4,378	3,468	755	14,339	5,369	9,833	1,908
1,522	354	1,818	3,725	1,065	13,229	5,594	6,734	1,358
431	813	1,810	1,615	428	7,337	3,838	2,238	1,117
1,081	300	826	1,212	97	5,886	2,094	1,301	798

いたことは確実である．そのギャップは年によっては数倍にたっしたかもしれない[193]．

　対ソ輸入は1970年代前半に増加したのち，80代半ばまで停滞した（付表7）．1985-90年には急増した．これはソ連による輸出価格引上げの結果であり，実質的増加ではなかった．対ソ輸入に占める非工業品の割合は70年代前半は20-30％とひくかったが，その後たかまり50％をこえた．工業品のなかでは，60年代と同様，大型の機械・設備類がおおく，ほかの製品はすくなかった．

　対中輸入は1987-89年代に急増した（付表8-A）．食料，燃料，原材料が主であった[194]．

　デフォルト以後，対西欧輸入はおおきく減少した[195]．米国は朝鮮戦争以来，対北貿易・金融取引の全面禁止措置をつづけていた．資本主義国のなかで，機械，鉄鋼，化学製品など工業品の調達先として，北朝鮮がもっとも依存したのは日本であった．

---

　193)　80年代前半，貿易統計で対北輸出額は同輸入額のおおよそ2倍であった．この倍数を適用すれば1989年の対北輸出額は統計値の3倍となる．
　194)　この時期の対中貿易の解説は，今村弘子『中国と朝鮮半島の経済関係』アジア政経学会，1997年，2-5頁を参照．
　195)　統計数字は，前掲，ドローカー，104-34頁および前掲，日本貿易振興会『北朝鮮の経済と貿易の展望』各年，対外貿易の項を参照．

(2) 製品分析

〈金属〉

鉄鋼の輸入は鋼材，鋼板，線材，鋼管，レール，ステンレス鋼，高炭素鋼など，高品質製品を中心に多種におよんだ．1974年には，棒6万トンをふくむ14万トンが輸入された．合金鋼板の輸入量は70・80年代，毎年数千トンであった（付表2）．北朝鮮では，ステンレス鋼，ブリキ板の製造難の問題は1980年代になっても未解決であった[196]．80年代末，興南肥料工場ではアンモニア製造設備にステンレス鋼を使用せず，それが大気汚染の原因になっていた[197]．輸入したステンレス鋼を中核の化学工場でつかわなかったとすれば，それ以上に重要な用途は兵器関連以外にはかんがえにくい．

レールの輸入も増大し，1973-87年，合計で軽レールが2.6万トン，重レールが1万トン（総額31億円）にたっした（表5-5）[198]．金日成は1978年，重レールを自力で製造できないとのべた[199]．その原因としてかれは，合金材料のすずとアンチモンの不足，熱処理炉・矯正機の未設置をあげた．1981年に訪朝した日本人の観察によると，北朝鮮の代表的な製鋼所，降仙製鋼所の設備はおどろくほど老朽化していた[200]．軽レールは日本では鉄道にはつかわない[201]．おもな用途は鉱山，土木，建築工事のトロッコ運送

---

196) 金日成「咸鏡南道の経済活動において重点をおくべきいくつかの課題」咸鏡南道の工業部門活動家協議会でおこなった演説，1980年7月10日，13日，『著作集』第35巻，197頁，「科学研究活動に新たな転換をもたらすために」科学院の科学者におこなった演説，1983年3月23日，『著作集』第37巻，391頁，「社会主義経済の本性に即して経済管理を正しくおこなうために」経済学者との談話，1990年4月4日，『著作集』第42巻，274頁．

197) 同「咸鏡南道の経済活動に転換をもたらすために」朝鮮民主主義人民共和国中央人民委員会・政務院合同会議でおこなった演説，1989年8月24-26日，『著作集』第42巻，109頁，「麻田遊園地をりっぱに整備するために」麻田遊園地の総計画模型と図面を前にしての幹部との談話，1989年8月27日，同，137頁．

198) 表に注記したように1975年に分類方法がかわった．断定はできないが，1973-75年に輸入された重レールは，その後の分類にしたがえば軽レールだったかもしれない．そうならば軽レールは合計で3.1万トン，重レールは5千トンである．

199) 金日成「鉄道輸送能力の不足を解消するために」鉄道運輸部門活動家会議でおこなった演説，1978年3月13日，『著作集』第33巻，133-34頁．

200) 夏堀正元「ピョンヤンの十日間」『中央公論』1981年12月号，128頁．

201) 加藤八洲夫『レール』日本鉄道施設協会，1978年，118頁．日本では創業時代，鉄道レールは30kgであった．20世紀にはいると重量化がすすみ，50kgが主体となった（同，30-42頁）．朝鮮では1938年，国有鉄道の本線総延長4,100kmのうち，2,700kmが37kgレール，

5 物資調達

表 5-5 対日輸入，レール，1973-87 年

	重軌条		軽軌条	
	トン	百万円	トン	百万円
1973-75	5,433	365	0	0
1976-78	0	0	890	90
1979-81	249	27	9,604	989
1982-84	3,666	147	6,846	679
1985-87	1,189	34	8,650	820
計	10,537	573	25,990	2,578

注）各期間の合計．重軌条，軽軌条はそれぞれ，1m当りの重量が30kg（1975年以前は22kg）以上，同30kg（同22kg）未満のものを指す．

である．北朝鮮では6か年計画でレールの重量化を予定していた[202]．しかし軽レールの輸入量の多さから，じっさいには軽レールをつかった可能性が大である[203]．そのほうが工事は簡便であった．輸入レールの総延長は1,000kmをこえた[204]．

　非鉄金属（精鉱，製品）では銅，鉛，アルミニウムの輸入が大きく，各年それぞれ数百トンから数千トンにのぼった（付表5）．ニッケルの輸入は70年代から80年代にかけて増大し，おおい年で200トンをこえた．ニッケルは通常兵器（小銃弾や砲身）の重要素材であったが，国内に原料鉱がとぼしかった．金日成は1979年，軍需工業と電動機製造部門でとくに銅が大量に要るとのべ，その増産の必要性を強調した[205]．銅の対日輸入はこの年から急増した．アルミニウムの製造は60年代からの課題であった．国内でボーキサイトがとれないので，金日成は霞石の利用を指示した[206]．

780kmが50kgレールで，軽レールはごく一部の狭軌線にかぎられた．鮮交会『朝鮮交通史資料編』同会，1986年，46-47頁．

　202）『北朝鮮研究』第26号，1976年，34-38頁．金日成は1968年にこれに言及した．金日成「交通運輸の緊張を緩和するために」朝鮮労働党中央委員会第四期第十八回拡大総会での結語，1968年11月16日，『著作集』第23巻，167頁．

　203）上表で1980年代，重レールの平均単価は軽レールのそれよりはるかにひくかった．この事実から，重レールのおおくが中古品であったと推測する．

　204）上表の軽レールをすべて22kgレールと仮定し，1973-75年の重レールを軽レールに加算すると，総延長は1,428km（31,423トン/22kg）である．

　205）前掲，金日成「両江道を美しく住みよい……」『著作集』第34巻，324頁．

　206）同「朝鮮労働党第四回大会でおこなった中央委員会の活動報告」1961年9月11

ソ連の援助により 6 か年計画で工場建設を企てたものの，実施は大幅におくれ，1985 年 3 月にようやく完工した（北倉アルミニウム工場）[207]．しかし霞石からアルミニウムを製造することは結局できなかった[208]．アルミニウムの粉末はロケット推進薬として一般的につかわれる．その輸入（粉末及びフレーク）は 1980 年代に増加し，84 年には 107 トンにのぼった．

〈機械類〉

機械類では建設・鉱山機械，金属加工機械，内燃機関の輸入がおおく，1982 年には全体の 40％を占めた．建設・鉱山機械の輸入は 1973 年からふえはじめ，1980-87 年には連年，100 台以上，10-40 億円相当にのぼった．日本では 1960 年代から炭鉱の閉山があいついだ．輸入機械のなかにはおそらく，そこで使われた中古機械もふくまれていた．1984 年には多数の大型機種—メカニカルショベル 212 台（平均重量 17 トン），ブルドーザー 90 台（同 28 トン）が輸入された（表 5-6）．部品の輸入もすくなくなかった．建設・鉱山機械は消耗がはげしいので，修理部品が欠かせなかった．反面，削岩機の輸入はわずかであった．北朝鮮の鉱山では，機械化がすすんでいるといわれた鉱山でさえ削岩機はなく，ツルハシで採掘した[209]．1981-86 年に，金日成・正日は西海閘門の建設を推進した．これは大同江を閉めきり，人工湖を造る大工事であった．この工事には，総聯が寄贈した日本製の機械を使用した[210]．地下の工場・軍事施設（対南侵攻用の秘密トンネル，地下飛行場・燃料倉庫など）の建設にも，日本製機械がつかわれた[211]．

金属加工機械の輸入は 1970-71 年に減少したあと，72-75 年に急増した．

日，『著作集』第 15 巻，203 頁．
　207）『北朝鮮研究』第 38 号，1977 年，41 頁，『日朝貿易』第 308 号，1985 年，13 頁．
　208）前掲，金日成「主体的な軽金属工業……」『著作集』第 40 巻，193 頁．
　209）前掲，鄭箕海，222 頁．
　210）林永宣（池田菊敏訳）『金正日の極秘軍事機密』徳間書店，1997 年，101 頁．同書（123 頁）によれば，平壌の順安空港の設計は東ドイツから導入した設計図によった．工事にはアフリカででつかいふるしたドイツ製舗装機を導入した．コンクリート切断機は日本製であった．
　211）同上，279 頁．1970 年代には，鉱山機械の世界的なメーカー，スウェーデンのアトラス社が北朝鮮に掘削機を輸出した．高山秀子「狂気の独裁者：金正日の最期」『文藝春秋』2006 年 12 月号，297 頁．

5 物資調達

表5-6 対日輸入，建設・鉱山機械，1984年

	A. 台数	B. 総重量（トン）	C.B/A. 平均重量（トン）	D. 総価額（百万円）	E.D/A. 平均単価（百万円）
除雪機	4	11	3	25	6
ブルドーザー#	90	254	28	1,655	18
自走式グレーダー	3	37	12	26	9
自走式メカニカルショベル##	212	3,385	17	1,796	8
自走式ならし用機械$	48	376	8	394	8
削岩機	10	0.5	0.05	3	0.3
その他の掘削機$$	3	3	0.8	2	0.8
同部分品		177		85	

注）# ブルドーザー及びアングルドーザー．## 油圧式メカニカルショベル及びエキスカベーター．$ ならし用，突固め用，せん孔用又は採掘用の機械（その他のもの）．$$ 掘削用，ならし用，突固め用又は採掘用の機械（その他のもの）．
　　C. Eは貿易統計の数値（kg，千円単位）にもとづいて計算した（単位以下，四捨五入）（次表．同）．

　このころ金日成は，慈江道で工作機械を量産できるように，各種金属加工機械を輸入する措置をとるべきであると語った[212]．慈江道は兵器工場が集中する地域であった．1980年代，金属加工機械の輸入はいっそう増大した．1983年の輸入台数は353台にたっした（表5-7）．これは，1968年の348台をうわまわる最大の数量であった．種類もふえ，大型化した（金属圧延機4台—平均重量226トン・同単価1.1億円—ほか）．1983年には，小型の電子または超音波式金属加工機1台も輸入された．

　内燃機関・同部分品の輸入も1980年代前半に急増した（付表2）．船舶用はすくなく，自動車用が大半であった．1984年の輸入は2輪自動車用が2,545台・1億円，その他自動車用が2,394台・17億円にのぼった．

　そのほか多様な一般機械類—ボイラー，ポンプ，コンベア，気体圧縮機，乾燥機，冷凍機，エレベーター，耕耘機，食品加工機，印刷機，織機，ミシン，木材加工機，歯車など—が輸入された．1980年ごろ平壌の印刷工場を視察した在日朝鮮人によると，この工場の印刷機，製本機，製版機はすべて日本製であった[213]．

---

212) 前掲，金日成「工作機械生産基地を……」『著作集』第26巻，228頁．
213) 鶴見雄峰『若き朝鮮：わがふる里を訪ねて』かまくら春秋社事業部，鎌倉，1981年，142-43頁．

第 5 章　1970・80 年代の戦略と展開

表 5-7　対日輸入，金属加工機械，1983 年

	A. 台数	B. 総重量（トン）	C.B/A. 平均重量（トン）	D. 総価額（百万円）	E.D/A. 平均単価（百万円）
金属圧延機	4	902	226	456	114
ロール	130	446	3	186	2
電子的及び超音波加工機械#	1	5*	5*	0.4	0.4
ホブ盤	9	72	8	209	23
歯切盤	4	18	4	73	18
数値制御式旋盤	6	31	5	88	17
普通旋盤	38	54	1	108	3
自動旋盤	6	16	3	42	7
立旋盤	2	26	13	52	26
タレット旋盤	2	1	0.7	1	0.7
その他の旋盤	3	11	4	49	16
各種フライス盤	16	36	2	125	8
中ぐり盤	39	545	14	668	17
金切盤	13	1	77*	2	0.1
平削盤	3	122	41	153	51
タップ盤及びねじ切り盤	3	8	3	28	9
各種研削盤	43	140	3	457	11
その他の金属加工工作機械	14	139	1	57	4
その他の工作機械	9	48	5	129	14
プレス	4	253	63	165	41
ベンディングマシン等##	1	7	7	18	18
ドローイングマシン	1	7	7	15	15
その他の金属加工機械	2	3	2	8	4
計	353	2,759	8	3,088	9

注)　* kg.　# 電気侵食その他の電気的又は電子的な方法を用いた加工機械及び超音波機械.
　　## ベンディングマシン，フォーミングマシン，フォールディングマシン及びフラットニングマシン.

　電気・通信・精密・その他機器では，1970 年代後半にテレビの輸入が急増したのをはじめ，電動機，計測器，半導体，集積回路，無線機器，光学機器，写真機，医療用機器など，おおくの製品が輸入された．精密機器の輸入は 1980 年代前半に大きくふえ，1984 年には変量自動調整機器だけで 3,230 台にのぼった（表 5-8）．電動機の輸入は 1983 年に異常に増加し，その台数は前年の 10 倍にたっした．増加したのは，出力 10W 以下および

10-70Wの小型直流電動機であった.

1969年から80年代はばまでほぼ毎年，北朝鮮は日本からベアリングを100トンから500トン（1億円から4億円相当）輸入した．1970年代北朝鮮には，生産能力のおおきなベアリング工場は平安北道定州の10月30日工場しかなかった[214]．同工場は6か年計画中にソ連の援助で建設された[215]．1978年の金日成の発言によれば，同工場では労働力不足にくわえ，フロン不足のために機械が錆びつき，生産が「非正常」であった[216]．1984年には同じくソ連の援助で，平壌に龍城ベアリング工場が建設された[217]．その稼動率はひくく，15％を超えなかった[218]．

〈車両・船舶〉

車両の輸入は1972年から大はばにふえた．80年代なかばまではトラックが主で，乗用車は少なかった．トラックは大型のものが大半で，1985年には排気量4,500cm³超のトラック838台（平均単価370万円，おそらく中古品）が輸入された．大型トラックは鉱石運搬や大規模工事に不可欠であった．金日成は1972年に，茂山鉄山で使用するために大型トラックを数十台輸入する指示をだしていた[219]．車両は容易に兵器に転用された．人民軍は日本製の重量級車両に高射砲を搭載し戦闘車両とした[220]．1982-83年には，「運転室を有する原動機付きシャシー」がとつぜん大量に輸入された（82年：2,002台・58億円；83年：1,578台・51億円）．これも兵器用であった可能性がある[221]．トレーラーの輸入は70年代後半から恒常化した

---

214) 金日成「平安北道の当面の経済課題について」朝鮮労働党平安北道委員会拡大総会でおこなった演説，1978年7月25-26日，『著作集』第33巻，327頁．
215) 前掲，産業研究院，299頁．
216) 前掲，金日成「平安北道の当面の……」『著作集』第33巻，328頁．金日成は同時に湿気除去用のフロンが足らないと述べたが，フロンの一般的用途は冷媒，噴射剤，金属洗浄剤である．
217) 前掲，産業研究院，297頁．
218) モイセーエフ，V.「教訓的な経験：ソ朝経済協力」『極東の諸問題』1989年10月号，61頁．
219) 金日成「咸鏡北道党組織の経済課題について」咸鏡北道党・政権および行政・経済機関の活動家におこなった演説，1972年6月16日，『著作集』第27巻，288頁．
220) 前掲，林永宣，225頁．
221) このころ北朝鮮は迫撃砲搭載用の車両を多数イランに輸出した（北朝鮮の元工作員からの聞き取り，1995年12月27日，ソウル）．このシャシーがこれら車両に転用された

第 5 章　1970・80 年代の戦略と展開

表 5-8　対日輸入，光学・測定・精密その他機器，主要製品，1984 年

品名	台	価額（百万円）	品名	台	価額（百万円）
映写機	13	20	圧力計	637	15
写真，映画用感光材料の処理機	114	36	変量自動調整機器##	3,230	42
光学顕微鏡	22	45	電子式電圧計，電流計，回路計	539	52
光学機器	298	28	その他の電子式電気量測定器$	214	113
ゲージ類	1,815	27	電子式分析機器	146	170
医療用電気機器	188	225	その他の電子式測定器$$	387	467
放射線を用いる機器#	1	28	その他の指示電気計器&	1,562	20
材料試験機	71	168	その他の電気式分析用の機器	262	54

注）貿易分類第 90 類の製品．
　　# 放射性物質の放射線を用いる機器．## 液体又は気体の流量，圧力その他の変量の自動調整機器及び温度調整機器．$ 電気的量の測定用又は検査用の機器（電子式のもの）（その他のもの）．$$ 測定用，検査用又は分析用の機器（電子式のもの）（その他のもの）．& 電圧計，電流計その他これらに類する指示電気計器．

（毎年数台，83 年は 14 台）．

　1983, 84 年には大型の中古貨物船・貨客船が輸入された．これは，同時期に国鉄が青函連絡船 2 隻（津軽丸，松前丸）を北朝鮮に売却した事実に対応する．これら 2 隻はそれぞれ，1964-65 年に浦賀重工業，函館ドックが当時の船舶技術の粋をあつめて建造した自動化船であった[222]．

〈化学品〉

化学品の輸入も，量・種類ともに 1970 年から 1980 年代末まで継続的に増加した．無機化学品では，1976 年に二酸化マンガンの輸入が急増した（付表 3）．二酸化マンガンは乾電池の材料である．乾電池は計測器用のほか，軍用無線機に不可欠であった．このため北朝鮮は日本から大量の乾電池を輸入した（累計で，1976-80 年：82 万個・3,200 万円；1981-87 年：150

のかもしれない．

　222）2 隻とも法定耐用年数（18 年）を迎えたため，終航した．津軽丸はのちに転売され，スエズ運河のイスラム巡礼船となった．古川達郎『鉄道連絡船 100 年の航跡』成山堂書店，1988 年，205, 212-13, 340-43 頁，『朝日新聞』朝刊，1998 年 4 月 28 日．

5　物資調達

万個・4,600万円）．同時に金日成はいくつもの乾電池工場を建設した[223]．そのひとつは，日本製の最新設備を導入した地下工場（245号工場）であった．二酸化マンガンはこうした工場でつかわれた[224]．二酸化マンガンはカーキ色の染料になるので，戦闘服の製造にも利用可能であった．ビナロン工場のアセトアルデヒド製造過程では酸化剤として必要であった（補論）．

1980年代には酸化アルミニウム（アルミナ）の輸入が顕著であった．北朝鮮からは逆にアルミニウム塊（インゴット）が日本に輸出された（1985-90年：毎年3,000-7,000トン・6-12億円）[225]．これはおそらく，外貨をえるために，輸入アルミナを北倉アルミニウム工場の電解炉で精製して塊とし，日本に再輸出したものである．

無機化学品で輸入がめだった他の化学品には，硫酸塩があった．その主要品は硫酸亜鉛であった．硫酸亜鉛はビスコース人絹の凝固液につかうから，これを人絹・パルプ生産のために調達した可能性が大である．

有機化学品では，1960年代と同様，DOPやステアリン酸の輸入がおおかった．可塑剤の自力生産の問題は，80年代になっても技術的に未解決であった（補論）．

以上をふくめ，付表3の主たる輸入化学品の用途を表5-9に整理する．これが示唆するように，北朝鮮の化学工業は各種化学原料を対日輸入に大きく依存していた．

少量でも，軍事の観点から軽視できない輸入化学品につぎのものがあった：シアン化ナトリウム，ふっ化ナトリウム，ふっ化水素（付表4）．これらは神経ガスのタブンやサリンの原料になる．北朝鮮はこれらのガスを大量に製造したことでしられる[226]．ふっ化水素はウランの精製過程でもつ

---

223)　前掲，林永宣，55-56頁．1979年にはソ連の援助で年産能力120万個の大同江蓄電池工場を建設した．その技術料と設備代金は，製品の一部で支払う（対ソ輸出する）ことになっていた．こうした現物での代金支払いは1970年ごろから一般化した．『北朝鮮研究』第38号，1977年，41頁．同，第66号，1979年，8頁．前掲，バザノーバ，79頁．

224)　1982年，金日成は，二酸化マンガン不足のために乾電池工場がフル稼動できないと述べた．金日成「科学技術研究活動をわが国の実情に即して進めるために」科学技術部門従事者協議会でおこなった演説，1982年2月17日，『著作集』第37巻，34頁．

225)　前掲，日本貿易振興会『北朝鮮の経済と貿易の展望』1986年，58頁．

226)　当事者の証言として，李忠国（文章煥訳）『金正日の核と軍隊』講談社，1994年参照．

表 5-9 対日輸入主要化学品の潜在的用途

A．無機化学品

二酸化マンガン
　乾電池，マッチ，ガラス，医薬品，染料（カーキ色），ペイント，釉薬，酸化剤，アセチレン清浄剤，脱硝触媒

三酸化クロム
　研磨材，緑色顔料，耐火煉瓦，合成用触媒（硫安，メタノール，アセトン）

酸化すず
　第一すず　還元剤，有機合成触媒，顔料
　第二すず　釉薬，研磨材，触媒，ガラス

酸化チタン
　塗料，化学繊維のつや消し，インク，化粧品，ガラス，ゴム・プラスチックの着色，顔料，絵具，釉薬，製紙，溶接棒被覆剤，石けん，皮革なめし剤

シアン化物[#]
　シアン化ナトリウム（青酸ソーダ）　製錬（非鉄金属から銅，金，銀などを抽出），メッキ，写真薬，還元剤，医薬品，分析用試薬

硫酸塩[#]
　硫酸亜鉛　ビスコース人絹凝固液，農薬（亜鉛ボルドー），医薬品（催吐，腐食性収斂薬），試薬，触媒，木材・皮革防腐剤，顔料，亜鉛電解，消毒剤

無機酸（その他）・その他の無機酸[#]
　シアン化水素（青酸）　アクリル酸樹脂，農薬，医薬品，冶金
　過塩素酸　分析試薬，金属溶解，触媒，過塩素酸塩の製造
　ホウふっ化水素酸　ホウふっ化物製造，ホウふっ化物メッキ
　硫化水素　分析試薬，製錬，農薬，医薬品，皮革処理，蛍光体
　ひ酸　木材防腐剤，医薬品，染料

B．有機化学品

DOP（フタル酸ジオクチル）・ポリカルボン酸[#]・アジピン酸のエステル
　プラスチックとくに塩化ビニールの可塑剤，塗料・接着剤の添加剤

エポキシド[#]
　酸化エチレン・酸化プロピレン　有機合成原料（エチレングリコール，エタノールアミン，アルキルエーテル，プロピレングリコール（ポリエステル樹脂原料），プロピレンハロヒドリン（塩化ビニール安定剤）など），界面活性剤，有機合成顔料，殺菌剤

複素環式化合物[#]
　塩化シアヌル　染料，蛍光染料，合成樹脂，医薬品，界面活性剤，農薬，ゴム加硫促進剤
　ピリジン　医薬品，無水金属塩の溶剤，界面活性剤，加硫促進剤，鎮静剤，アルコールの変性
　ヘキサミン（ウロトロピン）　合成樹脂の促進剤，発泡剤，ゴム加硫促進剤，医薬品，火薬，ホスゲン吸収剤

無水フタル酸
　フタル酸系可塑剤，塗料，染料・顔料中間体，医薬品，香料

ステアリン酸
　ゴム，塩化ビニール可塑剤，化粧品，界面活性剤，クレヨン

無水酢酸
　酢酸繊維素，アスピリン他薬品，香料，染料，有機合成原料
非環式炭化水素#
　エチレンクロロブロマイド　　医薬品，農薬
非環式炭化水素の塩素#
　塩化エチル・塩化メチル・塩化メチレン　　医薬品，農薬，発泡剤，有機合成原料（ゴム，樹脂等），抽出剤，溶剤（ワックス，アルカロイド，油脂，エーテル用），ペイント剥離剤，インキ
CFC#
　各種フロンガス　　冷媒，噴射剤，消火剤，合成樹脂（四ふっ化エチレン），発泡助剤
ブチルアルコール
　塗料溶剤，可塑剤原料，アルコール精製，医薬品
有機硫黄化合物（その他）
　チオアセトアミド　　医薬品・写真薬・染料の中間体
　チオグリコール酸　　塩化ビニール・ゴムの安定剤，医薬品中間体
　チオグリコール酸ブチル　　塩化ビニール安定剤，金属表面処理剤
りん酸エステル#
　りん酸トリエチル（TMP）　　溶剤，ポリマー重合触媒，着色防止剤
　りん酸トリメチル（TEP）　　ニトロセルロース・酢酸セルロースの溶媒，触媒，樹脂・繊維着色防止剤，植物成長調整剤，潤滑油添加剤
　りん酸トリブチル（TBP）　　金属の抽出溶剤，過酸化水素製造の溶媒，合成ゴムの可塑剤，製紙・繊維加工用消泡剤，燃料・潤滑油添加剤
　ビスホスフェート　　希土類の選択抽出剤，ウラン化合物など金属塩の抽出剤，核燃料の再生
モノエタノールアミン
　合成洗剤，乳化剤，化粧クリーム，ワックス，農薬，界面活性剤，潤滑油・防虫添加剤，ガス精製，有機溶剤，中和剤

注）　# を付した品目の正式名称は付表3，4の注を参照．
出所）　日本関税協会『輸出統計品目表』同会，1988年，1992年，化学工業日報社『12394の化学商品』同社，1994年．

かう．他の輸入品，ヒドラジン，過酸化水素，フタル酸ジブチルは，ミサイル推進薬に転用可能であった．塩素酸・過塩素酸類は，爆薬製造の関連物資であった．

　70-80年代，肥料の対日輸入は1975年をのぞき，すくなかった．北朝鮮にとって化学肥料は本来，貴重な輸出品であった．ソ連には毎年，硫安を大量に輸出し，80年代には日本に尿素を輸出した（82-87年，合計で3.6万トン）．輸出したのは余剰があったからではない．生産はつねに不足し，国内ではもっぱら人糞や草炭など有機肥料を使った．他方，除草剤・殺虫剤は，自力で生産する能力に欠けたから，多量に輸入した（76-85年間，毎年1,000-5,000トン）．金日成は当時くりかえし，これら

農薬の輸入を指示していた[227]．1978-79 年にはとくに，アワノメイガによるトウモロコシの被害をはじめ病虫害が深刻で，農薬輸入が緊急の課題となった[228]．

〈その他〉

潤滑油の輸入も重要であった．北朝鮮はソ連の援助で石油精製工場を建設したが，潤滑油を満足に生産できなかった[229]．その対日輸入は 70 年代後半には毎年，数千キロリットル（10 億円から 40 億円相当）にのぼった．潤滑油は一般機械だけでなく，銃器をはじめ戦闘機・戦車など各種兵器を使用するうえで必需品であった．

紙類の輸入では，印刷用紙，クラフト紙，板紙，紙袋，タバコ用巻紙などが多かった．北朝鮮では上質あるいは硬質の紙を製造できなかった[230]．そのためセメントや肥料用の袋が不足し，日本およびソ連から多量の重袋用クラフト紙や大型紙袋を輸入した．それでも不足し，セメントをそのまま無蓋貨車に積んだ（有蓋貨車がなかった）ので，雨天には輸送できなかった[231]．

プラスチックでは，ポリプロピレン，塩化ビニール，アクリル，ポリエステル，イオン交換体など多種類の素材から成る管，フィルム，塊，板，箔，液状，ペースト状，粒，フレーク等の最終・中間製品が輸入された．金日成は 1986 年，塩不足のために塩化ビニールが十分に生産できないと

---

227) 金日成「今年の農作をりっぱにしめくくり，来年度の営農準備に万全を期するために」朝鮮労働党中央委員会政治拡大会議でおこなった演説，1976 年 6 月 22-23 日，『著作集』第 31 巻，205 頁および以下を参照（いずれも『著作集』で，演説の日付と巻号，頁数のみしるす）．1978 年 6 月 12 日，第 33 巻，266 頁；1980 年 9 月 21 日，第 35 巻，269 頁；1982 年 5 月 20 日，第 37 巻，168 頁．

228) 上と同様．1978 年 10 月 5-6 日，第 33 巻，488 頁；1979 年 1 月 10 日，6 月 4 日，第 34 巻，74，219 頁；1980 年 5 月 2 日，第 35 巻，133 頁．

229) 李升基「偉大な首領金日成首相の賢明な指導のもとに成長発展してきた科学院咸興分院の輝かしい 10 年」『朝鮮学術通報』第 8 巻第 2 号，1971 年，33 頁，前掲，金日成「科学技術研究活動を……」『著作集』第 37 巻，36 頁．

230) 金日成「化学工業をいっそう発展させ，幹部のあいだでわれわれの方式の生活する革命的気風を確立するために」化学工業部門の責任幹部協議会でおこなった演説，1987 年 3 月 20 日，『著作集』第 40 巻，268-89 頁．

231) 前掲，金日成「工作機械生産基地を強固に……」『著作集』第 26 巻，229-30 頁，前掲，金一，682 頁．

語った（補論）．

1982年，「その他繊維製品」の対日輸入がとつぜん増加した（付表1）．これはおもに，合成繊維製のひざ掛け及び毛布（約300万枚，48億円）であった．北朝鮮の対日輸入ではしばしばこのように，ある品目に突発的な増加がおこった．

対日輸入には雑多な奢侈品もあった．たとえば1989年，貴金属製の腕時計の輸入が100個，727万円にのぼった．こうした奢侈品は，金日成・正日を筆頭とする特権階級の消費財であった[232]．

〈対ソ輸入品〉

対ソ輸入でとくに注目すべき化学関連品目として，硫黄をあげる．その輸入量は1971-74年，各年6,000-7,000トンにのぼった．75年以降は統計から消えたが，分類上位の金額から推して，おそらく輸入はつづいた．北朝鮮はつねに硫黄不足になやみ，その結果硫酸の生産が滞った．金日成はこれについて不満をもらしていた[233]．ソ連からはまた，70・80年代をつうじてシアン化ナトリウムを毎年150-200トン輸入した．

(3) 対日不正輸入

前述したように1972年，日朝貿易会が平壌で工業計器展覧会を開催した．その展示品のなかに模造型の原器があった．原器は計測の基本となる計器で，あらゆる機械生産に不可欠であった．もっとも基本となるものは，日本では政府機関だけが保有していた．60年代から北朝鮮は原器の輸出をつよく要請していたが，ココム規制品であるために実現していなかった．日朝貿易会は計測器のトップメーカー，北辰電機に製造を依頼し，展示品

---

232) これは近年，北朝鮮のありふれた内幕話となっている．その初期の証言として，高英煥（池田菊敏訳）『平壌25時：北朝鮮亡命高官の告白』徳間書店，1997年，139-50頁参照．

233) 1972年，金日成は「現在おこなっている硫黄工場の建設を急ぎ，1974年からは硫黄の生産に着手すべきである」とのべた（金日成「江原道党委員会拡大総会での結語」1972年3月23日，『著作集』第27巻，103頁）．関連発言として，1980年7月28日，『著作集』第35巻，240頁も参照．硫黄不足を解消するために，金日成は国内の硫化鉄採掘の増大をはかったが，鉄道輸送の欠陥が原因で鉱石を適時にはこぶことができなかった．同「今年の営農準備と経済活動で提起される諸問題について」政務院の責任幹部協議会でおこなった演説，1987年3月30日，『著作集』第40巻，286頁．

として平壌に送った[234]．これは，展示に名をかりた不正輸出にほかならなかった．

　以下，発覚した不正輸出の例（未遂をふくむ）をあげる．

① 1970-71年に在日朝鮮人の貿易会社，大宝通商が北朝鮮の大聖貿易会社から注文をうけ，自社船（900トン）で，数千万円の紙幣と規制品の精密機器類を福岡から密輸出した．大宝通商は北朝鮮の工作員が，在日朝鮮人を包摂して設立させた会社であった[235]．

② 86年8月，東明商事（朴日好社長）の社員が，焼津港に入港中のパナマ船籍北朝鮮向け貨物船の船長に，集積回路（IC），オシロスコープ（電波測定器，規制品）を通関手続きせずに手渡した．これらのIC類1,628個のうち100個がのちに規制機種と判明した．東明商事はこのほかに，1985-86年，北朝鮮の国営貿易商社，朝鮮龍岳山貿易総会社からの注文により，オシロスコープ2台等（計1,000万円相当）を大手電機メーカー数社から仕入れ，税関提出書類の品目欄を規制外品名に改ざんしたうえで，数回にわけて横浜港から不正輸出した．東明商事および関係者2名は関税法・外為法違反で処罰された[236]．

③ 青森，三重在住の日本人2名が虚偽申請により船員手帳を取得し，1984-86年にココム規制品のレーダー，IC，潜水用具，走査水中音波探知機を北朝鮮の貿易会社，大聖貿易所属の船で北朝鮮にはこんだ[237]．

④ 日朝貿易商社，大聖貿易（本社，大阪）が84-87年に，レーダー機器，水中音波探知機，ICを同社所有の船舶で密輸出した[238]．

⑤ 某社が75-87年に，オシロスコープ，サリスタ（増幅機能付けトラ

　　234）前掲，村上『70年代における……』18，28頁．同「今年度取引額を2倍へ：合意書にもとづく積極的な取組み　朝鮮訪問（5月23日-6月23日）報告」『日朝貿易』第69号，1972年，5-6頁．北辰電機は戦前から技術力に定評のあるメーカーで，戦時中は陸海軍に航海・航空兵器を供給した（ダイヤモンド社編『ポケット社史　北辰電機』同社，1969年）．同社は1983年，横河電機に事実上吸収された（社名は同年，横河北辰電機，1986年から横河電機）．

　　235）金哲「私が元法相を協力者にした一部始終：在日朝鮮商工人の衝撃証言　上」『正論』2004年4月号，60-61頁．

　　236）前掲，麻生，85頁，『朝日新聞』朝刊，1987年5月19日．外事事件研究会編著『戦後の外事事件：スパイ・拉致・不正輸出』改訂版，東京法令出版，2007年，165-66頁．

　　237）『朝日新聞』夕刊，1987年6月20日．

　　238）前掲，麻生，85頁．

6　軍事建設

ンジスタ），ICなど15品目を規制外品といつわり輸出した[239]．
⑥　東京在住の在日本朝鮮人商工連合会副会長（金秉駿）が1988年9月，北朝鮮に一時帰国するさい，自分あて輸出託送品を新潟の朝鮮総聯支部に送り，北朝鮮の客船，三池淵号で不正輸出しようとした．物品は，NEC製パソコン10台，カラーディスプレイ10台，IC9種1,300個など規制品14品目1,300点，470万円相当で，輸出申告書には「衣類，日用品」と虚偽記載した．金秉駿は1989年3月，新潟簡易裁判所で関税法・外為法違反により罰金20万円の判決をうけた[240]．
⑦　某商社が88年に総聯関係者から，ふっ素ゴム（潜水艦，船舶の防音装置に転用可能），超低温グリース（極地戦での戦車用に転用可能）の輸出を依頼されたが，規制品であるので商談を断った[241]．
⑧　某商社が87年にコンピュータ500台をインドネシアに輸出するとして許可を申請したが，じっさいにはシンガポール経由，北朝鮮向けであることが米政府機関からの通報によって判明し，通産省が申請を却下した[242]．

製品の不正輸入と関連し，日本人技術者をつうじた技術情報の不正獲得の例もたびたびあった．ミサイル開発に従事した北朝鮮の元工作員によると，かれはみずから，日本人技術者を北京経由で平壌につれていった[243]．

6　軍事建設——まとめにかえて

韓国側の把握によれば90年代初頭までに，北朝鮮には以下をふくむ多数の兵器工場が建設された（核関連施設を除く）：銃砲工場17，弾薬工場35，戦車・装甲車工場5，艦艇工場5，航空機工場9，誘導弾工場3，通信機器工場5，化学・生物兵器工場8[244]．金日成・正日はこれら専門工場のほか，

---

[239]　同上．
[240]　同上，84頁，前掲，外事事件研究会編著，170頁，『朝日新聞』夕刊，1988年9月27日．
[241]　前掲，麻生，85頁．
[242]　同上．
[243]　ある日本人技術者は自分が平壌に行った事実をみとめた．前掲，長谷川，31-32頁．

一般工場に兵器生産のための分工場を設置し，それを日用分工場と偽称した[245]．基幹工業部門—製鉄所や化学工場—の最大の使命は，これら兵器工場に資材を供給することであった．

　一見民生用にみえる施設も，軍事と関係があった．上述の西海閘門は，おもてむけは灌漑用水の確保を目的としたが，かくれた重要なねらいは，戦時に敵軍が大同江をさかのぼって平壌に進攻するのをふせぐことであった[246]．

　軍事建設には外国からの物資調達・技術導入が決定的な役割をはたした．単純な機械や兵器（製品および製造技術）では社会主義諸国が重要であった[247]．すすんだ設備，機器，資材は先進資本主義国とくに日本に依存した．社会主義諸国はそれらを提供できなかった．ゴルバチョフ時代にはソ連の研究者もこの点を率直にみとめ，つぎのようにのべた：「わが国がひな型を提供し，ソ連の専門家が朝鮮の工場に駐在しても，高品質の生産，流行の品種，現地職員のしかるべき訓練を保障することができない……朝鮮に

　244）　前掲，北韓研究所『北韓総覧　1983-1993』860頁．前掲，高青松，第1～2章はとくに慈江道の兵器工場にくわしい．軍事産業政策全般については，イム，カンテク「北韓の軍需産業政策」北韓研究学会『北韓の軍事』景仁文化社，ソウル，2006年，415-60頁参照．

　245）　鄭有真（外務省国際情報局訳）「北朝鮮軍需産業の実態と運営」外務省部内資料（原文『北韓調査研究』第1巻第1号，1997年）13頁．

　246）　前掲，林永宣，100-01頁．この工事には兵士が大量に動員された．1985年5月，現地を見学した社会党訪問団のひとり，高沢寅男（党副書記長）に案内人の人民軍将校は，3個師団を投入しており10月までに完成させるとのべた．また軍は平和建設に従事しており，南侵の危険がないことを強調した．高沢はこれを信じ，たかく評価した．のちの脱北者証言によれば，この工事では数千人が事故死した．完成後，保守工事がままならず亀裂がはいった状態で，隙間を土で埋めているという．高沢寅男「軍が平和建設に貢献：南浦閘門の大事業」『日本社会党訪朝代表団報告　1985.5.20～25』同団事務局，1985年，66-67頁，李民馥「北朝鮮『食糧危機』の真相」『正論』1995年10月号，95頁．

　金日成は交通面でも軍事優先の政策をとったという．元工作員によれば，金日成は1968年，北朝鮮では鉄道の複線化や道路の拡張をしない，その重要な理由は軍事侵攻をうけたばあいに，敵部隊の前進を遅らせるためであると語った（前掲，久保田るり子編・金東赫著，91-92頁）．たしかに金日成は，新線および戦前来の複線の路線を単線にした．その結果，北朝鮮の鉄道路線はほぼすべて単線となった（1992年，98％）（前掲，北韓研究所『北韓総覧1983-1993』443頁）．しかし道路建設をすすめなかったわけではない．1992年までに，平壌—元山をふくむ524kmの高速道路を建設した（同上）．

　247）　東ドイツからの設備，技術導入については，パク，ソンジョ（Park, Song-Jo）（桑畑優香・蔡七美訳）『韓国崩壊：統一がもたらす瓦解のシナリオ』（*South and North Korea Unified, We Fall*）ランダムハウス講談社，2005年，104-26頁参照．

生産拡大のため提供されるソ連の設備に関しては，これまた質の点でも，技術的可能性の点でも，先進的設備にいちじるしく遅れをとっている．」[248]

歴史が証明したように，社会主義経済には技術革新を生むダイナミズムが決定的に欠けた．創意工夫を要する技術革新は，計画と指令にもとづく経済になじまなかったのである．その結果，ソ連自身，先端製品を資本主義国にたよった．たとえば高品質のステンレス鋼を自国で製造できなかったため，日本や西ドイツから油送管を大量に輸入した[249]．精密機器などココム規制にかかる日本製品は，不正輸入で手にいれた．前述の東芝機械事件は氷山の一角にすぎなかった[250]．他方，ソ連側から北朝鮮をみると，債務不履行にくわえ，秘密主義と独善性（主体思想）がしだいに耐えがたいものとなった[251]．これは北朝鮮への援助意欲を低下させた．こうした点か

---

248) 前掲，モイセーエフ，67頁．

249) 油送管は1958年にココム規制リストからはずされた．米国は1961年にこれを再度，規制リストにくわえようとしたが，西欧諸国の反対で挫折した．日本の対ソ油送管（大径鋼管）輸出は1970年代なかばにはじまり，1980年代末までに合計で1兆円，1,200万トンをこえた．ソ連の天然ガスは硫化水素や炭酸ガスを多くふくんでいた．ソ連の技術では，こうした化学物質や極寒に耐える大径鋼管を製造できなかった．前掲，Mastanduno, p.129. ソ連東欧貿易会『ソ連の第11次5カ年計画』同会，1981年，87-88，114-15頁．ソ連向大径鋼管輸出史出版委員会編『ソ連向大径鋼管輸出史：1000万トン輸出の軌跡』有楽出版社，2003年参照．

ソ連は兵器関連の諸技術も先進資本主義国から導入した．それがソ連の兵器製造全体にどのていど貢献したかについては様々な議論がある．Cooper, Julian, "Western Technology and the Soviet Defense Industry," Parrot, Bruce ed., *Trade, Technology, and Soviet-American Relations*, Indiana University Press, Bloomington, 1985, pp. 182-87参照．

250) 前掲，熊谷，10頁．小川和久「ココム違反企業リスト」『文藝春秋』1987年10月号，123-37頁．日本の産業技術をぬすむソ連スパイの活動例にはほとんど際限がない．たとえば1969年に発覚した事件では，KGBの工作員がインドネシアの留学生をつかって，信越化学などいくつかの企業の工場から，プラスチックや塩化ビニール製品の製造にかんする情報をぬすみだした（『朝日新聞』朝刊，1969年5月14日）．70年代末にも，ある化学工場で関係者から触媒にかんする貴重な情報を得，本国の化学工業の進歩におおきく貢献した（プレオブラジェンスキー，コンスタンチン（名越陽子訳）『日本を愛したスパイ：KGB特派員東京奮戦記』時事通信社，1994年，129-30頁）．同様に，前掲，レフチェンコ，161-67頁．前掲，Andrew and Mitrokhin, pp.305-08参照．米国におけるソ連の産業スパイの例は，フリーマントル，B.（Freemantle, Brian）（新庄哲夫訳）『産業スパイ：企業秘密とブランド盗用』（*The Steal: Counterfeiting and Industrial Espionage*, Jonathan Clowes, London, 1986），新潮社，1988年参照．

251) ソ連の技術者は本国への報告のなかで，金日成の主体思想をあからさまに批判した．木村光彦・土田久美子「1973-74年の朝鮮とソ連の科学技術協力にかんする資料」『青山国際政経論集』第63号，2004年，273頁．

らも金日成・正日にとって，経済建設すなわち軍事建設の推進に日本の経済力—機械・製品の供給能力—を利用することは必須の戦略となった．かれらはそれを，さまざまな工作をつうじて実行したのである．

第6章

金正日時代の物資調達

本章は1990年から2005/6年までを対象とする．この時期には北朝鮮の核・ミサイル開発が進展した．これについてはいままでに多数の報告や論評がある．本章でも物資調達の観点からこの問題に関心をよせるが，確実な情報がとぼしいことから，中心的な課題とはしない．以下，第1節で金正日の先軍政治についてのべる．第2節では総聯の衰退と，それにもかかわらず継続した対北朝鮮貢献について論じる．第3節では金正日の対日工作の基本方針と，日本国内の状況変化を観察する．とくに対北輸出規制の強化について整理する．第4節では調達物資を分析する．対日輸入にくわえて，対中輸入も品目別に検討する．

1 先軍政治

1990年代はじめ，国際社会で北朝鮮の核開発疑惑がふかまった．1994年6月，この問題をめぐってカーター元米国大統領が訪朝し金日成と会見した．その結果，米朝の妥協が基本的に成立した．その直後，7月，金日成は死去した．10月，ジュネーブで米朝合意が正式に成立し，核開発凍結と見返りの軽水炉提供がきまった．

金日成の死去により名実ともに金正日時代が到来した．金正日政権下では，軍事力の維持・強化を優先する政策がいっそう前面にあらわれた．それを象徴するのが「先軍政治」である．この用語は1995年ごろはじめて公式報道に登場し，98年ごろからひんぱんに使われるようになった[1]．先

軍政治は文字どおり，社会生活の全分野における軍事優先を意味した．それは「革命的軍人精神」にもとづき，社会主義体制に無条件で奉仕することを全人民にもとめた．金正日がその思想を金日成から継承し，「今日の現実的条件に適合させたひとつの政治方式として深化発展させた」[2]．

金正日は，「国防工業は富強祖国建設の生命線である」とのべた[3]．先軍政治の解説書によれば，「先軍政治は防衛産業を重視するという本質的内容をもっている」，「北朝鮮経済でもっとも重要な位置を占めるのは防衛産業である」，「北朝鮮経済は防衛産業を中心に構成されるという特殊な経済構造をもっているので，民需部門の価値ある成果と科学技術は軍需部門に利用される」[4]．すなわち先軍政治は，軍事工業の建設にあらゆる資源をむける．とくに最新の機械設備と有能な科学者・技術者を優先的に配置する．その最重要課題が核・ミサイル開発であった．金正日はこれを加速し，兵器化，配備をすすめた．核開発では上述の米朝合意以後，秘密裡にプルトニウムを抽出した．ウラン濃縮も開始したといわれる．起爆実験をくりかえしおこない，2006年10月には核実験をおこなうにいたった．ミサイル開発では小型のスカッドの量産と輸出をはかる一方，中・大型化（いわゆるロドン，テポドン・ミサイルの製造）をすすめた[5]．1998年8月には，本州・ハワイ方向にテポドン・ミサイルを発射した．

核・ミサイル開発は経済悪化に拍車をかけ，国民に多大な犠牲を強いた．90年代後半には大規模な飢餓が生じた[6]．飢餓は基本的に，建国以来の軍

---

1) 岩本卓也「体制危機への北朝鮮の反応：内政的文脈から」前掲，小此木編，268-69頁，磯崎敦仁「金正日『先軍政治』の本質」同，285-86頁．
2) リ，チョル・シム，スンゴン『偉大なる領導者金正日同志が発表なさった先軍革命領導にかんする独創的思想』社会科学出版社，平壌，2002年，33頁．
3) 同上，16頁．
4) 朴鳳瑄『金正日委員長の先軍政治研究』光明社，2007年，70, 77, 79頁．この書物は朝鮮語で書かれ，東京で刊行された．日本語版もある（『アメリカを屈服させた北朝鮮の力：金正日委員長の先軍政治を読む』雄山閣出版，2007年）．著者は科協の幹部である．
5) 米国議会調査局の報告書によれば，北朝鮮は1999-2002年間，60基ちかいスカッド・ミサイルを中東諸国に輸出した（『日本経済新聞』朝刊，2003年9月27日）．2002年12月には，スカッド・ミサイル15基を積載した北朝鮮の船をスペイン海軍がイエメン沖で拘束した（International Herald Tribune, December 12, 2002）．ミサイルの輸出自体は国際的取決めに違反するものではない．北朝鮮は1998年にミサイル輸出の事実を認めていた．『日本経済新聞』朝刊，1998年6月17日．
6) 黄長燁によれば，95-97年に280万人が餓死したという（前掲，黄長燁，84頁）．この死者数の検討は，Natsios, Andrew S., *The Great North Korean Famine: Famine,*

事優先政策とそれを徹底させた先軍政治の帰結にほかならなかった[7]。金正日にとって核・ミサイルは，体制維持のためにいかなる犠牲をはらっても獲得するに値した．核・ミサイルが，軍備強化や外貨獲得の手段にとどまらず，決定的な外交手段だったからである[8]．

金正日は飢餓対策として，1998年からジャガイモ農事革命を推進した[9]．それは，ジャガイモを大々的に栽培し，その加工工業をおこすことをめざすものであった．金正日はジャガイモから，デンプン，水飴，餅，パン，麺などさまざまな副食物を製造するように指示した[10]．2000年，両江道大紅湍郡にデンプン工場が完成した．2002年，金正日はこの工場で現地指導をおこなった[11]．2005年には咸鏡南道赴戦郡にもデンプン工場が完成した[12]．デンプンはブドウ糖，接着剤，凝固剤，コーティング剤の材料になる．何よりもデンプンからは，アルコールが造れる．このことからデンプンは輸出品になる．北朝鮮は1960-80年代，毎年数千トンから多いときは1万トン以上もデンプンをソ連に輸出していた[13]．

アルコールは燃料，工業原料，労働者・兵士の飲料として，先軍政治の推進に不可欠であった[14]．アルコールを造るには，ジャガイモよりもサツ

Politics, and Foreign Policy, United States Institute of Peace Press, Washington, D. C., 2001, pp. 201-15 参照．

7) 飢餓は一般に，多くの要因が重なって生じる．基本政策の問題にくわえてどのような要因が作用したかを知るには，気象など自然状況をはじめ地域の社会，経済にかんする詳細な情報が必要である．

8) 道下徳成「朝鮮半島における大量破壊兵器問題」納家政嗣・梅本哲也編『大量破壊兵器不拡散の国際政治学』有信堂高文社，2000年，213-14頁．

9) 1999年元旦には，『労働新聞』をはじめ北朝鮮の主要3紙が共同社説でこれをとりあげた．

10) 金正日「ジャガイモ農事で革命を起すことについて」両江道大紅湍郡を現地指導し活動家とおこなった談話，1998年10月1日，『選集』第14巻，444頁．

11) 『労働新聞』2002年2月25日．

12) 同上，2005年10月1日．

13) これはトウモロコシデンプンで，主に平壌穀産工場で生産された．金日成は1950年代以降，ソ連のアドバイザーの意見にしたがって，トウモロコシ栽培を推進した．平壌穀産工場はもともと1930年代に米国の企業が建設した，戦時中は三菱が経営し，戦後は朝鮮戦争で被害をうけたのち再建された．前掲，木村・安部『北朝鮮の軍事……』87，213頁，金日成「紡織工業と食料・日用品工業を発展させ，人民生活をいっそう向上させよう」紡織工業省，食料・日用工業省の責任幹部協議会でおこなった演説，1980年4月1日，『著作集』第35巻，99頁．

14) 金正日は，燃料や工業原料用のアルコール製造については明言しなかったが，ジ

マイモが有利である（デンプン含有率がジャガイモ15％にたいしてサツマイモは25％）．金正日はこの点から，サツマイモの栽培拡大とその加工工場の建設も指示した[15]．かれは，イモ加工工場の建設を合弁でおこなうのもよいと語った[16]．このようにジャガイモ農事革命は，たんに人民の「食べる問題」の解決策ではなかった．飢餓対策はむしろ副次的で，主目的は先軍政治に資することであったと考える．

　対外関係については，金正日は1997年8月，対米関係の改善とともに，対日関係の改善への意欲を表明した：「日本が……我々共和国にたいする敵視政策を捨て……るならば，我々はわが国の隣邦である日本に友好的に対するのであり，非正常的な朝日関係も改善される．」[17]．『労働新聞』はこれを大きく報道し，日本にアピールした[18]．日朝関係の改善は従来同様，先軍政治にとっても重要な目標であった．

2　総　　聯

(1)　衰　　退

在日韓国・朝鮮人（外国人登録者）は，1990年の69万人から，95年67万人，2004年61万人に減少した[19]．その一因は，若い世代の意識の変化

ャガイモ酒の製造は指示していた．じじつ，大紅湍の加工工場には酒製造工程が設置された．前掲，金正日「ジャガイモ農事……」『選集』第14巻，444頁．『労働新聞』2002年2月25日．既述の平壌穀産工場では，金日成の時代からアルコールを製造していた．金日成によればこれは輸出用の飲料であった．金日成「南浦市を港湾文化都市としてりっぱにきずこう」南浦市の責任幹部協議会でおこなった演説，1979年12月29日，『著作集』第34巻，546頁．

15)　『労働新聞』2004年1月29日，11月26日．デンプンやブドウ糖を水素添加分解すれば，グリセリンとグリコールも製造できる．この技術は戦前に確立していた（八濱義和他「木材の化学的利用法に関する研究（第1報）」『工業化学雑誌』第47編第11・12冊，1944年，916頁）．戦時中の日本では，粉砕したイモをアミロ菌で発酵させ，火薬用の含水アルコールと燃料用の無水アルコールを製造した．通商産業省基礎産業局編『アルコール専売事業五十年史』アルコール協会，1987年，99-101頁．

16)　前掲，金正日「ジャガイモ農事……」『選集』第14巻，444頁．

17)　同「偉大なる首領金日成同志の祖国統一遺訓を徹底的に貫徹しよう」1997年8月4日，同上，358-59頁．

18)　『労働新聞』1997年8月13日．

19)　総務省統計局編『第56回日本統計年鑑』同局，2007年，55頁．国勢調査による韓国・朝鮮人数はこれより少なく，1990年，57万人であった．総務庁統計局編『平成2年

にともない，日本への帰化が進行したことであった．年間帰化者数は1980-93年間，6,000人から7,700人に増加した[20]．一方で韓国籍へのきりかえもいっそう進展し，1990年代には全体の3/4が韓国籍となった[21]．日本籍・韓国籍の増大がそのまま総聯の衰退をあらわすとはいえない．総聯に忠実でありながら国籍を変更したり，姻戚関係をつうじて韓国籍の者が総聯に協力することがあったからである．しかし総聯の基盤縮小はうたがえない．1980年に3万人であった総聯の民族学校生徒数は，1995年には1.5万人に減少した[22]．公安調査庁は1994年，総聯にはっきりとくわわっている者の数を5.6万人と報告した[23]．これは在日韓国・朝鮮人総数の8％にすぎなかった．

総聯にとって大きな打撃は，朝銀の破綻であった．1990年代，バブルの崩壊とともに不良債権が増大し，朝銀は経営難に陥った．朝銀東京の預金額は，1992年の3,300億円から，98年2,800億円，2000年1,800億円，02年590億円に激減した（表6-1）．同表で朝銀大阪の預金額は1996年まで増加し，一見健全経営のようにみえるが，これは不正操作の結果であった．じっさいには大幅な貸出し超過に陥っていたうえ，不良債権が1990-96年，53億円から2,703億円に激増していた[24]．すなわち1996年，貸出のうち70％近くが不良債権であった．朝銀大阪の経営は97年には完全に破綻した．2000年代には朝銀は公的支援（計1兆4,000億円投入）をうけて再編され，全国で7組合に統合された．新組織の運営は，総聯の影響力排除が前提となった[25]．

総聯系の重要商社，東海商事は1991年に設立30周年をむかえ，北朝鮮政府から金日成勲章をさずかった[26]．のちテポドン・ミサイル打上げを境に取引が減少し，経営難におちいった．1999年，朝銀からの融資がとま

国勢調査　第2巻　第1次基本集計結果　その1　全国編』同局，1991年，500頁．
20）金英達『金英達著作集Ⅲ　在日朝鮮人の歴史』明石書店，2003年，109頁．
21）金賛汀『在日コリアン百年史』三五館，1997年，234頁．
22）同上．
23）緒方重威「衆議院予算委員会における緒方重威公安調査庁長官の答弁」同委員会議事録，1994年3月30日，国会会議録検索システム．
24）『毎日新聞』朝刊，1997年12月1日．
25）『朝日新聞』朝刊，2004年3月1日．
26）前掲，在日朝鮮人歴史研究所編，167頁．

表 6-1　主要朝銀の預金と貸出金，1992-2002 年

(単位：百万円)

朝銀名		1992	1994	1996	1998	2000	2002
愛知	預金	196,459	200,649	206,178	195,520	87,459	−
	貸出金	187,969	188,677	195,719	190,269	147,911	−
大阪	預金	393,870	376,470	397,214	−	−	−
	貸出金	392,328	374,496	395,878	−	−	−
神奈川	預金	134,684	117,078	113,534	93,804	−	−
	貸出金	132,964	110,597	108,883	92,444	−	−
京都	預金	244,660	262,451	284,861	−	−	−
	貸出金	233,171	248,664	267,290	−	−	−
東京	預金	327,122	331,543	331,890	279,034	178,101	58,350
	貸出金	321,294	313,963	329,309	298,907	257,294	229,872
兵庫	預金	230,006	233,727	229,729	−	−	−
	貸出金	208,720	200,943	193,875	−	−	−
福岡	預金	110,761	118,335	123,242	116,142	64,800	−
	貸出金	95,765	95,712	103,008	105,331	107,119	−

注）　計数は 8 月末現在の数値．愛知は朝銀愛知の略．以下同様．各朝銀は，以下の年に再編され，個別事業体としては消滅した：愛知・福岡　2000；大阪・神奈川　1998；京都・兵庫　1997；東京　2002．
出所）　『全国信用組合名簿』金融図書コンサルタント社，各年．

ると，総額 67 億円の債務を負って破綻した[27]．同年，隆興貿易（120 頁）も破綻した．合弁事業もおおくが失敗におわり，在日商工人に打撃をあたえた．在日商工人はこの失敗を，北朝鮮側の経営ノウハウの欠如，官僚主義に帰した[28]．金日成・正日からみれば，合弁事業は在日朝鮮人から物資・技術を獲得する手段のひとつであった．それをビジネスとして成功させるという発想が，かれらにどれほどあったかは疑問である．かれらにとって，いくつかの戦略的分野で技術の移転ができた（後述）ことは意義ぶかい成果であった．

(2) 貢　献

金正日は金日成の死去以前，外国人訪問者とほとんど会わず，実像はなぞであった．しかし 1970 年代から，訪朝した総聯成員とは積極的に会って

---

27)　アエラ編集部「在日朝鮮系看板商社の破綻：行詰った東海商事」『アエラ』1999 年 7 月 12 日号，18 頁．

28)　全鎮植「祖国との合弁は在日の糧」『世界』1994 年 10 月号，107-10 頁．前掲，張龍雲（167-91 頁）は，雲山金山開発の失敗の経過をくわしくしるしている．

いた．これは金正日の総聯重視の姿勢のあらわれであった．1990年6月の総聯幹部との会見では，総聯が世代交代の転換期にあることを指摘し，幹部の団結，組織の強化，愛国運動の継承を命じた[29]．1994-95年にはつぎのように指示した[30]．

- ［韓国系の］民団とは，一部の悪質分子を除き民族大団結の見地から，積極的に事業を展開しなければならない．
- 社会主義的教養のために，今後も多数の青年を祖国に短期訪問させねばならない．
- 朝鮮大学校は総聯幹部育成の「原種場」である．かれらを政治思想的に強固に育成せねばならない．
- 総聯が日本の法律に反する行動を行なえば，日本の反動たちに弾圧の口実をあたえる．総聯は情勢にあわせて事業体系を転換させ，規律と秩序をまもり，文書と電話，ファックスの利用を極力へらさねばならない．
- 商工人は総聯の基本群衆である．総聯は商工人とくに若い商工人との事業をりっぱにおこなわねばならない．

総聯は祖国の社会主義の未来を信じ，金日成・正日の指示にしたがって北朝鮮に奉仕した．1992年6月，北朝鮮と往来するあらたな貨客船，万景峰92号（9,672トン，乗客定員350人）が就航した[31]．これは総聯が35億円の資金を供出し，資材と技術者を北朝鮮に送って建造したものであった[32]．船底には，朝鮮人民軍の潜水艦の活動をたすけるために，水中探索ソナーを装備したといわれる[33]．同号は北朝鮮への貨客運搬に大きな役割

---

29) 金正日「総聯組織をさらに強化し愛国事業を力強くすすめることについて」在日本朝鮮人総聯合会中央常任委員会責任幹部とおこなった談話，1990年9月16日，前掲，金正日『在日本朝鮮人運動……』111-18頁．

30) 同「総聯は我が民族の誇りであり世界海外僑胞運動の手本である」在日本朝鮮人総聯合会中央常任委員会第1副議長とおこなった談話，1994年5月6日，同上，161, 163-65頁，「在日本朝鮮人運動をあらたに高い段階に発展させることについて」在日本朝鮮人総聯合会結成40周年を記念して総聯と在日同胞に送った書簡，1995年5月24日，同上，199頁．

31) 前掲，清水，175頁．

32) 前掲，金昌烈，156頁．

33) 同上，157-58頁．内部の様子は，『産経新聞』2003年8月26日にくわしい．

をはたした．同号が運ぶ祖国短期訪問者は毎年数千名におよんだ（付表13）．現金運搬は，税関・警察が把握した合法的なものだけで，2002年は合計20件，2億円，2003年は69件，1.9億円にたっした[34]．

　科学技術面の貢献も大であった．その人材となる朝鮮大学校の卒業生は1996年までに1万名を超え，うち理工系が2,000名を占めた[35]．同校から日本の大学院に進学し，原子物理学，高分子化学，機械工学，生物学などの分野で先端的研究をおこなう者もすくなくなかった．博士号取得者は，民族学校から日本の大学に進学した者をあわせると約120名にたっした[36]．科協会員は1,000名超，同会長は伏見康治の下でまなんだ原子物理学者であった[37]．科協会員は，就職差別がよわまるとともに日本の一流の大学や研究所，大手企業（電機メーカーなど）に就職した．

　1991年10月，金正日は全国科学者大会に書簡を送り，つぎのようにのべた：「科学研究事業で革命的転換を起さねばならない」，「他国の発展した科学技術をうけいれることは，科学分野で主体を維持する事業と矛盾しない」，「在日本朝鮮人科学者をはじめ海外同胞科学者と創造的協調をひろく組織し，かれらが祖国の科学技術を発展させるための愛国事業に積極参加するようにせねばならない」[38]．科協はこれをうけて祖国への協力をさらに展開した．1995年7月の科協の学術報告会「基調報告」によれば，「在日同胞科学者，技術者の愛国至誠は，原子力工学分野をはじめ，数おおくの科学技術書籍と資機材見本を祖国に送るのに，あますところなくその役割を発揮した」[39]．送った書籍，各種機器材料・見本はこのときまでに，それぞれ30万冊，10万点にたっした．この成果を科協は，「このような科学技術書籍と資機材，見本品は，祖国の科学者・技術者にとって砂漠の泉のように貴重なものである」と報告した．「砂漠の泉」はかならず

34）『産経新聞』2004年2月6日．
35）張炳泰「朝鮮大学校自然科学分野の人材育成事業と科学研究事業であげた成果」『科学技術』第1号，1996年，12-13頁．
36）前掲，安部「工業技術……」152頁．たとえば，ある若手の研究者は朝鮮高級学校を卒業後，有力国立大学に進学，同大学で博士号を取得した．外国の原子科学研究所で研究した経歴もあった，『朝鮮商工新聞』1996年8月13日．
37）同上，安部および前掲，麻生，86頁．
38）金正日「科学技術発展であらたな転換を起そう」全国科学者大会参加者に送った書簡，1991年10月28日，『選集』第12巻，198，214-16頁．
39）「基調報告」95年度科学技術報告会，アジアセンター，1995年7月15日．

しも誇張した表現ではなかった．1989 年に前記の「1 冊の会」に加入した金日成綜合大学電子材料研究所の研究者は，翌年，同会会長に手紙をおくり，「研究事業に切実に必要な科学技術資料」を寄贈してくれたことに深甚の謝意を表した．この研究者が 1993 年までにうけとった学術雑誌や書籍にはつぎのものがあった：『日本物理学会誌』，『電子通信学会誌』，『ファインセラミックス』，『日本金属学会会報』，『品質設計のための実験計画法』，『驚異のチタバリ（チタン酸バリウム）』，『誘導体セラミックス材料』[40]．他に，日本電子材料工業会の標準規格書が 9 点あった[41]．同様に李升基も，1992 年，送付された雑誌類は「科学研究事業に必須である」と「1 冊の会」会長に感謝の意をつたえた[42]．

科協は上記の報告会で，「金正日元帥の綱領的な書簡［91 年書簡］をたかくかかげ，科協事業をより一層発展させる」ことを表明した．それはつぎの言葉がしめすように，徹底的な自国中心主義であった：「科学に国境はないが，科学者には祖国がある」，「祖国とともに熱烈なる愛国者として自身を固めなければならない」[43]．科協幹部はこの目的のために，「日本人の学者を協力させるように対外事業を積極的にひろげなければならない」と会員によびかけた[44]．

科協の技術協力にかんしては，以下のような事実もあった．80 年代末から北朝鮮ではイネミズゾウムシが繁殖し，甚大な農業被害が生じた．北朝鮮はその対策を科協にもとめた[45]．科協は 90 年代はじめ，三井東圧化学が開発した殺虫剤，トレボンを北朝鮮に送った[46]．1991 年には，かつて京都大学で冶金学を専攻した北朝鮮の科学者（科学院黒色金属研究所冶金

---

40) 前掲，科学技術政策研究院北韓科学技術研究会，11-33 頁．
41) バリスタ（varistor，2 つの電極をもつ電子部品）の試験方法の規格書など．これらの規格書は日本の関連トップメーカーの技術者が中心となってまとめた小冊子で，だれでも入手可能である．それらは主題の試験方法について，使用するべき工具，材料，試薬をふくめ，詳細に記述している．
42) 前掲，科学技術政策研究院北韓科学技術研究会，194 頁．
43) 前掲「科協中央理事会……」16 頁．
44) 同上，19 頁．
45) 宮塚利雄「北朝鮮の食糧事情について：稲作状況を中心に」前掲，日本貿易振興会，1993 年，171 頁．
46) トレボンは正式名をエトフェンプロックスといい，有機りん・塩素系ではないので低毒だが，高価である．

物理研究室室長）が，同窓の科協の研究者につぎの依頼をした．それは，研究室にある横河北辰電機製のデジタル記録計が故障し修理できずにこまっている，同社に問い合わせてほしい，できれば部品を送ってほしいという内容であった．かれは同時に，高純度純鉄にかんする日本の最近の特許文献を複写して送るよう依頼した[47]．ジャガイモ農事革命の核であるデンプン加工の分野では，1980年代に日本の関連技術書が送られていた（前章，表5-3）．

　科協の協力では，軍事とりわけ核・ミサイル開発との関連が疑惑の焦点となった．1991年，咸興に国際化学合弁会社の希少金属製錬工場が完成した[48]．同社は，山口県の在日商工人が朝鮮龍岳山貿易総会社と組んで設立した会社であった．かれは1986年に平壌で金日成から直接「2.28教示」をうけ，この会社の設立を決意したという．工場の建設は1989年にはじまった．建設費は1,200万ドルで，既存の合弁工場のなかで最大額であった．建設には朝鮮大学校の12名の科学者が協力した．そのひとりは原子力の専門家（博士）であった．かれは東京工業大学の原子炉工学研究所で研究した経歴をもっていた[49]．工場の設備は中国から大量に輸入した．それは貨車148両分にもたったという[50]．中国には技術者も派遣し，上海躍龍化工廠で溶媒抽出の技術などを研修させた[51]．操業式には，北朝鮮政府の朴成哲副主席や金達玄副総理のほか，中国共産党上海市委員会の幹部が出席し，同工場の重要性および中国とのつながりを印象づけた[52]．金属原料は平安北道鉄山鉱山のモナザイトであった．ソ連占領期には同鉱山から，ウラン抽出用にこの鉱石が大量にソ連に送られ（10頁），1950年代にはソ連，1960年代からはヨーロッパや日本，中国に輸出されていた[53]．

---

47) 前掲，科学技術政策研究院北韓科学技術研究会，65頁．
48) 『朝日新聞』夕刊，1990年2月10日，同，朝刊，1991年1月25日，呂永伯「希土類生産合弁の現況」『科学技術』第1号，1995年，12-22頁．
49) 『朝鮮商工新聞』1991年7月23日．
50) 「時代のニーズに応える一大産業を目指す」『ミレ』(Mile) 1991年8月号，59頁．
51) 同上および『日刊工業新聞』1991年3月12日．上海躍龍化工廠は1960年に設立された中国で最初かつ最大の希土類の加工企業であった．1999年，同社は上海躍龍新材料有限公司となった．同社，ホームページ，2008年3月17日．
52) 前掲，宮塚「北朝鮮における合弁事業……」126頁（典拠は『朝鮮中央通信』および『朝鮮商工新聞』）．上海躍龍化工廠の総経理（社長）も出席した（筆者のひとりによる同化工廠での聞きとり調査，1993年6月）．

国際化学合弁会社の工場では，このモナザイトから国内および輸出むけに，ブラウン管の蛍光物質や強力磁石材料のイットリウムとランタンを抽出する計画であった．のみならず，ウラン精製の計画があった[54]．2001年，朝鮮国貿促が発行する輸出品PR誌は国際化学合弁会社の製品として，原子力鉱業用の二ウラン（重ウラン）酸アンモニウムをあげた[55]．これはイエローケーキと呼ばれる精製ウラン（黄色粉末状の物質，ウラン純度50.0％）であった[56]．

2003-04年，IAEAがリビアの核施設を査察した．これにもとづきIAEAは，2000-01年に同国が六ふっ化ウラン1.7トンをある国から購入した事実を公表した（リビアは核関連物資をすべて外国から調達していた）[57]．米国政府の化学分析によれば，この六ふっ化ウランは北朝鮮製であった[58]．同政府は，リビアがパキスタンをつうじて北朝鮮から上記の六ふっ化ウランを入手したと主張した．北朝鮮政府はこれを否定したが，国際化学合弁会社の事業をみれば疑惑は濃厚である[59]．

1990年代はじめには他にも，在日朝鮮人の資金と技術知識を利用する

---

53) 前掲，木村・安部『北朝鮮の軍事……』204-05頁．『日朝貿易』第24号，1968年，13頁．同，第28号，1968年，4頁．北朝鮮から中国へのウラン・トリウム鉱の輸出量は，1986年500トン，1989年100トンであった（中国海関総署『中国海関統計摘要』知識出版社，北京，1986年，329-30頁．同，1989年，386-87頁）．

54) 『朝鮮新報』1991年3月7日．

55) 『朝鮮民主主義人民共和国の貿易』2001年3月号，23頁．1991年には，出資した山口県の在日商工人の会社が同合弁会社の製品を日本に輸入した．それは，同社が精製する16種の希少金属のうち，日本政府が輸入を禁じている二ウラン酸アンモニウムと硝酸トリウムをのぞく14種であった．前掲『日刊工業新聞』（1991年3月12日）．

56) 日本では，ウラン精製（イエローケーキや金属ウランの製造）の技術は1950年代に確立していた．原子力開発十年史編纂委員会編『原子力開発十年史』社団法人日本原子力産業会議，1965年，242-44頁．

57) IAEA, *Implementation of the NPT Safeguards Agreement of the Socialist People's Libyan Arab Jamahiria*, Report by the Director General of IAEA, 20 February 2004, p. 4 (http:www.gensuikin.org/nw/libya0220iaea1.htm，2008年6月21日）．六ふっ化ウランはイエローケーキを加工した物質で，これを気体にしてウラン濃縮をおこなう．

58) この分析結果は，米国国家安全保障会議のM. Greenアジア上級部長が日本政府に伝えた．『朝日新聞』朝刊，2005年3月5日，同21日．

59) 咸興は化学コンビナートのある興南に隣接する．国際化学合弁会社が工場を咸興に建設したのは，化学原料の調達の便からである．反面，鉄山鉱山は朝鮮半島の西海岸に近く，そこから金属原料を咸興の同工場にはこぶには半島を横断せねばならない．鉄道輸送能力がとぼしい北朝鮮にとって，これはおおきな負担である．現在しられている北朝鮮の核施設は大部分，西部にある．同工場と核施設のつながりは不明である．

合弁企業が事業をはじめた．明心合弁会社の高純度黒鉛生産，南山合弁会社のジルコン選鉱・工業計器製造・コンピュータソフト開発事業，平壌セラミックス合弁会社の圧電磁気薄膜生産，金剛原動機合弁会社のエンジン生産などがそれである[60]．上記で，黒鉛，ジルコニウム（ジルコンの主成分）は原子炉用材（減速材，燃料棒被覆材料）に利用可能であった．金剛原動機合弁会社は農機械のエンジン製造会社で，設立式には洪成南総理と総聯の中央幹部が出席した[61]．同社の技術指導を担当したのは，東大工学部出身の科協の研究者であった．かれは東大生産技術研究所に勤務したのち，民間の研究所でエンジン開発に従事した．実績をあげ，優秀な研究者としてしられた．1998年のテポドン・ミサイル発射前後には，北朝鮮に数回渡航していた．このことから，ミサイルエンジン開発との関連で疑惑をあつめた[62]．金正日は2002年10月，同社元山工場をおとずれ現地指導をおこなった[63]．これは同工場の重要性をしめす．

1995年9月，総聯は第17回全体大会を開催した．総聯はそこで結成以来40年ぶりに活動綱領を全面改訂し，従来の平和主義の理念を放棄した．すなわち，原爆などすべての大量破壊兵器の製造・使用の禁止という項目を削除したのである．同時に，祖国との合弁，交流事業を強化し，科学技術の分野で祖国の富強発展に貢献することを明記した[64]．総聯に批判的な在日朝鮮人によれば，これは北朝鮮の核・ミサイル開発への公然たる協力表明であった[65]．

2005年10月，警察は薬事法違反の容疑で東京の科協本部を捜索し，資料を押収した[66]．新聞報道によればそのなかには，物資や技術文献の対北送付を指示する文書があった[67]．それは，北朝鮮で兵器生産を担当する部

---

60)『朝鮮民主主義人民共和国の貿易』1991年4月号，14-15頁，『日朝貿易』第42号，1993年，11頁．
61) 北朝鮮取材班「ミサイル技術：日本との接点」『アエラ』2002年12月16日号，21頁．
62) 同上，22頁．野村旗守「核・ミサイル開発を援助した在日『ミスターX』とは何物か」『諸君』2006年9月号，67頁．北朝鮮問題取材班「尽きない北の野望」『読売ウィークリー』2006年12月24日号，22頁，『読売新聞』朝刊，2007年3月9日．
63)『労働新聞』2002年10月22日．
64)『朝鮮時報』1995年9月18日．
65) 前掲，金賛汀『朝鮮総連』55頁．
66)『産経新聞』2005年10月15日．

門（第二経済委員会）からのものであった．

3　対日工作と日本の輸出規制

(1)　対日工作

金日成・正日は，総聯等の組織や日本のメディアとくに雑誌『世界』など進歩派メディアをつうじて，「日朝善隣友好」のための宣伝工作をつづけた[68]．金日成は死の直前まで日本人に会った[69]．工作員の直接派遣も日常的であった．政界工作では，社会党および自民党（とくに竹下派―経世会）の幹部を標的にした．

1992年2月，金正日は対日工作について，総聯幹部につぎのようにのべた：

> 総聯の対外事業は本質において日本に親朝勢力をつくる事業だということができる．総聯は，執権党である自民党をはじめ政界の上層との事業を方法論をもってりっぱにおこない，与党と野党の中に強力な親朝勢力をつくらねばならない．日本の民主団体と言論界，学界をはじめ各階層のなかにもわれわれの支持者，同調者の隊列をふやさねばならない．現時期，朝日親善運動で重要なことは，朝日国交正常化のための社会的雰囲気を造成することである．今，日本が朝日国交正常化会談で，われわ

---

67) 同上，2006年11月28日，2007年7月21日．

68) チュチェ思想国際研究所（115頁）は1980年ごろから白峰文庫と称する文庫本を刊行した．これは金日成・正日の演説を訳したもので，90年代にも続いた（たとえば，金日成（金日成主席著作翻訳委員会訳）『水産業を発展させるために』1991年）．他に雄山閣出版が，北朝鮮の政策を擁護したり金日成・正日を賛美する以下のような書物を刊行した．鎌倉孝夫・呉圭祥・大内憲昭編『入門　朝鮮民主主義人民共和国』1998年，前掲，朴鳳瑄『アメリカを……』，同『金日成主席と韓国近代史』2003年（これは金日成の抗日武装闘争を誇張ないし偽作した書物である）．

69) 『金日成著作集』は，1991-94年に金日成が会見した以下の日本人との談話を収録する：『毎日新聞』編集局長，1991年4月19日，第43巻，41-47頁；共同通信社社長，1991年6月1日，同，67-76頁；岩波書店社長（安江良介），1991年9月26日，同，210-20頁；『朝日新聞』編集局長，1992年3月31日，同，289-98頁；NHK記者団，1994年4月17日，第44巻，352-57頁．金正日は公には日本人と会わなかったが，非公式（秘密裡）に会った可能性はある．

れの核問題を口実に遅延戦術に継続的にたよっている．われわれが核査察を承認すれば，米国，日本，南朝鮮でも何らかの変化がおこるだろう．われわれは，敵どもがくりかえしわれわれに核兵器があると騒ぎたてるので，それなら見に来い，それでわが国に見に来て核兵器がなかったらどうするんだと詰め寄ったのだ．たぶん敵どもが最後に主張する切り札はいわゆる「人権問題」だろう．来る5月に朝日国交正常化の政府間第7次本会談がはじまるが，日本がまたどんな口実をつけてくるか見ておかなくてはならない[70]．

　こうした発言をみるかぎり，金正日は日本の政治状況をよく把握していた．1990年9月に自民党の金丸信（竹下派幹部，元副総理，日朝友好議員連盟メンバー）を長とする代表団が訪朝した[71]．こののち日朝国交正常化交渉がはじまった．金正日は，「交渉がはじまってから日本政府が在日朝鮮人にたいする制裁措置を大きく緩和した」と，この動きを評価した[72]．金丸の脱税問題がおこると，金丸失脚の可能性を指摘し，総聯は日本の政治情勢をよく知って対外事業を展開せねばならないとのべた[73]．

　貿易工作では，日朝双方の組織が接触をふかめた．90年代，日本側で中心となったのは東アジア貿易研究会であった．同会は中国問題からはなれ，北朝鮮に特化した．通産省と経済界は同会を積極的に支援し，対北経済情報の収集，貿易・投資の仲介にあたらせた．北朝鮮側は同会が日朝貿易会とはことなり，大企業に存立基盤をもつ点を評価した．

　朝鮮アジア貿易促進会は1991年，東アジア貿易研究会と日朝貿易会を平壌にまねいた．日本側は開発輸入促進先遣団を組織し同年4月に派遣した．北朝鮮側は金達玄副総理以下，対外貿易幹部が応接した[74]．翌92年3

---

　　70) 金正日「総聯は主体的な海外僑胞運動で先駆者の栄誉を続けて輝かさなければならない」在日本朝鮮人祝賀団成員とおこなった談話，1992年2月26日，前掲，金正日『在日本朝鮮人運動……』133-34頁．
　　71) これは自民党と社会党の合同訪朝団（社会党の代表は田辺誠副委員長）であった．訪朝経過の詳細と内幕は，石井一『近づいてきた遠い国：金丸訪朝団の証言』日本生産性本部，1991年，『評伝　金丸信』編纂会編『評伝　金丸信：最後の日本的政治家』経済政策懇話会，1992年，231-37頁参照．
　　72) 前掲，金正日「総聯は主体的な……」（前掲，金正日『在日本朝鮮人運動……』）132-33頁．
　　73) 同上，133頁．

月，日朝貿易会の代表団が訪朝し，団長の谷洋一が朝鮮国貿促の李成禄委員長らと会談した．谷は自民党衆議院議員で 1984 年に日朝友好議員連盟会長代行，86 年に日朝貿易会会長に就任していた[75]．引退した久野忠治のあとをうけ，日朝関係の進展に意欲をしめす人物であった[76]．李成禄は谷に，未決済債務の処理に協力するようもとめた[77]．両者は相互に経済代表団を派遣することで合意した．

92 年 5 月，李成禄を団長とする朝鮮国貿促の代表団が訪日した．うけいれは東アジア貿易研究会と日朝貿易会であった．日朝双方は，日本側が大型代表団を派遣することで合意した．これは 7 月に実現した．訪問団は商社，メーカー，銀行，自治体など 46 団体の関係者，54 名（団長は元・三井物産会長）から成り，平壌で金達玄副総理らと会談した[78]．7 月 21 日発表の「共同報道」によれば，「互いに理解を深め，現実の貿易及び経済協力関係が今後一層拡大発展するものと認識した．」[79]

同年 8 月，韓国と中国が国交を樹立した．北朝鮮は対日貿易工作をつよめた．9 月には 17 年ぶりに茂山の鉄鉱石が日本に輸出された[80]．10 月，北朝鮮の最高人民会議は日本企業を念頭に，外国人投資法，外国人企業法，合作企業法を採択した．東アジア貿易研究会と日朝貿易会はこれらの法規を翻訳・刊行し，周知につとめた[81]．

93 年 6 月，日朝貿易会は解散し，東アジア貿易研究会に合流した[82]．北朝鮮は貿易拡大・投資うけいれのためとくに，東アジア貿易研究会に加盟する機械メーカーに接近した．

---

74) 東アジア貿易研究会「開発輸入促進先遣団帰国報告書」未公刊，1991 年，『朝日新聞』朝刊，1991 年 4 月 24 日．
75) 前掲，日朝貿易会『日朝貿易関係 37 年誌』20-21 頁，『朝日新聞』朝刊，1991 年 12 月 30 日．
76) 谷は兵庫県北部の出身で，地元の漁船が北朝鮮近海でイカ漁をしていたことから，北朝鮮への関心をふかめた．90 年末，海部内閣に国務相として初入閣した（派閥は渡辺派）．
77) 前掲，日朝貿易会『日朝貿易関係 37 年誌』27 頁．
78) 『朝鮮時報』1992 年 7 月 27 日，同 30 日．
79) 日朝貿易会『朝鮮民主主義人民共和国の対日経済政策及び経済，主要産業部門現状と展望』同会，1992 年，76 頁．
80) 前掲，日朝貿易会『日朝貿易関係 37 年誌』28 頁．
81) 日朝貿易会『朝鮮民主主義人民共和国経済関係法令集(1)』同会，1993 年，東アジア貿易研究会『朝鮮民主主義人民共和国の法令・経済関係資料』同会，1994 年．
82) 前掲，日朝貿易会『日朝貿易関係 37 年誌』30-32 頁．

東アジア貿易研究会はその後もたびたび訪朝団を派遣した．1997年9月には，同会理事長（澤池忍，JETRO出身）を団長とする9名の代表団が訪朝した[83]．その目的は，債務処理，保税加工区の設置，朝鮮国貿促との人事交流といった実務問題をめぐる協議であった[84]．
　2001年5月，平壌で国際商品展覧会が開催された[85]．これは北朝鮮の「経済強国をめざす科学技術重視政策」にそった企画であった．東アジア貿易研究会はこれに協力した．展覧会には日，英，中，独など13か国から220余社が参加し，展示品は3万点にのぼった．日本の参加企業・団体はNKK，ブラザー工業，古川機械金属など9社と日本自動車工業会であった．NKKは，電力不足に悩む北朝鮮のもとめにおうじて，大型風力発電機を出品した．

(2)　輸出規制

1980年代，大量破壊兵器関連の貨物と技術の輸出を規制するために，いくつかの国際的管理レジームが発足した[86]．イラン・イラク戦争における化学兵器の使用，開発途上国への核・ミサイル開発の拡散がこの動きをうながした．発足したのは，オーストラリア・グループ（AG, 1985年），ミサイル技術関連レジーム（MTCR, 1987年），原子力供給国グループ（NSG, Part 2, 1992年）で，それぞれ，生物化学兵器，ミサイル，原子力に関連する部品・汎用品等の規制をさだめた[87]．他方，対共産圏輸出規制を目的としたココムは，冷戦の終結によって存在意義を喪失し，1994

　83）東アジア貿易研究会「訪朝団報告書」未公刊，1997年，『朝日新聞』朝刊，1997年10月9日．
　84）債務問題の解決のみとおしは立たなかった．日本側の評価による対日債務額は1999年末，約1,000億円であった．前掲，田中「対外経済関係」87頁．
　85）『朝鮮時報』2001年5月11・25日合併号．
　86）以下，つぎの文献を参照．加藤洋子「ココムからワッセナー合意へ：『新しい冷戦史』と今日の輸出規制」『国際問題』第461号，1998年，17-30頁，阿部信泰「ミサイル不拡散努力の今後の方向性：『ミサイル輸出管理レジーム』の意義と限界」同，31-44頁，通商産業省貿易局安全保障貿易管理課「ワッセナー・アレンジメントの概要について」http://www.meti.go.jp/topic/data/ewasenaj.html，2003年12月3日，木原晋一「日本」浅田正彦編『兵器の拡散防止と輸出管理：制度と実践』有信堂高文社，2004年，第Ⅱ編第1章，樋口禎志「産学連携国際化と輸出管理」『産学連携学』第3巻第2号，2007年，22-28頁．
　87）NSGのPart 1は1977年に発足した．

表 6-2 大量破壊兵器関連の規制リストの概略

通常兵器関連（WA）	リスト品目　許可要		
	大量破壊兵器関連		
	核兵器（NSG）	生物・化学兵器（AG）	ミサイル（MTCR）
通常の武器 火器 汎用品 先端素材 センサー 電子部品	原子力専用品 核燃料 原子炉 汎用品 工作機械 特殊合金 計測器	原料 シアン化ナトリウム 炭疽菌 汎用設備 反応器 遠心分離機	ロケット システム 資機材 構造材料 推進薬 遠隔制御装置
その他品目　用途・相手先により許可要			

注）品目は適用例．
出所）前掲，木原，143 頁，前掲，樋口，24 頁．

年に解散した．これにかわり，1996 年にワッセナー・アレンジメント（Wassenaar Arrangement, WA）が発足した．これは，地域安定のために通常兵器の過度の蓄積と移転をふせぐという趣旨で，通常兵器および関連汎用品の輸出規制をはかるものであった．WA はココムとはことなり，規制対象国を特定しなかった．参加国は，懸念国——イラン，イラク，リビア，北朝鮮——に輸出規制をきびしく適用することを申しあわせた．日本は一連の国際レジームに参加し，このもとで輸出規制をおこなった．主たる国内法規は従来と同様外為法で，具体的な品目や手続は，輸出貿易管理令（貨物の規制），外国為替令（技術の規制），省令，告示，通達によってさだめた．

ココム規制以来，輸出管理は先端技術製品を指定する「リスト規制」を原則とした．イラクがリスト外の製品を調達して大量破壊兵器を製造した事実が判明すると，先進各国で規制の全面的拡大のこえがたかまった．その結果 90 年代，欧米各国はいわゆるキャッチ・オール規制を導入した．日本は 2002 年 4 月，同規制を導入した．これによって，規制リストに含まれない品目も，食料品，木材などをのぞき，原則としてすべて規制対象となった．対象国も，欧米諸国以外のほぼすべての国となった．

輸出貿易管理令の別表第 1 は，大量破壊兵器関連の規制リスト品目を列挙する．その概略は表 6-2 のとおりである．リスト品目は年々，増大し

表 6-3 ミサイル構造材に転用可能なステンレス鋼の輸出規制,省令の改正,1998 年

平成 10 年 11 月 5 日
輸出貿易管理令別表第一及び外国為替令別表の規定に基づき貨物又は技術を定める省令（平成 3 年通商産業省令第 49 号）の一部を次のように改正する.

第三条第一六号に次のように加える.

ト　チタンにより安定化されたオーステナイト・フェライト系ステンレス鋼であって,次の（一）及び（二）に該当するもの
　　（一）次の 1 及び 2 に該当するもの
1　クロムの含有量が全重量の 17%以上 23%以下で,かつ,ニッケルの含有量が全重量の 4.5%以上 7%以下のもの
2　オーステナイト組織を示す部分が全体積の 10%以上のもので,次のいずれかに該当するもの
　　1　塊又は棒であって,寸法の最小値が 100mm 以上のもの
　　2　シートであって,幅が 600mm 以上で,かつ,厚さが 3mm 以下のもの
　　3　管であって,外径が 600mm 以上で,かつ,厚さが 3mm 以下のもの

第一四条の二第一七号の次に次の一号を加える.

一七の二　チタンにより安定化されたオーステナイト・フェライト系ステンレス鋼

附則

この省令は,平成 10 年 11 月 12 日から施行する.

注）　政令の改正文は省略.原文表記を一部修正.
　　このステンレス鋼は通常の溶接が可能で,ミサイルの液体燃料タンク素材として多用される.他の用途は少ない.安全保障貿易情報センター『2007　輸出管理品目ガイダンス　航空宇宙関連資機材　上巻　MTCR 編』同センター,2007 年,8 頁.
出所）『官報』第 2501 号,1998 年 11 月 5 日,4 頁.

た[88].1991 年以降は省令で,品目ごとにさらにくわしく規定した[89].

　日本の輸出規制は一般的な国際レジームの枠内にあったから,政令,省令をふくむ日本の法令が独自かつ明示的に,北朝鮮を特定して輸出制限することはなかった.しかし事実上,北朝鮮を対象とする改正はあった.た

　88）『外国為替・貿易小六法』では,別表第 1 は 1981 年には総 27 頁にすぎなかったが,1990 年には総 58 頁に増加した.外国為替研究会編『外国為替・小六法』昭和 56 年版,平成 2 年版,同会,1981 年,1990 年.
　89）輸出貿易管理令別表第 1 及び外国為替令別表の規定に基づき貨物又は技術を定める省令.

とえば1998年11月の政・省令改正は，テポドン・ミサイルの発射をうけて，ミサイル構造材用ステンレス鋼の対北朝鮮輸出を止めることをねらった（表6-3）．

北朝鮮への輸出規制の実際は，法令の内容のみならずその運用——行政がどのような姿勢をしめし，許可申請の審査，税関検査をどれほど厳格におこなうか——に依存した．国民の関心や感情にも依存した．大手製造業者や卸商社，銀行はとくに，これに敏感であった．90年代初期に核疑惑が発生すると，日本の対北輸出管理はきびしさをました[90]．

北朝鮮はこうした動きに警戒感をつよめた．金正日は1994年5月，総聯幹部に以下のように語った：「日本の反動どもが最近，我々同胞が祖国と往来するとき検閲と取締りを一層つよめているという．はなはだしきは，万景峰92号を監視して，船に乗降りする総聯の活動家の手荷物までひとつひとつすべて，検閲している．」[91]

1995年には，進行中のワッセナー・アレンジメントの準備作業を，米国による第2のココム組織策動であるとして，北朝鮮のメディア（朝鮮中央通信）がつよく非難した[92]．2000年7月には『労働新聞』が同様の非難をくわえた[93]．

2002年9月，金正日は小泉首相との会談で，日本人拉致の事実をみとめた．この結果，日本国内で北朝鮮非難の声がたかまった．関係当局は貿易船の積荷や船舶検査をいっそう強化した．貿易関係者のあいだでは取引自粛のうごきがひろがった[94]．2004年，国会で改正外為法と特定船舶入港禁止法が成立した．これによって，「平和と安全の維持のために特に必要がある」ばあい，送金，輸出入，貿易船の入港を禁止することが可能となった．こうして政府は国際的レジームとはべつに，日本が独自に経済制裁

---

90) つぎの書物はその実態をレポートしている：姜誠『パチンコと兵器とチマチョゴリ』学陽書房，1995年，50-61頁．これによれば，通産省が大手メーカーや商社に口頭で行政指導をおこなった．その結果，在日朝鮮人企業による北朝鮮への輸出が著しく困難となった．

91) 前掲，金正日「総聯は我が民族の……」（前掲，金正日『在日本朝鮮人運動……』）159頁．

92) 『朝鮮時報』1995年12月18日．

93) 『勤労者』との共同論説，7月4日．

94) 『朝日新聞』朝刊，2003年7月25日．

表 6-4 対日輸入額.

	輸入合計	鉱物性燃料	無機化学品	有機化学品	各種化学品	プラスチック	ゴム	紙	毛織物	綿織物
1991	30,246	173	590	273	715	1,269	578	549	1,749	291
1993	24,224	234	60	49	225	799	281	514	2,008	334
1995	23,732	374	15	50	81	725	219	280	2,375	597
1997	21,630	1,521	13	13	39	627	228	155	3,085	497
1999	16,651	537	11	6	26	413	185	158	2,529	334
2001	129,510	59	14	15	47	460	464	103	2,311	440
2003	10,609	34	3	3	26	221	382	51	960	294
2005	6,883	26	6	0	36	143	188	36	210	129

をおこなう法的環境をととのえた．北朝鮮側は放送や新聞をつうじてこの動きに反発した．『労働新聞』はつぎのように，特定船舶入港禁止法を非難した：「同法が万景峰 92 号をはじめ北朝鮮の船舶を対象とすることは明白であり，日本の右翼勢力の策動を示すものにほかならない．」[95] 日本では「朝鮮の自主的統一支持日本委員会」の槙枝元文議長が，同法に反対する論稿を総聯の機関紙に発表した[96]．

4　物資調達

(1)　概　　観

対日輸入は 1991-99 年に 302 億円から 166 億円に減少した（表 6-4）．2001 年は米 50 万トン（1,122 億円）の援助があったために大きくふえたが，03 年は 106 億円，05 年は 70 億円以下にへった．品目別では 90 年代に毛織物，人造繊維製品，鉄道以外の車両の輸入がふえた．反面，鉄鋼，機械類，電気機器，精密機器，化学製品の輸入は顕著に減少した．

　対日輸入減とは対照的に，対中輸入は 1990 年以後増大し，2000 年代にさらにふえた（表 6-5）．対韓輸入の増加も大で，2000 年代には対日輸入

---

95)　『労働新聞』2004 年 6 月 8 日．
96)　『朝鮮時報』2004 年 4 月 6 日．

4 物資調達　　　　　　　　　　171

1991-2005 年
(百万円)

人造繊維	ひも,綱等	メリヤス織物	鉄鋼	鉄鋼製品	機械類	電気機器	鉄道以外の車両	精密機器
1,405	379	229	885	1,566	6,627	3,204	2,135	1,001
2,161	367	292	421	298	3,044	1,558	5,575	543
2,773	320	499	316	318	2,152	1,829	1,635	254
2,443	242	410	226	227	1,172	2,834	3,895	310
1,180	95	129	146	241	1,437	2,425	3,324	183
1,340	67	153	97	391	2,112	2,342	3,597	213
842	26	188	38	154	941	1,278	3,318	90
327	34	61	19	161	454	533	2,985	35

表 6-5　対日・対中・対韓輸入額の比較，1990-2006 年

(百万ドル)

	日本	中国	韓国
1990	175.7	358.1	12.3
1992	223.0	541.1	10.6
1994	170.0	424.5	18.2
1996	226.9	497.0	69.6
1998	174.6	355.7	129.7
2000	206.7	450.8	272.8
2002	182.3	467.5	370.2
2004	79.2	799.5	439.0
2006	43.7	1,232.4	830.2

注) 2002 年以前の日本の数値は国連のデータベースから採り，2004, 06 年のそれは，円金額を税関発表の年平均為替相場でドル換算した．

をおおはばにうわまわった．対中輸入では鉱物性生産品以外の商品―油脂や各種工業品―の輸入増が顕著であった（付表 8）．対韓輸入では食料品と各種の工業品が大きな割合を占めた（付表 10）．

(2) 製品分析
① 正規の対日輸入

1990 年代，乗用車，トラック，自転車の対日輸入が増大した（付表 2, 6）．乗用車とトラックの輸入台数は 2000 年には合計で 9,000 台を超えた．自転車は同年，1.4 万台であった．これらは，貿易統計上の平均単価がそれ

それおよそ 30 万円, 100 万円, 2,000 円であった事実がしめすように, 中古品であった. 同様に, ゴムの屑, ゴム製空気タイヤ, アルミを主成分とする灰・残留物の輸入が多量にのぼった. これらも中古品ないし廃棄物であった. これにくわえて統計外の船員携行品や少額品があった. このように 90 年以降, 北朝鮮は大量の中古品や廃棄物を日本から輸入した. これらは北朝鮮内でそのまま再利用するか, 部品や材料を他に転用した. 「ゴムの屑」は廃タイヤチップで, 火力発電所の燃料や油, 硫黄, カーボン・ブラック源に利用可能であった. 北朝鮮はその一部を中国に再輸出した (2003-05 年：約 9,000 トン). 自転車からはステンレス鋼が回収できた.

日本の中古品や廃棄物は, 世界各国に輸出された. この現象は 1990 年代後半から顕著になった. それは, 日本で各種のリサイクル法 (プラスチック容器, 家電等) が成立したからである. 日本にとって廃棄物をいかに処理するかは大きな問題であった. 日本の中古の家電製品・自動車・自転車, 金属屑, 古紙, 廃プラスチックの主たる輸出先は, 韓国, 中国, 台湾, 香港など東アジアの国々・地域であった[97]. 北朝鮮は, 経済大国日本が排出するこうした「循環資源」を調達した点で, 他の国々と共通した. 相違は, 調達品目に金属屑, 古紙, 廃プラスチックがみられなかった一方, 自転車, ゴムの屑, 空気タイヤが相対的に多かったことである.

他にもかなりの品目の輸入が増加した. 発電機の輸入は 2000 年, 345 台・5.6 億円にのぼった (付表 2). これは 1980-81 年の最高水準に匹敵した. 不凍液・解凍液の輸入は 1988-89 年から 2004 年まで増加した. 不凍液は冬季, 軍用・非軍用の自動車走行に不可欠であった. 建設・鉱山用機械の輸入も, 額は減ったが台数・重量はかならずしも減少しなかった. 貿易統計は中古品と新品を区別しないので断定はできないが, これは安価な中古品の輸入がふえたためと推測する. 機械・電気機器でも, 中古品ないし廃棄物の割合は 90 年以降おそらく, 全般的にたかまった. その平均輸出単価はじっさい低下した――たとえば, テレビのそれは 1985-99 年間, およそ 5 万円から 8 千円に下落した.

在日朝鮮人にはもともと廃棄物処理にかかわる者が多数いた. かれらに

---

97) 小島道一編『アジアにおける循環資源貿易』アジア経済研究所, 2005 年, 24-29 頁.

とって，中古品・廃棄物の対北輸出は手馴れた仕事の延長であった．2003年5月，福岡県の貨物船が冷蔵庫160台，自転車500台，古タイヤ90本，洗濯機23台を北朝鮮に運搬した．その実質的な所有者は総聯の地方幹部であった．同船は盗難自動車も積んでいたため，のちにこの幹部は福岡県警に逮捕された[98]．

高額機器の対日輸入は，減ったとはいえなくなったわけではない．2001-02年には金属材料試験機4台の輸入があった．その価額合計は630万円であった（付表6）．

前述の殺虫剤，トレボンをふくむ非有機りん・塩素系殺虫剤の輸入は1991-92年に合計で約2,000トン・12億円にたっした．

対日輸入品中，核・ミサイル開発に転用可能な疑惑物資は90年代初期には少なからずあった（表6-6）．1994年3月，IAEAが北朝鮮の核施設の査察をおこなった．このときの報道によれば，あらたに完成したプルトニウム再処理施設で高品質の日本製鋼材（いくつかのステンレス製タンク）が使われていた[99]．1995年には，米国国務省の北朝鮮担当官が北朝鮮・寧辺の原子炉を訪れ，管制盤のすべての計器に「ホクシン」の名前があることを確認した[100]．「ホクシン」は前述した北辰電機であった．

② 対日不正輸入

北朝鮮による対日不正輸入は1990年以降，継続的に生じた．摘発された例を表6-7にしるす．これらは軍事転用疑惑が濃いものであった．以下，補足する．

・東亜技術工業が輸出した化学物質は，ふっ化ナトリウムとふっ化水素酸であった．新聞報道はこれらをサリン原料としたが，それらはウラン濃縮との関連がうたがわれる物質であった（143頁参照）[101]．

・明昌洋行が輸出した凍結乾燥機の代金は，マカオのバンコ・デルタ・

98）『産経新聞』2004年3月5日，同，3月14日．
99）『朝日新聞』朝刊，1994年4月3日（2日付 *Washington Post* の報道による）．
100）キノネス，ケネス（Quinones, C. Kenneth）（伊豆見元監修，山岡邦彦・山口端彦訳）『北朝鮮：米国務省担当官の交渉秘録』（*North Korea's Nuclear Threat: "Off the Record" Memories*），中央公論社，2000年，382頁．
101）『朝日新聞』朝刊，2001年7月19日．

第 6 章　金正日時代の物資調達

表 6-6　対日輸入，核・ミサイル開発に転用可能な疑惑物資，品目例，1990 年以降

物資名（単位）	用　　途	輸入量（年）
アルミニウムの粉（トン）	ミサイル推進薬	2(90)，1(91)
タングステンの粉（kg）	ミサイル構造材料	16(90)，140(92)
白金（kg）	核，触媒	2(91)，2(92)，1(93)，0.4(96)
チタン（kg）	ミサイル構造材料	544(90)，500(91)，157(92)，2,000(93)，40(94)，233(97)，183(01)
モリブデン（kg）	同	205(91)，150(92)，15(93)，400(98)
クロム（kg）	同	130(97)
アルゴン（kg）	核	600(93)，40(94)，920(95)，660(99)，261(00)，70(01)
酸素（トン）	ミサイル推進薬（酸化剤）	46(92)，0.4(94)，0.8(95)
ふっ素（kg）	同，核	200(90)，4(92)
塩素酸・過塩素酸（kg）	同	5(92)，54(93)
ほう素の化合物（トン）	核	2(92)
リチウム化合物（トン）	同	1(92)
りん酸エステル（トン）	ウラン精製	30(90)，2〜5(91〜93)，6(95)，0.5(97,99,01)
過酸化水素（トン）	ミサイル推進薬	3(90)，2(91)，1(94)
人造黒鉛（トン）	原子炉，ミサイル構造材料	5(90)
灯油（kl）	核，ミサイル推進薬	10〜20(90〜95)，5(97)，4(00)，2(01)

注）　アルミニウム粉には各種あり，それぞれ用途がことなる．固体ロケット用は粒径 30μm 程度・純度 99％以上で，一般産業用のものとは区別される．球状アルミニウム粉はロケット推進薬専用である．一般には粒状のものを多く使う．推進薬には 10μm 以下の微粒を含むことが必要である．最新の外為法で規制されるアルミニウムの粉は，粒子が球状で径が 200μm 未満・純度 97％以上のものうち，径が 63μm 未満のものの含有量が 10％以上のものである．対北輸出されたアルミニウム粉の仕様の詳細は，貿易統計からは分からない．規制対象外の粗粉末であったはずだが，ジェットミルを使えば粗粉末から微粉末を製造することが可能である．
　アルゴンの一般的な用途は，製鋼，溶接，半導体製造等である．核関連では，原子炉に必要な金属の加工，黒鉛製造，液体ナトリウムの処理・貯蔵の用途がある．りん酸エステルの一種，りん酸トリブチル（TBP）および純度の高い灯油（ケロシン）はウラン鉱の精製や一般的なプルトニウム抽出法（ピューレックス法）で使用する材料である．過酸化水素の取引品は 35％品，50％品，60％品で，高濃度の 90％品がミサイル推進薬に使用される（希釈したものは漂白剤，殺菌剤（オキシドール）），人造黒鉛のうち高強度，高耐熱のものは，ミサイルのノズルや再突入機の先端部に使用される．
　以上，つぎの文献を参照した．前掲，安全保障貿易情報センター，119 頁，前掲，外国為替研究協会編，平成 17 年版，536 頁，浅田忠一他監修『原子力ハンドブック』オーム社，1976 年，『核燃料と原子炉材料』日本原子力文化振興財団，1984 年，久野治義『ミサイル工学事典』原書房，1990 年，172-80 頁．

4　物資調達

表 6-7　対北不正輸出,報道例,1990・2000 年代

報道年月日	被疑者	輸出品	備　考
1994.1.14 夕, 3.28 夕	横浜機械貿易社長	周波数分析器(大手精密機械メーカーの製品,1 台約 300 万円,ミサイル開発に転用可能)	中国輸出品と偽り,数年前から北朝鮮に輸出した疑い.
1994.3.28 夕	トレーダーズ社長	暗視装置部品 4 個	
1998.11.5	大進商事社長*	潜水用具	
2001.6.24	海運会社社長および釜山在住韓国人	中古漁船 1 隻	書類上インドネシアへの輸出として北朝鮮に輸出.
2001.6.28 夕	東亜技術工業社長*	化学物質(サリン原料),中古漁船 1 隻	化学物質の不正輸出は 96 年.中古漁船は 2000 年に,工作船に改造する目的で輸出した疑い.
2002.10.9	貿易会社社長	中古漁船	97,98 年にフィリピンへの輸出に偽装して北朝鮮に輸出.
2002.12.1 夕, 2003.6.14	セイシン企業役員	ジェットミル,混合機,篩い分け機,粒度分布測定器,乾燥機など計 30 数台(ミサイルの固体燃料製造に転用可能)	94 年に総聯系企業を通じて輸出.セイシン企業は粉体工学機器製造業界で第 2 位のメーカー.
2003.9.6 夕, 10.14 夕	ジパング経営者	トレーラー荷台車(ミサイル発射台に転用可能)	2003 年 5 月に船長託送品と虚偽申告し輸出.
2004.1.13 夕 N, 1.18 S	アイ・ディ・サポート社長および在日朝鮮人	大型業務用洗濯機の周波数変換器(核開発—濃縮ウラン抽出用のガス遠心分離機の運転制御—に転用可能)	2003 年 11 月ごろ不正輸出.同時期にドイツからも類似製品が不正輸出.輸出相手は秘密警察(金正日直轄)傘下の機関.
2005.12.26 S	リサイクル会社の日本人社員	中古家電製品(製品中のチタン合金はミサイル製造に転用可能)	2004-05 年に北朝鮮の人民武力省傘下の貿易会社に不正輸出.
2006.8.11-12 S	明昌洋行社長*および東明商事の元社員他	凍結乾燥機 1 台,電機攪拌機,一酸化炭素計測器,γ 線測定機,圧力検定器他(生物兵器製造に転用可能)	凍結乾燥機は 02 年 9 月に台湾経由で不正輸出.輸出相手は金正日直轄の貿易会社,ルンラ 888 の関連会社.その他は 2000-03 年にかけて 10 数回にわたり輸出され,金正日直轄の医学研究所(生物兵器製造施設との疑いがある)に搬入.
2008.6.12 夕 N	東京真空およびナノ・コーポレーションの関係者	真空ポンプ 10 台	2003 年夏に台湾経由で不正輸出.核施設で使用.2007 年に IAEA の査察により発覚.

注と出所)　*印は朝鮮名の人物.N,S はそれぞれ『日本経済新聞』,『産経新聞』,記号なしは『朝日新聞』.夕は夕刊の略.

アジアをつうじて送金された[102]．同銀行は北朝鮮の秘密資金を扱う銀行としてしられ，2005年9月に米国の金融制裁の対象となった．
・セイシン企業は1987年以降数回にわたり，ジェットミルをイランにも輸出した．同社はそれがミサイル推進薬の粉砕用であることを承知していた[103]．

このほか，警察が摘発した事例ではないが，2000年から数年間，中古品扱い業者が高耐酸性ステンレス鋼管を北朝鮮に輸出した[104]．これは積荷の廃棄自動車にかくして運んだ．高耐酸性ステンレス鋼管はミサイルの推進部品，ウラン精製に不可欠で，規制対象品であった．

未遂事件は，2002年4月のキャッチオール規制施行以降2003年までの間，計15回あった[105]．これらは経済産業省が不許可にした事案で，おおくに在日朝鮮人経営の貿易会社がかかわっていた．品目は以下のとおりであった（かっこ内は転用可能性）：真空凍結乾燥機・コンパクトインキュベーター（生物兵器），電子てんびん（生物・化学兵器），直流安定化電源装置（ウラン濃縮），周波数変換器（同），インバーター（同），TIG溶接用電極棒（ミサイル）[106]，ストログラフ（同，推進薬），大型トラクター（同，運搬）．

廃棄品の不正輸入も広くおこなわれた[107]．

③　工作船・潜水艦の装備品

2001年12月，海上保安庁の巡視船が九州南西海域で，北朝鮮の工作船を撃沈した．この工作船は一般の漁船とはことなる特別仕様の武装船で，薬物の密輸に関与したうたがいが濃かった．海上保安庁は同船を北朝鮮製と推定した．同庁は船体を海底から引揚げ，1,032点の証拠物を回収した．

---

102)　『日本経済新聞』朝刊，2006年8月13日．
103)　『読売新聞』朝刊，2003年6月15日．
104)　『産経新聞』2005年12月26日．
105)　『読売新聞』朝刊，2003年5月20日．
106)　TIG（ティグ）溶接は，ヘリウム，アルゴンなどの不活性ガスを吹き付けることによって，高強度，高靱性の溶接をおこなう方法である．
107)　以下は日本人の闇ブローカーが在日朝鮮人と組んで，沖縄から廃棄自動車5台を北朝鮮に密輸出した例を記している．北朝鮮側はこれらを中国，ロシアに転売する計画であったという．神崎純也『闇の貿易商』彩図社，2007年，189-94頁．

4 物資調達

表6-8 北朝鮮の2潜水艦が装備した日本製電子機器

装備名	ユーゴ級潜水艦	小型潜水艦	メーカー
能動ソナー	＊		古野電気
レーダー	＊	＊	同
GPSナビゲーター	＊		同
GPSプロッター（位置確認用）	＊	＊	同
ドプラー・ログ（艦速力測定用）	＊		同
測深機	＊	＊	同
HF通信機（遠距離通信用）	＊	＊	アイコム
整合器（同）		＊	同
潜望鏡カメラ	＊		キャノン
コンバーター		＊	アリント

注) ＊ 搭載あり．
古野電気は世界で初めて魚群探知機を開発した．近年はGPSでも世界的に知られる．アイコムは1954年創立の企業で，無線機など通信機の専門メーカーである．アリントの詳細は不明．
出所) 前掲，浅尾・山本，98頁．

　その主要装備は各国製品のよせあつめであった[108]．高速ディーゼルエンジンはロシア（ソ連）製，ガソリンエンジンはスウェーデン製，武器は北朝鮮もしくはロシア製であった[109]．他方，以下の通信機器は日本製であった：無線機（パナソニック），トランジスタラジオ（ナショナル），無線機に接続可能なポケットコンピュータ（シャープ），ゴムボート，GPSプロッター，携帯電話．

　1998年，韓国海軍が北朝鮮の小型潜水艦を撃沈した．その装備もさまざまな国の製品のくみあわせであった．エンジンは米国マーキュリー社製であった．同年，韓国海軍はさらに北朝鮮のユーゴ級潜水艦を捕獲した．この形式の潜水艦は，設計が旧ユーゴスラビア，製造が北朝鮮とみられ

---

108) 海上治安研究会編『北朝鮮工作船がわかる本』成山堂書店，2004年，65-96頁，および筆者の実地観察（船の科学館，東京）．

109) 軽機関銃・ロケットランチャー・自動小銃・無反動砲は北朝鮮製（ソ連製品のコピー），二連装機銃・携行型地対空ミサイルはロシア製．より詳細な記述は，高井三郎「北朝鮮工作船の搭載兵器特色および能力限界の分析」（その1）『月刊JADI』第669号，2003年，15-24頁，(その2)，第671号，2003年，12-24頁を参照．

た[110]．これら2艦の装備の合計点数は，小型潜水艦，85種762点，ユーゴ級潜水艦，247種1,958点であった[111]．日本製と判明したのはそれぞれ18種70点，41種287点で，うち電子製品は表6-8のとおりであった．小型潜水艦のGPS（プロッター）は，前出の東亜技術工業が漁船用として正規に輸出したものであった[112]．

　これら2艦の船体や機関銃，自動小銃が北朝鮮製であったことは，素材までそうであったことを意味しない．たとえば北朝鮮では強化プラスチックは製造できなかった．こうした素材が日本製であった可能性は大である．

④　対中輸入品

1990年以降とくに2000年代，北朝鮮は中国から食糧，燃料のほか，衣類など日用品を多量に輸入した．たとえば，プラスチック製の家庭用品の対中輸入は，1992年，100トン（20万ドル），1997年，140トン（270万ドル），2005年，4,300トン（450万ドル）であった．これに比し，1992年，同品の対日輸入はわずか12トン（1,400万円）にすぎなかった[113]．

　北朝鮮が中国から輸入した工業製品は，日用品にかぎらなかった．鋼板，化学原料，半導体，建設機械，工業計測器など多種にわたった（付表9）．軍事とくに核・ミサイル開発の観点から疑惑物資も多数みいだせる．TNT火薬の輸入は大量であったし，合金鋼板の輸入は年々増大した．ふっ化水素，ふっ化ナトリウム，シアン化ナトリウム，ヒドラジンなどの輸入もあった．合金鋼板やこれらの化学原料は，90年代に対日輸入が途絶ないし減少した品目であった．かせいソーダは，従来対日輸入がほとんどなかった反面，96年から対中輸入が激増した．かせいソーダはパルプ，油脂，石鹸製造などにひろく使用するのみならず，核開発でも非常に重要

110）　前掲，鄭有真，10頁．
111）　浅尾慶一郎・山本一太「『北朝鮮兵器』日本企業リスト」『文藝春秋』1999年8月号，98頁．
112）　『朝日新聞』朝刊，1999年11月3日，同，2001年7月19日．
113）　食糧と燃料の対中輸入の分析は，以下を参照．後藤富士男「1990年代前半の北朝鮮の対中国貿易」伊豆見元・張達重編『金正日体制の北朝鮮：政治・外交・経済・思想』慶應義塾大学出版会，2004年，263-90頁，同「中朝貿易と北朝鮮の経済」日本国際問題研究所セミナー報告論文，2006年，高原正幸「中国の対北朝鮮『生かさず殺さず』政策：穀物供給の数量分析」青山学院大学修士論文，国際政治経済学研究科，2005年．

4 物資調達

表6-9 対中輸入，ウラン精製に転用可能な化学品，1992-2006年

(トン)

品名	輸入量（年）
硫酸	907(95), 3(97), 26(98), 150(01), 443(02), 50(04)
アンモニア	5(96), 3(01), 1(03), 9(04), 54(05), 6(06)
かせいソーダ	400～800(92～95), 3,000～6,000(00～06)
炭酸二ナトリウム	3,000～9,000(92～05), 20,631(06)
航空石油（灯油）	20～60(92～06)
ふっ素	20(93), 9(05)
ふっ化水素	16(94), 18(99), 2(01), 16(02), 2(04)
りん酸エステル	7(93), 3(94), 2(95), 50(99), 4(01), 22(02), 1(04), 3(05)

注）表6-6の注を参照.

表6-10 対日・対中輸入工業品，1980年代から90年代の品目例

輸入先	品目例
1. 日中双方	テレビ，建設機械，発電機，半導体デバイス
2. 日本のみ	強化ガラス，レーダー，ローランレシーバー，放射線検定機器，方向探知機，ゴムの屑，空気タイヤ
3. 中国のみ	硝安，尿素，TNT，爆薬，塩素，放射性元素，かせいソーダ，ベリリウム
4. 日本から中国にシフト	合金鋼板，金属加工機，希ガス，アルゴン，ヒドラジン，過酸化水素，ふっ化水素，シアン化ナトリウム，りん酸エステル，フタル酸ジブチル，DOP，アルミニウム，チタン，タングステン，殺虫剤・除草剤，被覆アーク溶接棒

注）1. ─1990年代に日中双方から多量の輸入があったもの，2. ─1990年代に日本からのみ輸入があったもの，3. ─1990年代に中国からのみ輸入があったもの，4. ─1980年代から1990年代にかけて日本からの輸入が減り，90年代に中国から多量の輸入があったもの.

である．原料鉱からのウラン抽出に大量に使用するからである[114]．かせいソーダをふくむ化学品の重要原料である塩と炭酸（二）ナトリウム（ソーダ灰）の対中輸入も多量であった．表6-9に，ウラン精製に転用可能な化学品の対中輸入を整理する．

上記とは対照的に，強化ガラス，レーダー，ローランレシーバー，放射

---

114) モナザイトからウランを抽出するには，硫酸または塩酸とかせいソーダを使用するのが一般的である．詳細は，日本学術振興会ウラン・トリウム鉱物研究委員会編『ウラン：その資源と鉱物』朝倉書店，1961年，253-64頁を参照（この書物は，北朝鮮の研究者が1968年の論文（前掲，92頁）で引用していたことから，刊行後まもなく北朝鮮の機関が入手していたと考える）．

線検定機器，ゴムの屑等の対中輸入はなく，対日輸入のみであった．こうした工業製品を例に，80・90年代の対中・対日輸入の状況を表6-10にしめす．

統計の問題を2点指摘する．第1に，対日輸入を対中輸入に偽装するために，中国経由で日本製品を輸入するケースがあった．計測は不可能であるが，これが少なくなかったことは推測できる．その程度におうじて，対中輸入の増大は割引かねばならない．第2に2000年代，中朝間で不正な陸路・海路貿易がふえた[115]．これは統計の過小評価の重要な要因である[116]．ただし中国からの不正輸入は日用品，家電製品など消費財がおもで，化学原料や鉄鋼はおそらくおおくはない[117]．

⑤ 対韓輸入品

対韓輸入品のおおくは，援助用の食糧・肥料および南北協力事業（交通・通信整備，観光，工業団地など）関連の資材であった[118]．これらの輸入は金大中政権による政策転換―太陽政策の採用―を反映した．輸入品が韓国企業の直接投資関連であるかぎり，これを北朝鮮による物資調達とみることは適当ではない．反面，援助は北朝鮮の要請にもとづいたから，北朝鮮による物資調達の性格をおびた．流用や転用の可能性も排除できなかった[119]．

---

115) この点については以下をはじめ多数のレポートがある．花房征夫「北朝鮮市場に氾濫する中国製品と中国企業の対北投資ラッシュ」花房征夫編著『延辺朝鮮族自治州と北朝鮮東部経済に対する日本の政策研究』東京財団研究推進部，2006年，24-33頁．

116) 2004年9月の韓国政府の発表によると，2003年6-9月に韓国製のシアン化ナトリウム107トンが中国経由で北朝鮮に輸入された（『日本経済新聞』朝刊，2004年9月24日）．中国海関の統計は，2003年，シアン化ナトリウムの対北輸出を計上していなかった（付表9）．

117) 軍関係の企業が戦略物資を北朝鮮に密売するケースはありうる．その実態は容易には知りえない．

118) 2000年の南北首脳会談以降，技術とくに情報関連技術の分野でも，南北協力が進展した（パク，チャンモ「IT分野南北共同研究の実現」『科学技術政策』2002年3・4月号（通巻第134号），46-52頁）．2005年までの南北交易の経済学的分析は，前掲，Eberstadt, pp. 159-75 参照．

119) 兵糧や輸出への援助米の流用，肥料の爆薬への転用がおこなわれたといった情報はすくなくない．

⑥　闇市場

金正日は核・ミサイル関連の疑惑物資や技術を，世界規模で導入した[120]．核の闇市場とのかかわりも存在した．近年の例では，2003年，ウラン濃縮用遠心分離機の器材となりうる高品質アルミニウム管214本，22トンを，ドイツから不正に輸入しようとした[121]．これは，いわゆるカーン・ネットワークとの関連で世界的に注目をあびた[122]．そのほかに北朝鮮が闇市場で何をどれだけ調達したかは不明である[123]．いずれにせよ核・ミサイル開発に要する膨大な資材・機器の大半は，一般市場で合法的に入手できる．闇市場が提供するのは，ごく一部の特殊な物資である．

5　ま と め

1990年代，北朝鮮の物資調達をめぐる状況に顕著な変化が起った．第1に総聯の弱体化がいっそう進行した．とくに朝銀が破綻し資金力がおとろえた．第2に日本政府が北朝鮮をターゲットとした輸出規制をつよめた．第3に中国で重化学工業が急成長した．これらの結果，北朝鮮の主たる物資調達先は日本から中国にシフトした．調達した物資には核・ミサイル開発に利用可能な化学品，機器，素材もふくまれた．北朝鮮の対中物資調達は，従来の食糧・エネルギーにとどまらず，軍事工業全般に拡大した．

中国政府はこれにいかに関与したのか．中国は北朝鮮の核開発に反対した．この点からは，核開発関連の物資についてきびしい輸出管理があって

---

120) 化学・生物兵器についても同様であった．覚醒剤製造では，1990年代後半から2000年代にかけて，原料の塩酸エフェドリンをベルギーやインドから大量に輸入しようとしたが，相手企業に拒絶された．1996年には少量をドイツから輸入した．阪田恭代「北朝鮮」前掲，浅田編，251-53頁．高世仁『金正日「闇ドル帝国」の壊死』光文社，2006年，151-52頁参照．

121) *Washington Post*, August 15, 2003, 『読売新聞』朝刊，2003年8月17日．2007年，北朝鮮はこの事実をみとめた．『産経新聞』2007年9月18日．

122) パキスタンの冶金学者，Abdul Q. Kahn が濃縮ウラン製造技術の密売ネットワークを築いた．『産経新聞』2004年2月15日，同，2006年9月27日，『朝日新聞』朝刊，2005年6月5日．

123) 物資調達に必要な資金の獲得（非合法手段をふくむ）については以下を参照．Wallace, Robert Daniel, *Sustaining the Regime: North Korea's Quest for Financial Support*, University Press of America, Lanham, Maryland, 2007.

しかるべきであった．現実にはどうであったのか．現段階でこれをくわしく述べることはできない[124]．ただすくなくとも，国際化学合弁会社にかんする情報がしめすように，中国は北朝鮮のウラン精製をたすけた．そこにみいだしうるのは，精製ウランの確保という中国の国家戦略である[125]．

　物資調達の対中シフトは，北朝鮮の対日依存の低下を意味する．しかしこれを貿易統計どおりにみるべきではない．中国の工業成長を牽引したのは日本の資金，資材，技術であった．中国には日本企業が大挙進出した．90年代には在日朝鮮人企業の中国進出もはじまった[126]．北朝鮮が中国から輸入した物資の一部は，中国で操業するこれら企業の製品であったかもしれない．日本製品が品質や機能の点で中国製品に代替されえない分野もあった．たとえば高張力鋼材や高度精密機器，分析試薬がそれである．適切な部品ひとつ欠けてもロケットは正確には飛ばない．核も爆発しない．これらは不正あるいは迂回貿易で入手せねばならない．北朝鮮にとってその必要度はどのていどであるのか．これを知るにはいっそうの調査を要する．

　124）中国の輸出管理の一般的状況については，村山裕三『経済安全保障を考える：海洋国家日本の選択』日本放送出版協会，2003年，78-90頁参照．
　125）報道によれば，米国政府が入手した情報にもとづいて，2003年夏，ウラン製錬関連溶剤（TBP）入りコンテナの北朝鮮への輸送を，中国政府が国境の駅で阻止した．TBPの製造と輸出入は中国で規制対象であったが，同コンテナの輸送は無届であったという（ワシントン発，『朝日新聞』朝刊，2004年2月21日）．中国政府のこの行動が北朝鮮のウラン製錬抑止への転換であるのか，対外的なジェスチュアなのかは判然としない．
　126）呉圭祥『アジアを翔る　華僑・在日コリアン』朝鮮青年社，1996年，121-25頁，『朝鮮商工新聞』2004年9月28日．

補 論

樹脂と油脂

―――――

ここでは樹脂と油脂についてのべる．樹脂の第1はビナロン，第2は塩化ビニルである．油脂の項ではイワシに焦点をあてる．

1 ビナロン

1931年ごろドイツの化学者が，無水酢酸を原料にしたポリビニールアルコール（PVA）系新繊維を発明した．これは水溶性であったので，用途は限定的であった．1939年，京都帝国大学工学部教授，桜田一郎（1904-1986）がこれを改良した紡糸を作り，合成1号と命名した[1]．このとき助教授として桜田に協力したのが，李升基（1905-1996）であった．およそ2か月後，鐘淵紡績が同系統の繊維をつくり，カネビアンと名づけた．1944年，日本高分子協会はPVAをポバールと命名した．1948年には桜田の提案により，この系統の繊維をビニロンと呼ぶことがきまった．以後，日本独自の合成繊維として国内繊維各社がビニロンを大量に生産した．

李升基は戦後，朝鮮にもどりソウル大学教授に就任した[2]．朝鮮戦争後

―――――

1) 井上太郎『大原總一郎』中央公論新社，2003年，167-72頁．桜田は京都帝大工学部工業化学科を卒業後，ドイツで学んだ．1941年には同学部に繊維化学科を創設した．のちに放射線高分子化学を研究し，定年退官後，原子力研究所大阪所長に就任した．岡田誠三「高分子化学：ビニロンを独創開発した桜田一郎」富田仁・日本放送協会編『日本の創造力：近代・現代を開花させた470人』第14巻，同協会，1992年，249-59頁．桜田洋「ビニロンを開発した高分子化学の先覚者」同，260-62頁．

2) 李についてはつぎの自伝を参照．李升基（在日本朝鮮人科学者協会翻訳委員会訳）

には北朝鮮に入り，北朝鮮化学工業の指導者となった．北朝鮮ではビニロンをビナロンと呼び，金日成がその工業化を推進した．ビナロンの1次原料——石灰石と石炭，および所要電力が北朝鮮に豊富だったからである．ビナロンの製造方法は，日本で開発された方法とおなじであった[3]．

ビナロン工業ではまず，電炉で生石灰と石炭からカーバイドを焼成する．カーバイドに水をくわえるとアセチレンが発生する．以後つぎの過程を経る．

アセチレン→（＋硫酸・硫酸水銀・二酸化マンガン）→アセトアルデヒド→酢酸（＋アセチレン，重合）→ポリ酢酸ビニール（＋かせいソーダ）→ PVA →（＋硫酸ナトリウム，紡糸）→ビナロン

北朝鮮では戦前，日窒が興南肥料工場の近くに大規模なカーバイド工場（本宮工場）を建設し，酢酸を大量に製造した．アセチレンからアセトアルデヒドを製造する過程では，本宮工場の日本人技術者が二酸化マンガン添加法を独自に開発した[4]．酢酸は染色，医薬品，食酢用のほか合成原料用に，販売または自家消費した．

1961年5月，李升基の指揮下で，本宮にビナロン工場が建設された[5]．年間生産目標はビナロン2万トン，織物1.5億メートルであった．竣工の記念大会で金日成が演説し，この工場には，みずからの技術で製作した1.5万余点の機械設備を設置したと述べた[6]．李升基も同様に，この工場はすべて北朝鮮の資材，設備，技術により1年あまりの短期間で完成させたとかたった[7]．同年11月，朝ソ科学技術交流の一環で，ソ連の技術者が

『ある朝鮮人科学者の手記』未来社，1969年．

  3) 前掲『朝鮮大百科事典』第12巻，116-18頁，および以下所収の各論文を参照：桜田一郎編『酢酸ビニル樹脂』高分子化学刊行会，1962年．米国の企業は，やや異なるPVA製造方法を採用した．カーバイド工業会編『カーバイド・アセチレン産業と石油化学工業』同会，1962年，239-52頁．

  4) 前掲，中村「日本で最初の……」66頁，日本窒素肥料株式会社文書課山本登美雄編『日本窒素肥料事業大観』同社，大阪，1937年，99頁．

  5) その経過は，前掲，リョム，173-86頁参照．

  6) 金日成「化学工業をさらに発展させるために」ビナロン工場の竣工を祝い，メーデーを記念する咸興市民大会でおこなった演説，1961年5月7日，『著作集』第15巻，97頁．

  7) 『きょうの朝鮮』1961年7月号，33頁．

同工場を視察した．その報告によると，自動化機器や検査用測定器はじつは，西ドイツから大量に輸入したものであった[8]．酢酸再生過程では，日本製のイオン交換樹脂を使用していた．1961年，日本から同樹脂50トン（2,200万円）が輸出されたことはこれをうらづける．

ソ連の技術者は本宮ビナロン工場に多大な関心をしめした．かれらは，この工場のPVA製造技術は先進的で，ソ連の方法より生産性がたかいと評価した．本宮工場では酸化防止剤にチオジフェニルアミンを使用した．この方法もソ連では未知であった．

PVA製造には，上で示した物質以外に，反応剤，触媒として多種の化学品を必要とした．北朝鮮の化学工業でそのすべてを製造することはできなかった．製造可能な化学品も，円滑には供給できなかった．ソ連の技術者が視察したとき，酢酸再生場は酢酸エチル不足のために操業していなかった．製造設備の稼動率もひくかった．具体的には，PVA圧搾機と乾燥機がうごかず，連続生産が実施できない状態にあった．

本宮工場では戦前同様，かせいソーダを原料塩から水銀式電解法で生産した[9]．後述の順川化学コンビナートが稼動をはじめるまで，本宮工場は北朝鮮で唯一のかせいソーダ製造工場であった[10]．かせいソーダはビナロン製造では，アルカリ鹸化用に必要であった[11]．金日成は1962年，ビナロン製造についてつぎのようにつよい不満を示した：「水銀不足のためにかせいソーダが生産できない，ボイラーの欠陥・石炭不足で1日に5トンしかビナロンができない，これでは話にならない．」[12] 1965年には，塩，電力あるいは水銀の不足により，かせいソーダを満足に生産できないと述べた[13]．

---

8) 木村光彦・土田久美子「1961年北朝鮮化学工場の技術資料」『青山国際政経論集』第65号，2005年，168頁．以下，本パラグラフをふくむ3つのパラグラフは，同頁と177-78頁による．

9) 戦前の生産方法の記述は，前掲，廣橋，66頁を参照．

10) 金日成「咸鏡南道の経済活動において重点をおくべきいくつかの課題」咸鏡南道の工業部門活動家協議会でおこなった演説，1980年7月10日，13日，『著作集』第35巻，204-05頁．

11) 小南次夫「ポリビニルアルコール（PVA）の製造」前掲，桜田編，243頁．

12) 金日成「採掘工業をさらに発展させるために」鉱山，炭鉱の党委員長と支配人におこなった演説，1962年9月24日，『著作集』第16巻，351，367頁．

13) 同「党活動の強化と国の経済管理の改善について」朝鮮労働党中央委員会第四期

1960年代以降，日本では石油化学工業の発展により，カーバイド工業が衰退した．PVA製造では，石油を原料としたエチレンと酢酸による合成方法が一般化した．しかし北朝鮮ではカーバイドを用いる方法をつづけた．1980年代には，あらたなカーバイド・ビナロン工場を順川に建設する計画がたてられた（順川ビナロン連合企業所）．これは本宮工場（1973年，2・8ビナロン連合企業所と改称）をうわまわる大規模工場で，総合化学コンビナートの中核をめざすものであった．順川では電力を節約する新技術—酸素熱法を採用した．金日成は1986年につぎのように述べた：「酸素熱法によるカーバイド生産方法を導入すれば，電力を多く節約しながらもカーバイド生産をいちじるしく増大させ……ることができる．最近わが国の科学者が酸素熱法……を開発したのであるから，順川ビナロン連合企業所は酸素熱法でカーバイドを生産できるように建設すべきである．」[14] 金日成がいう酸素熱法はじつは，西ドイツのBASF社やオランダのStamicarbon社がこころみた「酸素法」であった[15]．これはコークスと酸素で石灰と石炭を燃やす方法で，電力消費が少ない反面コークスと酸素を多量に要した．日本では東洋高圧が試した．これらの試験研究はいずれもうまくゆかず，実用化に至らなかった．北朝鮮ではコークス炭が採れなかったので，国内に豊富な無煙炭で代替する必要があった．酸素法は酸素の製造を前提とする．それには，空気から酸素をとる酸素分離機を調達せねばならない．酸素分離機は単体の機械ではなく，遠心空気分離機，低温液化ガスポンプなど種々の機械の組合せである．酸素および分離される窒素は，金属加工，製鋼，アンモニア製造にくわえ，ミサイル開発をふくむ軍事にも重要であった[16]．北朝鮮は早い時期から酸素分離機の対日輸入をはかり，1965年に実現した[17]．金日成はその後，その製造あるいは輸入の必

第十二回総会での結語，1965年11月15-17日，『著作集』第20巻，51頁．
　14）同「ビナロン工業をいっそう発展させるために」政務院の責任幹部との談話，1986年4月27日，『著作集』第39巻，381-82頁．
　15）電気炉によるカーバイド製法は19世紀以来，長足な進歩をとげたが，電力消費の節約の点では限界にたっしていた．前掲，カーバイド工業会，186-96頁，友成忠雄「酸素法によるカーバイドの製法」『電気化学』第26巻第10号，1958年，453-57頁．
　16）第2次大戦中に日本軍は戦地で，酸素ガスを溶接・溶断と魚雷に，窒素ガスを火炎放射器（燃料圧出）につかった．「神鋼五十年史」編纂委員会編『神鋼五十年史』同委員会，1954年，90頁．安部桂司「『金日成著作集』に見る北朝鮮の軍需工業」『亜細亜大学アジア研究所所報』第97号，2000年，4-5頁．

要性についてしばしば言及した[18]．これは酸素分離機の調達に問題が残っていたことを示唆する．金正日は，「全国・全党・全民をあげた建設隊を派遣し」順川のカーバイド工場建設に力をいれた．1989 年 10 月には第 1 段階の操業を開始し，成果を大々的に宣伝した[19]．しかしけっきょく酸素法の実用化に失敗し，生産を軌道にのせることができなかった[20]．

1997-98 年，科協の中国・四国支部会長が同工場を訪問した[21]．同会長はその再建につよい熱意をいだき，日本製の中古電気炉の導入を支援した．それは日本カーバイド工業魚津工場の廃電炉で，日本人技術者が設置に協力した[22]．こうして 1998 年 9 月，従来の方法でようやく操業にこぎつけた．操業式には在日本朝鮮人商工連合会の幹部が列席し，建設建材工業相から謝意をうけた[23]．操業開始後，日本人技術者は定期的に順川をおとずれ，メインテナンス作業に従事した．

日本のビニロンの長所はつぎの点であった：感触が木綿にちかい，保温性・吸水性がたかい，引っ張り強度が大きい，燃えにくい，薬品につよい[24]．逆に短所は，熱や水で縮みやすいことであった．これらの特徴から，ビニロンはワイシャツ，ズボン下，洋服の裏地，作業服，学生服に適するほか，毛布，シーツ，傘，漁網など多方面につかわれた．倉敷レイヨンは，引っ張り強度が非常に大きい高張力ビニロンを開発した．これは漁網に多用された[25]．

北朝鮮のビニロンは原理的にビニロンとおなじとはいえ，欠点が顕著で

---

17) 『日朝貿易』第 40 号, 1970 年, 1 頁.
18) 前掲，安部「『金日成著作集』に見る……」6-7 頁.
19) 『朝鮮時報』1989 年 10 月 19 日.
20) 1991 年 4 月 5 日の『労働新聞』は，技術や設備の問題で工場の操業が困難であることを示唆していた．酸素法の導入をすすめた北朝鮮の学者はウ・スハン（1925-）であった．かれは 1945-47 年にソウル大学電気工学部でまなんだが，大学院での研究歴も化学の専門知識もなかった．酸素法の失敗があきらかになると，責任をとわれて失脚したといわれる．李升基は，この方法はみこみがないとして当初から採用に反対した．前掲『朝鮮大百科事典』第 15 巻, 27 頁，同，第 28 巻, 101 頁，安部桂司「北朝鮮の工業」前掲，日本貿易振興会『北朝鮮の経済と貿易の展望』1998 年, 138 頁.
21) パク，イルチョル「祖国訪問記」『科学技術』第 35 巻第 1 号, 1998 年, 60-64 頁.
22) 前掲，安部「北朝鮮の工業」141 頁.
23) 『労働新聞』1998 年 9 月 8 日．この記事には酸素法への言及がまったくない．
24) 井本稔『化学繊維』岩波書店, 1957 年, 129-34 頁.
25) 同上, 138 頁，前掲，井上, 232 頁.

あった．仕上げ処理や改良の技術が欠けていたからである．1960 年代，本宮工場を視察した日朝貿易会の職員は，製品は黄ばんでおり，保温性もまったくない，ビナロン製品はあきらかに未完成であると述べた[26]．この欠陥のため，平壌市内の兵士はビナロン製の軍服を着用せず，地方の兵士だけが着用していた．1978-80 年，金日成はビナロンについてこう語った：海水に弱く漁網として長期に使えない，細糸をとれず良質の布地をきれいに織れない，染色がうまくできない[27]．

PVA の前段階の物質，ポリ酢酸ビニル（PVAc）はいわゆるプラスチックの一種である．軟化点が低い（38 度）ため，用途は塗料やチューインガム，接着剤などに限られる[28]．

2　塩化ビニール

塩化ビニール（ポリ塩化ビニール，PVC）は 1930 年代，米，独で開発・工業化された．日本では戦時中に日本窒素水俣工場で生産がはじまった．製品（商標ニポリット）はほぼすべて軍用であった：艦船用電線の被覆材，兵士の雨合羽，兵器のカバーシート，積層乾電池など[29]．戦後，PVC の生産は急増し，多方面で同製品が使われた．PVC は耐酸，耐アルカリ，耐水性にすぐれ，また透明で着色が容易，柔軟性が高くフィルムやシート

26）　前掲，村上『1970 年代における……』1 頁．同じ述懐によれば，視察時，工場には堪えがたい悪臭が充満していた．

27）　金日成「水産指導体系を確立し，水産業の物質的・技術的土台をいっそう強化するために」咸鏡南道水産部門活動家協議会でおこなった演説，1978 年 10 月 12 日，『著作集』第 33 巻，524 頁，「紡織工業と食料・日用品工業を発展させ，人民生活をいっそう向上させよう」紡織工業省，食料・日用工業省の責任幹部協議会でおこなった演説，1980 年 4 月 1 日，『著作集』第 35 巻，91-92 頁．金日成は 1985 年，細糸問題と染色問題を解決したと述べた（「ビナロン工業をいっそう発展させるために」政務院の責任幹部との談話，1986 年 4 月 27 日，『著作集』第 39 巻，380 頁）．これは信じるにあたいしない．『朝鮮時報』1989 年 12 月 14 日の記事によれば，1960 年に帰国した在日朝鮮人技術者がビナロンの弾力性・保温性の改善に貢献したという．この技術者は京都工芸繊維大学で学んだ経歴があり，同記事の掲載当時，北朝鮮の軽工業科学院紡績研究所副所長の職にあった．

28）　井本三郎『酢酸ビニル樹脂』日刊工業新聞社，1970 年，63-74 頁．

29）　前掲，中村「日本で最初の……」97-98 頁，塩化ビニル工業協会 30 年史編集委員会編『塩化ビニル工業 30 年の歩み』塩化ビニル工業協会，1985 年，5-6 頁．

への加工も容易であった．1954年，帝国人絹がアセトンとベンゼンを溶媒に，PVCから繊維を製造した[30]．この繊維は保温性，吸水性，耐熱性が劣り衣服には不適であった．帝国人絹は同製品をテビロンと呼び，主として工業用に売り出した．

PVCは，塩酸とアセチレンから塩化ビニールを合成し，これを重合すれば製造できる．1960年代以降，PVAと同様，アセチレンのかわりにエチレンを使う方法が世界的に普及した．PVCの製品化過程では，可塑剤，熱安定剤，酸化防止剤，滑剤など多くの添加剤を混入する．可塑剤にはDOPが適する[31]．被覆電線の製造にはDOPをとくに多用する．日本では1950年代はじめにDOPの国産化がはじまり，生産量は1970年，16万トンにたっした[32]．他の添加剤には，硫酸鉛，ステアリン酸，ステアリン酸鉛，有機スズ化合物，エポキシ化大豆油などがある[33]．

北朝鮮では1960年代に日本から設備と技術を導入し，本宮工場でPVC製造をはじめた．しかしDOPの製造能力はなかった[34]．1967年6月金日成は，同年中に1.5万トン，68年に3万トンのPVC生産能力を造成しなければならない，建築資材や必需品を生産するには可塑剤の問題を解決せねばならないと述べた[35]．1972年には，PVCはたくさんあるが可塑剤不足のためにランドセル用のビニールレザーを生産できない，また1986年には，可塑剤の国産化が実現していないと語った[36]．DOPの主原料は無水フタル酸および高級アルコールの一種，エチルヘキサノールである．前者はナフタリン，後者はアセトアルデヒドまたはプロピレンから造る．金

---

30) 前掲，井本稔，146-50頁．
31) 村井孝一編著『可塑剤：その理論と応用』幸書房，1973年，212頁．
32) 同上，5頁．前掲，塩化ビニール協会30年史編集委員会編，22頁．
33) 古谷正之『塩化ビニル樹脂』日刊工業新聞社，1972年，140-49頁，エヌ・ティー・エス編『廃塩化ビニルの脱塩素化・リサイクル技術』同社，1999年，8-9頁．
34) 申在均「北朝鮮の化学界と化学工業」『化学』第15巻，1960年，138頁．
35) 金日成「党代表者会議の決定を貫徹するために」咸鏡南道党および咸興市党アクチブ会議でおこなった演説，1967年6月20日，『著作集』第21巻，313頁．かれはもちろん日本から設備を入れたとは言わずに，龍城機械工場の労働者が設備をすべて担当して生産することを決意したのは立派なことだと語った（同上）．
36) 金日成「全般的十年制高等中学義務教育を実施するための課題」朝鮮労働党中央委員会第五期第四回総会での結語，1972年7月6日，『著作集』第27巻，345頁，「技術革命の促進と金属工業の発展について」朝鮮労働党中央委員会第六期第十一回総会での結語，1986年2月5-8日，『著作集』第39巻，325頁．

日成は，可塑剤製造にはナフタリンが多量に必要であると述べる一方，ナフタリンを使わずに造る方法を案出するよう指示した[37]．ナフタリンは，コールタールから出る油を冷却・圧縮して造ることができる[38]．金日成の指示は，何らかの理由で北朝鮮でナフタリンの生産が困難であったことを示唆する．他の原料の高級アルコールは北朝鮮には製造設備がなかった[39]．

　北朝鮮のPVC生産の大きな障害は，塩の不足であった．金日成はくりかえしこれに言及した[40]．日本では1950年代からイオン交換膜製塩法が開発され，70年代には完全に従来の塩田法にとってかわった．北朝鮮では60年代に金日成が同法の導入を指示したが，実現できなかった[41]．そのため塩田法への依存がつづいた．塩田造成の条件は，十分な干満の差，砂浜の存在，少雨の3点である．この条件から従来，北朝鮮の塩田はすべて西海岸にあった．戦前，北朝鮮西海岸の塩生産量は約25万トンで，朝鮮半島全体の同生産量の60％以上を占めた[42]．本宮は塩田適地の少ない東海岸に位置した．西海岸から東部には，戦時中に鉄道（平元線）が開通した．しかし朝鮮戦争後，その運行はほとんどつねに「非正常」で，十分な輸送ができなかった．一方西海岸では，南浦閘門を建設したことで塩田が減少した[43]．このため金日成は東海岸に塩田の適地をみつけ，塩不足を解決しようとした[44]．1991年，咸興で「現代的な塩工場」の建設に着工したもののうまくゆかず，東部の塩不足解決は金正日時代にもちこされた[45]．金正

---

37) 前掲，金日成「党代表者会議……」『著作集』第21巻，313頁．
38) 戦前は，石炭を産出する黄海道で製造した（1940年実績，1,660トン）．朝鮮総督府『朝鮮総督府統計年報』昭和十五年，同府，京城，1942年，145頁．
39) 高級アルコールは石油から製造できる．60年代，先進各国はその大規模プラントを建設した．ソ連でも大量に製造したが，方法は西側のものとは異なり非効率で，品質も劣った．前掲，村井編著，397-406頁．
40) たとえば，金日成「塩と化学繊維，塩化ビニールの生産を増やすために」化学および軽工業部門の責任幹部協議会でおこなった演説，1986年1月13日，『著作集』第39巻，276頁．
41) 前掲，李升基「偉大な首領……」32頁．
42) 水田直昌監修『朝鮮の塩業』友邦協会シリーズ第26号，友邦協会，1983年，102頁．宮塚利雄・安部桂司「北朝鮮の塩事情に関する考察」『社会科学研究』山梨学院大学社会科学研究所，第24号，1999年，125頁．
43) 金日成「南浦閘門の建設を力強くおし進めよう」南浦閘門建設関係者協議会でおこなった演説，1981年5月22日，『著作集』第36巻，117頁．
44) 同「今年の営農準備と経済活動で提起される諸問題について」政務院の責任幹部協議会でおこなった演説，1987年3月30日，『著作集』第40巻，294-95頁．

表(補)-1 対中輸入，塩，
1985-91 年

	千トン	千ドル
1985	154	1,264
1986	174	1,985
1987	195	2,985
1988	119	1,859
1989	60	1,246
1990	153	3,383
1991	65	1,862

注）純粋塩化ナトリウム，海水溶液を含む．

日は1996年，元山近傍の金野湾で塩田建設を開始した[46]．そこでは，干満の差が小さいので，堤防を築きポンプで海水を汲み上げる方式を採用した．工事は多数の住民を動員して人力ですすめた[47]．金正日は2002年8月，咸鏡北道の漁大津にも塩田を造成した（8月1日青年製塩所）[48]．一方，輸入にも頼り，塩の対中輸入は金日成・正日時代をつうじて各年，数千トンから多いときには20万トンにのぼった（表(補)1，付表9）[49]．

塩不足にもかかわらず北朝鮮はソ連に，塩酸と晒し粉（塩化石灰）を継続的に輸出した（表(補)2）．ソ連にはカーバイドも多量に輸出した（同表）．これらはソ連から各種原料，資材を輸入する見返りであった．

PVC繊維の生産は，北朝鮮では1980年代にはじまった．それはモビロンと呼ばれた[50]．金日成は，年産2万トンのモビロン工場を建設し，人民に布団を供給すると語った[51]．原料カーバイドをめぐってモビロンはビナ

---

45) 前掲，安部「工業技術水準」146-47頁．
46) 前掲，朴鳳瑄・秦相元『北朝鮮「先軍政治」の真実：金正日政権10年の日』光人社，2005年，184-85頁．
47) 同上，185頁．『労働新聞』2002年10月1日．この塩田は2006年2月までに500町歩にたっし，その後拡張工事がおこなわれた．『労働新聞』2006年2月12日．
48) 『労働新聞』2002年8月2日，同，2007年5月17日．
49) 1980年代以前の塩の輸入状況はよくわからない．金日成の発言によれば，1965年以前，年によっては大量であり，数十万トンにたっした．金日成「党活動の強化と国の経済管理の改善について」朝鮮労働党中央委員会第四期第十二回総会での結語，1965年11月15-17日，『著作集』第22巻，109頁．
50) 『百科全書』第2巻，科学，百科事典出版社，1983年，714頁．

表(補)-2　対ソ輸出，塩酸・晒し粉・カーバイド，1960-85年

	塩酸		晒し粉		カーバイド	
	千トン	千ルーブル	千トン	千ルーブル	千トン	千ルーブル
1960	‥	‥	‥	‥	54.5	4,167
1965	2.6	152	4.4	187	16.8	1,288
1970	1.5	88	5.2	204	16.3	1,257
1975	2.8	162	5.1	206	3.9	298
1980	‥	‥	‥	545	‥	654
1985	‥	‥	‥	1,133	‥	1,805

ロンと競合する．金日成はビナロンを優先させ，モビロンは副次的に生産すべきであると述べた[51]．モビロンの主要な用途はじっさいには軍事用毛布であったが，保温性がとぼしく実用に十分耐えなかった．

　モビロンの工業化には元朝鮮大学校教員の廉成根（1923-1986）が寄与した．かれは京都帝国大学工学部繊維化学科で李升基に師事し，卒業後は同大高分子化学研究所で研究に従事した[53]．のち朝鮮大学校でビナロン合成の基礎実験をおこない，1961年に北朝鮮に帰国した[54]．帰国後は咸興科学院高分子化学研究所に勤務した．1982年には北朝鮮化学工業への貢献により国旗勲章第1級を受章した[55]．

3　油　脂

　戦前，重要な油脂原料のひとつがイワシであった．イワシから搾った油に水素を添加し硬化させると，硬化油ができる．硬化油は石鹸やマーガリンの原料である．硬化油を分解するとグリセリンおよびステアリン酸，オレイン酸など脂肪酸を得る．グリセリンは医薬品等，多方面に有用である．爆薬（ダイナマイト）原料でもあるので，戦時にはとくに需要がおおきい．日本では，第1次大戦を契機にグリセリン工業が成長した[56]．脂肪酸の主

---

51) 前掲，金日成「咸鏡南道の経済活動……」『著作集』第35巻，211頁．
52) 同上，212頁．
53) 朱炫暾「廉成根博士の研究業績」『科学技術』第53号，2007年，43頁．
54) 前掲，申在均「科学技術協会の……」26頁．
55) 前掲『朝鮮大百科事典』第7巻，446頁．

3 油　脂

用途は石鹸・ろうそくの製造，羊毛精練であった．

　イワシ漁は豊漁・不漁を周期的にくりかえす[57]．戦前，日本近海では1920年代に水揚げが増大し1930年代半ばにピークにたっした．1940年以後は急減し，1960年代に最低水準に落ちた．70年代に入ると復活し，88年には空前の豊漁となった．以後ふたたび急減した．

　戦前朝鮮のイワシ漁の主海域は北朝鮮の東海岸であった．同域は東洋最大のイワシ漁場といわれた[58]．水揚げは咸鏡北道清津港が最大であった．朝鮮全体の水揚げ量は1937年に最高値，140万トンを記録したが，42年にはわずか8万トンに減少した（表(補)3-A）．

　清津の近辺にはイワシ油製造業者が林立した[59]．興南に進出した日本窒素は油脂工場を併設し，イワシ油や大豆油（満洲大豆を利用）から硬化油を大量に製造した．製品はグリセリンや石鹸，食用油，マーガリンの原料としてつかうほか，日本，海外に多量に輸出した[60]．1939年，咸鏡北・南両道あわせた硬化油，脂肪酸の生産量はそれぞれ4.5万トン，4万トンにたっした（表(補)3-B）．

　1950年代，北朝鮮は深刻な油脂不足におちいった．その主因は，長期的なイワシ不漁にくわえ，漁業用資材の不足にあった．1956年に訪朝した日本平和代表団（団長，石河元横浜市長）の報告によれば，清津では漁船が半数しか稼動していなかった[61]．またメンタイ，カレイ，サンマは捕れるが，イワシは捕れないと伝えた[62]．北朝鮮側は同団に漁船機材やロー

　56）　日本油脂工業会『油脂工業史』同会，1972年，101-06頁．ライオン油脂株式会社社史編纂委員会『ライオン油脂60年史』同社，1979年，21頁．
　57）　詳細は以下を参照．河井智康『イワシと遭えなくなる日：5億年の結晶「魚種交替」の謎に迫る』情報センター出版局，1989年，同『消えたイワシからの暗号』三五館，1999年．
　58）　吉田敬市『朝鮮水産開発史』朝水会，下関，1954年，333-57頁．
　59）　同上，395頁．大島幸吉『朝鮮の鰮漁業と其加工業』水産社出版部，1937年，26-30頁．1939年，咸鏡南・北道，江原道のイワシ油製造工場は合計1,000以上あった．その大半は零細な朝鮮人工場であった．朝鮮総督府『朝鮮工場名簿　昭和十四年』朝鮮工業協会，京城，1941年，111-19頁．
　60）　前掲，木村・安部『北朝鮮の軍事……』57-58頁．岩間茂智「特集　興南工場：油脂工場」『化学工業』第2巻第1号，1951年，77頁．
　61）　『日本と朝鮮』第37号，1956年6月20日．
　62）　北朝鮮の日本海側は魚類相が多様で，このほかにニシン，タラ，ブリ，サバなどが回遊した．日朝貿易会『朝鮮民主主義人民共和国の資源・産業概況』同会，1987年，80-81頁．

表(補)-3　戦前朝鮮のイワシ水揚げ量と油脂製品生産量

A．イワシ水揚げ量，全朝鮮，1935-42年

（千トン）

1935	800
1936	988
1937	1,388
1938	975
1939	1,207
1940	961
1941	634
1942	79

B．油脂製品生産量，咸鏡南道・北道，1939年

（トン）

	咸鏡南道	咸鏡北道
イワシ油	9,220	88,958
硬化油	29,572	15,227
オレイン酸	30,712	4,665
ステアリン酸	5,567	295
洗濯石鹸	32,523	490

注）A．はマイワシのみ含む．
出所）朝鮮総督府『朝鮮総督府統計年報』昭和十年—昭和十七年，同府，京城，1937-44年．

プの購入希望を表明した．当時北朝鮮では漁網製作用の機械を製造できなかったので，漁網の不足が深刻であった[63]．金日成は1968年，イワシの回遊がみられないこと，ナイロン網が不足していることに言及した[64]．

油脂不足は爆薬，食用油，石鹸の不足に直結した．これは金日成にとって非常に深刻な問題であった．演説でかれはくり返しこれに触れた：

・食生活で食用油の問題を解決するのはきわめて重要である．コーン油やぬか油は工業原料としても使える．今後，ぬかやとうもろこしの胚芽はすべて搾油用に回すべきである（1957年）[65]．

---

63) 金日成「水産業の発展のために」朝鮮労働党中央委員会総会での結語，1957年4月19日，『著作集』第11巻，105頁．
64) 同「水産業の発展において新たな飛躍を起こすために」東海地区水産部門活動家協議会でおこなった演説，1968年6月4-5日，『著作集』第22巻，302，319頁．

3　油　　脂

- （遠洋で）鯨，いるかを捕獲して，いまわが国で非常に重要な問題となっている油脂の需要をみたさなければならない（1959年）[66].
- われわれには多くの油が要求される．油は食用としてはもちろん，工業用にも使われる．たとえば，石鹸をつくり機械を回すにも油が必要である．しかし現在，国内で生産される大豆は，みそ・醤油をつくり食用油を搾れば他に回すものがない．（山椒や椿など）油脂林を造成すべきである（1964年）[67].
- 勤労者に毎日食用油を10グラム以上欠かさず供給すべきである．いま石鹸の製造に大豆油を使っているが，いるかや鯨の油でもかまわない．大豆油は食用にあてるべきである（1972年）[68].
- イワシなどは夏に腐りやすいので，すぐに冷凍できないものは油をしぼらなければならない．ところが大きな漁船に製油設備がそなわっていないので，多くのイワシをとっても，油をとることができない（1978年）[69].
- アブラガヤツリの栽培に力をいれれば，食用油の問題も解決できるだろう（1981年）[70].
- パーム油，牛脂なども輸入しなければ，石鹸や塗料などを生産することができない（1982年）[71].

1980年代には北朝鮮にもイワシの大群が回遊した．金日成は1986年，

---

65)　同「貨幣流通と穀物加工を改善するために」朝鮮民主主義人民共和国内閣常務会議での結語，1957年7月27日，『著作集』第11巻，214頁．
66)　同「水産業をいっそう発展させるために」江原道水産部門の党活動者会議でおこなった演説，1959年6月11日，『著作集』第13巻，304頁．
67)　同「平安南道の十大課題について」朝鮮労働党平安南道委員会総会でおこなった演説，1964年8月6日，『著作集』第18巻，398頁．
68)　同「江原道党委員会拡大総会での結語」1972年3月23日，『著作集』第27巻，107頁．
69)　同「水産指導体系を確立し，水産業の物質的・技術的土台をいっそう強化するために」咸鏡南道水産部門活動家協議会でおこなった演説，1978年10月12日，『著作集』第33巻，528頁．
70)　同「冬季の漁獲と魚類加工で新たな革新を起こすために」朝鮮労働党中央委員会政治局・中央人民委員会・政務院合同会議でおこなった演説，1981年3月11日，『著作集』第36巻，20頁．
71)　同「農業の管理運営を改善し，農業生産を増大させるための課題について」朝鮮労働党中央委員会政治局会議でおこなった演説，1982年12月9日，『著作集』第37巻，364頁．

イワシを110万トン捕れと指示した[72]. しかし漁船や漁具の不足のために，この漁獲量は到底，達成不可能であった. かりに捕ったとしても，揚陸施設，加工工場の不備のために，おおくが腐って無駄になった[73].

　金正日の時代にも油脂作物の栽培運動がつづいた. 金正日は大豆のほか，ひまわりの栽培を指示した[74].

　北朝鮮は1970年代から80年代にかけて大豆油とグリセリンを，多い年でそれぞれ1,000-2,000トン（2-6億円）日本から輸入した. 中国からは1992-2006年間，毎年大豆を3-5万トン，大豆油を数千-4万トン輸入した（グリセリンの輸入は僅少であった）（付表9）.

　72）　同「技術革命の促進と金属工業の発展について」朝鮮労働党中央委員会第六期第十一回総会での結語, 1986年2月5-6日,『著作集』第39巻, 337頁.
　73）　同上, 337-38頁.
　74）　『労働新聞』2002年9月23日.

おわりに
　　　　　――――――

　社会主義国はイデオロギーの点で，資本主義国と対立した．これは政治的・軍事的対立を生み，戦後米ソのあいだで全面戦争の危機すら発生した．しかしこの対立は一面にすぎなかった．多くの研究者が指摘するように，両者には経済的な依存関係が存在した．本書の観点から重要な事実は，社会主義国が重化学工業の成長において資本主義国に決定的に依存したことである．工業成長の最大の要因は技術革新である．社会主義国の指令経済は，技術革新を生み出す力が市場経済にまったく及ばなかった．そのため社会主義国は製品輸入その他の形態・経路をつうじて，資本主義国から技術を移転した．その一部は借款によった．社会主義国はこうしてはじめて，資本主義国に対抗できたのである．
　戦前から戦中にかけて，米国はソ連に膨大な物資・技術を供与した．戦後，状況は一転した．米国はソ連の経済的孤立をはかり，ココムによる輸出規制網をしいた．ソ連はこれを打破せねばならなかった．そのために，一方では合法的な東西貿易の拡大，他方では不正手段による規制製品の獲得に全力をあげた．国際共産主義運動の前線組織は，貿易促進と技術移転を目的とした工作活動を展開した．西欧・日本はソ連や中国の資源と市場にひかれ，東西貿易の推進をのぞんだ．米国も東西貿易を拒否できなくなった．貿易利益および政治戦略の見地から，みずからこれに参入した．
　ソ連は資源と交換に工業製品を調達し，その大部分を直接・間接に軍事建設にむけた．ソ連国民がまずしい消費生活を送っていたことはそれを証明する．ソ連は軍事大国，消費小国であった．米国も軍事力を増強したが，同時に国民の消費が増大した．米国は軍事大国かつ消費大国となった．この点は両国の顕著な相違であった．毛沢東体制下の中国も，ソ連と同様の道をあゆんだ．軍事偏重は社会主義体制の基本的な特徴であった．これは，暴力的な階級闘争を社会発展の原動力とみるマルクス・レーニンの理論とむすびついていた．飢餓をともなう核開発はこの特徴の端的なあらわれで

あった．それは，金日成・正日の北朝鮮——世界的な軍事大国にはなりえなかったが——にも妥当した．

　東アジアの諸地域にとって，日本の存在は何より工業国として重要であった．終戦直後は密輸が日本製品調達の主要手段になった．金日成は日本の敗戦直後に北朝鮮にはいり，そこに膨大な軍事工業基地を発見した．かれはその復旧と拡張，さらに軍事優先の国家体制の確立をめざした．それには日本からの物資調達が必要であった．ここに，かれが日本に接近する大きな経済的理由があった．

　1950年，スターリンと毛沢東の支持・了解をえて，金日成は対南侵攻を実行した．これは挫折におわった．半島の分断・緊張状況はつづいた．その結果，かれの軍事優先政策はいっそう徹底した．対南侵攻は他方，金日成が予想もしなかった結果をもたらした．それは，米国の軍事介入から生じた日本の特需景気である．これによって日本経済は戦後復興をなしとげた．戦争を計画・実行した金日成やスターリンは，期せずして日本経済の恩人になった．

　つぎはかれらの側が恩返しをうける番であった．1950年代後半，北朝鮮はソ連，中国とともに，対日貿易工作を展開した．60年代以降は独自に工作をすすめた．日本には北朝鮮をささえる勢力が存在した．第1は在日朝鮮人である．総聯は金日成に服従し，政治工作，物資・資金の調達に従事した．第2は共産党，社会党，労組，知識人・文化人ら，いわゆる左翼・進歩派である．かれらは交流団体や貿易会など国際共産主義運動の前線組織や各種メディアをつうじて，金日成の政策実現に協力した——あるときは積極的に，あるときは明確に意識せずに．高度成長をへて日本には物資があふれた．日本企業は欧米の技術を吸収し，精密機器や新素材の開発に力を発揮した．在日朝鮮人は富をたくわえ，かつ教育・技術水準をたかめた．一方，北朝鮮は経済開発に完全に失敗した．技術開発の能力は，他の社会主義国に比してもおとるほどであった．主体思想のもとで，技術はむしろおおくの分野で退化した．軍事建設における日本の製品・技術の必要性はますますたかまった．日本では輸出管理があまかった．ココムやぶりは容易であった．総聯の商社や派遣した工作員が，本国の指示どおりに機器や資材をはこんできた．日本企業も協力した．それはあたかもトヨタのカンバン方式のごとくであった．あるいは日本は北朝鮮にとって，裏

おわりに

通りのコンビニであったといえるかもしれない．日本の対北輸出統計はこのような物資調達の非常に不正確・過小な記録にすぎない．個人携行，不正，迂回による分を合計すれば，じっさいの物資調達は統計の何倍にもたっしたにちがいない．技術情報の流出も大量・日常的であった．技術書が送られ，科学者・技術者が往来した．訪朝したのは在日朝鮮人ばかりではなかった．日本人科学者・技術者も多数訪朝した．その大部分は世間に知られていない．

在日朝鮮人の北朝鮮への大量帰国は，日朝の朝鮮人間に，親族・友人・同窓関係にもとづく密接なつながりを生んだ．このつながりをつうじて物資，資金および情報がながれた．祖国往来船はその重要な手段であった．それが物資あるいは人員のみをはこぶ貨物船，客船ではなく，その双方をはこぶ貨客船であったことは意味深い．金日成はけっきょく，恒久的でかつ利用価値のたかい日朝間の太いパイプを手に入れた．帰国事業の大きな意義はこの点にある．

対日接近は，金日成の一貫した基本戦略であった．韓国との対抗上およびソ連・中国との力のバランス上，となりの大国，日本を自陣にひきいれる政治的利益ははかりしれなかった．表明するかどうかはべつとして，金日成がはやい時期から対日関係の改善ひいては国交正常化をめざしたのは，長期的・潜在的に莫大な経済的および政治的利益がみこめたからにほかならない．対照的に日本では，北朝鮮にたいする関心はつよくなかった．初期はソ連，中国，韓国との関係改善が課題であった．その後は，これらの国々との経済交流や政治的摩擦の回避・解消が関心の的となった．対北関係の改善から大きな利益は期待できなかった．貿易面ではじっさい，日本が獲得した利益は，国民経済全体からみて小さなものにすぎなかった．対中貿易からの利益とは比較にならなかった．輸出企業はむしろ，北の債務不履行から損失をこうむった．韓国政府は軍事的な観点から，日本の対北プラント輸出に反対した．結果的に，これは正当であった．それを無視しなければ，日本側に損失が生じることはなかった．

日朝間には工作の面で，顕著な非対称性が存在した．北朝鮮は日本のなかに確固とした工作組織を有した．これにたいして日本は，北朝鮮内に何ら組織をもたなかった．北朝鮮でインテリジェンスを展開する余地はなかった．国内の対抗組織や法的規制——カウンターインテリジェンス——も弱か

った．日本は北朝鮮について，あるていど独自に経済情報を蓄積した．しかしそれ以上ではなかった．とくに軍事にかんする情報が欠けた．それをえる能力はかぎられた．意思もとぼしかった．その結果，政府や国民が気づかないうちに，安全保障の面で深刻な問題が生じた．日本の輸出品を転用した核・ミサイル開発や日本人拉致がそれであった．こうした状況を生んだ基本的要因は，これまで一部でくりかえし指摘されたように，国家安全保障にたいする国民の意識のひくさであった．米国による終戦後の武装解除とその後の軍事的保護，および物質的繁栄が悲惨な戦争の記憶とかさなり，日本国民には平和主義が徹底した．経済界は目先の貿易利益をもとめ，製品の軍事転用を軽視した．自国が平和主義であれば隣国もそうである——おおくの日本人はこの幻想にとらわれた．北朝鮮の体制がそれと正反対であったにもかかわらず．けっきょく，いまやだれの目にもあきらかになった北朝鮮の脅威は，わが国戦後の平和主義の代償にほかならなかった．

　対日物資調達の問題は北朝鮮にとどまらず，よりひろく考察されねばならない．ソ連はスターリン以後，核・ミサイルの軽量化・小型化・性能強化に力をそそいだ．日本の製品と技術情報はこれにいかに使われたのか．中国は1960年代，核・ミサイル開発に成功した．これには日本が戦前満洲にきずいた重化学工業と，戦後あらたに開発した製品や技術が貢献した．後者は具体的に何であったのか．こうした点の究明は，戦後の世界政治の展開をかんがえるうえで重要な意義をもつ．その意味で本書の議論はいまだ序論にすぎない．

付　　表

付表の注および出所

付表 1

日本の貿易商品分類は過去3回（1962年，1976年，1988年）大きく変わった．その間，化学品などにこまかな改定があった．ここでは1987年以前の各商品の輸出額を最小分類にさかのぼって，1988年以降の分類に組みなおした．調整しえない部分は残るが，大きな額ではない（1976年前後の接続については，日本関税協会『日本貿易月表品目番号新旧（旧新）対照表』同会，1976年を参照した）．

　四捨五入のため各欄の数値の合計はかならずしも合計欄の数値と一致しない．
　商品分類（Harmonized System）の詳細な名称は以下のとおりである（日本関税協会『輸出統計品目表』同会，2005年参照）．

第1類　動物（生きているもの）
第2類　肉，食用のくず肉
第3類　魚，甲殻類，軟体動物，その他水棲無脊椎動物
第4類　酪農品，鳥卵，はちみつ
第5類　動物性生産品
第6類　生きている樹木，植物，りん茎，根，切花，葉
第7類　食用の野菜，根，塊茎
第8類　食用の果実，ナット
第9類　コーヒー，茶，香辛料
第10類　穀物
第11類　穀粉
第12類　種，果実，飼料用植物
第13類　ラック，ガム，樹脂，その他植物性の液汁，エキス
第14類　植物性の組物材料，植物性生産品
第15類　動・植物性の油脂，その分解生産物，調製食用油，ろう
第16類　肉，魚，甲殻類，軟体動物，水棲無脊椎動物の調製品
第17類　糖類，砂糖菓子
第18類　ココア，その調製品
第19類　穀物，穀粉，でん粉，ミルクの調製品，ベーカリー製品
第20類　野菜，果実，ナットその他植物の部分の調製品
第21類　各種の調製食料品

第22類　飲料，アルコール，食酢
第23類　食品工業において生じる残留物，くず並びに調製飼料
第24類　たばこ
第25類　塩，土石類，プラスター，石灰，セメント
第26類　鉱石，スラグ，灰
第27類　鉱物性燃料，鉱物油，これらの蒸留物，瀝青物質
第28類　無機化学品，希土類金属・放射性元素又は同位元素の無機・有機の化合物
第29類　有機化学品
第30類　医療用品
第31類　肥料
第32類　なめしエキス，染色エキス，タンニン，その誘導体，染料，顔料，着色料，ペイント，ワニス，パテ，マスチック，インキ
第33類　精油，レジノイド，調製香料，化粧品類
第34類　せっけん，有機界面活性剤，洗剤，調製潤滑剤，人造ろう，調製ろう，磨き剤，ろうそく類
第35類　たんぱく系物質，変性でんぷん，膠着剤，酵素
第36類　火薬類及び火工品
第37類　写真用，映画用の材料
第38類　各種の化学工業生産品
第39類　プラスチック，その製品
第40類　ゴム，その製品
第41類　原皮，革
第42類　革製品，旅行用具，ハンドバック
第43類　毛皮，人造毛皮，これらの製品
第44類　木材，その製品，木炭
第45類　コルク，その製品
第46類　わら，エスパルトその他の組物材料の製品，かご細工物，枝条細工物
第47類　木材パルプ，その他のパルプ，古紙
第48類　紙，板紙，製紙用パルプ，板紙製品
第49類　印刷した書籍，新聞，絵画，その他の印刷物
第50類　絹，絹織物
第51類　羊毛，絨獣毛，これらの織物
第52類　綿，綿織物

- 第53類 その他の植物性紡織用繊維，織物
- 第54類 人造繊維の長繊維，その織物
- 第55類 人造繊維の短繊維，その織物
- 第56類 ウォッディング，フェルト，不織布，特殊糸，ひも，綱，ケーブル，これらの製品
- 第57類 じゅうたんその他の紡織用繊維の床用敷物
- 第58類 特殊織物，タフテッド織物類，レース，つづれ織物，トリミング，ししゅう布
- 第59類 染み込ませ，塗布・被覆・積層した紡織用繊維の織物類，工業用の紡織用繊維製品
- 第60類 メリヤス織物，クロセ編物
- 第61類 衣類，衣類附属品（メリヤス編み，クロセ編みのものに限る）
- 第62類 衣類，衣類附属品（メリヤス編み，クロセ編みのものを除く）
- 第63類 紡織用繊維のその他の製品，中古の衣類，ほろ
- 第64類 履物，ゲートル類，これらの部分品
- 第65類 帽子，その部分品
- 第66類 傘，つえ，シートステッキ，むち，これらの部分品
- 第67類 調製羽毛，羽毛製品，造花，人髪製品
- 第68類 石，プラスター，セメント，石綿，雲母類の製品
- 第69類 陶磁製品
- 第70類 ガラス，その製品
- 第71類 貴石，半貴石，貴金属，身辺用模造細貨類
- 第72類 鉄鋼
- 第73類 鉄鋼製品
- 第74類 銅及びその製品
- 第75類 ニッケル及びその製品
- 第76類 アルミニウム及びその製品

[77 削除]

- 第78類 鉛及びその製品
- 第79類 亜鉛及びその製品
- 第80類 すず及びその製品
- 第81類 その他の卑金属，サーメット，これらの製品
- 第82類 卑金属製の工具，道具，刃物，スプーン，フォーク，これらの部分品
- 第83類 各種の卑金属製品

第84類　原子炉，ボイラー，機械類，これらの部分品
第85類　電気機器，その部分品，附属品
第86類　鉄道用の機関車，車両，これらの部分品
第87類　鉄道用以外の車両，その部分品
第88類　航空機，宇宙飛行体，これらの部分品
第89類　船舶，浮き構造物
第90類　光学・写真用・映画用・測定・検査・精密・医療用機器，これらの部分品，附属品
第91類　時計，その部分品
第92類　楽器，その部分品，附属品
第93類　武器，銃砲弾，これらの部分品，附属品
第94類　家具，寝具，マットレス，クッション類，ランプその他の照明器具，イルミネーションサイン，発光ネームプレート類，プレハブ建築物
第95類　がん具，遊戯用具，運動用具，これらの部分品，附属品
第96類　雑品
第0類　特殊取扱品（再輸出品をふくむ）

付表2

品目名の下欄の番号は輸出統計品目番号をしめす（以下，同）．
合金鋼板は，ステンレス製およびその他のフラットロール製品の合計である．

付表3

A，Bはそれぞれ，第28類，第29類の品目中，金額の多いもの上位5品をしめす．

かっこ内の「その他」は「その他のもの」の略（以下，同）．酸化すずは酸化第一すず及び第二すず．#を付した品目の正式名称は以下のとおりである（以下，同）．

　　シアン化物　　シアン化物及びシアン錯塩
　　硫酸塩　　硫酸塩（みょうばんを含む）（その他のもの）
　　非金属硫化物　　非金属硫化物及び三硫化りん
　　貴金属　　コロイド状貴金属及び貴金属のアマルガム並びに貴金属の無機又は有機の塩その他の化合物
　　ふっ化物　　ふっ化物及びフルオロけい酸塩，フルオロほう酸塩その他のふ

	っ素錯塩（その他のもの）
無機塩基	無機塩基，金属酸化物，金属水酸化物及び金属過酸化物（その他のもの）
その他の無機塩基	その他の無機塩基，金属酸化物，金属水酸化物及び金属過酸化物（その他のもの）
その他の無機酸	その他の無機酸（その他のもの）
オキソ金属酸塩	オキソ金属酸塩及びペルオキソ金属酸塩（その他のもの）
炭酸アンモニウム	商慣行上炭酸アンモニウムとして取引する物品その他のアンモニウムの炭酸塩
ゲルマニウム	ゲルマニウムの酸化物及び二酸化ジルコニウム
貴金属の無機	貴金属の無機又は有機の化合物，コロイド状貴金属及び貴金属アマルガム（その他の化合物及びアマルガム）
ヒドラジン	ヒドラジン及びヒドロキシルアミン並びにこれらの無機塩基，金属酸化物，金属水酸化物及び金属過酸化物（その他のもの）
コバルトの酸化物	コバルトの酸化物及び水酸化物並びに商慣行上酸化コバルトとして取引される物品
鉄の酸化物	鉄の酸化物及び水酸化物
ポリカルボン酸	ポリカルボン酸並びにその酸無水物，酸ハロゲン化物，酸過酸化物及び過酸並びにこれらのハロゲン化誘導体，スルホン化誘導体，ニトロ化誘導体及びニトロソ化誘導体（その他のもの）
炭化水素	炭化水素誘導体（その他のもの）
カルボキシイミド	カルボキシイミド官能化合物及びイミン官能化合物（その他のもの）
モノカルボン酸	モノカルボン酸並びにその酸無水物，酸ハロゲン化物，過酸化物及び過酸並びにこれらのハロゲン化誘導体，酸スルホン化誘導体，ニトロ化誘導体及びニトロソ化誘導体（その他のもの）
メタクリル酸	メタクリル酸並びにその塩及びエステル
エポキシド	三員環又は四員環のエポキシド，エポキシアルコール，エポキシフェノール及びエポキシエーテル並びにこれらのハロゲン化誘導体，スルホン化誘導体，ニトロ化誘導体及びニトロソ化誘導体（その他のもの）

複素環式化合物　複素環式化合物及びヌクレイン酸（その他のもの）
石炭酸　石炭酸及びその塩
CFC-114　ジクロロテトラフルオロエタン
非環式炭化水素の塩素　非環式炭化水素の塩素誘導体（飽和のものに限る）（その他のもの）
非環式炭化水素　非環式炭化水素のハロゲン化誘導体（二以上の異なるハロゲン原子を有するものに限る）
CFC-12　ジクロロジフルオロメタン
CFC（その他）　その他のペルハロゲン化誘導体（ふっ素原子及び塩素原子のみを有するものに限る）（その他のもの）
りん酸エステル　りん酸エステル及びその塩（ラクトホスフェートを含む）並びにこれらのハロゲン化誘導体，スルホン化誘導体，ニトロ化誘導体及びニトロソ化誘導体（その他のもの）
アジピン酸　アジピン酸並びにその塩及びエステル
モノエタノールアミン　モノエタノールアミン及びその他の塩
ビタミンC　ビタミンC及びその誘導体
クレゾール　クレゾール及びその塩

1987年以前の「無機酸（その他）」は，ふっ化水素（ふっ化水素酸）以外の無機酸をすべて含む．1988年以後の「その他の無機酸」は，二酸化炭素，二酸化けい素，二酸化硫黄を含まない．

付表4
本書で注目すべき第28類，第29類の品目．

ふっ素等（1976-87年）　ふっ素，臭素及びよう素
硫黄　昇華硫黄，沈降硫黄及びコロイド硫黄
ヘリウム等（1976-87年）　ヘリウム，アルゴン，クリプトン及びキセノン
希土類金属　希土類金属，イットリウム及びスカンジウム（これらの相互の混合物又は合金にしてあるかないかを問わない）
硫酸　硫酸及び発煙硫酸
ヒドラジン　ヒドラジン及びヒドロキシルアミン並びにこれらの無機塩
次亜塩素酸塩　次亜塩素酸塩，商慣行上次亜塩素酸カルシウムとして取引する物品，亜塩素酸塩及び次亜臭素酸塩

シアン化ナトリウム（1976-87年）　　シアン化物及びシアン錯塩
非環式ケトン　　非環式ケトン（他の酸素官能基を有しないものに限る）（その他のもの）
アルコール官能のカルボン酸　　アルコール官能のカルボン酸（他の酸素官能基を有するものを除く）並びにその酸無水物，酸ハロゲン化物及び過酸並びにこれらの誘導体（その他のもの）
その他の無機酸のエステル　　その他の無機酸のエステル（ハロゲン化水素酸エステルを除く）及びその塩並びにこれらのハロゲン化誘導体，スルホン化誘導体，ニトロ化誘導体及びニトロソ化誘導体

　表中，つぎの品目（A）には右に記す（軍用）化学製剤原料関連の物質（B）が属する．

A	B
飽和一価アルコール（その他）	3・3-ジメチルブタン-2-オール
非環式ケトン	ピナコロン
アルコール官能のカルボン酸	ベンジル酸メチル
その他の無機酸のエステル	亜りん酸トリメチル
アミン官能化合物	ジメチルアミン，ジイソプロピルアミンなど
酸素官能のアミノ化合物	ジイソプロピルアミノエタノール，プロピルエチルアミノエタノールなど
有機硫黄化合物（その他）	2-クロロエチルクロロメチルスルフィド，1・2-ビス（2-クロロエチルチオ）エタン
その他のオルガノインオルガニック化合物	メチルホスホン酸ジメチル，イソプロピルホスホン酸など

　上記Bの各物質には個別の品目番号が設定されていないので，その対北輸出を特定できない．ジメチルアミン，ジイソプロピルアミン，メチルホスホン酸ジメチルは用途が広い．1970・80年代には輸出規制が十分でなかったので，北朝鮮に輸出された可能性は小さくない．メチルホスホン酸ジメチルはオウム真理教のサリン製造で前駆物質として使われた．以上，石倉俊治『オウムの生物化学兵器』読売新聞社，1996年，36-37頁，安全保障貿易情報センター『2005　輸出管理品目ガイダンス　化学製剤原料関連』同センター，2005年を参照した．

付表5
銅　　銅及びその製品（以下，同）．

付表6
本文の議論に対応する注目すべき品目．核・ミサイル関連疑惑物資を含む（たとえば，ポリウレタンはロケット推進薬の結合剤に転用可能であり，また合金鋼製の被覆溶接アーク棒は核燃料再処理施設のステンレス槽・管類の製造に必要である）．

灰・残留物　　灰及び残留物（アルミニウムを主成分とするもの）
免疫血清その他血液　　免疫血清その他の血液分画物及び変性免疫産品（生物工学的方法により得たものであるかないかを問わない）（その他［人用・動物用ワクチン以外］のもの）
調整不（解）凍液　　調整不凍液及び調整解凍液
強化ガラス　　強化ガラス（車両用，航空機用，宇宙飛行体用，船舶用に適する寸法，形状のもの）
切削用工具　　切削用工具（作用する部分に天然又は人造のダイヤモンドを使用したもの）
合金鋼製の被覆アーク溶接棒　　卑金属製の被覆アーク溶接棒（電気アーク溶接に使用するものに限る）（合金鋼製のもの）
半導体デバイス　　ダイオード，トランジスターその他これらに類する半導体デバイス，光電性半導体デバイス，光電池（モジュール又はパネルにしてあるかないかを問わない），発光ダイオード及び圧電結晶素子
クロマトグラフ　　クロマトグラフ及び電気泳動装置
オシロスコープ　　陰極線オシロスコープ及び陰極線オシログラフ

付表8
A. は SITC の1桁分類（出所：国連のデータベース），B. は HS の部別分類による．HS の各部がふくむ類（上記，付表1の注参照）は以下のとおりである．
　　第1部　第1類-第5類；第2部　第6類-第14類；第3部　第15類；第4部　第16類-第24類；第5部　第25類-第27類；第6部　第28類-第38類；第7部　第39類-第40類；第8部　第41類-第43類；第9部　第44類-第46類；第10部　第47類-第49類；第11部　第50類-第63類；第

付表の注および出所   211

12部　第64類-第67類；第13部　第68類-第70類；第14部　第71類；第15部　第72類-第83類；第16部　第84類-第85類；第17部　第86類-第89類；第18部　第90類-第92類；第19部　第93類；第20部　第94類-第96類．

B．で1992-93年の数値は原資料では1万米ドル単位で記されている（四捨五入のため，各欄の数値の合計は合計欄の数値と一致していない）．ここでは，千ドル単位表示にするため，原数値に一律に10を乗じた値を記した．

付表9

塩は海水と純粋塩化ナトリウムを含む．その他石炭は，無煙炭，瀝青炭以外の石炭．原油は石油原油および瀝青鉱物から採る油．（航空）石油は1992-99年は石油（「煤油」），2000-05年は航空石油（「航空煤油」）．

塩素酸塩　　塩素酸塩，過塩素酸塩，臭素酸塩，過臭素酸塩，よう素酸塩，及び過よう素酸塩

その他放射性元素　　放射性元素及び放射性同位元素並びにこれらの化合物（ウラン，プルトニウム，トリウムを除く）並びにこれらの元素，同位元素または化合物を含有する合金，ディスパーション（サーメットを含む），陶磁製品及び金剛物並びに放射性残留物

ニトロ基　　ニトロ基又はニトロソ基のみを有する誘導体

非環式モノアミン　　非環式モノアミン及びその誘導体並びにこれらの塩（その他のもの）

非縮合ピリジン環　　非縮合ピリジン環（水素添加してあるかないかを問わない）を有する化合物（その他のもの）

　塩素酸塩には，爆薬関連の物質が多く属する．ニトロ基も同様で，ジニトロトルエンとトリニトロトルエン（TNT）が属する．非環式モノアミンと非縮合ピリジン環には，軍用の化学製剤原料関連の物質が属する．

付表7, 11-13

［付表の下に書きこみ］．

付表1　対日輸入額，1961-2006 年

(百万円)

	動物 第1類	肉類 第2類	魚類 第3類	酪農品 第4類	動物性 生産品 第5類	樹木類 第6類	野菜類 第7類	果実類 第8類	茶類 第9類
1961	-	-	-	-	-	-	-	-	-
62	-	-	-	-	-	-	-	-	-
63	-	-	-	-	-	-	-	-	-
64	1	-	-	-	-	-	-	-	-
65	-	-	-	-	-	-	-	-	-
66	-	-	-	-	-	-	-	-	-
67	-	-	-	-	-	-	-	-	-
68	-	-	0	-	-	-	-	2	1
69	-	-	-	-	-	-	-	2	5
1970	-	-	-	-	-	-	-	2	1
71	-	-	-	-	-	-	-	-	-
72	1	-	-	-	-	3	-	-	-
73	-	-	-	-	-	2	5	11	8
74	-	-	-	-	1	-	-	24	0
75	-	1	-	-	-	-	-	7	-
76	39	-	-	-	0	2	-	31	-
77	-	-	-	-	1	-	-	32	1
78	29	0	1	-	0	2	-	73	-
79	2	-	20	-	-	2	-	51	0
1980	2	-	-	5	5	16	-	75	5
81	3	-	4	1	1	27	-	110	-
82	65	-	-	2	1	45	-	132	0
83	71	3	2	5	2	15	-	102	1
84	11	-	1	1	4	113	-	112	0
85	-	0	1	2	1	98	-	67	3
86	-	-	15	-	3	9	0	79	2
87	5	1	81	2	1	9	2	80	6
88	6	-	167	0	1	6	-	93	5
89	-	2	161	3	5	8	0	122	6
1990	2	-	109	1	1	0	-	135	4
91	2	-	144	1	3	11	-	171	2
92	16	5	129	4	2	14	1	125	1
93	-	2	60	3	3	5	-	66	1
94	-	-	46	1	5	4	-	62	1
95	-	1	81	2	1	10	-	65	-
96	-	1	61	1	4	36	2	48	1
97	-	1	44	5	1	6	1	54	0
98	-	-	49	1	1	11	2	32	-
99	-	-	42	30	-	26	4	34	-
2000	-	1	58	6	5	21	11	31	0
01	-	1	62	5	12	61	25	29	1
02	-	5	189	3	6	8	3	16	2
03	-	7	76	3	8	1	53	1	3
04	-	10	80	1	4	-	1	4	-
05	-	58	58	1	2	-	1	1	1
06	-	28	38	1	2	5	1	0	0

対日輸入額，1961-2006 年

(百万円)

	穀物 第10類	穀粉 第11類	飼料類 第12類	樹脂類 第13類	植物性 生産品 第14類	油脂 第15類	動物 調製品 第16類	糖類 第17類	ココア 第18類	穀物 製品 第19類
1961	-	-	-	-	-	2	-	-	-	-
62	-	-	-	4	-	22	-	-	-	-
63	2	-	-	0	-	33	-	-	-	-
64	-	-	-	-	-	125	-	-	-	-
65	-	-	-	-	-	177	-	-	-	-
66	-	-	-	5	-	56	-	-	-	-
67	-	-	-	1	-	68	-	-	-	-
68	-	-	-	2	-	81	-	-	-	-
69	-	-	-	3	-	55	-	-	-	-
1970	-	-	-	1	-	70	-	-	-	-
71	-	-	-	2	-	89	-	2	-	-
72	-	-	-	5	-	159	-	-	-	-
73	-	-	-	5	-	172	-	-	-	-
74	-	-	-	1	-	187	-	-	-	-
75	-	-	-	-	-	75	-	-	-	-
76	-	-	-	8	-	206	-	5	-	-
77	-	-	-	14	-	240	-	-	-	-
78	-	0	6	12	-	271	-	5	-	0
79	-	-	2	2	-	249	-	1	-	2
1980	-	0	43	2	-	185	1	2	0	-
81	-	-	-	-	-	399	1	1	7	0
82	-	1	4	-	0	1,016	0	-	4	1
83	-	1	5	1	-	512	9	21	2	4
84	-	1	6	2	-	120	4	26	10	13
85	-	76	1	-	-	112	11	17	16	12
86	-	2	25	-	-	106	6	8	6	6
87	-	2	10	-	1	115	20	10	16	17
88	-	44	2	-	-	82	15	20	12	41
89	0	1	3	-	-	89	15	21	10	33
1990	-	1	2	0	-	36	14	30	11	36
91	-	1	3	1	-	39	8	31	9	40
92	-	11	10	-	-	26	6	18	6	38
93	-	9	4	-	-	14	1	23	2	50
94	-	8	1	-	-	16	5	12	8	42
95	91	3	14	-	-	19	10	61	12	76
96	-	3	3	1	-	37	5	11	4	41
97	1	2	50	-	-	23	3	3	1	36
98	792	1	16	-	-	20	2	5	1	20
99	1	2	5	1	-	3	1	21	18	18
2000	191	1	2	-	-	2	1	5	1	7
01	112,247	1	49	-	-	1	4	13	1	15
02	2	1	1	0	-	3	40	15	2	79
03	1	1	-	-	-	2	4	2	2	23
04	0	1	1	-	1	2	228	7	9	14
05	0	1	-	-	0	1	1	6	3	15
06	-	1	2	-	5	3	0	24	-	7

付表1

(百万円)

	野菜調製品 第20類	各種食品 第21類	飲料 第22類	食品残留物 第23類	たばこ 第24類	塩,セメント等 第25類	鉱石 第26類	鉱物性燃料 第27類	無機化学品 第28類
1961	-	-	-	-	-	-	23	-	2
62	-	-	-	-	-	0	-	1	8
63	-	-	0	-	-	-	7	3	8
64	-	-	-	-	-	-	-	26	13
65	-	-	-	-	-	-	37	6	1
66	-	-	0	11	-	-	2	7	15
67	-	-	0	1	-	1	-	30	85
68	-	0	1	37	-	-	414	67	73
69	-	-	0	63	-	-	-	24	110
1970	-	-	0	56	-	-	0	16	13
71	-	4	-	38	-	-	-	3	18
72	-	3	-	28	-	-	230	1	106
73	-	0	2	12	-	-	367	2	49
74	1	0	1	33	-	-	-	36	84
75	-	-	2	-	-	3	-	238	96
76	-	4	8	-	-	1	434	138	764
77	0	8	14	7	-	1	641	830	36
78	-	3	6	1	-	11	172	597	478
79	1	2	13	80	-	14	-	2,226	596
1980	9	43	32	104	-	14	130	3,935	589
81	6	37	27	-	-	30	349	2,499	301
82	6	23	51	28	7	40	696	3,480	912
83	6	30	46	-	5	34	522	1,962	1,475
84	2	49	93	2	4	13	249	1,666	1,476
85	9	70	102	0	31	16	242	1,082	1,542
86	3	65	91	-	30	21	81	475	463
87	9	92	123	3	51	20	-	416	523
88	10	85	69	3	27	17	-	333	677
89	5	55	160	3	29	11	-	99	504
1990	3	41	58	3	21	8	9	309	747
91	5	45	69	4	23	7	13	173	590
92	54	60	71	1	29	6	61	276	188
93	0	46	35	1	15	8	44	234	60
94	2	28	37	-	9	11	18	203	36
95	7	68	68	-	27	9	42	374	15
96	2	30	21	1	7	10	60	2,838	43
97	2	30	31	-	17	1	74	1,521	13
98	1	30	40	-	37	4	13	1,781	15
99	-	11	18	-	25	1	6	537	11
2000	1	16	31	14	13	0	11	1,019	9
01	1	11	54	-	35	1	8	59	14
02	3	22	61	-	26	0	2	66	12
03	3	15	33	-	115	1	7	34	3
04	2	10	24	-	274	1	10	39	2
05	1	15	41	-	233	0	-	26	6
06	-	8	28	-	29	0	-	22	7

対日輸入額,1961-2006 年

(百万円)

	有機化学品 第 29 類	医療用品 第 30 類	肥料 第 31 類	染料等 第 32 類	精油等 第 33 類	せっけん等 第 34 類	たんぱく系物質等 第 35 類	火薬類 第 36 類	写真材料 第 37 類
1961	29	8	-	39	2	-	1	-	1
62	34	8	36	19	1	4	3	-	-
63	111	4	43	11	3	-	3	-	4
64	200	2	315	19	-	-	1	0	7
65	435	16	401	23	-	-	3	-	3
66	239	11	49	9	-	-	7	-	8
67	145	47	-	18	-	-	10	-	13
68	324	85	-	104	2	-	13	-	50
69	339	39	17	50	2	-	14	4	14
1970	164	160	-	35	1	-	8	-	19
71	254	89	-	160	1	-	21	1	12
72	455	125	4	178	34	1	7	-	42
73	567	156	-	259	28	315	15	-	125
74	786	320	-	216	60	163	16	-	46
75	356	43	2,772	120	5	147	22	1	70
76	639	12	85	220	11	62	15	1	43
77	612	24	-	321	10	161	17	1	48
78	707	15	7	410	8	51	27	-	88
79	403	56	4	821	26	170	20	1	98
1980	1,040	80	0	1,048	37	131	23	1	352
81	768	54	212	796	21	153	18	3	358
82	1,507	41	65	910	80	322	28	3	412
83	1,409	88	-	830	45	207	31	1	466
84	589	9	1	713	22	232	26	0	220
85	1,019	19	1	964	47	154	73	-	301
86	1,022	25	38	403	33	52	17	-	43
87	598	23	5	384	37	77	25	-	89
88	256	10	-	451	28	50	15	0	60
89	143	13	0	460	56	67	11	-	137
1990	271	14	-	494	33	131	34	-	125
91	273	23	-	418	37	50	26	1	168
92	121	21	0	277	27	24	42	0	183
93	49	40	-	234	42	34	13	-	164
94	50	26	-	162	25	24	24	-	86
95	50	23	-	247	24	28	23	1	72
96	50	34	1	143	19	13	31	-	69
97	13	25	2	156	15	12	25	0	98
98	9	26	1	121	17	10	18	1	110
99	6	19	5	143	14	9	18	0	139
2000	7	22	0	115	18	21	22	1	64
01	15	37	2	152	20	16	16	-	67
02	5	35	0	112	25	19	17	-	83
03	3	48	-	95	23	10	15	-	67
04	3	52	-	65	18	12	20	-	59
05	0	44	1	103	10	14	26	-	29
06	24	48	2	55	14	11	32	-	29

付表1

(百万円)

	各種化学品 第38類	プラスチック 第39類	ゴム 第40類	皮革 第41類	革製品 第42類	毛皮 第43類	木材 第44類	コルク 第45類	わら等 第46類
1961	16	37	213	-	2	-	6	-	-
62	111	30	105	-	1	-	9	-	-
63	149	147	24	-	1	-	5	-	-
64	38	135	57	-	-	-	8	-	-
65	14	156	19	-	2	-	27	-	-
66	4	89	53	-	1	-	26	-	-
67	42	80	109	-	2	-	24	-	-
68	284	434	94	-	10	-	80	-	-
69	270	560	62	1	2	-	68	-	-
1970	243	724	103	-	1	-	50	-	-
71	364	999	106	-	4	-	20	-	-
72	215	1,114	211	-	20	-	32	-	-
73	758	1,053	70	-	7	-	21	-	-
74	384	1,001	893	-	13	-	66	-	-
75	334	1,111	1,059	-	4	-	80	-	-
76	1,521	909	981	-	6	-	223	14	16
77	1,654	995	766	-	5	-	269	-	1
78	1,462	2,419	1,196	3	16	-	205	3	5
79	2,144	1,964	1,578	-	27	-	282	0	0
1980	3,548	1,950	2,489	-	50	0	198	1	3
81	2,973	1,584	1,394	3	9	-	108	1	15
82	3,103	2,337	2,317	2	32	-	161	0	4
83	1,932	2,540	2,590	3	29	-	216	-	8
84	997	1,601	2,633	1	61	-	361	-	10
85	798	2,152	2,825	4	29	1	324	0	18
86	375	1,093	1,086	1	8	-	273	2	-
87	359	1,423	1,187	1	12	0	96	-	2
88	358	1,260	677	8	11	-	227	4	0
89	353	1,237	461	7	15	-	117	-	-
1990	350	1,109	1,050	5	7	-	254	-	-
91	715	1,269	578	8	14	9	214	-	-
92	800	1,090	512	24	24	-	186	-	4
93	225	799	281	13	5	-	187	-	24
94	44	749	220	10	7	-	161	-	-
95	81	725	219	0	18	-	153	-	-
96	173	762	305	-	20	-	117	-	0
97	39	627	228	-	2	-	155	-	-
98	47	408	113	-	2	-	98	-	0
99	26	413	185	1	6	-	103	-	0
2000	39	399	265	-	3	-	83	-	-
01	47	460	464	-	7	-	70	0	-
02	35	305	538	0	6	1	52	-	0
03	26	221	382	-	2	-	33	-	-
04	35	152	341	1	2	-	58	-	0
05	36	143	188	8	2	-	155	-	-
06	19	103	76	10	-	-	93	-	-

対日輸入額, 1961-2006 年

(百万円)

	パルプ 第 47 類	紙 第 48 類	印刷物 第 49 類	絹織物 第 50 類	毛織物 第 51 類	綿織物 第 52 類	その他 織物 第 53 類	人造 長繊維 第 54 類	人造 短繊維 第 55 類
1961	-	12	1	13	12	2	-	63	
62	-	43	9	-	16	5	-	48	
63	-	31	13	-	2	1	-	204	
64	-	76	63	-	124	19	-	837	
65	-	107	65	-	54	2	-	331	
66	-	108	64	2	77	1	3	194	
67	-	107	50	-	10	17	1	283	
68	-	238	23	1	224	3	21	403	
69	-	339	25	1	7	1	201	694	
1970	-	600	123	-	10	0	108	1,005	
71	-	528	66	-	19	-	34	904	
72	-	849	166	-	7	0	816	4,788	
73	-	1,117	102	-	16	-	706	2,500	
74	-	2,904	197	2	84	8	3,184	6,544	
75	64	1,628	280	-	12	2	136	612	
76	-	1,319	167	1	26	3	-	409	519
77	-	1,365	57	0	6	5	-	2,023	1,834
78	-	1,546	47	4	1	3	25	673	2,377
79	56	3,857	98	0	42	2	-	1,533	2,856
1980	72	4,250	145	2	135	232	-	690	3,032
81	-	2,322	66	-	19	2	-	443	1,013
82	337	3,128	157	7	193	40	-	715	1,197
83	111	2,147	96	2	15	14	-	494	477
84	-	2,366	120	1	64	25	-	417	338
85	1	2,111	33	-	30	31	-	623	899
86	-	910	36	3	46	38	5	360	224
87	4	775	33	2	61	38	9	249	182
88	-	512	55	0	343	109	13	298	168
89	-	543	79	1	832	102	9	672	256
1990	-	527	74	14	1,455	185	13	743	338
91	-	549	100	4	1,749	291	39	898	507
92	-	621	46	15	2,877	408	34	1,308	1,013
93	2	514	19	4	2,008	334	41	1,494	667
94	-	251	13	31	2,110	442	187	1,490	800
95	-	280	17	12	2,375	597	180	1,673	1,100
96	-	236	9	16	2,695	622	114	1,847	935
97	13	155	11	12	3,085	497	52	1,682	761
98	1	198	10	22	2,543	397	9	728	446
99	0	158	9	9	2,529	334	20	812	368
2000	-	132	8	11	2,374	451	45	772	351
01	0	103	11	8	2,311	440	13	976	364
02	-	66	9	5	1,957	340	12	951	273
03	0	51	11	8	960	294	24	714	128
04	1	51	7	6	524	215	11	565	63
05	0	36	4	19	210	129	24	296	31
06	-	23	3	3	123	60	12	173	16

付表1

(百万円)

	ひも,綱等 第56類	敷物 第57類	特殊織物 第58類	工業用繊維製品 第59類	メリヤス織物 第60類	メリヤス衣類 第61類	その他衣類 第62類	その他繊維製品 第63類	履物 第64類
1961	101	-	1		-		38	1	29
62	97	-			-		46	-	20
63	30	-			-		1	-	-
64	171	-			-		1	-	-
65	16	2	-		-		19	0	1
66	15	-			-		9	59	2
67	115	-	0		-		25	142	5
68	188	12	2		-		42	49	1
69	205	12	0		-		98	12	2
1970	109	10	1		30		14	19	1
71	146	14	0		72		27	0	2
72	218	113	2		66		41	15	1
73	131	86	7		76		15	192	1
74	349	196	17		98		5	4	1,057
75	200	166	-		4		111	71	339
76	180	229	36	26	―61―			15	250
77	1,059	329	11	37		117		10	3
78	909	120	42	35		53		106	6
79	1,832	90	88	57		216		108	6
1980	1,229	237	82	84		323		441	34
81	634	172	86	339		475		577	22
82	670	398	176	366		635		5,083	45
83	458	378	188	571		463		802	34
84	409	297	71	257		567		162	19
85	354	348	97	75		611		120	33
86	688	141	81	106		421		59	24
87	813	85	31	78	―334―			57	48
88	601	68	88	145	99	135	173	37	28
89	474	18	120	61	55	113	246	51	37
1990	300	46	150	105	133	80	347	24	54
91	379	11	214	153	229	198	420	79	106
92	432	42	337	212	313	158	540	60	39
93	367	34	264	116	292	129	495	38	44
94	274	57	291	87	480	52	383	39	32
95	320	12	381	108	499	97	356	60	26
96	331	2	492	129	556	75	324	56	16
97	242	1	241	120	410	52	260	85	20
98	106	6	224	72	275	54	180	313	46
99	95	1	134	108	129	9	192	75	29
2000	126	4	112	98	180	54	161	76	36
01	67	2	147	121	153	49	147	49	39
02	60	1	85	61	172	40	150	35	32
03	26	3	53	14	188	39	55	38	41
04	32	6	21	27	148	18	39	27	17
05	34	4	33	20	61	13	16	15	26
06	21	4	19	10	46	9	14	11	45

対日輸入額, 1961-2006 年

(百万円)

	帽子 第65類	傘等 第66類	羽毛等 第67類	石等の 製品 第68類	陶磁 製品 第69類	ガラス 第70類	貴石等 第71類	鉄鋼 第72類	鉄鋼 製品 第73類
1961	-	-	-	4	2	0	15	288	-
62	-	-	-	-	-	1	9	679	136
63	-	-	-	-	-	-	1	443	115
64	-	-	-	1	-	-	8	1,261	80
65	-	-	-	1	4	1	33	2,490	2
66	-	-	-	12	-	1	3	248	5
67	-	-	-	29	3	7	37	127	23
68	-	-	-	7	2	2	119	757	148
69	-	-	-	21	8	2	42	297	63
1970	-	-	-	2	10	2	56	148	87
71	-	-	-	10	21	20	28	311	126
72	-	-	-	78	19	24	61	2,716	494
73	-	-	-	88	54	31	29	6,862	714
74	-	-	-	225	76	188	13	17,350	931
75	-	-	-	200	1,034	140	15	4,536	2,630
76	-	1	1	170	319	521	42	808	1,083
77	-	-	0	49	248	318	45	1,339	1,253
78	0	-	1	94	391	206	3	2,270	1,204
79	0	-	3	134	510	259	29	3,297	3,608
1980	1	-	5	149	644	235	31	6,183	4,824
81	0	1	-	167	191	473	317	5,060	4,264
82	1	5	0	253	530	396	112	4,378	3,468
83	0	1	0	215	546	271	359	4,188	4,309
84	1	4	2	148	399	462	177	2,537	3,311
85	6	6	1	246	743	516	75	1,818	3,725
86	2	1	-	112	395	410	81	940	1,709
87	3	3	0	155	341	221	90	1,810	1,615
88	1	1	0	186	362	270	2,844	1,188	1,121
89	8	5	0	155	282	108	3	692	742
1990	1	1	1	166	255	237	27	826	1,212
91	12	16	2	240	169	289	32	885	1,566
92	3	8	2	155	155	201	33	670	664
93	2	0	1	92	142	93	7	421	298
94	-	-	1	82	59	108	18	318	408
95	2	3	1	54	55	153	11	316	318
96	-	-	0	61	57	65	7	453	286
97	1	-	-	67	36	77	1	266	227
98	0	1	-	39	51	50	7	174	183
99	-	6	1	67	50	65	1	146	241
2000	0	1	0	60	36	65	2	98	332
01	1	1	-	57	36	58	1	97	391
02	-	3	1	18	68	43	3	41	276
03	-	-	0	16	35	26	2	38	154
04	0	0	-	13	21	21	3	39	246
05	-	-	-	22	6	10	0	19	161
06	1	0	-	6	8	11	-	12	105

付表1

(百万円)

	銅・同製品 第74類	ニッケル・同製品 第75類	アルミニウム・同製品 第76類	鉛・同製品 第78類	亜鉛・同製品 第79類	すず・同製品 第80類	その他金属 第81類	金属工具等 第82類	各種金属製品 第83類
1961	-	-	-	-	-	-	43	2	103
62	-	-	2	-	-	-	-	1	5
63	-	-	1	-	-	-	20	-	-
64	1	0	51	-	-	-	23	-	5
65	0	-	1	-	-	-	-	3	50
66	-	0	4	8	-	-	78	1	1
67	0	1	-	-	-	-	-	2	6
68	0	1	1	-	-	-	0	21	5
69	1	1	3	-	-	-	10	25	17
1970	2	-	2	-	-	-	8	5	25
71	6	-	11	-	-	-	-	16	19
72	13	-	60	-	1	-	2	40	104
73	2	3	54	0	0	-	27	43	66
74	11	8	570	-	1	-	0	169	374
75	47	-	412	-	-	0	1	60	500
76	93	72	1,369	3	5	-	9	40	103
77	46	333	1,134	2	279	-	18	54	134
78	669	163	909	1	366	-	34	74	91
79	173	114	796	2	112	2	18	143	162
1980	225	18	1,238	3	59	7	87	399	197
81	185	327	1,284	1	-	10	151	434	94
82	527	28	755	286	91	0	152	270	199
83	1,059	31	1,371	250	97	3	133	419	173
84	212	61	1,200	24	-	5	130	198	104
85	374	22	1,065	333	7	8	405	287	168
86	260	15	333	498	12	2	184	90	102
87	183	7	428	688	2	3	107	112	188
88	179	3	171	37	4	3	20	87	90
89	169	11	117	1	-	3	21	139	67
1990	100	7	97	1	11	4	10	101	94
91	179	24	90	0	4	1	9	105	101
92	72	4	89	5	2	5	23	55	74
93	31	5	51	0	14	2	7	33	75
94	56	1	49	0	14	2	1	50	53
95	18	3	47	1	31	7	2	64	56
96	60	8	72	0	24	3	2	42	55
97	26	3	40	0	22	1	4	23	57
98	22	3	24	0	1	0	1	28	22
99	35	4	31	-	1	0	3	44	48
2000	16	1	29	-	5	0	0	34	43
01	16	1	24	-	-	-	1	34	30
02	25	1	82	-	0	0	-	22	26
03	3	1	3	-	-	1	-	20	14
04	10	-	7	-	-	0	-	21	13
05	6	0	7	1	-	2	-	13	15
06	3	-	3	-	-	1	-	10	32

対日輸入額, 1961-2006 年

(百万円)

	機械類 第84類	電気機器 第85類	鉄道車両等 第86類	鉄道以外の車両 第87類	航空機等 第88類	船舶 第89類	精密機器 第90類	時計 第91類	楽器 第92類
1961	126	358	-	1	-	1	5	1	-
62	51	110	-	0	-	-	16	-	1
63	37	178	-	129	-	4	4	2	-
64	94	233	-	40	-	1	12	-	1
65	814	153	-	406	-	28	35	0	0
66	121	111	-	23	-	16	33	1	-
67	195	170	-	29	-	3	44	2	-
68	1,511	1,150	-	36	2	23	199	1	2
69	2,622	1,627	-	34	-	38	228	0	0
1970	2,970	738	-	46	1	45	117	5	1
71	3,548	1,191	-	52	7	21	140	2	11
72	10,564	1,922	-	1,256	0	347	603	5	23
73	4,473	1,991	-	1,514	-	575	370	15	54
74	19,474	5,327	339	5,962	-	694	1,176	9	38
75	18,477	8,116	97	4,232	1	78	759	31	26
76	5,219	3,521	-	1,668	-	1,365	648	162	40
77	5,586	4,369	1	2,027	-	67	990	37	51
78	5,421	4,824	567	2,143	1	52	870	15	29
79	9,094	4,851	-	9,982	1	472	2,053	119	36
1980	18,844	7,506	357	9,481	-	815	3,022	211	38
81	13,708	6,611	407	6,419	-	83	2,418	128	74
82	14,399	5,369	-	9,833	-	158	1,908	72	56
83	17,591	7,875	138	10,074	-	174	3,550	27	92
84	15,273	5,983	3	6,649	-	170	3,273	59	112
85	13,299	5,594	211	6,734	-	135	1,358	41	92
86	6,302	3,554	30	3,640	-	204	1,182	107	60
87	7,337	3,838	1	2,238	-	15	1,117	22	58
88	6,867	3,298	2	2,335	-	150	983	141	53
89	6,934	3,565	196	2,877	-	66	949	45	99
1990	5,886	2,094	97	1,301	-	24	798	15	184
91	6,627	3,204	84	2,135	-	176	1,001	27	118
92	5,244	3,027	200	1,851	-	134	874	73	94
93	3,044	1,558	42	5,575	-	70	543	3	91
94	2,386	1,607	31	1,459	-	46	317	3	34
95	2,152	1,829	48	1,635	-	44	254	10	73
96	1,785	1,887	47	2,787	-	11	471	23	39
97	1,172	2,834	35	3,895	-	2	310	29	76
98	1,458	2,748	36	4,324	-	21	148	1	42
99	1,437	2,425	22	3,324	-	5	183	20	58
2000	1,854	3,212	15	4,244	-	46	266	2	49
01	2,112	2,342	22	3,597	-	22	213	3	19
02	1,688	2,140	28	4,597	-	66	144	1	24
03	941	1,278	36	3,318	-	-	90	7	9
04	739	782	14	3,682	-	20	104	3	8
05	454	533	9	2,985	-	7	35	0	13
06	292	465	3	2,469	-	-	11	4	37

(付表 1-11) (百万円)

	武器 第93類	家具, 照明器具 第94類	がん具 第95類	雑品 第96類	特殊 取扱品 第0類	合計	(参考) 対日輸出 合計
1961	-	2	-	-	-	1,604	1,431
62	-	4	27	1	-	1,721	1,639
63	-	0	4	0	148	1,925	3,395
64	-	0	3	1	10	4,062	7,283
65	-	-	0	1	5	5,942	5,300
66	-	2	2	2	10	1,806	8,169
67	-	1	0	1	181	2,293	10,658
68	-	11	2	7	97	7,469	12,251
69	-	3	1	2	352	8,697	11,586
1970	-	11	8	2	416	8,404	12,389
71	-	19	9	7	455	10,025	10,543
72	-	111	37	10	233	28,781	11,800
73	-	95	24	1	1,031	27,073	19,607
74	-	509	46	6	1,040	73,516	31,695
75	-	473	45	2	1,246	53,332	19,283
76	-	651	94	28	895	28,570	21,243
77	1	746	537	29	500	33,761	18,103
78	-	532	55	15	2,713	37,947	22,256
79	-	648	82	33	3,513	61,946	32,710
1980	-	1,027	67	144	1,990	84,946	40,977
81	1	454	327	92	1,500	63,625	30,670
82	3	733	566	78	2,457	78,071	37,510
83	-	491	986	78	1,637	77,621	29,955
84	-	975	373	172	1,732	60,317	34,300
85	-	1,052	82	71	2,972	59,050	43,201
86	-	476	42	93	1,094	31,039	29,273
87	-	366	44	66	1,053	30,842	34,886
88	-	739	93	74	1,291	30,593	41,589
89	-	635	90	94	1,041	27,205	41,115
1990	-	316	112	142	1,213	25,382	43,296
91	-	485	124	225	1,188	30,246	38,284
92	-	549	53	345	669	28,283	32,676
93	-	299	300	358	1,406	24,224	27,943
94	-	244	63	373	460	17,400	32,729
95	-	433	37	469	4,794	23,732	32,108
96	-	235	28	522	2,209	24,695	31,703
97	-	138	54	404	812	21,630	36,535
98	-	152	65	148	3,548	22,783	28,704
99	-	145	29	115	1,236	16,651	22,845
2000	-	298	10	145	3,914	22,279	27,695
01	-	111	6	167	1,062	129,510	27,398
02	-	109	13	140	942	16,548	29,402
03	-	62	8	83	495	10,609	20,195
04	-	56	1	60	392	9,579	17,741
05	-	50	7	39	284	6,883	14,536
06	-	46	5	29	215	5,083	9,032

付表2 対日輸入, 主要金属・機械製品, 1961-2005年

	合金鋼板		内燃機関		内燃機関部分品	
1962-75			711.5（右を除く）		711.550.569	
1976-87	73.15.6		84.06.1〜6		84.06.7	
1988-	7219〜20,7225〜6		8407〜8		8409	
	トン	千円	台	千円	kg	千円
1961	‥	‥	-	-	-	-
62	‥	‥	1	36	-	-
63	‥	‥	98	214	6,380	7,509
64	‥	‥	1,924	21,378	759	1,583
65	‥	‥	1,841	1,949	51	50
66	‥	‥	1,921	4,917	2,399	4,065
67	‥	‥	7	611	9,026	20,595
68	‥	‥	80	3,010	18,975	23,258
69	‥	‥	42	9,805	9,418	20,681
1970	‥	‥	60	6,594	3,617	11,878
71	‥	‥	57	825	53,025	63,237
72	‥	‥	31	15,294	52,819	86,843
73	‥	‥	21	17,647	37,474	90,808
74	‥	‥	25	8,534	7,192	12,565
75	‥	‥	251	35,561	74,859	168,294
76	265	95,839	108	11,263	14,296	44,457
77	923	380,043	1,047	131,713	52,612	174,527
78	2,686	769,124	37	9,588	39,320	129,569
79	4,104	1,191,351	84	107,655	101,587	484,319
1980	4,534	1,892,249	1,439	1,036,784	127,966	491,539
81	3,316	1,366,882	3,655	2,706,828	79,101	278,039
82	1,784	734,949	1,795	1,429,643	104,550	353,002
83	3,848	1,657,527	729	562,078	85,440	322,813
84	2,184	842,946	5,035	1,869,201	130,456	434,495
85	1,978	744,428	149	116,073	94,448	326,298
86	1,029	463,063	587	340,003	50,066	195,483
87	2,090	749,873	295	167,634	70,143	298,840
88	2,575	887,210	415	290,227	52,301	201,226
89	1,103	454,381	468	240,147	33,085	134,124
1990	1,843	556,267	217	65,670	57,420	151,046
91	1,284	474,666	323	659,639	44,696	186,401
92	1,410	450,779	208	39,111	32,541	99,474
93	1,060	298,804	177	56,291	24,081	116,098
94	719	200,565	196	33,241	47,666	131,629
95	581	213,654	308	38,861	19,425	86,496
96	937	321,086	178	62,326	21,741	63,475
97	578	145,083	119	68,600	37,660	62,039
98	268	74,663	108	31,548	6,844	49,207
99	142	48,487	146	56,558	5,704	43,954
2000	130	33,717	376	66,261	8,821	79,678
01	119	27,291	263	127,386	8,406	90,717
02	48	11,829	180	67,575	8,158	57,102
03	9	2,363	160	46,400	9,699	47,908
04	2	931	228	66,082	2,932	38,182
05	7	3,076	182	52,105	2,148	8,800

付表2

	建設・鉱山機械			内：ブルドーザー		
1962-75	718.4			718.424, 425 または 442		
1976-87	84.23.110〜790			84.23.210		
1988-	8429.11〜8430			8429.1		
	台	トン	千円	台	トン	千円
1961	-	-	-	-	-	-
62	-	-	-	-	-	-
63	-	-	-	-	-	-
64	14	0	24,143	-	-	-
65	-	-	-	-	-	-
66	-	-	-	-	-	-
67	-	-	-	-	-	-
68	-	-	-	-	-	-
69	-	-	-	-	-	-
1970	-	-	-	-	-	-
71	-	-	-	-	-	-
72	7	3	2,489	-	-	-
73	28	177	144,652	-	-	-
74	318	2,133	2,262,902	-	-	-
75	28	282	291,720	-	-	-
76	27	299	155,883	3	71	43,024
77	77	404	270,679	11	72	29,723
78	32	407	300,170	3	80	62,341
79	63	756	953,017	6	18	157,859
1980	212	2,222	2,106,886	14	249	190,643
81	137	1,066	968,924	12	251	229,088
82	197	3,979	3,541,183	11	213	181,530
83	255	2,626	1,782,985	16	390	328,772
84	370	6,354	3,901,953	90	2,542	1,655,059
85	197	1,714	1,552,533	1	12	9,793
86	166	2,664	1,381,464	14	422	321,514
87	328	4,094	1,429,328	13	327	150,636
88	124	1,744	537,147	2	25	7,813
89	83	1,129	405,432	4	78	42,491
1990	61	843	343,544	7	137	117,299
91	45	600	276,373	4	87	18,579
92	20	326	120,241	-	-	-
93	36	651	215,602	5	141	27,208
94	101	1,754	542,586	10	154	60,251
95	42	610	210,340	4	47	11,540
96	32	380	111,462	4	39	9,885
97	43	377	120,010	2	46	6,423
98	31	505	155,622	1	20	1,000
99	181	2,244	501,343	50	480	117873
2000	182	1,858	461,932	15	175	38,089
01	140	2,139	401,844	18	348	39,927
02	98	1,552	313,219	16	334	38,458
03	79	1,311	266,739	5	125	29,330
04	74	1,036	155,620	8	71	9,200
05	28	328	58,182	6	48	7850

対日輸入,主要金属・機械製品,1961-2005年

	建設・鉱山機械部分品		金属加工機械		ベアリング	
1962-75	718.4		715		719.7	
1976-87	84.23.110〜790		84.44〜45		84.62	
1988-	8431.43,8431.49.900		8455〜63		8482	
	トン	千円	台	千円	トン	千円
1961	-	-	-	-	41	42,554
62	-	-	7	5,228	-	-
63	-	-	2	382	15	8,965
64	-	-	-	-	2	4,102
65	-	-	39	7,834	10	5,989
66	-	-	2	3,815	3	8,997
67	-	-	3	49,274	10	13,062
68	-	-	348	1,055,268	17	13,018
69	-	-	261	985,396	183	149,238
1970	-	-	34	114,181	132	105,657
71	-	-	13	13,845	468	375,946
72	-	-	87	134,418	564	387,425
73	-	-	85	399,118	365	225,540
74	86	120,509	133	1,114,330	372	349,132
75	150	129,167	182	1,385,488	95	154,991
76	16	21,089	90	706,367	59	115,599
77	58	51,024	89	672,073	103	115,206
78	8	2,693	73	162,158	270	283,685
79	56	142,449	218	2,616,189	143	255,628
1980	249	133,197	272	3,370,976	307	484,141
81	70	100,715	258	2,078,213	180	227,161
82	82	68,727	221	1,259,542	174	266,836
83	165	138,002	351	3,088,231	169	257,404
84	177	84,744	190	1,141,726	108	180,077
85	90	107,266	412	1,271,482	160	207,982
86	50	80,424	154	468,858	87	140,439
87	66	58,276	195	798,894	52	91,315
88	107	76,642	160	882,710	33	57,706
89	14	9,816	151	595,350	56	104,990
1990	52	56,911	79	188,999	38	84,938
91	86	73,129	186	384,161	50	94,884
92	14	8,084	27	158,543	41	67,340
93	30	25,632	44	24,815	51	72,515
94	19	12,492	44	75,898	67	90,920
95	8	9,108	43	42,369	61	94,009
96	1	1,895	20	30,210	43	77,525
97	4	2,640	20	35,334	30	36,053
98	1	1,455	6	3,920	19	37,931
99	-	-	19	19,467	14	23,327
2000	1	13,367	9	5,520	8	15,161
01	4	6,603	20	43,813	9	19,032
02	5	6,373	16	18,845	7	15,175
03	7	2,205	14	10,407	2	3,879
04	5	1,150	1	860	1	2,273
05	0	400	-	-	2	2,012

付表2

	電動機		発電機		レーダー		ローランレシーバー	
1962-75	722.13		722.11〜2		724.971		724.972	
1976-87	85.01.1〜2		85.01.3〜4		85.15.810		85.15.820	
1988-	8501.1〜5		8501.6, 8502		8526.10.000		8526.91.100	
	台	千円	台	千円	台	千円	台	千円
1961	16	28,016	-	-	-	-	-	-
62	-	-	6	2,171	-	-	-	-
63	-	-	6	89	1	1,270	-	-
64	-	-	-	-	3	3,384	4	2,520
65	100	441	-	-	25	23,781	-	-
66	5	41	2	111	20	20,011	2	1,764
67	4	1,003	1	47	50	53,101	-	-
68	9	1,136	3	9,028	56	60,252	21	7,509
69	117	16,687	30	1,615	44	46,215	44	15,496
1970	495	8,692	5	7,558	113	109,579	21	9,232
71	145	23,533	15	10,043	75	70,860	12	6,744
72	173	2,664	294	8,411	34	27,323	156	65,129
73	97	1,985	2	788	47	39,692	9	3,404
74	373	272,631	3	118,338	83	86,171	10	3,376
75	1,029	1,499,525	15	83,064	191	240,668	20	6,380
76	1,470	45,149	102	91,523	71	82,211	20	5,867
77	1,431	46,872	56	18,130	8	69,441	1	669
78	2,169	56,235	49	53,550	25	26,515	7	2,805
79	798	107,167	108	146,076	80	127,096	33	11,990
1980	1,226	180,148	381	476,085	28	29,206	5	2,444
81	1,249	38,398	82	544,256	261	197,941	10	7,946
82	1,200	136,295	123	86,214	31	31,243	0	0
83	11,817	169,775	74	320,582	75	63,488	122	53,946
84	2,220	106,561	85	142,977	38	34,273	4	1,130
85	1,105	116,325	52	117,512	16	15,243	2	1,762
86	1,632	214,829	75	183,992	10	5,333	11	2,214
87	952	59,446	56	125,366	24	17,634	13	2,083
88	1,699	345,484	27	33,949	17	16,656	49	9,111
89	584	224,008	106	224,008	19	12,854	63	9,547
1990	981	64,634	86	107,369	21	15,733	28	5,138
91	703	312,845	103	194,091	11	12,388	18	3,088
92	669	44,561	560	216,341	13	11,389	10	1,343
93	2,847	26,115	55	195,734	3	1,578	10	1,294
94	123	11,329	702	160,268	13	8,055	-	-
95	462	23,041	1,857	180,967	6	3,547	-	-
96	354	22,624	744	220,689	5	3,471	-	-
97	758	16,661	154	163,703	5	823	5	823
98	214	14,358	411	335,837	-	-	20	2,706
99	51	4,910	147	92,691	-	-	-	-
2000	646	20,854	345	556,715	-	-	-	-
01	376	48,083	220	273,765	-	-	-	-
02	603	44,280	317	323,738	10	3,038	-	-
03	483	21,337	242	169,475	-	-	-	-
04	182	4,977	72	74,932	-	-	-	-
05	59	2,964	62	60,781	-	-	-	-

対日輸入，主要金属・機械製品，1961-2005 年

	方向探知機		無線遠隔制御装置		テレビ		乗用自動車	
1962-75	724.973		724.979～80		724.1,724.951		732.1	
1976-87	85.15.830		85.15.890		85.15.211～3,9,21,29		87.02.1	
1988-	8526.91.200		8526.92.000		8528.1～2		8702～3	
	台	千円	台	千円	台	千円	台	千円
1961	-	-	-	-	-	-	-	-
62	-	-	-	-	-	-	-	-
63	-	-	-	-	-	-	55	21,454
64	8	3,276	-	-	7	361	16	19,936
65	41	13,853	-	-	20	721	2	1,019
66	-	-	-	-	2	105	-	-
67	-	-	-	-	0	0	-	-
68	1	568	-	-	15	964	-	-
69	-	-	-	-	1	41	7	375
1970	-	-	-	-	9	400	-	-
71	-	-	-	-	2	138	-	-
72	2	138	10	26,246	103	7,296	24	20,480
73	-	-	8	9,530	178	10,352	158	202,647
74	2	1,256	5	5,507	322	41,207	143	165,836
75	20	13,497	-	-	3,410	275,629	145	187,382
76	-	-	8	14,354	202	25,762	76	102,589
77	1	68	47	27,400	6,700	370,555	284	273,226
78	-	-	229	30,523	25,966	1,410,870	109	131,141
79	67	36,692	203	181,050	14,507	830,294	287	288,147
1980	12	3,817	69	7,635	133,540	2,891,355	270	364,938
81	11	4,711	131	5,550	110,395	2,349,583	373	497,065
82	2	622	269	27,790	33,337	904,915	428	526,727
83	-	-	32	12,974	25,118	618,208	293	371,492
84	21	15,692	20	56,919	7,920	392,242	296	388,229
85	5	1,753	16	7,489	17,502	924,493	1,253	1,492,942
86	-	-	11	2,214	13,792	592,481	762	983,740
87	-	-	6	2,501	16,530	671,397	604	635,578
88	1	653	245	2,152	9,576	380,250	1,432	1,379,949
89	63	9,547	25	408	18,574	723,760	1,319	1,565,606
1990	1	1,296	3	1,686	6,210	209,602	743	886,438
91	2	2,182	3	290	5,071	277,786	1,017	1,154,538
92	2	1,987	76	1,944	6,428	306,674	1,761	1,285,568
93	2	293	70	605	728	67,199	9,099	4,907,811
94	-	-	34	682	1,322	56,903	533	482,892
95	-	-	-	-	1,175	64,064	2,588	1,086,901
96	-	-	-	-	1,397	32,358	3,987	1,866,379
97	-	-	-	-	3,169	16,888	7,061	2,980,846
98	-	-	-	-	4,258	33,789	4,313	2,408,797
99	-	-	-	-	2,980	24,000	4,816	1,609,456
2000	-	-	-	-	719	35,279	8,090	2,553,561
01	-	-	18	429	71	27,807	5,317	1,704,781
02	-	-	-	-	660	9,688	5,541	2,198,967
03	-	-	-	-	68	4,114	1,687	947,471
04	-	-	-	-	234	9,261	2,780	1,304,943
05	-	-	-	-	55	4,948	1,991	1,113,546

付表2

	トラック		内：大型(排気量 4,500cm³超)		トレーラー・セミトレーラー		
1962-75	732.314				733.31		
1976-87	87.02.92		87.02.923		87.14.100,200		
1988-	8704		8704.22.920,23.900		8716.10〜40		
	台	千円	台	千円	台	トン	千円
1961	-	-	・・	・・	-	-	-
62	-	-	・・	・・	-	-	-
63	30	101,725	・・	・・	-	-	-
64	1	2,486	・・	・・	-	-	-
65	76	404,459	・・	・・	-	-	-
66	1	2,394	・・	・・	-	-	-
67	-	-	・・	・・	-	-	-
68	2	3,430	・・	・・	-	-	-
69	2	88	・・	・・	100	・・	4,215
1970	5	5,600	・・	・・	-	-	-
71	-	-	・・	・・	-	-	-
72	222	1,073,249	・・	・・	-	-	-
73	206	790,653	・・	・・	-	-	-
74	604	3,753,044	・・	・・	30	298	139,412
75	533	2,364,037	・・	・・	-	-	-
76	327	818,461	・・	・・	3	19	7,904
77	294	804,374	・・	・・	-	-	-
78	310	795,949	・・	・・	2	17	6,103
79	1,481	4,126,031	・・	・・	6	59	24,762
1980	2,316	6,342,843	・・	・・	2	7	12,100
81	1,767	4,598,574	・・	・・	3	14	5,305
82	811	2,118,374	556	1,728,510	2	17	6,292
83	757	2,135,477	471	1,687,746	14	105	46,867
84	1,185	3,162,601	806	2,500,310	6	46	28,715
85	1,070	3,453,201	838	3,078,520	4	36	18,592
86	496	1,532,040	310	1,221,288	6	52	30,527
87	289	661,309	179	519,860	2	13	3,000
88	368	691,904	176	412,680	2	12	11,508
89	813	1,003,709	140	326,697	2	29	5,811
1990	149	259,709	19	73,194	4	22	7,716
91	296	757,272	95	484,866	2	14	5,620
92	239	402,761	40	133,420	-	-	-
93	296	444,513	83	178,520	3	21	11,619
94	391	697,392	115	259,956	2	15	3,292
95	380	441,604	76	165,659	9	11	2,455
96	583	712,335	156	311,889	6	36	7,579
97	629	754,239	242	462,496	2	13	2,100
98	1,186	1,629,005	663	1,282,955	1	0	267
99	1,263	1,522,100	783	1,285,968	6	56	7,049
2000	1,334	1,461,148	750	1,105,505	6	41	5,402
01	1,354	1,594,992	190	303,807	17	90	11,551
02	1,566	2,130,038	-	-	10	73	5,739
03	2,392	2,036,073	-	-	10	91	40,274
04	3,228	2,198,280	-	-	-	-	-
05	3,297	1,789,693	-	-	-	-	-

付表3　対日輸入，主要化学品（上位5品），1976-96年

A. 無機化学品

	第1位	トン	百万円	第2位	トン	百万円
1976	二酸化マンガン	2,700	681	酸化すず	8	27
77	酸化すず	8	10	無機酸	38	6
78	二酸化マンガン	604	116	硫酸塩#	72,740	90
79	硫酸塩	72,408	170	炭素	544	95
1980	硫酸塩	61,151	191	炭素	516	84
81	硫酸塩	26,503	79	三酸化クロム	150	57
82	二酸化マンガン	1,345	443	貴金属#	0.3	53
83	酸化アルミニウム	20,357	985	硫酸塩	15,008	57
84	酸化アルミニウム	24,031	1,165	ふっ化物	301	48
85	酸化アルミニウム	23,100	1,181	無機塩基	323	379
86	酸化アルミニウム	11,521	245	非金属硫化物	250	58
87	酸化アルミニウム	7,504	269	無機酸（その他）	360	40
88	酸化アルミニウム	12,339	486	その他の無機酸#	350	40
89	酸化アルミニウム	6,601	420	その他の無機塩基#	6	16
1990	酸化アルミニウム	8,351	551	水酸化アルミニウム	1,013	59
91	酸化アルミニウム	11,119	467	チタンの酸化物	98	42
92	酸素	46	95	酸化アルミニウム	601	21
93	炭酸アンモニウム#	130	8	ゲルマニウム#	11	6
94	チタンの酸化物	15	7	炭素	10	5
95	その他の無機塩基	1	2	チタンの酸化物	6	2
96	水銀	44	29	水酸化カリウム	17	3

B. 有機化学品

	第1位	トン	百万円	第2位	トン	百万円
1976	ポリカルボン酸#	1,193	340	フタル酸ジオクチル	423	86
77	フタル酸ジオクチル	1,388	221	ポリカルボン酸	462	126
78	フタル酸ジオクチル	1,479	235	ポリカルボン酸	774	179
79	ステアリン酸	807	151	フタル酸ジオクチル	170	50
1980	フタル酸ジオクチル	1,163	340	ステアリン酸	876	181
81	フタル酸ジオクチル	613	148	無水フタル酸	700	129
82	フタル酸ジオクチル	2,562	606	ポリカルボン酸	674	242
83	フタル酸ジオクチル	2,184	452	エポキシド#	631	216
84	複素環式化合物#	212	117	炭化水素	169	95
85	エポキシド	1,048	414	フタル酸ジオクチル	923	175
86	エポキシド	2,213	582	ブチルアルコール	598	108
87	エポキシド	500	108	炭化水素	109	78
88	CFC-114#	61	27	非環式炭化水素の塩素#	57	24
89	非環式炭化水素#	23	22	有機硫黄化合物(その他)	50	21
1990	有機硫黄化合物(その他)	145	71	りん酸エステル	30	51
91	CFC-12#	205	72	有機硫黄化合物(その他)	80	35
92	モノエタノールアミン	163	31	環式炭化水素（その他）	30	6
93	テトラクロロエチレン	94	9	フェノール（その他）	10	4
94	モノエタノールアミン	63	11	テトラクロロエチレン	103	8
95	ビタミンC#	3	9	りん酸エステル	6	7
96	クレゾール#	16	6	エピクロロヒドリン	18	5

付表3

A. 無機化学品

	第3位	トン	百万円	第4位	トン	百万円
1976	シアン化物[#]	80	19	ほう酸	60	8
77	過酸化水素	270	4	酸化チタン	13	3
78	炭素	188	64	シアン化物	213	47
79	二酸化マンガン	252	73	無機塩基[#]	88	72
1980	シアン化物	110	35	酸化すず	5	22
81	酸化チタン	87	38	非金属硫化物[#]	100	33
82	炭素	60	41	酸化チタン	91	34
83	無機塩基	42	54	三酸化クロム	132	50
84	無機酸(その他)	301	33	二酸化マンガン	100	29
85	無機酸(その他)	250	29	シアン化物	795	27
86	二酸化マンガン	148	36	無機塩基	33	32
87	炭酸ナトリウム	1,620	34	酸化チタン	73	31
88	酸化アルミニウム	109	23	りん	30	18
89	りん	20	12	その他の無機酸	80	9
1990	その他の無機酸	250	31	チタンの酸化物	50	24
91	セリウム化合物	6	10	よう素	4	8
92	チタンの酸化物	24	9	オキソ金属酸塩[#]	3	6
93	チタンの酸化物	17	6	その他の無機塩基	3	4
94	セリウム化合物	32	5	炭酸カルシウム	162	3
95	硝酸塩(その他)	5	2	コバルトの酸化物[#]	0.3	2
96	その他の無機塩基	1	2	鉄の酸化物[#]	4	2

B. 有機化学品

	第3位	トン	百万円	第4位	トン	百万円
1976	モノカルボン酸[#]	260	63	ステアリン酸	240	42
77	無水フタル酸	550	85	ステアリン酸	350	57
78	ステアリン酸	740	99	アセトン	300	33
79	ポリカルボン酸	163	42	ブチルアルコール	59	33
1980	ポリカルボン酸	381	123	スルホンアミド	10	64
81	有機硫黄化合物	209	101	カルボキシイミド	109	66
82	メタクリル酸[#]	150	90	ブチルアルコール	295	67
83	ポリカルボン酸	653	189	メタクリル酸	120	65
84	フタル酸ジオクチル	463	93	ブチルアルコール	330	63
85	炭化水素	120	91	石炭酸[#]	412	71
86	石炭酸	303	48	フタル酸ジオクチル	249	44
87	ポリカルボン酸	209	59	石炭酸	250	37
88	フタル酸ジブチル	150	23	りん酸エステル[#]	18	16
89	モノエタノールアミン[#]	86	16	しゅう酸	35	6
1990	非環式炭化水素	18	17	無水酢酸	60	12
91	CFC(その他)[#]	33	28	スチレン	51	13
92	非環式炭化水素	7	5	エピクロロヒドリン	26	5
93	CFC(その他)	4	4	くえん酸	10	4
94	有機硫黄化合物(その他)	10	5	非環式アミド	10	5
95	フェノール(その他)	15	6	非環式アミド	6	5
96	アセトアルデヒド	10	3	テトラクロロエチレン	29	3

対日輸入，主要化学品（上位5品），1976-96年

A. 無機化学品

	第5位	トン	百万円
1976	かせいソーダ	50	5
77	酸化コバルト	1	2
78	三酸化クロム	102	41
79	シアン化物	71	34
1980	酸化チタン	520	2
81	シアン化物	29	16
82	非金属硫化物	100	32
83	ふっ化物[#]	305	50
84	三酸化クロム	75	26
85	非金属酸化物	61	20
86	赤りん	20	17
87	二酸化マンガン	108	29
88	セリウム化合物	6	16
89	セリウム化合物	2	6
1990	その他の無機塩基	7	16
91	アンチモンの酸化物	14	8
92	その他の無機酸	42	5
93	貴金属の無機[#]	0	4
94	ヒドラジン[#]	2	2
95	よう素	1	1
96	チタンの酸化物	3	1

B. 有機化学品

	第5位	トン	百万円
1976	無水フタル酸	250	40
77	モノカルボン酸	220	49
78	炭化水素[#]	62	27
79	炭化水素	27	23
1980	カルボキシイミド[#]	63	50
81	ステアリン酸	284	48
82	炭化水素	127	65
83	アセトン	410	63
84	無水フタル酸	183	27
85	ブチルアルコール	246	47
86	ポリカルボン酸	172	40
87	アセトン	400	36
88	無水酢酸	100	14
89	アジピン酸[#]	25	6
1990	フタル酸ジオクチル	56	11
91	無水マレイン酸	50	11
92	りん酸エステル	5	5
93	りん酸エステル	3	3
94	グルタミン酸ソーダ	10	3
95	アセトアルデヒド	5	2
96	ジクロロメタン	20	3

付表 4 対日輸入，化学品，1976-2005 年

	ふっ素等[#]		硫黄[#]	炭素	水素	ヘリウム等[#]	
1976-87	28.01.200		28.02.000	28.03.000	28.04.130	28.04.140	
1988-	よう素 2801.20	ふっ素 2801.30	2802.00	2803.00	2804.10	アルゴン 2804.21	希ガス 2804.29
	kg	kg	トン	トン	kg	kg	kg
1976	3,200	–	–	–	–	1,197	
77	–	–	–	–	120	1,800	
78	–	–	–	188	105	151	
79	200	–	0	544	1	890	
1980	5,100	–	0	516	–	4,342	
81	1,800	–	–	0	225	1,124	
82	4,950	–	–	60	2	1,319	
83	1,950	–	–	–	30	64	
84	350	–	3	5	–	1,980	
85	2,400	–	–	14	–	546	
86	150	–	–	5	–	2,436	
87	520	–	3	2	–	3,224	
88	640	–	–	2	–	5,646	1,211
89	500	–	11	–	–	578	54
1990	–	200	–	–	–	130	–
91	3,700	–	2	–	–	3,922	–
92	1,500	4	–	–	–	–	28
93	48	–	–	–	8	600	123
94	–	–	–	10	–	40	–
95	1,000	–	–	3	–	920	–
96	100	–	–	–	–	–	–
97	–	–	–	–	–	–	–
98	1,000	–	–	–	–	–	60
99	–	–	–	–	–	660	–
2000	–	–	–	–	270	261	–
01	–	–	–	0	–	70	–
02	–	–	–	–	–	–	–
03	–	–	–	–	–	–	–
04	–	–	–	–	–	–	–
05	–	–	–	–	–	–	–

対日輸入，化学品，1976-2005 年

	窒素	酸素	赤りん	セレン	希土類金属[#]	水銀	塩酸
1976-87	28.04.120	28.04.110	28.04.210	28.04.220	28.05.900	28.05.100	28.06.010
1988-	2804.30	2804.40	りん 2804.70	2804.90	2805.30	2805.40	2806.10
	kg	kg	トン	kg	kg	トン	kg
1976	-	-	-	-	-	0	-
77	-	-	-	-	-	-	-
78	-	281	-	-	-	-	-
79	261	-	-	500	-	-	-
1980	17	1,760	-	450	-	-	2,400
81	225	9	10	-	-	-	-
82	2,470	-	30	-	-	10	-
83	140	830	-	-	-	-	-
84	2	-	-	-	30	-	-
85	-	40	20	-	300	-	75
86	160	-	20	100	20	-	-
87	240	3,200	-	-	40	-	-
88	785	160	30	200	-	1	100
89	61	1,017	20	-	-	-	-
1990	-	-	20	-	4	3	-
91	-	-	-	-	-	-	-
92	47	45,747	-	-	-	-	75
93	357	0	-	-	-	2	-
94	-	418	-	-	-	-	-
95	-	800	-	-	-	-	-
96	236	-	-	6	-	44	-
97	-	-	-	-	-	4	-
98	-	-	-	-	32,400	3	-
99	-	-	-	-	-	3	-
2000	-	-	-	-	-	2	-
01	-	-	-	-	-	-	-
02	-	-	-	-	-	-	-
03	-	-	-	-	-	-	-
04	-	-	-	-	-	-	-
05	-	-	-	-	-	-	-

付表4

	硫酸[#]	硝酸・硫硝酸	ふっ化水素(酸)	その他の無機酸	かせいソーダ	酸化アルミニウム	ヒドラジン[#]
1976-87	28.08.000	28.09.000	28.13.011	28.13.019	28.17.100	28.20.100	28.28.092
1988-	2807.00	2808.00	2811.11	2811.19	2815	2818.20	2825.10
	トン	トン	kg	トン	トン	千トン	kg
1976	-	-	-	-	50	-	-
77	-	-	-	38	-	-	-
78	3	-	9,900	25	5	0	-
79	3	-	161,780	26	0	0	7,000
1980	6	-	-	81	3	0	200
81	-	-	-	-	-	0	10,000
82	4	-	200	120	23	-	400
83	2	-	-	123	-	20	-
84	24	-	49,940	301	-	24	-
85	2	-	-	250	-	23	200
86	-	-	20,000	40	-	12	20,000
87	-	-	-	360	-	8	-
88	10	-	-	350	-	12	-
89	6	-	-	80	-	7	-
1990	-	5	-	250	2	8	-
91	8	-	-	50	-	11	100
92	29	-	-	42	2	1	-
93	-	-	-	-	1	-	100
94	1	-	-	-	-	1	-
95	3	-	-	-	-	0	-
96	5	-	-	-	17	-	-
97	6	-	-	-	-	-	-
98	-	-	-	-	1	-	-
99	-	-	-	-	-	-	-
2000	3	-	-	-	-	-	-
01	-	-	-	-	-	-	-
02	-	-	-	-	-	-	-
03	-	-	-	-	-	-	-
04	-	-	-	-	-	-	-
05	-	-	-	-	-	-	-

対日輸入, 化学品, 1976-2005 年

	ふっ化ナトリウム	塩化アンモニウム	次亜塩素酸塩#	塩素酸カリウム及び過塩素酸カリウム	塩素酸塩及び過塩素酸塩(その他)	炭酸ニナトリウム	シアン化ナトリウム#
1976-87	28.29.010	28.30.011	28.31.010	28.32.011	28.32.019	28.42.100	28.43.000
1988-	2826.11.200	2827.10	2828	2829		2836.20	2837.11
	トン	トン	トン	kg	kg	トン	トン
1976	-	-	-	-	-	-	80
77	-	-	-	-	-	-	0
78	-	-	6	-	-	1	213
79	-	-	-	-	-	2	71
1980	-	-	18	-	2	0	110
81	0	-	-	1,000	-	0	29
82	3	-	-	-	1,500	-	113
83	203	-	-	90	-	-	20
84	-	-	4	400	-	-	0
85	-	-	-	700	-	610	80
86	-	-	-	-	-	-	17
87	-	-	-	-	-	1,620	30
88	-	-	7	-		20	3
89	-	70	-	-		-	-
1990	-	-	1	-		-	-
91	-	-	-	-		-	-
92	-	-	2	5		-	-
93	-	-	-	54		-	-
94	-	-	-	-		-	-
95	-	-	-	-		-	-
96	-	-	-	-		-	-
97	-	-	-	-		-	-
98	-	-	-	-		-	-
99	-	-	-	-		1	-
2000	-	-	-	-		-	-
01	-	-	-	-		-	-
02	-	-	-	-		-	-
03	-	-	-	-		-	-
04	-	-	-	-		-	-
05	-	-	-	-		-	-

付表4

	過酸化水素	飽和一価アルコール（その他）	非環式ケトン[#]	フタル酸ジブチル	フタル酸ジオクチル	アルコール官能のカルボン酸[#]	りん酸エステル
1976-87	28.54.000			29.15.920	29.15.300		29.19.00
1988-	2847.00	2905.19	2914.19	2917.31	2917.32	2918.19	2919.00
	トン	kg	kg	トン	トン	kg	kg
1976	-	‥	‥	-	423	‥	3,500
77	27	‥	‥	70	1,388	‥	-
78	177	‥	‥	-	1,479	‥	-
79	30	‥	‥	-	170	‥	-
1980	89	‥	‥	-	1,163	‥	1,980
81	21	‥	‥	101	613	‥	2,125
82	75	‥	‥	204	2,562	‥	3,240
83	88	‥	‥	290	2,184	‥	3,080
84	62	‥	‥	80	463	‥	880
85	20	‥	‥	100	923	‥	4,190
86	21	‥	‥	90	249	‥	4,100
87	41	‥	‥	200	57	‥	10,710
88	57	-	-	150	9	9,600	17,520
89	7	-	2	-	-	8,600	1,760
1990	3	1,650	-	-	56	5,200	30,060
91	2	9,630	-	-	6	400	2,200
92	-	9,630	-	-	7	4,000	4,500
93	-	330	-	-	4	1,700	2,960
94	1	-	-	-	1	4,250	-
95	0	-	-	-	2	2,600	6,270
96	-	-	-	-	2	480	-
97	-	-	-	-	2	-	500
98	-	-	-	3	1	-	-
99	-	-	-	-	-	-	540
2000	-	-	-	-	-	-	-
01	-	-	-	-	-	-	540
02	-	-	-	-	-	-	-
03	-	-	-	-	-	-	-
04	-	-	-	-	-	-	-
05	-	-	-	-	-	-	-

対日輸入,化学品,1976-2005年

	その他の無機酸のエステル#	アミン官能化合物	酸素官能のアミノ化合物	有機硫黄化合物（その他）	その他のオルガノインオルガニック化合物	複素環式化合物
1976-87	29.21.090	29.22.090	29.23.090		29.34.000	29.35.990
1988-	2920	2921	2922.1〜3	2930.90	2931.00	2932〜4
	kg	kg	kg	kg	kg	kg
1976	–	–	–	‥	–	–
77	–	3,500	10,300	‥	–	12,105
78	–	–	10,000	‥	–	8,183
79	–	60	820	‥	–	1,651
1980	–	–	–	‥	–	1,424
81	3,500	75,020	–	‥	–	3,604
82	3,990	1,144	16,750	‥	–	2,554
83	1,900	2,772	33,400	‥	–	46,252
84	–	3,790	100	‥	–	211,500
85	–	300	–	‥	614	340
86	–	1,064	40,940	‥	–	250
87	150	990	40,000	‥	400	3,040
88	2,000	5,880	39,290	–	2,560	800
89	–	7,000	86,755	50,000	–	4,300
1990	–	1,960	50,000	144500	700	4,363
91	0	9,760	40,100	80,000	–	12,430
92	–	1,104	173,315	4,000	2	15,885
93	–	1,330	30	5000	90	2,294
94	–	–	73,110	10,050	60	2,200
95	–	380	–	–	–	300
96	–	–	–	50	–	500
97	–	38	–	1,500	–	360
98	–	–	–	1,800	–	–
99	–	101	–	–	–	–
2000	–	–	–	–	–	20
01	–	12,800	–	–	–	48
02	–	–	–	–	–	–
03	–	–	–	–	–	–
04	–	–	–	–	–	–
05	–	–	–	–	–	–

付表5　対日輸入，非鉄金属・同製品，1976-2005年

	銅[#]	ニッケル	アルミニウム	鉛	亜鉛	すず	タングステン	モリブデン	タンタル
1976-87	74	75	76	78	79	80	81.01	81.02	81.03
1988-	74	75	76	78	79	80	8101	8102	8103
	kg	トン	トン	トン	トン	トン	トン	kg	kg
1976	84	50	909	2	16	-	-	-	88
77	54	241	674	3	1,699	-	-	3	130
78	2,123	154	1,165	1	1,372	-	-	-	-
79	188	64	587	3	624	1	43	-	15
1980	85	3	1,014	5	111	2	75	284	5
81	316	213	1,736	1	0	2	10	350	516
82	1,230	4	1,205	1,950	160	0	1,002	6	343
83	2,171	4	2,000	2,407	203	1	494	2,039	426
84	162	15	878	205	-	2	765	304	260
85	534	5	898	3,050	50	3	4,023	1,374	3,757
86	864	1	410	6,505	47	1	768	333	386
87	206	1	800	6,557	2	18	215	6,930	366
88	251	0	204	399	8	2	200	-	48
89	154	4	138	1	-	9	328	99	-
1990	51	2	81	1	181	7	127	-	-
91	266	5	143	0	43	1	50	205	24
92	72	1	76	9	25	20	949	150	-
93	39	1	50	2	171	6	527	15	-
94	113	0	87	1	195	10	-	-	-
95	11	0	80	1	411	29	100	-	-
96	44	1	113	0	316	4	2	-	-
97	21	1	92	0	284	1	-	-	-
98	31	0	38	0	2	0	-	400	-
99	73	1	56	-	2	2	200	-	-
2000	28	0	39	-	16	0	-	-	-
01	11	0	32	-	-	-	30	-	-
02	31	0	236	-	3	0	-	-	-
03	4	0	1	-	-	0	-	-	-
04	4	-	6	-	-	0	-	-	-
05	24	0	9	0	-	1	-	-	-

対日輸入, 非鉄金属・同製品, 1976-2005 年

	マグネシウム	コバルト	チタン	アンチモン	マンガン	ベリリウム	クロム	ゲルマニウム
1976-87	77.01〜2		81.04.221,311,321	81.04.323		77.04		
1988-	8104	8105	8108	8110	8111	8112.1	8112.2	8112.3
	トン	kg	kg	kg	kg	kg	kg	kg
1976	-	・・	981	-	・・	-	・・	・・
77	20	・・	-	-	・・	-	・・	・・
78	60	・・	-	203	・・	-	・・	・・
79	12	・・	-	1	・・	-	・・	・・
1980	30	・・	5,969	-	・・	-	・・	・・
81	-	・・	9,242	-	・・	-	・・	・・
82	40	・・	5,956	-	・・	-	・・	・・
83	4	・・	3,341	-	・・	-	・・	・・
84	61	・・	10,895	-	・・	1,894	・・	・・
85	168	・・	17,500	-	・・	-	・・	・・
86	20	・・	18,470	-	・・	-	・・	・・
87	-	・・	7,447	-	・・	-	・・	・・
88	-	-	7,127	-	-	63	-	1
89	4	-	2,956	-	-	-	-	-
1990	-	-	544	-	-	-	-	-
91	-	-	500	-	-	-	-	-
92	-	-	157	5	-	-	-	10
93	-	250	2,000	-	-	-	-	-
94	-	-	40	-	-	-	-	-
95	-	30	-	-	-	-	-	-
96	-	-	-	4	10,000	-	-	-
97	-	-	233	-	-	-	130	-
98	-	-	-	-	-	-	-	-
99	-	-	-	-	-	-	-	-
2000	-	50	-	-	-	-	-	-
01	-	-	183	-	-	-	-	-
02	-	-	-	-	-	-	-	-
03	-	-	-	-	-	-	-	-
04	-	-	-	-	-	-	-	-
05	-	-	-	-	-	-	-	-

付表6　対日輸入，各種品，1981-2005 年

	灰・残留物[#]		灯油		免疫血清その他血液[#]		人造黒鉛	
1981-87			27.10.400		30.02.900		38.01.000	
1988-	2620.40.000		2710.00.200		3002.9		3801.1	
	トン	千円	kl	千円	kg	千円	kg	千円
1981	・・	・・	6	600	−	−	1,620	3,049
82	・・	・・	17	1,849	−	−	36,400	8,121
83	・・	・・	18	1,794	−	−	500	532
84	・・	・・	56	5,677	−	−	2,266	7,606
85	・・	・・	79	7,814	−	−	3,592	9,793
86	・・	・・	56	3,540	−	−	8,700	2,375
87	・・	・・	30	1,924	8	1,659	−	−
88	−	−	20	1,259	−	−	−	−
89	−	−	42	2,321	−	−	8,000	2,392
1990	500	9,280	22	1,730	−	−	5,070	2,083
91	1,000	12,554	12	895	10	418	−	−
92	6,810	61,440	11	841	−	−	−	−
93	6,550	44,467	10	791	−	−	−	−
94	3,505	17,954	10	837	−	−	−	−
95	8,550	41,895	13	1,065	−	−	−	−
96	13,574	60,294	20	1,749	−	−	−	−
97	16,297	74,017	5	250	−	−	−	−
98	3,936	13,046	−	−	−	−	−	−
99	1,944	5,770	−	−	10	444	−	−
2000	3,094	10,876	4	320	−	−	−	−
01	2,161	7,647	2	229	−	−	−	−
02	594	2,376	−	−	−	−	−	−
03	2,003	7,011	−	−	−	−	−	−
04	2,614	10,460	−	−	−	−	−	−
05	−	−	−	−	−	−	−	−

対日輸入, 各種品, 1981-2005 年

	調製不(解)凍液 #		微生物用の調製培養剤		ポリウレタン		ニトロセルロース	
1981-87			38.16.000		39.01.610		39.03.090	
1988-	3820		3821		3909.5		3912.20.000	
	kg	千円	kg	千円	kg	千円	kg	千円
1981	‥	‥	68	349	80,250	41,328	-	-
82	‥	‥	9	312	71,186	84,207	-	-
83	‥	‥	-	-	46,220	28,900	-	-
84	‥	‥	-	-	54,413	36,855	-	-
85	‥	‥	-	-	35,336	24,253	-	-
86	‥	‥	-	-	5,240	4,019	-	-
87	‥	‥	2	390	-	-	35	280
88	7,028	1,402	-	-	2,239	1,184	-	-
89	2,250	703	50	1,713	-	-	-	-
1990	10,300	2,362	-	-	600	891	-	-
91	19,306	3,527	-	-	8,982	6,873	-	-
92	11,100	2,048	-	-	10,328	6,979	-	-
93	8,886	2,018	8	908	13,540	4,910	-	-
94	3,900	735	-	-	4,000	2,755	-	-
95	8,580	1,894	-	-	1,460	1,201	-	-
96	4,123	1,187	-	-	2,600	1,762	-	-
97	5,373	1,097	-	-	1,814	1,318	-	-
98	43,425	7,367	-	-	4,260	3,100	-	-
99	2,795	554	-	-	2,476	1,649	-	-
2000	7,026	1,834	-	-	3,693	3,395	-	-
01	39,905	10,023	8	214	2,600	1,960	-	-
02	23,624	8,536	-	-	3,210	5,130	-	-
03	23,442	6,085	-	-	350	711	-	-
04	9,457	2,404	-	-	-	-	-	-
05	1,951	624	-	-	650	574	-	-

付表6

	ゴムの屑		ゴム製空気タイヤ			強化ガラス[#]	
1981-87	40.04.000		40.11.510			70.08.010	
1988-	4004		4012.2			7007.11	
	トン	千円	本	トン	千円	kg	千円
1981	–	–	–	–	–	574	1,281
82	–	–	–	–	–	384	823
83	–	–	150	6	225	–	–
84	–	–	–	–	–	2,336	2,291
85	–	–	700	26	5,266	9,012	8,918
86	–	–	3,449	86	18,174	12,908	7,961
87	–	–	14,115	346	29,374	1,797	2,865
88	920	13,154	12,472	233	19,041	150	418
89	631	11,097	6,935	70	8,347	559	1,250
1990	190	3,203	1,541	21	2,240	6,223	10,091
91	927	49,669	50,830	716	12,957	1,602	5,049
92	88	2,070	801,978	10,909	83,977	1,534	5,399
93	14	300	668,160	8,710	114,909	332	958
94	–	–	142,890	2,121	16,609	–	–
95	237	593	78,012	1,337	13,867	60	203
96	486	557	169,419	2,846	35,358	589	1,909
97	329	2,466	723,600	7,070	27,012	1,140	6,784
98	1,386	4,850	383,566	4,806	19,206	1,033	5,950
99	6,048	21,165	172,960	1,266	49,490	522	2,359
2000	22,156	79,005	107,911	984	25,739	647	1,036
01	78,882	194,285	393,167	4,496	30,442	1,115	1,521
02	112,928	276,068	945,320	10,801	47,556	190	871
03	63,312	188,746	248,476	2,713	11,364	378	1,368
04	62,972	192,631	588,879	5,494	25,479	103	660
05	25,599	76,440	142,061	2,023	16,859	–	–

対日輸入，各種品，1981-2005 年

	切削用工具[#]			合金鋼製の被覆アーク溶接棒[#]	
1981-87				83.15.011	
1988-		8207.80.200		8311.10.1	
	個	kg	千円	トン	千円
1981	‥	‥	‥	111	60,585
82	‥	‥	‥	205	151,853
83	‥	‥	‥	151	103,046
84	‥	‥	‥	99	67,293
85	‥	‥	‥	75	52,566
86	‥	‥	‥	59	38,903
87	‥	‥	‥	194	122,838
88	91	218	2,817	70	43,550
89	350	2,355	18,553	40	28,352
1990	100	17	1,194	53	44,896
91	55	1	1,409	43	27,663
92	268	19	3,270	35	25,435
93	-	-	-	46	28,823
94	-	-	-	18	10,343
95	275	1,197	13,204	27	20,310
96	-	-	-	18	12,773
97	-	-	-	19	20,037
98	27	5	546	7	6,544
99	-	-	-	11	8,103
2000	5	2	231	17	11,664
01	160	84	817	5	3,924
02	-	-	-	1	751
03	23	40	874	1	2,199
04	10	110	587	0	278
05	-	-	-	-	-

付表6

	医療用，理化学用滅菌器			半導体デバイス[#]		集積回路及び超小形組立	
1981-87				85.21.3,5		85.21.419〜20	
1988-		8419.2			8541		8542
	台	kg	千円	千個	千円	千個	千円
1981	‥	‥	‥	75	77,807	17	5,463
82	‥	‥	‥	310	81,310	62	15,354
83	‥	‥	‥	425	57,757	48	11,721
84	‥	‥	‥	107	42,493	13	2,179
85	‥	‥	‥	491	52,238	30	5,478
86	‥	‥	‥	116	54,734	75	9,580
87	‥	‥	‥	346	78,244	114	14,643
88	‥	188	2,498	549	90,513	197	21,157
89	‥	1,667	7,258	858	76,021	288	26,726
1990	‥	1,331	9,164	244	41,677	37	3,960
91	‥	877	3,105	446	82,049	212	30,608
92	‥	81	736	128	63,234	107	33,071
93	‥	2,066	12,405	370	42,800	234	32,970
94	‥	55	365	125	43,359	97	15820
95	‥	532	3,847	1,415	70,699	19	7,112
96	14	1,588	10,468	150	40,037	71	23,032
97	22	2,367	16,873	401	54,606	111	17,896
98	2	562	3,300	121	26,734	43	7,220
99	6	447	3,381	159	29,935	15	5,286
2000	10	2,125	11,853	188	40,753	37	12,854
01	12	523	4,106	47	12,774	5	3,011
02	6	643	5,144	193	24,954	19	7,268
03	8	665	4,240	186	13,056	7	2,265
04	25	2,154	12,744	26	5,363	5	2,223
05	2	156	953	6	3,476	-	-

対日輸入，各種品，1981-2005 年

	自転車		超音波式魚群探知機			金属材料試験機（電気式）		
1981-87	87.10.000		90.28.395					
1988-	8712.00.000		9014.80.100			9024.10.100		
	台	千円	台	kg	千円	台	kg	千円
1981	3,026	68,634	-	-	-	‥	‥	‥
82	2,919	59,704	-	-	-	‥	‥	‥
83	2,402	54,932	238	14,916	123,613	‥	‥	‥
84	220	5,021	82	3,802	40,339	‥	‥	‥
85	2,376	55,553	171	4,045	44,556	‥	‥	‥
86	466	13,241	137	11,203	138,673	‥	‥	‥
87	1,885	37,213	152	5,960	50,697	‥	‥	‥
88	1,979	37,549	13	515	8,249	15	3,064	35,873
89	581	11,364	67	2,127	27,732	4	26	1,425
1990	167	4,031	88	2,751	45,130	2	85	2,315
91	409	5,645	21	2,822	32,353	4	2,499	12,701
92	276	7,669	59	6,522	57,360	1	2,350	7,482
93	395	11,303	7	920	8,395	-	-	-
94	1,458	11,769	79	1,984	28,856	-	-	-
95	3,227	30,213	61	2,078	20,658	-	-	-
96	10,492	37,668	28	234	5,187	-	-	-
97	21,305	76,669	3	55	821	-	-	-
98	49,289	195,901	2	60	666	-	-	-
99	19,831	43,333	4	118	1,481	6	1,993	8,677
2000	14,537	35,442	-	-	-	2	88	2,084
01	23,717	51,341	-	-	-	1	28	2,310
02	34,603	60,734	-	-	-	3	229	4,019
03	53,145	73,775	-	-	-	-	-	-
04	53,518	67,523	-	-	-	-	-	-
05	16,972	20,388	-	-	-	-	0	0

付表6

	液体の流量，液位の測定検査用機器（電子式)			圧力測定，検査用機器（電子式)			クロマトグラフ[#]	
1981-87	90.28.394							
1988-	9026.10.110			9026.20.110			9027.2	
	台	kg	千円	台	kg	千円	台	千円
1981	-	-	-	‥	‥	‥	‥	‥
82	-	-	-	‥	‥	‥	‥	‥
83	60	3,025	57,516	‥	‥	‥	‥	‥
84	47	971	24,455	‥	‥	‥	‥	‥
85	-	-	-	‥	‥	‥	‥	‥
86	2	67	1,223	‥	‥	‥	‥	‥
87	-	-	-	‥	‥	‥	‥	‥
88	-	-	-	6	59	2,058	5	25,487
89	27	309	12,399	46	545	15,991	8	3,936
1990	5	23	2,963	9	135	4,097	12	32,665
91	17	384	11,895	12	77	3,581	12	16,317
92	-	-	-	19	170	6,147	2	1,667
93	4	20	1,075	7	30	1,355	13	8,165
94	14	19	952	5	33	893	1	2,503
95	-	-	-	-	-	-	1	776
96	-	-	-	-	-	-	3	2,096
97	-	-	-	-	-	-	4	7,224
98	-	-	-	2	6	320	-	-
99	17	61	1,233	2	12	206	1	762
2000	2	136	951	2	2	397	-	-
01	12	7	882	12	1	295	-	-
02	-	-	-	-	-	-	-	-
03	-	-	-	-	-	-	-	-
04	1	71	655	16	45	335	-	-
05	-	-	-	-	-	-	-	-

対日輸入, 各種品, 1981-2005 年

	電離放射線測定, 検定用機器			オシロスコープ#		温度, 液面, 流量の自動調整機器（電子式）		
1981-87	90.28.200							
1988-	9030.1			9030.2		9032.89.112		
	台	kg	千円	台	千円	台	kg	千円
1981	-	-	-	..	..	..	..	..
82	1	250	2,282	..	..	..	..	..
83	-	-	-	..	..	..	..	..
84	-	-	-	..	..	..	..	..
85	2	7	919	..	..	..	..	..
86	2	4	554	..	..	..	..	..
87	2	4	765	..	..	..	..	..
88	-	-	-	61	19,448	354	957	23,302
89	1	20	358	73	20,406	102	5,140	39,846
1990	1	9	245	70	17,988	207	301	6,691
91	-	-	-	62	20,386	70	213	5,987
92	-	-	-	61	13,889	15	143	1,919
93	2	4	552	33	8,505	64	132	3,607
94	4	24	3,883	7	2,611	48	156	3,039
95	-	-	-	8	3,954	48	72	3,815
96	-	-	-	5	1,915	280	227	10,502
97	-	-	-	5	1,582	80	365	4,499
98	-	-	-	9	2,529	161	169	6,256
99	2	4	602	15	6,530	82	93	1,743
2000	-	-	-	1	401	464	353	8,199
01	2	11	2,544	-	-	215	590	6,048
02	1	1	584	1	281	312	747	8,730
03	-	-	-	-	-	181	288	5,688
04	-	-	-	-	-	74	44	1,078
05	-	-	-	-	-	-	-	-

付表7 対ソ輸入額, 1955-90年

(千ルーブル)

	食料品	食料に適さない原材料	鉱物性燃料・潤滑油	動植物性油脂	化学製品	原料別製品	機械類・輸送機械	その他の種々の製品	小計	輸入合計(百万ルーブル)
1955	4,769	305	6,836	-	2,158	6,487	15,178	3,141	38,874	40
56	4,173	356	8,409	-	4,845	7,598	19,755	2,769	47,905	48
57	3,204	4,711	11,087	-	4,211	7,285	20,615	1,197	52,310	54
58	152	4,303	8,321	-	5,389	10,552	22,078	1,420	52,215	52
59	3,738	580	8,833	1	4,417	21,913	29,287	1,641	70,410	74
1960	4,527	2,554	8,518	409	1,763	6,647	9,174	1,327	34,919	36
61	19,497	7,542	12,567	-	4,571	9,539	9,751	916	64,383	69
62	3,650	8,054	15,972	-	5,381	11,124	20,767	805	65,753	73
63	3,641	7,718	16,139	-	5,666	9,782	22,772	1,076	66,794	74
64	128	6,770	15,980	-	6,017	9,088	27,289	883	66,155	75
65	5,696	8,185	14,311	1	6,198	9,398	29,123	717	73,629	81
66	8,359	7,859	13,769	1,223	6,574	6,820	27,940	513	73,057	77
67	25,755	9,198	17,437	2,029	7,805	10,587	19,513	591	92,915	99
68	15,057	11,802	38,640	2,900	9,942	10,037	44,581	423	133,382	155
69	14,064	9,694	39,280	2,764	10,360	10,136	59,407	624	146,329	181
1970	20,379	10,571	40,122	2,624	9,764	8,643	93,164	471	185,738	207
71	11,777	10,676	36,157	1,851	10,484	9,127	103,035	392	183,499	330
72	11,339	8,696	23,602	2,339	8,922	9,449	98,530	434	163,311	252
73	12,717	7,007	24,748	2,268	8,501	8,830	83,939	435	148,445	224
74	12,571	7,628	31,544	2,169	7,266	8,610	87,084	639	157,511	194
75	14,785	5,674	33,945	1,711	7,394	7,855	79,894	1,068	152,326	187
76	21,622	5,626	55,025	595	7,654	7,941	55,269	566	154,298	182
77	29,706	4,913	59,664	203	3,692	6,847	38,140	576	143,741	165
78	23,698	5,924	74,467	284	5,879	8,251	32,414	488	151,405	177
79	44,628	6,626	86,894	135	3,930	8,391	55,341	378	206,323	235
1980	36,938	9,859	101,376	291	4,112	8,977	92,081	433	254,067	288
81	42,378	9,057	86,801	-	5,266	7,803	91,465	476	243,246	279
82	38,584	15,315	123,982	-	3,589	10,952	84,346	640	277,408	319
83	20,058	15,837	112,133	-	6,721	10,406	57,132	679	222,966	262
84	-	16,897	129,483	-	10,369	26,363	106,292	561	289,965	347
85	-	17,522	149,233	-	13,631	34,624	155,791	704	371,505	655
86	-	20,028	234,958	-	9,915	33,807	146,370	740	445,818	757
87	25,974	22,511	218,784	-	10,084	36,815	104,321	1,049	419,538	800
88	25,032	20,905	173,138	-	8,695	62,311	161,798	107,032	558,911	1,062
89	-	17,162	130,653	-	7,095	67,487	125,168	116,937	464,502	941
1990	-	121,798	102,614	-	5,660	48,982	203,057	55,413	537,524	887

注) 武器および無償援助にかかわる輸入はふくまない.

付表 8　対中輸入額，1987-2006 年

A. 1987-1991 年
(千ドル)

	食料品	食料に適さない原材料	鉱物性燃料・潤滑油	動植物性油脂	化学製品	原料別製品
1987	457	41,821	173,153	15,987	13,316	14,850
1988	1,674	59,897	174,495	23,397	16,064	28,249
1989	9,506	48,255	144,765	44,864	40,314	35,577
1990	8,109	45,132	138,059	31,085	37,561	50,664
1991	16,132	40,646	226,150	25,953	45,732	68,160

B. 1992-2006 年
(千ドル)

	動物性生産品	植物性生産品	動植物油脂	調製食料品・飲料	鉱物性生産品	化学製品	プラスチック・ゴム製品	皮革
	第1部	第2部	第3部	第4部	第5部	第6部	第7部	第8部
1992	6,710	98,670	2,770	28,560	227,430	25,330	14,140	300
93	5,950	123,580	8,050	24,580	256,350	40,280	26,750	670
94	2,874	47,039	2,675	16,908	192,636	34,004	24,703	1,756
95	4,827	42,599	6,583	21,021	219,947	30,557	27,030	909
96	4,568	140,677	10,791	23,853	173,715	28,560	24,190	676
97	5,247	212,899	13,972	15,717	117,059	53,111	23,222	950
98	4,016	98,917	9,249	11,708	89,733	34,561	22,605	354
99	2,054	69,035	5,841	7,744	85,163	28,173	19,490	280
2000	3,173	56,423	1,625	10,353	122,687	30,743	24,357	858
01	12,871	100,830	1,066	16,809	164,034	46,010	32,598	587
02	21,917	57,843	616	20,719	122,375	43,939	31,781	1,145
03	81,928	78,322	2,468	20,648	183,002	42,834	30,791	805
04	147,592	56,044	1,569	32,119	208,256	46,588	40,233	965
05	110,812	97,467	11,318	43,557	291,923	68,619	66,396	1,186
06	125,065	66,631	26,541	42,593	353,652	92,077	72,356	2,533

	木製品	パルプ・紙	繊維製品	履物等	セメント・陶磁器等	貴金属・同製品	卑金属・同製品	機械類
	第9部	第10部	第11部	第12部	第13部	第14部	第15部	第16部
1992	330	6,440	58,160	4,030	1,370	10	17,180	27,100
93	1,730	10,780	33,120	1,850	2,580	-	23,470	28,870
94	2,087	7,612	38,097	2,215	1,978	5	12,873	25,882
95	1,016	3,299	49,075	1,320	2,324	59	16,956	46,145
96	747	2,641	31,153	953	1,414	4	13,694	19,453
97	399	2,699	27,325	1,061	1,326	-	11,967	24,402
98	347	3,059	24,447	938	1,787	157	19,346	16,333
99	267	4,171	22,288	1,793	2,171	120	23,899	24,561
2000	1,104	5,497	49,274	2,978	3,866	54	39,340	35,505
01	864	13,345	52,454	2,961	6,970	242	41,610	46,550
02	1,201	7,374	38,571	2,624	7,033	90	35,658	53,928
03	1,037	7,749	40,486	3,755	7,474	6	34,798	66,571
04	1,132	9,210	48,140	4,737	14,873	36	65,357	85,975
05	1,205	11,679	81,684	5,368	22,572	115	77,092	133,321
06	1,153	11,329	100,371	7,775	16,910	49	65,352	180,782

A. 1987-1991 年 (千ドル)

	機械類・輸送機械	その他の種々の製品	特殊取扱品	合計
1987	10,351	6,140	129	276,202
1988	27,313	14,226	24	345,339
1989	36,608	17,429	38	377,357
1990	34,751	12,731	50	358,144
1991	52,803	48,806	390	524,771

B. 1992-2006 年 (千ドル)

	輸送機械 第17部	精密機器 第18部	武器 第19部	雑品 第20部	美術品 第21部	特殊取扱品・未分類品 第22部	合計
1992	10,720	10,090	10	1,750	−	−	541,110
93	11,210	960	40	1,510	−	−	602,350
94	6,755	1,302	1,515	1,605	2	−	424,523
95	6,994	1,840	996	2,690	−	2	486,187
96	12,876	2,006	3,461	1,594	−	−	497,029
97	19,056	1,379	1,181	1,710	−	−	534,680
98	11,825	1,983	1,961	2,379	−	−	355,707
99	11,998	1,235	16,915	1,462	−	−	328,660
2000	36,286	1,841	16,156	2,749	−	5,955	450,824
01	19,127	2,930	−	3,842	−	7,428	573,129
02	10,774	2,576	−	4,842	−	2,707	467,713
03	11,150	1,596	−	6,630	−	5,535	627,584
04	19,549	2,275	63	9,507	1	5,283	799,504
05	33,017	4,056	−	13,204	2	6,591	1,081,184
06	33,269	4,632	26	14,986	2	14,294	1,232,374

付表 9　対中輸入, 各種品, 1992-2006 年

	とうもろこし 1005.9		精米 1006.3		小麦・混合麦粉 1101		大豆 1201	
	千トン	千ドル	千トン	千ドル	千トン	千ドル	千トン	千ドル
1992	587	68,046	0	0	60	12,654	47	11,088
93	876	94,029	13	2,178	37	5,257	52	12,345
94	209	22,358	29	4,060	9	1,518	31	7,861
95	11	1,613	2	341	67	17,744	39	9,711
96	81	14,889	45	14,428	329	84,299	25	7,250
97	557	83,222	92	27,546	271	64,346	27	7,646
98	196	23,148	78	24,627	115	24,355	31	8,205
99	162	18,170	86	24,096	49	9,840	45	9,225
2000	177	20,361	52	13,258	32	5,872	46	8,534
01	371	42,635	89	19,120	58	10,244	45	9,486
02	141	14,728	73	14,337	57	9,602	48	9,219
03	136	14,633	115	21,412	49	7,748	39	8,175
04	39	5,546	38	7,242	68	14,076	36	10,600
05	267	35,625	48	11,653	111	23,339	39	9,704
06	39	5,644	39	10,938	130	26,909	35	8,028

	大豆油 1507		グリセリン 1520		塩 2501		亜鉛鉱 2608	
	トン	千ドル	トン	千ドル	千トン	千ドル	千トン	千ドル
1992	2,875	2,517	52	60	17	491	7	1,553
93	9,430	7,326	371	413	90	1,802	80	12,728
94	2,366	1,893	458	528	106	2,458	64	10,577
95	7,322	6,011	151	211	128	3,028	40	8,229
96	13,164	9,436	32	32	136	3,036	46	11,830
97	21,256	13,187	14	11	61	1,277	30	6,601
98	10,753	8,709	–	–	79	1,428	17	2,538
99	5,094	3,845	15	14	35	734	23	4,033
2000	2,214	1,463	8	13	35	592	11	2,025
01	1,403	831	20	23	20	421	1	245
02	599	381	–	–	16	296	4	575
03	3,554	2,139	10	15	27	472	–	–
04	1,528	1,217	–	–	47	1,481	–	–
05	16,408	10,920	–	–	83	2,707	–	–
06	39,306	26,261	–	–	119	2,746	–	–

付表9

	瀝青炭 2701.121		その他石炭 2701.129		コークス・半成コークス 2704		原油 2709	
	千トン	千ドル	千トン	千ドル	千トン	千ドル	千トン	百万ドル
1992	1,369	62,057	‥	‥	123	7,884	1,006	138
93	1,567	69,868	26	768	83	5,078	1,033	140
94	1,468	65,320	38	807	45	2,592	833	87
95	1,011	43,634	19	749	96	6,019	1,022	131
96	301	13,953	11	298	100	7,533	936	119
97	251	11,970	6	245	49	3,378	506	65
98	81	3,530	16	713	84	5,860	504	48
99	411	17,656	18	754	73	4,050	317	31
2000	100	3,616	17	520	53	3,001	389	76
01	168	6,126	99	3,733	125	7,616	579	109
02	66	2,297	169	6,343	156	9,533	472	76
03	168	6,692	199	7,284	87	6,107	574	121
04	9	391	239	8,951	22	2,214	532	139
05	13	1,173	130	7,916	26	2,572	523	198
06	63	5,912	143	11,667	18	1,870	524	247

	車用・航空用ガソリン 2710.00.11,23 2710.11.10		(航空) 石油 2710.00.21 2710.19.11		潤滑油脂 2710.00.52〜5 2710.19.91〜4		塩素 2801.1	
	千トン	千ドル	千トン	千ドル	千トン	千ドル	kg	ドル
1992	‥	‥	‥	‥	‥	‥	−	−
93	15	2,852	29	4,940	5	2,597	−	−
94	12	2,947	25	4,340	10	5,284	3	120
95	11	2,560	36	6,528	9	5,681	192	2,630
96	3	807	41	8,382	4	2,509	−	−
97	17	4,484	42	8,593	9	4,884	−	−
98	32	6,938	57	8,472	5	2,474	−	−
99	32	7,213	55	8,383	10	4,226	3,400	630
2000	22	5,840	47	12,955	10	4,174	−	−
01	17	3,594	56	14,425	11	5,275	−	−
02	18	4,044	47	9,995	10	4,513	4,000	1,700
03	46	13,550	46	12,582	8	3,695	−	−
04	38	15,096	47	17,920	5	2,781	−	−
05	41	18,637	47	26,937	6	3,505	−	−
06	31	18,370	52	35,984	4	3,148	−	−

対中輸入, 各種品, 1992-2006 年

	よう素 2801.2		ふっ素 2801.3		硫黄 2802		炭素 2803	
	kg	ドル	kg	ドル	トン	千ドル	トン	千ドル
1992	115	2,750	-	-	120	18	953	768
93	200	2,400	19,980	30,069	-	-	3,105	1,671
94	50	675	-	-	-	-	1,104	551
95	1,003	16,135	-	-	-	-	449	205
96	-	-	-	-	150	23	952	463
97	1,200	30,800	-	-	20	2	565	308
98	-	-	-	-	-	-	2,413	1,039
99	500	2,500	44	90	-	-	2,319	920
2000	-	-	-	-	-	-	3,857	1,792
01	500	7,643	-	-	61	7	2,793	1,337
02	-	-	-	-	51	7	2,713	1,238
03	180	2,970	-	-	48	8	2,342	1,052
04	150	4,224	-	-	584	98	1,886	900
05	230	4,834	8,980	17,976	94	14	1,462	736
06	305	7,870	4	14	88	12	1,731	1,168

	水素 2804.1		アルゴン 2804.21		その他希ガス 2804.29		窒素 2804.3	
	kg	ドル	kg	ドル	kg	ドル	kg	ドル
1992	-	-	-	-	-	-	-	-
93	-	-	-	-	-	-	-	-
94	-	-	495	1,092	3	120	-	-
95	-	-	420	830	2,400	32,506	250	140
96	-	-	11,071	2,228	15	552	-	-
97	21	288	3,203	6,690	260	1,202	80	85
98	142	5,900	850	820	-	-	800	640
99	79	1,030	5,300	7,292	-	-	40	30
2000	6,000	550	41,640	20,140	2,400	1,200	-	-
01	3,500	385	28,781	40,940	60	1,176	60	486
02	-	-	34,606	53,379	360	2,300	-	-
03	-	-	22,293	57,115	30	774	1,000	3,760
04	650	1,000	26,946	33,624	26	5,988	700	690
05	-	-	23,376	32,439	439	24,317	51	176
06	-	-	21,213	23,386	16	10,069	110	307

付表9

	酸素 2804.4		りん 2804.7		セレン 2804.9		カルシウム 2805.21	
	kg	ドル	トン	千ドル	kg	ドル	トン	千ドル
1992	-	-	25	34	-	-	-	-
93	-	-	20	27	60,000	9,000	-	-
94	-	-	-	-	13	65	-	-
95	-	-	-	-	-	-	-	-
96	16	182	-	-	-	-	210	14
97	-	-	-	-	-	-	-	-
98	-	-	35	4	-	-	-	-
99	200	900	30	32	-	-	-	-
2000	125	56	-	-	-	-	16	22
01	3,480	2,085	4	5	-	-	-	-
02	80	80	-	-	-	-	50	194
03	381	1,661	-	-	-	-	-	-
04	20,787	11,636	65	163	-	-	-	-
05	4,586	4,297	60	124	50	7,250	-	-
06	22,455	9,497	114	286	70	4,752	-	-

	希土類金属 2805.3		水銀 2805.4		塩酸 2806.1		硫酸 2807	
	トン	千ドル	トン	千ドル	トン	千ドル	トン	千ドル
1992	-	-	-	-	10	1	-	-
93	-	-	-	-	-	-	-	-
94	-	-	-	-	-	-	-	-
95	-	-	-	-	-	-	907	164
96	50	79	5	31	-	-	-	-
97	-	-	-	-	-	-	3	0
98	-	-	74	371	-	-	26	4
99	-	-	2	8	-	-	-	-
2000	-	-	2	8	2	1	-	-
01	-	-	10	66	-	-	150	12
02	-	-	-	-	-	-	443	36
03	-	-	-	-	-	-	-	-
04	-	-	-	-	-	-	50	12
05	-	-	-	-	-	-	-	-
06	-	-	-	-	121	10	-	-

対中輸入, 各種品, 1992-2006 年

	硝酸・硫硝酸 2808		ふっ化水素(酸) 2811.11		その他の無機酸 2811.19		アンモニア 2814	
	トン	千ドル	kg	ドル	トン	千ドル	トン	千ドル
1992	0	0	-	-	-	-	-	-
93	-	-	20	100	-	-	-	-
94	-	-	16,000	5,936	10	4	-	-
95	-	-	290	1,777	25	11	-	-
96	9	4	120	96	-	-	5	13
97	13	8	-	-	-	-	-	-
98	8	1	-	-	-	-	-	-
99	12	5	17,500	8,916	-	-	-	-
2000	0	0	-	-	10	4	-	-
01	25	6	2,000	1,600	-	-	3	3
02	4	1	16,000	11,620	-	-	0	0
03	29	11	1,800	3,300	-	-	1	1
04	4	2	-	-	-	-	9	3
05	-	-	-	-	-	-	54	18
06	-	-	-	-	304	1,595	6	2

	かせいソーダ 2815		酸化アルミニウム 2818.2		ヒドラジン 2825.1		ふっ化アンモニウム・ナトリウム 2826.11	
	トン	千ドル	トン	千ドル	トン	千ドル	トン	千ドル
1992	440	146	1,000	270	-	-	75	53
93	821	173	1	0	-	-	50	35
94	464	154	2	1	-	-	-	-
95	422	101	997	419	10	24	-	-
96	3,159	1,082	1,241	290	-	-	60	45
97	3,055	875	4,050	978	19	62	-	-
98	3,948	972	4,002	946	4	12	-	-
99	3,554	792	8,043	2,248	2	4	60	33
2000	5,642	1,171	4,012	1,158	-	-	60	24
01	5,935	1,282	10,003	2,149	6	7	3	3
02	4,179	906	11,031	1,928	6	7	-	-
03	3,932	831	19,544	4,978	4	6	-	-
04	2,897	646	14,035	5,894	-	-	-	-
05	2,816	869	18,524	9,299	4	12	-	-
06	2,933	995	16,819	9,604	10	19	1	0

	塩化アンモニウム 2827.1		次亜塩素酸塩 2828		塩素酸塩[#] 2829		炭酸ニナトリウム 2836.2	
	トン	千ドル	トン	千ドル	トン	千ドル	トン	千ドル
1992	-	-	-	-	-	-	8,210	1,145
93	-	-	1	0	55	45	9,410	1,312
94	-	-	-	-	15	13	5,710	860
95	65	15	11	3	-	-	8,171	1,194
96	90	19	148	31	2	2	3,701	544
97	1,550	156	28	22	-	-	3,054	459
98	154	16	1,097	705	-	-	4,548	640
99	19	2	1,834	1,041	12	15	6,247	836
2000	72	6	709	316	23	20	6,035	828
01	72	10	182	51	30	51	5,101	741
02	128	12	393	180	74	41	5,348	758
03	90	11	505	232	200	81	4,683	650
04	132	17	338	223	79	86	3,927	592
05	210	35	737	493	32	10	8,352	1,472
06	76	18	429	279	103	57	20,631	3,359

	シアン化ナトリウム 2837.111		その他放射性元素[#] 2844.4		過酸化水素 2847		ニトロ基[#] 2904.2	
	トン	千ドル	g	千ドル	トン	千ドル	トン	千ドル
1992	-	-	35	4	71	30	1,373	1,078
93	10	14	282	4	9	5	1,605	1,140
94	56	36	4,420	2	60	28	350	301
95	55	94	6,000	4	38	17	1,070	900
96	263	459	10	1	7	4	538	459
97	99	162	14	6	36	12	587	516
98	146	214	10	3	-	-	748	644
99	-	-	10	4	7	4	901	755
2000	-	-	9	2	6	2	1,382	1,054
01	-	-	10	4	6	2	563	411
02	-	-	15	7	36	11	463	325
03	-	-	11	7	17	4	382	265
04	-	-	15,024	4	45	8	345	497
05	-	-	5	3	76	13	185	375
06	-	-	2	1	102	30	95	382

対中輸入, 各種品, 1992-2006 年

	飽和一価アルコール (その他) 2905.199		非環式ケトン 2914.19		フタル酸ジブチル 2917.31		フタル酸ジオクチル 2917.32	
	トン	千ドル	kg	ドル	トン	千ドル	トン	千ドル
1992	–	–	–	–	35	32	140	149
93	–	–	–	–	3	8	2,431	2,137
94	–	–	–	–	14	10	826	608
95	–	–	–	–	48	84	623	941
96	–	–	–	–	26	28	245	335
97	–	–	–	–	22	26	5	5
98	–	–	–	–	1	1	51	35
99	–	–	–	–	18	14	91	77
2000	–	–	–	–	4	3	47	41
01	–	–	–	–	88	64	81	60
02	–	–	–	–	–	–	126	103
03	35	28	3	125	41	32	195	168
04	30	26	–	–	67	75	405	405
05	20	22	–	–	54	66	445	496
06	–	–	–	–	48	77	762	1,196

	りん酸エステル 2919		その他の無機酸のエステル 2920		非環式モノアミン[#] 2921.19		トリエタノールアミン及びその塩 2922.13	
	トン	千ドル	トン	千ドル	kg	ドル	kg	ドル
1992	–	–	50	45	–	–	10	83
93	7	60	–	–	–	–	–	–
94	3	28	–	–	–	–	–	–
95	2	7	–	–	–	–	–	–
96	–	–	–	–	–	–	–	–
97	–	–	–	–	–	–	1,800	1,890
98	–	–	–	–	–	–	–	–
99	50	526	4	9	2,720	6,800	–	–
2000	–	–	1	1	–	–	–	–
01	4	10	14	19	725	12,688	–	–
02	22	42	11	13	10	87	–	–
03	–	–	47	40	1,525	10,635	–	–
04	1	3	1	1	2,110	4,579	–	–
05	3	9	3	5	17,020	35,785	–	–
06	–	–	2	4	4,630	11,628	–	–

	有機硫黄化合物 (その他)		その他のオルガノン オルガニック化合物		非縮合 ピリジン環#		尿素	
	2930.9		2931		2933.39		3102	
	トン	千ドル	kg	ドル	トン	千ドル	千トン	千ドル
1992	1	14	–	–	–	–	–	–
93	–	–	25	608	–	–	1	188
94	–	–	3,872	47,917	–	–	11	1,434
95	12	16	1,000	11,500	–	–	1	139
96	6	6	–	–	13	156	12	2,646
97	–	–	–	–	8	85	168	30,304
98	5	8	–	–	5	57	42	6,764
99	–	–	–	–	–	–	20	3,037
2000	20	24	10,000	4,500	25	140	32	4,511
01	–	–	750	1,500	3	30	96	11,912
02	6	6	–	–	1	8	122	16,234
03	14	12	800	4,960	17	141	86	13,139
04	21	21	1,600	7,000	16	162	58	10,125
05	28	29	–	–	11	133	65	16,378
06	15	17	–	–	20	211	102	24,649

	硝安		爆薬		人造黒鉛		殺虫剤・除草剤	
	3102.3		3602		3801.1		3808	
	トン	千ドル	トン	千ドル	トン	千ドル	トン	千ドル
1992	–	–	596	457	–	–	1,592	5,897
93	–	–	100	61	30	43	2,551	6,559
94	–	–	–	–	49	88	2,461	8,056
95	781	123	305	231	–	–	1,419	5,751
96	3,629	779	86	287	–	–	742	3,602
97	6,138	944	150	132	–	–	862	2,184
98	1,817	263	240	448	1	1	936	2,913
99	57	8	60	43	–	–	627	881
2000	247	36	265	177	–	–	479	1,955
01	1,097	139	90	47	–	–	757	2,261
02	1,272	168	178	454	–	–	1,092	3,125
03	1,500	214	96	398	–	–	679	1,180
04	480	83	–	–	–	–	892	2,051
05	–	–	50	15	–	–	1,070	2,551
06	1	0	–	–	–	–	1,048	2,811

対中輸入, 各種品, 1992-2006 年

	調製不(解)凍液 3820		合金鋼板 7219〜20 7225〜6		銅 74		ニッケル 75	
	トン	千ドル	トン	千ドル	トン	千ドル	トン	千ドル
1992	-	-	7	31	25	241	-	-
93	20	9	41	87	166	610	-	-
94	58	17	97	278	226	330	2	17
95	50	33	279	630	41	190	2	17
96	83	71	456	867	10	72	1	9
97	16	9	522	1,079	50	92	29	231
98	58	24	802	1,146	50	204	81	604
99	67	38	719	883	733	1,482	70	504
2000	37	20	1,424	1,656	1,189	2,396	16	214
01	113	50	1,493	1,841	1,147	2,194	25	295
02	55	30	1,521	1,862	1,016	1,734	12	147
03	39	22	2,840	2,597	446	1,151	51	734
04	61	30	1,857	2,912	362	1,189	44	698
05	153	105	1,699	3,976	657	2,838	44	821
06	149	101	2,261	4,914	262	1,848	19	355

	アルミニウム 76		鉛 78		亜鉛 79		すず 80	
	トン	千ドル	トン	千ドル	トン	千ドル	トン	千ドル
1992	1,493	2,449	-	-	363	528	-	-
93	827	2,359	530	241	1,050	940	67	301
94	457	1,101	-	-	1,045	242	24	120
95	744	2,042	61	30	3,146	816	10	64
96	568	1,779	123	104	23	5	5	25
97	340	857	-	-	9	9	9	82
98	455	1,066	320	184	6	7	8	56
99	753	1,951	399	199	281	278	2	15
2000	1,367	3,009	1,605	805	784	887	10	77
01	1,805	3,766	1,104	577	431	456	9	64
02	1,514	2,762	82	83	46	91	20	108
03	1,655	3,145	58	35	12	12	8	90
04	2,308	4,205	19	28	1,023	1,035	30	430
05	4,301	8,304	57	58	640	742	12	114
06	3,235	7,800	12	11	50	91	122	1,149

付表9

	タングステン		モリブデン		タンタル		マグネシウム	
	8101		8102		8103		8104	
	kg	千ドル	kg	千ドル	kg	千ドル	トン	千ドル
1992	-	-	200	8	220	56	0	0
93	-	-	440	9	14	2	1	0
94	400	13	-	-	133	29	18	40
95	240	10	454	24	86	34	3	12
96	151	0	472	35	25	7	-	-
97	-	-	6,000	21	29	13	-	-
98	400	8	233	27	-	-	3	6
99	200	5	510	25	20	6	13	26
2000	1,283	49	1,000	18	85	23	35	45
01	118	7	7,409	28	-	-	35	50
02	465	13	4,188	100	-	-	48	80
03	128	7	52	2	90	28	53	88
04	1,137	23	2,511	113	-	-	1	3
05	470	35	5,850	453	11	5	64	37
06	632	71	2,623	202	-	-	17	37

	コバルト		ビスマス		カドミウム		チタン	
	8105		8106		8107		8108	
	トン	千ドル	kg	ドル	トン	千ドル	トン	千ドル
1992	1	54	-	-	-	-	2	10
93	-	-	-	-	-	-	1	8
94	-	-	-	-	-	-	1	12
95	-	-	-	-	-	-	7	52
96	2	73	-	-	2	10	3	17
97	0	18	-	-	-	-	5	34
98	3	167	-	-	-	-	1	8
99	2	91	-	-	-	-	4	33
2000	13	414	95	930	3	2	1	10
01	12	281	1,000	8,380	6	4	1	8
02	3	57	-	-	-	-	9	128
03	1	31	-	-	-	-	19	147
04	14	667	-	-	-	-	3	29
05	12	474	-	-	-	-	5	105
06	7	226	-	-	100	0	5	117

対中輸入, 各種品, 1992-2006 年

	ジルコン 8109 kg	千ドル	アンチモン 8110 トン	千ドル	マンガン 8111 トン	千ドル	ベリリウム 8112.1 トン	千ドル
1992	124	17	442	675	320	256	‥	‥
93	-	-	-	-	2	2	2	30
94	-	-	120	336	15	20	3	45
95	95	14	-	-	1	2	3	53
96	-	-	-	-	21	32	1	14
97	-	-	-	-	10	14	-	-
98	-	-	-	-	7	9	-	-
99	20	2	-	-	18	21	-	-
2000	12	1	52	63	74	148	-	-
01	-	-	3	8	15	18	-	-
02	100	11	-	-	0	0	-	-
03	-	-	2	8	10	11	-	-
04	-	-	4	16	16	21	-	-
05	160	4	2	8	52	56	-	-
06	-	-	2	17	8	97	-	-

	クロム 8112.2 トン	千ドル	ゲルマニウム 8112.3 kg	千ドル	バナジウム 8112.4 kg	千ドル	卑金属製の被覆アーク溶接棒 8311.1 トン	千ドル
1992	‥	‥	‥	‥	‥	‥	174	83
93	-	-	-	-	-	-	103	79
94	2	10	5	1	-	-	503	323
95	2	16	-	-	-	-	256	173
96	8	59	-	-	-	-	214	198
97	1	8	-	-	-	-	260	235
98	2	19	-	-	-	-	697	584
99	2	11	-	-	-	-	461	267
2000	10	56	2	6	-	-	838	590
01	8	17	4	15	-	-	961	492
02	-	-	14	24	-	-	769	413
03	6	22	0	3	-	-	807	542
04	4	22	1	3	-	-	1,528	1,212
05	1	8	2	4	123	10	1,368	956
06	8	97	-	-	-	-	1,529	1,033

付表9

	内燃機関		建設・鉱山機械		内：ブルドーザー		金属加工機械	
	8407〜8		8429.11〜8430		8429.1		8455〜63	
	台	千ドル	台	千ドル	台	千ドル	台	千ドル
1992	-	-	16	340	1	70	35	769
93	-	-	55	593	2	70	118	2,653
94	183	325	33	231	1	16	109	938
95	459	491	36	338	3	45	38	505
96	73	144	50	449	23	306	460	276
97	318	201	12	147	2	12	21	206
98	104	273	17	106	8	79	19	191
99	239	159	39	1,028	15	218	27	492
2000	159	612	75	477	23	253	46	664
01	1,422	796	133	793	12	234	98	1,846
02	1,911	374	60	775	7	230	126	1,746
03	2,819	565	89	1,058	1	5	99	1,496
04	6,387	1,724	230	3,279	8	289	194	2,434
05	6,728	1,095	409	5,069	10	435	175	1,638
06	6,214	1,253	782	5,191	12	305	137	2,695

	発電機		テレビ		無線遠隔制御装置		半導体デバイス	
	8501.6,8502		8528.1〜2		8526.92.000		8541	
	台	千ドル	台	千ドル	台	ドル	千個	千ドル
1992	-	-	115,131	7,566	-	-	7	92
93	10	132	157,323	8,148	-	-	402	65
94	347	931	70,498	3,285	1	6,240	60	23
95	77	81	98,830	5,374	-	-	101	41
96	48	355	52,716	3,053	-	-	45	58
97	35	168	95,963	4,799	-	-	20	27
98	239	616	53,050	2,411	-	-	17	23
99	51	162	66,597	2,665	-	-	60	17
2000	364	888	134,507	5,904	-	-	11	25
01	557	776	201,304	8,988	2	1,020	10	49
02	676	1,090	256,420	10,805	-	-	12	42
03	259	990	352,811	19,281	-	-	8	22
04	445	1,726	435,842	22,616	-	-	291	43
05	1,523	1,678	375,293	19,398	-	-	46	180
06	635	1,219	344,598	18,134	-	-	528	132

対中輸入, 各種品, 1992-2006 年

	集積回路及び超小形組立 8542		乗用車 8702〜3		トラック 8704		金属材料試験機 9024.10.00	
	千個	千ドル	台	千ドル	台	千ドル	台	千ドル
1992	4	5	48	653	206	4,174	-	-
93	39	109	40	871	286	6,133	-	-
94	17	18	44	521	184	3,764	-	-
95	12	12	43	593	203	4,004	4	19
96	6	7	159	1,475	845	7,537	3	53
97	1	0	830	4,645	1,369	9,211	-	-
98	1	4	263	2,972	703	3,852	2	2
99	35	33	27	242	465	2,808	2	42
2000	2	0	1,866	18,568	770	6,110	4	5
01	39	8	862	9,852	677	5,531	27	80
02	100	9	37	361	955	4,738	24	23
03	0	3	103	1,886	1,401	5,357	10	20
04	5	45	229	2,621	2,181	12,740	9	8
05	10	32	333	3,058	2,446	19,975	2	6
06	20	65	868	11,012	1,996	12,340	10	28

	液体の流量, 液位の測定用試験機器 9026.10.00		クロマトグラフ 9027.2		オシロスコープ 9030.2	
	個	千ドル	台	千ドル	台	千ドル
1992	21	4	15	95	1	3
93	-	-	23	67	-	-
94	4	3	-	-	33	140
95	6	6	2	13	16	37
96	10	7	1	20	2	1
97	1	2	1	1	-	-
98	34	39	1	4	1	7
99	69	106	-	-	3	3
2000	16	41	-	-	61	7
01	34	61	2	23	19	395
02	12	5	-	-	9	10
03	7	1	2	44	1	1
04	137	135	-	-	-	-
05	198	118	3	21	9	21
06	10,269	180	7	13	5	3

付表10 対韓輸入額, 1991-2006年

(千ドル)

	食料品・生きた動物	飲料・たばこ	食料に適さない原材料	鉱物性燃料・潤滑油	動植物性油脂	化学製品
1991	1,607	-	-	1,392	-	2,035
92	64	-	-	-	-	7,562
93	63	-	3,191	-	-	1,233
94	2,104	-	2,621	-	106	1,544
95	8,263	10	7,406	10,816	17	1,217
96	5,329	7	7,760	12,782	245	1,985
97	11,866	3,608	1,988	29,322	598	3,040
98	14,653	3,112	2,257	20,354	1,190	6,629
99	5,701	9,657	2,082	42,075	359	43,451
2000	11,359	12,198	2,433	16,080	550	97,617
01	22,780	5,601	4,427	5,549	232	65,861
02	103,755	3,858	2,089	617	419	81,471
03	119,085	2,840	2,986	644	177	82,662
04	61,039	2,631	14,220	5,013	204	117,285
05	138,161	2,176	6,531	28,454	97	182,767
06	203,613	2,178	8,167	31,994	1,300	164,951

	原料別製品	機械類・輸送機械	その他の種々の製品	特殊取扱品	合計
1991	66	20	-	427	5,547
92	2,733	22	182	-	10,563
93	3,035	463	227	214	8,426
94	10,341	187	776	569	18,248
95	30,108	1,814	4,758	25	64,434
96	33,507	2,867	5,110	46	69,638
97	39,954	17,730	7,153	11	115,270
98	38,046	32,922	10,516	-	129,679
99	58,446	32,679	16,427	955	211,832
2000	52,216	59,318	21,004	-	272,775
01	53,686	35,923	32,728	-	226,787
02	82,520	56,545	34,938	3,942	370,154
03	94,041	42,944	84,149	5,436	434,965
04	96,126	66,386	64,499	11,598	439,001
05	167,435	125,341	64,478	32	715,472
06	204,655	132,609	80,730	2	830,200

付表 11　対西側諸国（上位 5 か国）輸入額, 1972-2003 年

(百万ドル)

1972		1973		1974		1975	
フランス	12.2	フランス	61.9	フランス	98.7	西ドイツ	81.2
西ドイツ	7.9	西ドイツ	38.8	西ドイツ	82.4	スウェーデン	66.8
カナダ	6.7	アルゼンチン	36.2	カナダ	43.6	オーストリア	24.3
ブラジル	3.6	カナダ	11.3	フィンランド	31.3	フランス	22.7
オーストラリア	3.4	ペルー	7.8	イギリス	30.1	デンマーク	20.0
1976		1977		1978		1979	
西ドイツ	44.0	オーストラリア	35.2	シンガポール	34.7	シンガポール	38.1
オーストラリア	25.5	西ドイツ	27.6	インド	30.0	香港	37.8
スウェーデン	23.8	スイス	11.7	西ドイツ	22.0	西ドイツ	33.6
フランス	18.8	シンガポール	9.7	スイス	14.1	インド	21.5
オーストリア	14.3	香港	9.3	香港	12.9	オーストラリア	20.5
1980		1981		1982		1983	
香港	60.5	フランス	67.0	香港	46.0	フランス	45.5
オーストラリア	40.1	香港	43.7	フランス	42.6	メキシコ	42.5
シンガポール	33.3	メキシコ	36.6	西ドイツ	33.3	香港	31.7
西ドイツ	33.1	シンガポール	35.3	シンガポール	28.4	西ドイツ	22.3
メキシコ	28.3	西ドイツ	29.8	メキシコ	21.5	スウェーデン	17.5
1984		1985		1986		1987	
香港	47.8	香港	50.4	香港	74.6	西ドイツ	126.3
メキシコ	41.5	メキシコ	30.2	西ドイツ	38.4	香港	106.5
シンガポール	23.7	西ドイツ	24.4	オーストラリア	30.8	メキシコ	38.4
西ドイツ	22.2	シンガポール	22.6	シンガポール	26.1	オーストラリア	34.8
オーストラリア	21.9	オーストラリア	22.5	メキシコ	21.3	シンガポール	28.5

注）　日本をのぞく．

付表11

(百万ドル)

1988		1989		1990		1991	
香港	122.2	香港	132.8	香港	107.7	香港	124.8
シンガポール	70.9	西ドイツ	73.9	西ドイツ	49.8	カナダ	52.4
ハンガリー	43.1	シンガポール	46.8	インド	35.5	インド	48.5
メキシコ	42.1	インド	30.4	シンガポール	35.0	ドイツ	47.9
西ドイツ	39.8	インドネシア	27.8	インドネシア	34.0	シンガポール	37.3

1992		1993		1994		1995	
香港	106.4	香港	78.2	香港	61.6	香港	59.7
ドイツ	52.7	インド	60.6	ドイツ	53.8	ブラジル	46.5
シンガポール	36.1	ドイツ	46.8	ブラジル	38.6	シンガポール	45.5
トルコ	33.4	シンガポール	38.3	イタリア	37.0	ドイツ	41.9
インド	25.4	アイルランド	32.5	インド	35.5	タイ	38.4

1996		1997		1998		1999	
シンガポール	66.4	ブラジル	92.1	アイルランド	109.6	ブラジル	139.2
香港	45.9	ドイツ	40.7	ブラジル	65.6	インド	67.1
スウェーデン	36.2	イギリス	40.2	シンガポール	33.9	香港	61.1
イギリス	35.9	インド	37.6	香港	30.2	シンガポール	48.1
ドイツ	33.3	アイルランド	33.2	ドイツ	23.1	タイ	34.3

2000		2001		2002		2003	
タイ	188.0	サウジアラビア	231.4	インド	182.3	タイ	204.1
インド	173.2	ブラジル	208.3	ドイツ	133.1	ブラジル	73.5
ブラジル	109.2	インド	161.8	ブラジル	99.3	ドイツ	68.0
香港	68.5	シンガポール	112.2	シンガポール	83.1	シンガポール	59.7
カタール	65.9	タイ	106.0	香港	29.2	イタリア	27.8

付表 12　職業別在日朝鮮人数，1964，69，74，84，90年

	1964	1969	1974	1984	1990
技術者	204	246	631	574	1,391
教員	790	1,008	1,039	1,521	1,850
医療保健従事者	423	543	867	2,149	3,293
宗教家	234	255	274	341	466
その他専門家・技術家	1,085	1,447	667	1,146	1,356
管理的職業従事者	5,866	4,732	4,797	13,306	16,534
事務従事者	9,575	14,530	20,769	36,784	45,343
貿易従事者	214	207	185	221	403
販売従事者	-	-	-	34,770	35,999
古鉄・屑物売買従事者	9,909	7,802	7,494	-	-
その他販売従事者	19,782	23,437	23,099	-	-
農林従事者	7,603	5,333	3,699	1,871	1,208
漁業従事者	679	477	373	266	179
採鉱・砕石従事者	1,155	673	484	219	163
技能工・生産工程従事者	-	-	-	42,531	37,539
運輸通信従事者	9,891	1,200	826	13,515	11,680
建設従事者	6,218	8,701	10,815	-	-
その他技能工・生産工程従事者	32,515	33,700	34,909	-	-
一般（単純）労働者	29,563	25,864	16,921	7,049	4,427
サービス業従事者	-	-	-	11,794	11,275
料理人	460	1,056	1,538	-	-
理容・美容師	783	1,002	1,046	-	-
娯楽場等接客員	770	929	795	-	-
その他サービス従事者	2,833	3,638	3,025	-	-
自動車運転手	-	11,805	12,861	-	-
芸術家・芸能家	-	524	703	1,443	1,330
文芸家・著述家	-	99	116	135	174
記者	-	151	183	120	142
科学研究者（家）	-	78	401	121	196
学生・生徒	-	9,209	4,527	-	-
主婦	-	900	724	-	-
無職	437,858	319,517	374,640	516,572	512,411
分類不能・不詳	162	124,649	110,398	687	581
計	578,572	603,712	638,806	687,135	687,940

注）　外国人登録票による調査．朝鮮籍および韓国籍．
出所）　法務省入国管理局『在留外国人統計』同局，昭和39，44，49，60年版，入管協会，同，平成3年版．

付表 13 朝鮮籍外国人の対北朝鮮出入国者数, 1970-2005 年

	新規入国者	出国者	新潟港への入国者	新潟港からの出国者
1970	4	0	0	0
71	25	1,289	0	1,260
72	32	1,022	9	981
73	316	967	357	1,038
74	157	602	279	838
75	84	424	233	651
76	94	317	115	334
77	125	286	469	416
78	262	401	619	939
79	191	246	1,868	2,033
1980	258	294	3,132	3,765
81	270	302	3,375	3,482
82	246	268	3,346	3,474
83	434	341	3,542	3,517
84	167	192	3,549	3,553
85	403	407	3,697	3,287
86	463	462	4,132	3,851
87	403	402	4,684	4,352
88	32	34	3,659	3,953
89	180	230	5,042	5,246
1990	444	454	4,151	4,392
91	1,132	1,135	4,290	4,686
92	756	764	4,889	5,067
93	307	315	3,199	3,344
94	130	129	3,798	4,249
95	296	288	4,027	3,748
96	265	274	3,881	3,739
97	252	250	3,749	3,314
98	207	206	3,278	3,172
99	150	155	3,407	3,531
2000	332	325	2,734	2,843
01	254	250	2,556	2,541
02	162	162	3,258	3,191
03	73	73	1,121	1,204
04	120	125	1,710	1,809
05	114	111	1,549	1,642

注) 下記統計書における国籍別数値欄の北朝鮮に該当する数値.
新規入国者は短期滞在目的の北朝鮮からの入国者.出国者は在日朝鮮人の永住帰国者と北朝鮮から新規入国し本国に帰る者の合計.新潟港への入国者は,祖国訪問からの帰国者と新規入国者の合計.同港からの出国者は,在日朝鮮人の永住帰国者,祖国訪問者,北朝鮮から新規入国し帰国する者の合計.厳密には北朝鮮以外への出入国者もふくむがその数は多くはない.
出所) 法務大臣官房司法法制調査部編『出入国管理統計年報』大蔵省印刷局,各年.

あとがき

　しばしば，真実は歴史によってあきらかにされるといわれる．しかしこの言葉には空虚さがともなう．現実には，真実がうもれ，いつまでたってもあきらかにならないことのほうが多いであろう．無知のうえに無知がかさなり，歴史が進展する．当事者は真実を語るとしても，ちょうど映画「羅生門」のように，それぞれ真実がことなる．工作をとりまくのは，とくに闇につつまれた世界である．誰が真実を語っているのか，いないのか，分らない．話には裏がある．裏から闇の道がつづく．ときおり光がさしこむが，ふたたび闇となる．北朝鮮は，全体がこのような世界である．本書はこれを研究対象とする．不十分なだけでなく，随所で誤まっているかもしれない．今後，この主題をめぐって検証がすすみ，議論が発展することを願っている．

　一点，具体的な希望を述べることを許されたい．それは朝鮮大学校にむけてである．同校は，本書でふれたように，1960年代に各種学校の認可を受け，税制上その他の特典を得た．これは同校が日本で，社会的公器の性格をもったことを意味しよう．にもかかわらず同校は現在にいたるまで，所蔵資料を外部の者に公開していない．その内容すら非公開なのではっきりとはいえないが，本書の主題にかんする重要な資料を所蔵していると想像する．もしそれが閲覧できていたならば，大変有益であったと思う．朝鮮大学校の関係者には，権利には義務がともなうという市民社会の原則を心にとめて頂くようお願いしたい．

　本研究は，前共著と同様，安部と木村が共同してすすめた．安部は情報の収集とアイディアの提出，木村はその彫琢と執筆を担当した．作業の過程では大変おおくの方々にお世話になった．とくに玉城素氏（朝鮮問題研究家）からは貴重な体験談をうかがったのみならず，草稿の一部に多々コメントをいただいた．室岡鉄夫氏（防衛研究所）も草稿に有益な示唆を与えられた．林建彦氏（東海大学名誉教授）からは資料提供をうけた．田中

あとがき

喜与彦氏（元・日朝貿易会職員）は元・日本国際貿易促進協会専務理事の中村敬太郎氏所蔵資料を紹介してくださった（田中氏はのちに物故された）．感謝にたえない．そのほか，ご教示，援助を惜しまなかった以下の方々に深謝する（順不同，敬称略）：樋口禎志（産業技術総合研究所），小林忠祠（安全保障貿易情報センター），岩本卓也（外務省），森本正崇（前・経済産業省安全保障貿易管理課），萩原遼（ジャーナリスト），朴斗鎮（コリア国際研究所），野村旗守（ジャーナリスト），河かおる（滋賀県立大学），朴甲東（元・南朝鮮労働党幹部），花房征夫（北東アジア資料センター），村山裕三（同志社大学），文浩一（一橋大学），深尾京司（一橋大学），後藤富士男（京都産業大学），菅沼光弘（アジア社会経済開発協力会），栗本伸子（四方朝鮮文庫），田畑伸一郎（北海道大学スラブ研究センター），野田容助（JETROアジア経済研究所），菊池嘉晃（読売新聞），高原正幸（防衛省），青木則子（神戸市立外国語大学），土田久美子（青山学院大学）．川野辺希美氏（青山学院大学大学院）は面倒なデータの整理とチェックを引きうけ，多くの誤まりを指摘してくださった．文献の整理と索引作成はそれぞれ，青山学院大学大学院の鈴木明氏，同大学木村ゼミの両角慎也君にお願いした．知泉書館，小山光夫氏には再々度，編集作業をして頂いた．これらの方々にも厚く御礼申し上げる．青山学院大学国際政治経済学会からは出版助成を受けた．お世話になった以下の図書館・資料館・機関ともども，ここに記して感謝にかえたい：青山学院大学図書館，国会図書館，東京都立中央図書館，滋賀県立大学朴慶植文庫，学習院大学図書館，四方朝鮮文庫，JETROビジネスライブラリー，JETROアジア経済研究所図書館，東京大学社会科学研究所図書室，同経済学部図書室，同東洋文化研究所図書室，慶應義塾大学図書館，在日朝鮮人歴史資料館，財務省関税局．

最後に，家庭で研究を支えてくれた安部淳子，木村陽子に深く感謝する．

2008年8月

著者を代表して

木 村 光 彦

引用文献一覧

新　聞
（インターネット版をふくむ）

（日本語）
『朝日新聞』，『産経新聞』，『下野新聞』，『朝鮮時報』，『朝鮮新報』Online 日本語版（http://www1.korea-np.co.jp/sinboj），『日刊工業新聞』，『日本経済新聞』，『毎日新聞』，『読売新聞』，Yomiuri Online（http://www.yomiuri.co.jp/e-japan）
　（朝鮮語・日本語）
『朝鮮商工新聞』
　（朝鮮語）
『朝鮮新報』，『労働新聞』
　（英語）
International Herald Tribune, Washington Post

雑　誌

（日本語）
『官報』，『北朝鮮研究』，『きょうの朝鮮』，『公安調査月報』，『朝鮮学術通報』，『朝鮮研究』，『朝鮮研究月報』，『朝鮮民主主義人民共和国の貿易』，『東洋経済新報』，『日朝貿易』，『日本と朝鮮』，『北東アジア』

貿易統計

（日本）
大蔵省編『日本外国貿易月表』日本関税協会，各年12月号，1957-61年
────関税局編『日本貿易年表』日本関税協会，1961-64年
────（財務省）編『日本貿易月表』日本関税協会，各年12月号，1965-2006年
財務省貿易統計，http://www.customs.go.jp/toukei/info/index.htm
（ソ連）
ソ連貿易省計画経済局編（国際事情研究会訳）『ソ連貿易統計年鑑』ジャパン・プレスサービス，1956-91年
北海道大学スラブ研究センター「ソ連統計データベース」
　http://src-h.slav.hokudai.ac.jp/database/SESS.html#USSR-S7
（韓国）
韓国貿易統計，KITA，http://stat.kita.net/nks/pum/gink2010d.jsp?cond_user_init=Y
（中国）

中国海関総署編『中国海関統計摘要』知識出版社，北京，1985-89 年
─── 『海関統計　年報（増刊）』1988 年（出版社，出版地記載なし）
─── 『中国海関統計年鑑』同署，北京，1990-2006 年
─── 『中国海関統計』香港経済導報社出版，香港，各年 12 月号，1992-2006 年
（その他）
JETRO アジア経済研究所「国連統計データベース」CD ROM 版

著書・論文・報告・回顧録類
（論文の掲載頁は省略，金日成・金正日の著作は別掲）

（日本語）（著者名 50 音順，朝鮮・韓国・中国人名は日本語読み）
相川理一郎「1974 年の日朝貿易の展望と課題」『日朝貿易』第 84 号，1974 年
─── 「合意書 2 年目：日朝貿易の新たな課題」『日朝貿易』第 75 号，1973 年
アエラ編集部「在日朝鮮系看板商社の破綻：行詰った東海商事」『アエラ』1999 年 7 月 12 日号
青木英一他『図説　内側から見た朝鮮総連』イースト・プレス，2006 年
赤旗編集局編『北朝鮮覇権主義への反撃』新日本出版社，1992 年
浅尾慶一郎・山本一太「『北朝鮮兵器』日本企業リスト」『文藝春秋』1999 年 8 月号
浅川謙次「南北朝鮮と香港の貿易」『アジア経済資料』第 50 号，1948 年
浅田忠一他監修『原子力ハンドブック』オーム社，1976 年
浅田正彦編『兵器の拡散防止と輸出管理：制度と実践』有信堂高文社，2004 年
朝日新聞社百年史編修委員会編『朝日新聞社史　昭和戦後編』同社，1995 年
麻生惣一郎「ニッポンが支える北朝鮮の原発計画」『諸君』1990 年 5 月号
安部桂司「工業技術水準：日本からの技術移転を考える」渡辺利夫編著『北朝鮮経済の現状を読む』日本貿易振興会，1997 年
─── 「北朝鮮の工業」日本貿易振興会『北朝鮮の経済と貿易の展望』同会，1998 年
─── 「『金日成著作集』に見る北朝鮮の軍需工業」『亜細亜大学アジア研究所所報』第 97 号，2000 年
阿部信泰「ミサイル不拡散努力の今後の方向性：『ミサイル輸出管理レジーム』の意義と限界」『国際問題』第 461 号，1998 年
新井佐和子『サハリンの韓国人はなぜ帰れなかったのか』草思社，1998 年
有木宗一郎『ソ連経済の研究　1917〜1969 年』三一書房，1972 年
安全保障貿易情報センター『2005　輸出管理品目ガイダンス　化学製剤原料関連』同センター，2005 年
─── 『2005　輸出管理品目ガイダンス　核・原子力関連資機材』同センター，2005 年
─── 『2007　輸出管理品目ガイダンス　航空宇宙関連資機材　上巻　MTCR 編』同センター，2007 年
─── ホームページ，http://www.cistec.or.jp/index.html，2007 年 8 月 24 日

石井明『中ソ関係史の研究 (1945-1950)』東京大学出版会，1990 年
石井一『近づいてきた遠い国：金丸訪朝団の証言』日本生産性本部，1991 年
石倉俊治『オウムの生物化学兵器』読売新聞社，1996 年
石原萌記他「言論の自由を守った闘い」『自由』2008 年 2 月号
伊豆見元・張達重編『金正日体制の北朝鮮：政治・外交・経済・思想』慶應義塾大学出版会，2004 年
磯崎敦仁「金正日『先軍政治』の本質」小此木政夫編『危機の朝鮮半島』慶應義塾大学出版会，2006 年
市川誠「大躍進の新しい朝鮮」藤島宇内編『今日の朝鮮』三省堂，1976 年
─── 『朝鮮で見たこと考えたこと』彩流社，1989 年
伊藤武雄編『村田省蔵追想録』大阪商船株式会社，大阪，1959 年
伊藤律『伊藤律回想録：北京幽閉二七年』文藝春秋，1993 年
稲垣武『「悪魔祓い」の戦後史』文藝春秋，1997 年
井上周八『現代朝鮮と金正日書記』雄山閣出版，1983 年
井上太郎『大原総一郎』中央公論新社，2003 年
今村弘子『中国と朝鮮半島の経済関係』アジア政経学会，1997 年
井本三郎『酢酸ビニル樹脂』日刊工業新聞社，1970 年
井本稔『化学繊維』岩波書店，1957 年
岩井章編著『現代の朝鮮問題』十月社，1980 年
─── 『ひとすじの道 50 年』国際労働運動研究協会，1989 年
岩波雄二郎編『岩波書店五十年』岩波書店，1964 年
岩間茂智「特集　興南工場：油脂工場」『化学工業』第 2 巻第 1 号，1951 年
岩本卓也「体制危機への北朝鮮の反応：内政的文脈から」小此木政夫編『危機の朝鮮半島』慶應義塾大学出版会，2006 年
殷宗基『在日朝鮮人の生活と人権』同成社，1986 年
上田泰輔「周恩来に躍らされて親中路線をひた走った幹部たち」『正論』2004 年 5 月号
宇佐美誠次郎編『戦後日本資本主義年表附解説』（『日本資本主義講座：戦後日本の政治と経済』別巻）岩波書店，1954 年
宇都宮徳馬「主席大いに語る」藤島宇内編『今日の朝鮮』三省堂，1976 年
浦川涼子「"ミサイル・コネクション"による北朝鮮の弾道ミサイル開発」『月刊 JADI』1996 年 7 月号
エヌティエス編『廃塩化ビニールの脱塩素化・リサイクル技術』エヌティエス，1999 年
恵谷治他『北朝鮮対日潜入工作』宝島社，2003 年
塩化ビニル工業協会 30 年史編集委員会編『塩化ビニル工業 30 年の歩み』同協会，1985 年
欧陽善（富坂聰訳）『対北朝鮮・中国機密ファイル』文藝春秋，2007 年
大蔵省関税局編『税関百年史』下巻，日本関税協会，1972 年
大蔵省銀行局『銀行局金融年報』昭和 45 年版，60 年版，金融財政事情研究会，

1970 年，1985 年
大阪韓国人百年史編集委員会編『大阪韓国人百年史（民団大阪 60 年の歩み）』在日本大韓民国居留民団大阪府地方本部，大阪，2006 年
大阪商銀信用組合『大阪商銀二十年史』同組合，大阪，1973 年
大島幸吉『朝鮮の鰮漁業と其加工業』水産社出版部，1937 年
太田勝洪・朱建栄編『原典中国現代史　第 6 巻　外交』岩波書店，1995 年
太田文雄『インテリジェンスと国際情報分析』芙蓉書房出版，2007 年
大沼久夫編『朝鮮戦争と日本』新幹社，2006 年
大沼正則・藤井陽一郎・加藤邦興『戦後日本科学者運動史』上，下，青木書店，1975 年
大森実『戦後秘史 7　謀略と冷戦の十字路』講談社，1976 年
大森義夫『日本のインテリジェンス機関』文藝春秋，2005 年
岡崎久彦『国家と情報：日本の外交戦略を求めて』文藝春秋，1984 年
岡田誠三「高分子化学：ビニロンを独創開発した桜田一郎」富田仁・日本放送協会編『日本の創造力：近代・現代を開花させた 470 人』第 14 巻，同協会，1992 年
岡田宗司「朝鮮民主主義人民共和国を訪ねて」『月刊社会党　訪中使節団特別号』第 24 号，1959 年
緒方重威「衆議院予算委員会における緒方重威公安調査庁長官の答弁」同委員会議事録，1994 年 3 月 30 日，国会会議録検索システム
小此木政夫「戦後日朝関係の展開：解釈的な検討」日韓歴史共同研究委員会編『日韓歴史共同研究報告書』第 3 分科篇，下巻，同会，2005 年
――――編『危機の朝鮮半島』慶應義塾大学出版会，2006 年
尾崎治『公安条例制定秘史：戦後期大衆運動と占領軍政策』柏植書房，1978 年
押川俊夫『戦後日中貿易とその周辺：体験的日中交流』図書出版，1997 年
小田実『私と朝鮮』筑摩書房，1977 年
尾高朋子・高崎宗司「帰国運動に関する『世界』と『中央公論』の論調」高崎宗司・朴正鎮編著『帰国運動とは何だったのか：封印された日朝関係史』平凡社，2005 年
小都元『ミサイル事典』新紀元社，1996 年
――――『世界のミサイル：弾道ミサイルと巡航ミサイル』新紀元社，1997 年
尾上健一「自主性のために生きる人民の生命の源」チュチェ思想国際研究所『金日成主席は世界の領導者：各界人士の会見記』同所，1982 年
カー，E. H.（Carr, E. H.）（内田健二訳）『コミンテルンの黄昏　1930-1935 年』（*The Twilight of Comintern, 1930-1935*, Macmillan Press, 1982），岩波書店，1986 年
カーバイド工業会編『カーバイド・アセチレン産業と石油化学工業』同会，1962 年
海外事情調査所編『朝鮮要覧　南鮮・北鮮・在日朝鮮人運動　1960 年版』武蔵書房，1960 年

外国為替研究会編『外国為替・小六法』昭和 56 年版，平成 2 年版，17 年版，同会，1981 年，1990 年，2005 年
外事事件研究会編著『戦後の外事事件：スパイ・拉致・不正輸出』改訂版，東京法令出版，2007 年
海上治安研究会編『北朝鮮工作船がわかる本』成山堂書店，2004 年
化学工業日報社『12394 の化学商品』同社，1994 年
垣内富士雄『茂山鉄鉱山視察報告書』未公刊，1960 年
笠原直造編『蘇聯邦年鑑』 1941 年版，42 年版，43-44 年版，日蘇通信社，1941-43 年
風早八十二「民科創立のころ」日本科学者会議編『科学者運動の証言』白石書店，1978 年
梶村秀樹『梶村秀樹著作集　第 6 巻　在日朝鮮人論』明石書店，1993 年
片岡政治編『公安調査庁資料　日本共産党史（戦前）』現代史研究会，1962 年
加藤昭・『週刊文春』取材班「金正日の直属スパイ：仮面は『大学副学長』」『週刊文春』1999 年 10 月 7 日号
加藤八洲夫『レール』日本鉄道施設協会，1978 年
加藤洋子『アメリカの世界戦略とココム：転機にたつ日本の貿易政策』有信堂高文社，1992 年
─── 「ココムからワッセナー合意へ：『新しい冷戦史』と今日の輸出規制」『国際問題』第 461 号，1998 年
金子恵美子編『日中貿易界の百人：日中貿易十年の歩み』三杏書房，1958 年
鎌倉孝夫・呉圭祥・大内憲昭編『入門　朝鮮民主主義人民共和国』雄山閣出版，1998 年
鴨武彦編『石橋湛山著作集 3　政治・外交論』東洋経済新報社，1996 年
刈谷亨「特集　興南工場：火薬工場」『化学工業』第 2 巻第 1 号，1951 年
河井智康『イワシと遭えなくなる日：5 億年の結晶「魚種交替」の謎に迫る』情報センター出版局，1989 年
─── 『消えたイワシからの暗号』三五館，1999 年
川上和久『北朝鮮報道：情報操作を見抜く』光文社，2004 年
川田信一郎『一国の農業は斯くありたい：朝鮮の農業と農学』農山漁村文化協会，1985 年
韓英善『祖国の大地に（金萬有篇）』平壌出版社，平壌，1997 年
韓光熙『わが朝鮮総連の罪と罰』文藝春秋，2002 年
韓国国防軍史研究所編（翻訳・編集委員会訳）『韓国戦争』第 3 巻，かや書房，2002 年
韓載香「パチンコ産業と在日韓国朝鮮人企業」『社会経済史学』第 73 巻第 4 号，2007 年
神崎純也『闇の貿易商』彩図社，2007 年
環太平洋問題研究所編『韓国・北朝鮮総覧　1984』原書房，1983 年
─── 『韓国・北朝鮮総覧　1987』原書房，1986 年

韓徳銖「在日朝鮮人運動の転換について」日刊労働通信社編『最近における日共の戦略戦術（四）』同社，1956 年
───『主体的海外僑胞運動の思想と実践』未来社，1986 年
───「美濃部亮吉先生を偲んで」美濃部亮吉さん追悼文集刊行世話人会編『人間美濃部亮吉：美濃部さんを偲ぶ』リーブル，1987 年
喜入亮『日ソ貿易の歴史』にんげん社，1983 年
菊池嘉晃「『帰国運動』の背後に北朝鮮の"工作"」『読売ウィークリ』2006 年 7 月 16 日号
───「コメも足りない『楽園』の虚妄」『読売ウィークリ』2006 年 8 月 13 日号
───「北朝鮮帰還事業の爪痕：旧ソ連極秘文書から読み解く『北』のシナリオと工作」『中央公論』2006 年 11 月号
───「北朝鮮帰還事業の爪痕　後編：旧ソ連・東欧文書で明かされる真相」『中央公論』2006 年 12 月号
───「北朝鮮帰還事業は日本の『策略』だったのか」『中央公論』2007 年 12 月号
北朝鮮取材班「ミサイル技術：日本との接点」『アエラ』2002 年 12 月 16 日号
北朝鮮問題取材班「尽きない北の野望」『読売ウィークリ』2006 年 12 月 24 日号
キノネス，ケネス（Quinones, C. Kenneth）（伊豆見元監修，山岡邦彦・山口端彦訳）『北朝鮮：米国務省担当官の交渉秘録』（*North Korea's Nuclear Threat: "Off the Record" Memories*），中央公論社，2000 年
木原晋一「日本」浅田正彦編『兵器の拡散防止と輸出管理：制度と実践』有信堂高文社，2004 年
木村光彦『北朝鮮の経済：起源・形成・崩壊』創文社，1999 年
───「1945-50 年の北朝鮮産業資料（3）」『青山国際政経論集』第 52 号，2001 年
───「1950-51 年の北朝鮮経済資料」『青山国際政経論集』第 57 号，2002 年
───「1950-51 年の北朝鮮経済資料（続）」『青山国際政経論集』第 58 号，2002 年
───「朝鮮戦争中の北朝鮮にかんする資料」『青山国際政経論集』第 72 号，2007 年
───「1947-48 年北朝鮮の経済資料」『青山国際政経論集』第 75 号，2008 年
───「1940-50 年代の北朝鮮生産統計」『青山国際政経論集』近刊予定
───・青木則子「1952 年北朝鮮の経済資料」『青山国際政経論集』第 70 号，2006 年
───・───「1950-60 年代北朝鮮の経済資料」『青山国際政経論集』第 73 号，2007 年
───・───「1959 年北朝鮮の発電所の資料」『青山国際政経論集』第 74 号，2008 年
───・安部桂司「北朝鮮兵器廠の発展：平壌兵器製造所から 65 号工場へ」『軍事史学』第 37 巻第 4 号，2002 年
───・───『北朝鮮の軍事工業化：帝国の戦争から金日成の戦争へ』知泉書館，

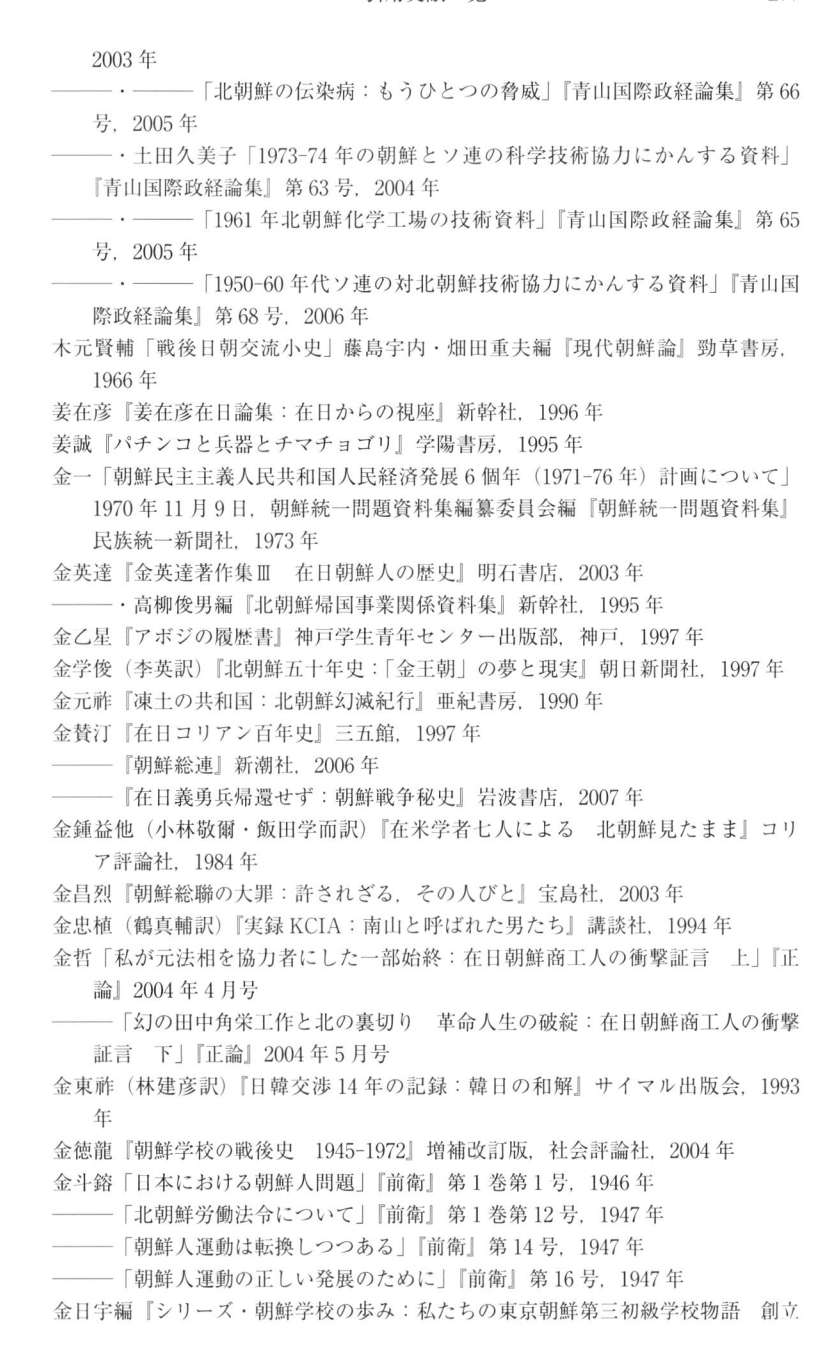

2003 年
───・───「北朝鮮の伝染病：もうひとつの脅威」『青山国際政経論集』第 66 号，2005 年
───・土田久美子「1973-74 年の朝鮮とソ連の科学技術協力にかんする資料」『青山国際政経論集』第 63 号，2004 年
───・───「1961 年北朝鮮化学工場の技術資料」『青山国際政経論集』第 65 号，2005 年
───・───「1950-60 年代ソ連の対北朝鮮技術協力にかんする資料」『青山国際政経論集』第 68 号，2006 年
木元賢輔「戦後日朝交流小史」藤島宇内・畑田重夫編『現代朝鮮論』勁草書房，1966 年
姜在彦『姜在彦在日論集：在日からの視座』新幹社，1996 年
姜誠『パチンコと兵器とチマチョゴリ』学陽書房，1995 年
金一「朝鮮民主主義人民共和国人民経済発展 6 個年（1971-76 年）計画について」1970 年 11 月 9 日，朝鮮統一問題資料集編纂委員会編『朝鮮統一問題資料集』民族統一新聞社，1973 年
金英達『金英達著作集Ⅲ 在日朝鮮人の歴史』明石書店，2003 年
───・髙柳俊男編『北朝鮮帰国事業関係資料集』新幹社，1995 年
金乙星『アボジの履歴書』神戸学生青年センター出版部，神戸，1997 年
金学俊（李英訳）『北朝鮮五十年史：「金王朝」の夢と現実』朝日新聞社，1997 年
金元祚『凍土の共和国：北朝鮮幻滅紀行』亜紀書房，1990 年
金賛汀『在日コリアン百年史』三五館，1997 年
───『朝鮮総連』新潮社，2006 年
───『在日義勇兵帰還せず：朝鮮戦争秘史』岩波書店，2007 年
金鍾益他（小林敬爾・飯田学而訳）『在米学者七人による 北朝鮮見たまま』コリア評論社，1984 年
金昌烈『朝鮮総聯の大罪：許されざる，その人びと』宝島社，2003 年
金忠植（鶴真輔訳）『実録 KCIA：南山と呼ばれた男たち』講談社，1994 年
金哲「私が元法相を協力者にした一部始終：在日朝鮮商工人の衝撃証言 上」『正論』2004 年 4 月号
───「幻の田中角栄工作と北の裏切り 革命人生の破綻：在日朝鮮商工人の衝撃証言 下」『正論』2004 年 5 月号
金東祚（林建彦訳）『日韓交渉 14 年の記録：韓日の和解』サイマル出版会，1993
金徳龍『朝鮮学校の戦後史 1945-1972』増補改訂版，社会評論社，2004 年
金斗鎔「日本における朝鮮人問題」『前衛』第 1 巻第 1 号，1946 年
───「北朝鮮労働法令について」『前衛』第 1 巻第 12 号，1947 年
───「朝鮮人運動は転換しつつある」『前衛』第 14 号，1947 年
───「朝鮮人運動の正しい発展のために」『前衛』第 16 号，1947 年
金日宇編『シリーズ・朝鮮学校の歩み：私たちの東京朝鮮第三初級学校物語 創立

～20 期（1945～1967 年）　証言編』一粒出版，2007 年
金日成・安江良介「朝鮮の平和と統一〈会見記録〉」『世界』1976 年 6 月号
────・────「朝鮮の統一と国際情勢〈会見記録〉」『世界』1979 年 1 月号
久仁昌「私が愛した『北朝鮮スパイ』」『文藝春秋』1995 年 12 月号
久野忠治「英明な現代の領導者」安井郁・高橋勇治編『チュチェの国　朝鮮を訪ねて』読売新聞社，1973 年
久野治義『ミサイル工学事典』原書房，1990 年
久保田るり子編・金東赫著『金日成の秘密教示：対日・対南工作，衝撃の新事実』産経新聞社，2004 年
久万楽也編『麻薬物語』井上書房，1960 年
熊谷独『モスクワよ　さらば：ココム違反事件の背景』文藝春秋，1988 年
クラウゼヴィッツ（Clausewitz, Karl von）（篠田英雄訳）『戦争論』（*Vom Kriege*），岩波書店，1980 年
クルトワ，ステファヌ（Courtois, Stephane）・ヴェルト，ニコラ（Werth, Nicolas）（外山継男訳）『共産主義黒書　ソ連篇：犯罪・テロル・抑圧』（*Le Livre Noir du Communisme Crimes： Terreur et Repression,* Robert Laffont, Paris, 1997），恵雅堂出版，2002 年
黒澤満編『大量破壊兵器の軍縮論』信山社出版，2004 年
黒野勘六「アルコール専売制度に就いて」『工業化学雑誌』第 41 巻第 5 号，1938 年
警視庁史編纂委員会編『警視庁史』昭和中編（上），同会，1958 年
慶南大学極東問題研究所編『北朝鮮貿易研究』成甲書房，1980 年
ゲーレン，ラインハルト（Gehlen, Reinhard）（赤羽龍夫訳）『諜報・工作　ラインハルト・ゲーレン回顧録』（*The Service*），読売新聞社，1973 年
原子力開発十年史編纂委員会編『原子力開発十年史』社団法人日本原子力産業会議，1965 年
現代朝鮮研究会編『新版　朝鮮要覧』時事通信社，1978 年
呉圭祥『企業権確立の軌跡：在日朝鮮商工人のバイタリティー』朝鮮商工新聞社，1984 年
────『在日朝鮮人企業活動形成史』雄山閣出版，1992 年
────『アジアを翔る　華僑・在日コリアン』朝鮮青年社，1996 年
────『記録　在日朝鮮人運動　朝鮮総聯 50 年　1955.5-2005.5』綜合企画舎ウィル，2005 年
呉基完『北朝鮮諜報機関の全貌』世界日報社，1977 年
公安調査庁『国際共産主義系前線活動組織の実態』同庁，1960 年
────『国際共産主義勢力の現状（昭和三十七年版）』同庁，1962 年
高英煥（池田菊敏訳）『平壌 25 時：北朝鮮亡命高官の告白』徳間書店，1997 年
洪淳一・康省因・朴忠佑・姜英植・李東夏編『在日本朝鮮人東京都商工会結成 55 周年記念集』・呉圭祥『東京都商工会 55 年史』在日本朝鮮人東京都商工会常任理事会，2000 年（合本）

黄宗屹・金龍煥（一色浩訳）「北朝鮮造船工業の概況（その1）」『日本船舶海洋工学会誌』第18号, 2008年

黄長燁（萩原遼訳）『続・金正日への宣戦布告：狂犬におびえるな』文藝春秋, 2000年

甲谷悦雄『平和的共存のかげにあるもの：ソ連邦の対日基本方略』自由アジア社, 1955年

神戸税関編『神戸税関百年史』同税関, 神戸, 1969年

高良とみ『私は見て来た ソ連・中共』朝日新聞社, 1952年

―――・宮腰喜助・帆足計・平野義太郎『国際経済会議』三笠書房, 1952年

ゴールドシュミット, ベルトラン (Goldschmidt Bertrand)（矢田部厚彦訳）『秘録核開発をめぐる国際競争』(*Les Rivalites Atomiques*), 毎日新聞社, 1970年

国際協力銀行編『日本輸出入銀行史』同行, 2003年

国際労働運動研究所編 (Institut Mezhdunarodnogo Rabochego Dvizhenija)（国際関係研究所訳）『コミンテルンと東方』(*Kominterun i Vostok*, Nauka, Moskva, 1969), 協和産業KK出版部, 1973年

国史編纂委員会『北韓関係史料集V』同会, 果川, 1987年

小島道一編『アジアにおける循環資源貿易』アジア経済研究所, 2005年

小島優編『日中両党会談始末記』新日本出版社, 1989年

高峻石『在日朝鮮人革命運動史』柘植書房, 1985年

高青松（中根悠訳）『金正日の秘密工場：腐敗共和国からのわが脱出記』ビジネス社, 2001年

後藤富士男『北朝鮮の鉱工業：生産指数の推計とその分析』国際関係共同研究所, 1981年

―――「1990年代前半の北朝鮮の対中国貿易」伊豆見元・張達重編『金正日体制の北朝鮮：政治・外交・経済・思想』慶應義塾大学出版会, 2004年

―――「中朝貿易と北朝鮮の経済」日本国際問題研究所セミナー報告論文, 2006年

小牧輝夫編『金正日体制下の北朝鮮経済：現状と展望』平成11年度外務省委託研究報告書, 未公刊, 1990年

小南次夫「ポリビニールアルコール (PVA) の製造」桜田一郎編『酢酸ビニル樹脂』高分子化学刊行会, 1962年

コワレンコ, イワン (Kovalenko, Ivan Ivanovich)（加藤昭監修, 清田彰訳）『対日工作の回想』文藝春秋, 1996年

コンクエスト, ロバート (Conquest, Robert)（白石治朗訳）『悲しみの収穫 ウクライナ大飢饉：スターリンの農業集団化と飢饉テロ』(*The Harvest of Sorrow: Soviet Collectivization and the Terror-Famine*, New York, 1986), 恵雅堂出版, 2007年

斎藤周行『拝啓 松下幸之助殿 つくられた神話への提言』一光社, 1976年

在日朝鮮人歴史研究所編『朝鮮総聯』朝鮮新報社, 2005年

在日朝鮮民主法律家協会編『これがKCIAだ：「韓国中央情報部」黒書』一光社,

1976 年
在日同胞商工連合会商工部「在日同胞商工人の税金問題をめぐって」『統一評論』1978 年 6 月号
在日本朝鮮人総聯合会中央常任委員会宣伝部『帰国者のための資料』第 1 集〜第 3 集，1959-60 年
阪田恭代「北朝鮮」浅田正彦編『兵器の拡散防止と輸出管理：制度と実践』有信堂高文社，2004 年
坂本龍彦『風成の人：宇都宮徳馬の歳月』岩波書店，1993 年
桜田一郎編『酢酸ビニール樹脂』高分子化学刊行会，1962 年
桜田洋「ビニロンを開発した高分子化学の先覚者」富田仁・日本放送協会編『日本の創造力：近代・現代を開花させた 470 人』第 14 巻，同協会，1992 年
「佐々木更三の歩み」編集委員会他『佐々木更三の歩み』総評資料頒布会，1982 年
佐治俊彦「日韓会談のシワよせ受ける北鮮貿易」『エコノミスト』1962 年 4 月 17 日号
佐藤勝巳・小島晴則「告発対談：当事者が悔恨こめて指弾する"失楽園"北朝鮮帰国事業の推進者たち」『正論』2003 年 5 月号
佐藤正『歴史と時代の産物としての帝銀・下山両事件ほか：真実は隠しとおせない』新生出版，2005 年
サハロフ，アンドレイ（Sakharov, Andrei）（金光不二夫・木村晃二訳）『サハロフ回想録』上，読売新聞社，1990 年
産業調査会『廃棄物リサイクル事典』同会，1995 年
鮮交会『朝鮮交通史：資料編』同会，1986 年
塩川二朗監修『カーク・オスマー化学大辞典』丸善，1988 年
重村智計『北朝鮮の外交戦略』講談社，2000 年
思想運動研究所編『新版　進歩的文化人』全貌社，1965 年
─── 『日本共産党本部：ここで何が行なわれているか』全貌社，1967 年
実業の世界社編『朝鮮問題知識のすべて』実業の世界社，1977 年
篠崎平治『在日朝鮮人運動』令文社，東京・長野，1955 年
清水惇『北朝鮮情報機関の全貌：独裁組織を支える巨大組織の実態』光人社，2004 年
下斗米伸夫『アジア冷戦史』中央公論新社，2004 年
─── 『モスクワと金日成：冷戦の中の北朝鮮 1945-1961 年』岩波書店，2006 年
社会運動資料刊行会編『日本共産党資料大成』黄土社書店，1951 年
社会運動調査会編『左翼団体事典』1961 年版，武蔵書房，1961 年，同，1968 年版，極東出版社，1968 年
社会問題資料研究会編『朝鮮人の共産主義運動』社会問題資料叢書第 1 輯，思想研究資料（特輯），東洋文化社，京都，1973 年
上海躍龍新材料有限公司ホームページ，www.newyuelong.com/china/cindex.htm，2008 年 3 月 17 日
朱炫暾「廉成根博士の研究業績」『科学技術』第 53 号，2007 年

徐大粛（金進訳）『朝鮮共産主義運動史 1918-1948』コリア評論社，1970 年
―――（古田博司訳）『金日成と金正日：革命神話と主体思想』岩波書店，1997 年
「神鋼五十年史」編纂委員会編『神鋼五十年史』同委員会，1954 年
申在均「北朝鮮の化学界と化学工業」『化学』第 15 巻，1960 年
―――「科学技術協会の 30 年」朝鮮大学校理学部（生物，化学）卒業生有志一同『科学技術時代に生きて：朝鮮大学校，科学技術協会とともに 30 余年』未公刊，1991 年
辛昌錫「布施辰治先生の思い出」『布施辰治　植民地関係資料集　vol.2, 朝鮮・台湾編』布施辰治資料研究準備会，盛岡，2008 年
杉田望『満鉄中央試験所』徳間書店，1995 年
鐸木昌之・平岩俊司・倉田秀也『朝鮮半島と国際政治：冷戦の展開と変容』慶應義塾大学出版会，2005 年
鈴木栄二『総監落第記』鱒書房，1952 年
鈴木邦男・井上周八・重村智計『日本国民のための北朝鮮原論』デジタルハリウッド出版局，2000 年
世界政経調査会編『北朝鮮工場要覧　1967 年版』同会，1967 年
関貴星『楽園の夢破れて』亜紀書房，1997 年
全鎮植「祖国との合弁は在日の糧」『世界』1994 年 10 月号
総務省統計局編『第 56 回日本統計年鑑』同局，2007 年
―――『平成 2 年　国勢調査　第 2 巻　第 1 次基本集計結果　その 1　全国編』同局，1991 年
ソ連東欧貿易会『ソ連の第 11 次 5 カ年計画』同会，1981 年
ソ連邦共産党中央委員会付属マルクス＝レーニン主義研究所編（Institut Marksizma-leninizma pri TsK KPSS）（村田陽一郎訳）『コミンテルンの歴史』下巻（*Kommunisticheskij Internatsional, Kratkij Istoricheskij Ocherk*, Izdatel'stvo Politicheskoj Literatury, Moskva, 1969），大月書店，1974 年
ソ連向大径鋼管輸出史出版委員会編『ソ連向大径鋼管輸出史：1000 万トン輸出の軌跡』有楽出版社，2003 年
太平出版社編『新しい朝鮮から』同社，1973 年
ダイヤモンド社編『ポケット社史　北辰電機』同社，1969 年
高井三郎「北朝鮮工作船の搭載兵器：特色および能力限界の分析」（その 1），（その 2）『月刊 JADI』第 669 号，第 671 号，2003 年
高木健夫「親子のような間柄」安井郁・高橋勇治編『チュチェの国　朝鮮を訪ねて』読売新聞社，1973 年
高崎宗司『検証日朝交渉』平凡社，2004 年
―――「『朝日新聞』と『産経新聞』は帰国問題をどう報じたか」以下，同・朴正鎮編著
―――・朴正鎮編著『帰国運動とは何だったのか：封印された日朝関係史』平凡社，2005 年
高碕達之助『満洲の終焉』実業之日本社，1953 年

高沢寅男「軍が平和建設に貢献：南浦閘門の大事業」『日本社会党訪朝代表団報告　1985.5.20〜25』同団事務局，1985年
高世仁『金正日「闇ドル帝国」の壊死』光文社，2006年
高橋正美・遠藤忠夫「宮城県共産党と仙台の在日朝鮮人社会」朝鮮研究会編『地域社会における在日朝鮮人とGHQ』（『和光大学総合文化研究所年報　東西南北』別冊01），2000年
高原正幸「中国の対北朝鮮『生かさず殺さず』政策：穀物供給の数量分析」青山学院大学修士論文，国際政治経済学研究科，2005年
高山秀子「狂気の独裁者：金正日の最期」『文藝春秋』2006年12月号
ダグラス，オージル（加登川幸太郎訳）『無敵！T34戦車』サンケイ新聞出版局，1973年
田中明彦『日中関係　1945-1990』東京大学出版会，1991年
田中喜与彦「日朝経済関係の現状と展望」渡辺利夫編著『北朝鮮の現状を読む』日本貿易振興会，1997年
―――「対外経済関係」小牧輝夫編『金正日体制下の北朝鮮経済：現状と展望』平成11年度外務省委託研究報告書，未公刊，1999年
玉城素「日本共産党の在日朝鮮人指導（その一）」『コリア評論』1961年4月号
田村元「極めて強い平和統一の願望：金日成と自民党議員団の会見記」『朝日ジャーナル』1975年8月22日号
―――「金日成主席と会談して」『エコノミスト』1975年8月26日号
中国中日関係史学会編（武吉次朗訳）『新中国に貢献した日本人たち』日本僑報社，川口，2003年
チュチェ思想国際研究所『金日成主席は世界の領導者：各界人士の会見記』同所，1982年
―――『金日成主席との印象深い会見：金日成主席誕生80周年記念会見記集』同所，1992年
張錠壽『在日六〇年・自立と抵抗：在日朝鮮人運動史への証言』社会評論社，1989年
朝鮮研究会編『地域社会における在日朝鮮人とGHQ』（『和光大学総合文化研究所年報　東西南北』別冊01），2000年
朝鮮商工新聞社『民族と経営理念：朝鮮人企業家の群像(1)』同社，1986年
朝鮮総督府『朝鮮工場名簿　昭和十四年』朝鮮工業協会，京城，1941年
―――『朝鮮総督府統計年報』昭和十年―十七年，同府，京城，1937-44年
朝鮮大学校『朝鮮大学校創立25周年を記念して』同校，1981年
―――編『朝鮮大学校の認可問題にかんする資料(3)』同校，1968年
―――ホームページ，http://www.korea-u.ac.jp，2007年11月10日
朝鮮大学校理学部（生物，化学）卒業生有志一同『科学技術時代に生きて：朝鮮大学校，科学技術協会とともに30余年』未公刊，1991年
『朝鮮大学校をみて』編集委員会編『朝鮮大学校をみて　増補改訂版』朝鮮大学校，1967年

朝鮮電気事業史編集委員会編『朝鮮電気事業史』中央日韓協会，1981 年
朝鮮統一問題資料集編纂委員会編『朝鮮統一問題資料集』民族統一新聞社，1973 年
朝鮮貿易協会『朝鮮貿易要覧　1972 年度版』同会，1972 年
朝鮮民主主義人民共和国科学院歴史研究所編『朝鮮人民の正義の祖国解放戦争史』外国文出版社，平壌，1961 年
諜報事件研究会編『戦後のスパイ事件』東京法令出版，1991 年
張明秀『北朝鮮　裏切られた楽土』講談社，1998 年
─── 「帰国船上の『献金工作』」別冊宝島編集部編『朝鮮総聯の研究』別冊宝島第 221 号，1995 年
張龍雲『朝鮮総連工作員：「黒い蛇」の遺言状』小学館，1999 年
通商産業省基礎産業局編『アルコール専売事業五十年史』アルコール協会，1987 年
─── 貿易局編『改正外国為替及び外国貿易管理法の解説：戦略物資・技術違法輸出の防止に向けて』商事法務研究会，1988 年
─── 安全保障貿易管理課「ワッセナー・アレンジメントの概要について」http://www.meti.go.jp/topic/data/ewasenaj.html，2003 年 12 月 3 日
辻本隆一『神戸港を中心とする密輸の動向』検察資料 26，法務府検務局，1951 年
都築勉『戦後日本の知識人：丸山真男とその時代』世織書房，1995 年
土山實男『焦りと傲り：安全保障の国際政治学』有斐閣，2004 年
坪井豊吉『在日同胞の動き』自由生活社，1975 年
坪江汕二『在日本朝鮮人の概況』巌南堂，1965 年
鶴見雄峰『若き朝鮮：わがふる里を訪ねて』かまくら春秋社事業部，鎌倉，1981 年
鄭雨澤（総聯役員）「帰国を希望する在日朝鮮人」（投稿）『世界』1958 年 12 月号
鄭栄恒「プロレタリア国際主義の屈折：朝鮮人共産主義者金斗鎔の半生」一橋大学社会学部修士論文，2002 年，http://members.jcom.home.ne.jp/katoa/03chun.html，2006 年 8 月 14 日
鄭箕海（鄭益友訳）『帰国船：北朝鮮　凍土への旅立ち』文藝春秋，1997 年
鄭圭夏『順風満帆』イディー書籍出版部，1998 年
鄭慶謨・崔達坤編（張君三訳）『朝鮮民主主義人民共和国主要法令集』日本加除出版，1993 年
鄭在貞・木村光彦編『1945-50 年北朝鮮経済資料集成』第 10 巻，企業篇（下），東亜経済研究所，ソウル，2001 年
鄭鎮渭（小林敬爾訳）『平壌：中ソの狭間で』コリア評論社，1983 年
鄭有真（外務省国際情報局訳）「北朝鮮軍需産業の実態と運営」外務省部内資料（原文『北韓調査研究』第 1 巻第 1 号，1997 年）
丁世鐘・金福現・白明国「イオン交換法によるウラニウム，ジルコニウム，チタンおよび希土類元素の分類」『朝鮮学術通報』第 5 巻第 5・6 号，1968 年
寺尾五郎「『前衛』創刊のころ」法政大学大原社会問題研究所編『証言　占領期の

左翼メディア』御茶の水書房，2005 年
寺沢一「独立と平和統一への三原則」藤島宇内編『今日の朝鮮』三省堂，1976 年
田駿『朝総連 I その最近の活動』実業の世界社，1976 年
田英夫「"北からの脅威"がおとぎ話とわかる日：朝鮮民主主義人民共和国を訪ねて」『エコノミスト』1975 年 8 月 8 日号
統一朝鮮新聞社特集班『金炳植事件：その真相と背景』統一朝鮮新聞社，1973 年
東京商銀信用組合『東京商銀三十年史』同組合，1984 年
東工コーセンホームページ，http://www.tokokosen.co.jp/，2004 年 1 月 8 日
東北アジア問題研究所編『在日朝鮮人はなぜ帰国したのか』現代人文社，2004 年
徳田球一「日本共産党三十周年記念に際して」『アカハタ』復刊第 12 号，1952 年 7 月 15 日，日刊労働通信社編『最近における日共の基本的戦略戦術』同社，1953 年
利根川金之助『金鑛製錬場の設計と建設費』丸善，1938 年
富田仁・日本放送協会編『日本の創造力：近代・現代を開花させた 470 人』第 14 巻，同協会，1992 年
友成忠雄「酸素法によるカーバイドの製法」『電気化学』第 26 巻第 10 号，1958 年
ドローカー，リンダ・S「北朝鮮の対米貿易及び対西側貿易の動向と見通し」日本貿易振興会『北朝鮮の経済と貿易の展望』同会，1983 年
中川信夫・松浦総三編『KCIA の対日マスコミ工作：その実態と実例』晩聲社，1978 年
中島健吉『風雪五十年』彩書房，桐生，1997 年
中島晋「朝鮮滞在八ヵ月の感想：朝鮮の内外路線・西欧との活発な交流状況・プラント据付け立会いの経験など」『日朝貿易』第 11 号，1967 年
中村清「戦後の興南工場」『くさのかぜ：草風館だより』（『聞書水俣民衆史』付録 4），第 37 号，1990 年
─── 「日本で最初の塩化ビニール工場」「日本窒素史への証言」編集委員会編『日本窒素史への証言』続巻第十五集，1992 年
中村三郎「日本の無煙炭需給と日朝間の無煙炭取引」『日朝貿易』第 79 号，1973 年
名越健郎『クレムリン秘密文書は語る：闇の日ソ関係史』中央公論社，1994 年
夏堀正元「ピョンヤンの十日間」『中央公論』1981 年 12 月号
納家政嗣・梅本哲也編『大量破壊兵器不拡散の国際政治学』有信堂高文社，2000 年
成田知巳追悼刊行会『成田知巳・活動の記録』第 3 巻，同会，1982 年
西岡力「朝鮮総聯の対北朝鮮送金と税金問題」亜細亜大学アジア研究所編『南北朝鮮統一の条件（上）』同所，2001 年
西谷能雄他『金日成首相生誕 60 周年を祝して：チュチェ思想に輝く朝鮮民主主義人民共和国』未来社，1972 年
西野辰吉『首領：ドキュメント徳田球一』ダイヤモンド社，1978 年
西村敏雄『ソ連と共産革命の実態』日本再建協会，1954 年

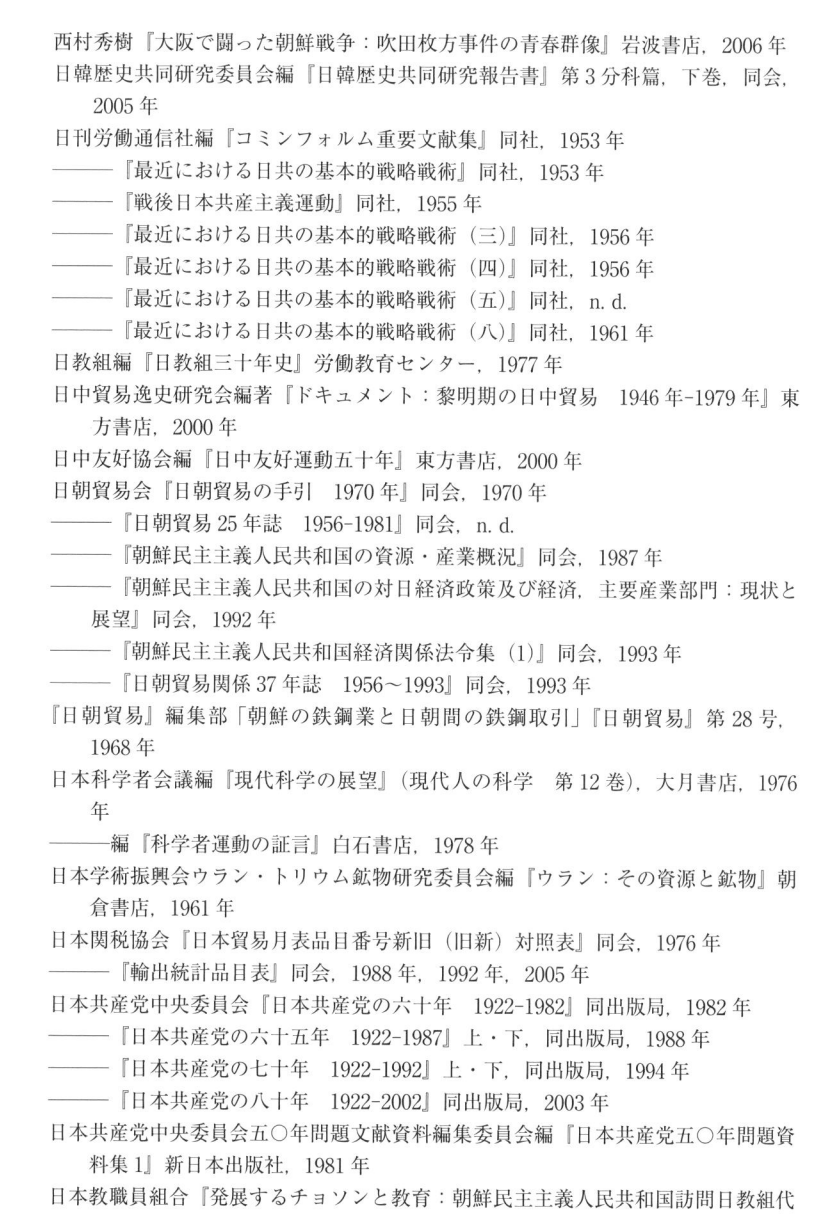

西村秀樹『大阪で闘った朝鮮戦争：吹田枚方事件の青春群像』岩波書店，2006 年
日韓歴史共同研究委員会編『日韓歴史共同研究報告書』第 3 分科篇，下巻，同会，2005 年
日刊労働通信社編『コミンフォルム重要文献集』同社，1953 年
─── 『最近における日共の基本的戦略戦術』同社，1953 年
─── 『戦後日本共産主義運動』同社，1955 年
─── 『最近における日共の基本的戦略戦術（三）』同社，1956 年
─── 『最近における日共の基本的戦略戦術（四）』同社，1956 年
─── 『最近における日共の基本的戦略戦術（五）』同社，n. d.
─── 『最近における日共の基本的戦略戦術（八）』同社，1961 年
日教組編『日教組三十年史』労働教育センター，1977 年
日中貿易逸史研究会編著『ドキュメント：黎明期の日中貿易　1946 年-1979 年』東方書店，2000 年
日中友好協会編『日中友好運動五十年』東方書店，2000 年
日朝貿易会『日朝貿易の手引　1970 年』同会，1970 年
─── 『日朝貿易 25 年誌　1956-1981』同会，n. d.
─── 『朝鮮民主主義人民共和国の資源・産業概況』同会，1987 年
─── 『朝鮮民主主義人民共和国の対日経済政策及び経済，主要産業部門：現状と展望』同会，1992 年
─── 『朝鮮民主主義人民共和国経済関係法令集（1）』同会，1993 年
─── 『日朝貿易関係 37 年誌　1956～1993』同会，1993 年
『日朝貿易』編集部「朝鮮の鉄鋼業と日朝間の鉄鋼取引」『日朝貿易』第 28 号，1968 年
日本科学者会議編『現代科学の展望』（現代人の科学　第 12 巻），大月書店，1976 年
───編『科学者運動の証言』白石書店，1978 年
日本学術振興会ウラン・トリウム鉱物研究委員会編『ウラン：その資源と鉱物』朝倉書店，1961 年
日本関税協会『日本貿易月表品目番号新旧（旧新）対照表』同会，1976 年
─── 『輸出統計品目表』同会，1988 年，1992 年，2005 年
日本共産党中央委員会『日本共産党の六十年　1922-1982』同出版局，1982 年
─── 『日本共産党の六十五年　1922-1987』上・下，同出版局，1988 年
─── 『日本共産党の七十年　1922-1992』上・下，同出版局，1994 年
─── 『日本共産党の八十年　1922-2002』同出版局，2003 年
日本共産党中央委員会五〇年問題文献資料編集委員会編『日本共産党五〇年問題資料集 1』新日本出版社，1981 年
日本教職員組合『発展するチョソンと教育：朝鮮民主主義人民共和国訪問日教組代表団報告集』同組合，1973 年
日本銀行調査統計局『日本経済を中心とする国際比較統計』第 19 号，同局，1982 年

日本国際貿易促進協会『要覧』同会,1973 年
日本社会党五〇年史編纂委員会編『日本社会党史』社会民主党全国連合,1996 年
日本窒素肥料株式会社文書課山本登美雄編『日本窒素肥料事業大観』同社,大阪,
　　1937 年
日本中国友好協会(正統)中央本部編『日中友好運動史』青年出版社,1975 年
日本平和委員会編『平和運動 20 年資料集』大月書店,1969 年
日本貿易振興会『北朝鮮の経済動向と日朝貿易の現状』同会,1976 年
―――『北朝鮮の経済と貿易の現状』同会,1980 年
―――『北朝鮮の経済と貿易の展望』同会,1981-89,91-94,96,98-2000,2002
　　年
日本油脂工業会『油脂工業史』同会,1972 年
入管協会『在留外国人統計』平成 3 年版,同会,1991 年
野村旗守「核・ミサイル開発を援助した在日『ミスター X』とは何物か」『諸君』
　　2006 年 9 月号
―――『北朝鮮送金疑惑』文藝春秋,2002 年
袴田里見『私の戦後史』朝日新聞社,1978 年
パク,ソンジョ(Park, Song-Jo)(桑畑優香・蔡七美訳)『韓国崩壊:統一がもた
　　らす瓦解のシナリオ』(*South and North Korea Unified, We Fall*),ランダムハ
　　ウス講談社,2005 年
長谷川熙「北朝鮮の元秘密工作員の証言:北のミサイルは"日本製"だ」『アエラ』
　　1998 年 10 月 5 日号
畑田重夫「日韓会談反対闘争の展開とその歴史的役割」旗田巍他『日本と朝鮮』ア
　　ジア・アフリカ講座Ⅲ,勁草書房,1965 年
―――・川越敬三『朝鮮問題と日本』新日本出版社,1968 年
旗田巍他『日本と朝鮮』アジア・アフリカ講座Ⅲ,勁草書房,1965 年
畑中政春『ソヴェトといふ国』朝日新聞社,1947 年
―――「金日成元帥との二時間:待ちわびる同胞の帰国」『週刊朝日』1959 年 2 月
　　15 日号
―――『日朝協会 10 年のあゆみ』同会,1965 年
―――『平和の論理と統一戦線:平和運動にかけた三〇年』太平出版社,1977 年
秦彦三郎『隣邦ロシア』斗南書院,1937 年
花房征夫「北朝鮮の鉄道状況と京義線連結問題」亜細亜大学アジア研究所編『南北
　　朝鮮統一の条件(上)』同所,2001 年
―――「北朝鮮市場に氾濫する中国製品と中国企業の対北投資ラッシュ」以下,同
　　編著
―――編著『延辺朝鮮族自治州と北朝鮮東部経済に対する日本の政策研究』東京財
　　団研究推進部,2006 年
塙作楽『岩波物語:私の戦後史』審美社,1990 年
林泰『林泰回顧談:戦中戦後の身辺と釜石』釜石製鐵所総務室,釜石,1987 年
原彬久『戦後史のなかの日本社会党』中央公論社,2000 年

ハンクン・ツラリム「朝鮮の便り」『前衛』第1巻第1号，1946年
─── 「北朝鮮臨時人民委員会の土地改革」『前衛』第1巻第5号，1946年
─── 「朝鮮の民主民族戦線」『前衛』第1巻第6号，1946年
東アジア貿易研究会「開発輸入促進先遣団帰国報告書」未公刊，1991年
─── 『朝鮮民主主義人民共和国の法令・経済関係資料』同会，1994年
─── 「訪朝団報告書」未公刊，1997年
樋口欣一編著『ウラルを越えて：若き抑留者の見たソ連』乾元社，1949年
樋口禎志「産学連携国際化と輸出管理」『産学連携学』第3巻2号，2007年
樋口雄一「金天海について：1920年代を中心に」『在日朝鮮人史研究』第18号，1988年
『評伝　金丸信』編纂会編『評伝　金丸信：最後の日本的政治家』経済政策懇話会，1992年
兵本達吉『日本共産党の戦後秘史』産経新聞出版，2005年
平井博二『日中貿易の基礎知識』田畑書店，1971年
平岡健太郎『日中貿易論』日本評論社，1956年
平野義太郎『日本平和経済の構想：国際経済会議への日本側一試案』三一書房，京都，1952年
「平野義太郎　人と学問」編集委員会編『平野義太郎　人と学問』大月書店，1981年
廣橋憲亮「特集　興南工場：本宮工場」『化学工業』第2巻第1号，1951年
ファリゴ，ロジェ（Faligot, Roge）・クーファー，レミ（Kauffer, Remi）（黄昭堂訳）『中国諜報機関：現代中国［闇の抗争史］』（*Kang Sheng et les Services Secrets Chinois,* Robert Laffont, S. A., Paris, 1987），光文社，1990年
福島要一「廃墟の中から起き上る人々：朝鮮民主主義人民共和国を訪れて」『新しい朝鮮』創刊号，1954年，朴慶植編『在日朝鮮人関係資料集成（戦後編）』第10巻，不二出版，2001年
福田恆存監修『新聞のすべて』高木書房，1975年
藤井陽一郎「戦後科学者運動史の評価をめぐって」日本科学者会議編『現代科学の展望』（現代人の科学　第12巻），大月書店，1976年
藤島宇内編『今日の朝鮮』三省堂，1976年
─── 「主体をうちたてた朝鮮人民」藤島宇内編『今日の朝鮮』三省堂，1976年
─── ・畑田重夫編『現代朝鮮論』勁草書房，1966年
藤目ゆき編『国連軍の犯罪：民衆・女性から見た朝鮮戦争』不二出版，2001年
フュレ，フランソワ（Furet, Francois）（楠瀬正浩訳）『幻想の過去：20世紀の全体主義』（*Le Passe d'une Illusion,* Robert Laffont S. A., Paris, 1995），バジリコ，2007年
フリーマントル，ブリアン（Freemantle, Brian）（新庄哲夫訳）『産業スパイ：企業秘密とブランド盗用』（*The Steal: Counterfeiting and Industrial Espionage,* Jonathan Clowes, London, 1986），新潮社，1988
古川達郎『鉄道連絡船100年の航跡』成山堂書店，1988年

古谷正之『塩化ビニル樹脂』日刊工業新聞社，1972年
プレオブラジェンスキー，コンスタンチン（名越陽子訳）『日本を愛したスパイ：KGB特派員東京奮戦記』時事通信社，1994年
ブローベル，I. M.（茂木宏治訳）『ソ連邦重工業史』新読書社出版部，1955年
不破哲三『ソ連・中国・北朝鮮：三つの覇権主義』新日本出版社，1996年
別冊宝島編集部編『朝鮮総聯の研究』別冊宝島第221号，1995年
帆足計『ソ連・中国紀行：平和と貿易のために』河出書房，1952年
法政大学大原社会問題研究所編『証言　占領期の左翼メディア』御茶の水書房，2005年
訪朝記者団『北朝鮮の記録：訪朝記者団の報告』新読書社，1960年
法務省入国管理局『数字からみた在日朝鮮人』入管執務調査資料第8号，1953年
───『在留外国人統計』昭和39，44，49，60年版，同局，1964，69，74，85年
法務大臣官房司法法制調査部編『出入国管理統計年報』大蔵省印刷局，1970-2005年
朴慶植『8.15解放前　在日朝鮮人運動史』三一書房，1979年
───編『朝聯，民戦関係』朝鮮問題資料叢書　第9巻，アジア問題研究所，1983年
───編『解放後の在日朝鮮人運動II』朝鮮問題資料叢書　第10巻，アジア問題研究所，1983年
───編『解放後の在日朝鮮人運動III』朝鮮問題資料叢書　補巻，アジア問題研究所，1983年
───『解放後　在日朝鮮人運動史』三一書房，1989年
───編『在日朝鮮人関係資料集成（戦後編）』第10巻，不二出版，2001年
───・姜在彦『朝鮮の歴史』三一書房，1961年
───・張錠寿・梁永厚・姜在彦『体験で語る解放後の在日朝鮮人運動』神戸学生青年センター出版部，神戸，1989年
朴憲永「南朝鮮における三民主政党の合同」『前衛』第13号，1947年
朴甲東『証言　金日成との闘争記』成甲書房，1991年
朴在一『在日朝鮮人に関する綜合調査研究』新紀元社，1979年
朴在魯「朝鮮帰国を阻むもの」『世界』1959年11月号
朴三石「在日朝鮮人による合弁事業の現状と課題」（上），（下）『月刊朝鮮資料』1990年5月号，6月号
朴正鎮「帰国運動の歴史的背景：戦後日朝関係の開始」高崎宗司・朴正鎮編著『帰国運動とは何だったのか：封印された日朝関係史』平凡社，2005年
───「在日朝鮮人『帰国問題』の国際的文脈：日朝韓三角関係の展開を中心に」『現代韓国朝鮮研究』第5号，2005年
朴進山『在日1世の追憶（自叙略伝）』私家本，2007年
朴東廉『友と愛，そして母』新幹社，2001年
───『若人の成長をみつめて：朝鮮大学校在職二十八年』私家本，2007年
朴鳳瑄『金日成主席と韓国近代史』雄山閣出版，2003年

―――『アメリカを屈服させた北朝鮮の力：金正日委員長の先軍政治を読む』雄山閣出版，2007年
―――・秦相元『北朝鮮「先軍政治」の真実：金正日政権10年の日』光人社，2005年
朴庸坤『チュチェ思想の世界観』未来社，1981年
―――『チュチェ思想の理論的基礎』未来社，1988年
ホロウェイ，デーヴィド（Holloway, David）（川上洸・松本幸重訳）『スターリンと原爆』上（*Stalin and the Bomb：The Soviet Union and Atomic Energy, 1939-1956*, Yale University Press, 1994），大月書店，1997年
槙枝元文「寛大な人柄，こまやかな心配り」チュチェ思想国際研究所『金日成主席との印象深い会見：金日成主席誕生80周年記念会見記集』同所，1992年
マグヌス，クルト（Magnus, Kurt）（津守滋訳）『ロケット開発収容所』（*Raketensklaven: Deutsche Forscher hinter Rotem Stacheldraht*, Deutsche Verlags-Anstalt, Stuttgart, 1993），サイマル出版会，1993年
増山太助『戦後期　左翼人士群像』柘植書房新社，2000年
松田頼宗「展示会の経過ともよう」『日朝貿易』第143号，1967年
松本健二『戦後日本革命の内幕』亜紀書房，1973年
松本昌次『朝鮮の旅』すずさわ書店，1976年
―――「わたしの戦後出版史⑰　1960～70年代における北朝鮮とのかかわり」『論座』2007年8月号
マルクス・エンゲルス・レーニン研究所編（スターリン全集刊行会訳）『スターリン全集』第13巻，大月書店，1953年
丸沢常哉『新中国建設と満鉄中央試験所』二月社，1979年
丸山真男他『大山郁夫　評伝・回想』新評論，1980年
水田直昌監修『朝鮮の塩業』友邦協会シリーズ第26号，友邦協会，1983年
水谷国一『ソ聯邦の機械工業』南満洲鉄道株式会社調査部，大連，1941年
道下徳成「朝鮮半島における大量破壊兵器問題」納家政嗣・梅本哲也編『大量破壊兵器不拡散の国際政治学』有信堂高文社，2000年
ミッチェル（Mitchell, B. R.）編（中村宏監訳）『マクミラン世界歴史統計Ⅰ　ヨーロッパ編，1750-1975』原書房，1984年
緑川亨「金日成主席会見記」『世界』1973年11月号
美濃部亮吉「金日成首相会見記」『世界』1972年2月号
―――『都知事12年』朝日新聞社，1979年
美濃部亮吉さん追悼文集刊行世話人会編『人間美濃部亮吉：美濃部さんを偲ぶ』リーブル，1987年
三宅明正『レッドパージとは何か：日本占領の影』大月書店，1994年
三宅正一「自信あふれる統一のあゆみ」藤島宇内編『今日の朝鮮』三省堂，1976年
宮崎学『不逞者』角川春樹事務所，1998年
宮塚利雄「北朝鮮における合弁事業の展開について：在日朝鮮人との合弁事業を中

心に」日本貿易振興会『北朝鮮の経済と貿易の展望』同会，1992年
─── 「北朝鮮の食糧事情について：稲作状況を中心に」日本貿易振興会『北朝鮮の経済と貿易の展望』同会，1993年
─── ・安部桂司「北朝鮮の塩事情に関する考察」『社会科学研究』山梨学院大学社会科学研究所，第24号，1999年
宮原正宏「日朝貿易の現状と展望」『朝鮮研究月報』第5・6号，1962年
─── 『日朝貿易27年のあゆみと現状』日朝貿易会，1983年
民主新聞社編『最も愛する人びと：朝鮮前線ルポルタージュ』同社，瀋陽，1952年
民族問題研究所編『朝鮮戦争史：現代史の再発掘』コリア評論社，1967年
民団東京50年史編纂委員会編『民団東京50年史』在日本大韓民国民団東京地方本部，1998年
民団40年史編纂委員会編『民団40年史』在日本大韓民国居留民団，1987年
民涛社編・朴亨柱著『サハリンからのレポート：棄てられた朝鮮人の歴史と証言』御茶の水書房，1990年
村井孝一編著『可塑剤：その理論と応用』幸書房，1973年
村上公敏・木戸蓊・柳沢英二郎『世界平和運動史』三一書房，1961年
村上貞雄「ピョンヤン日本機械および硅酸塩技術展覧会報告」『日朝貿易』第40号，1970年
─── 「今年度取引額を2倍へ：合意書にもとづく積極的な取組み　朝鮮訪問（5月23日-6月23日）報告」『日朝貿易』第69号，1972年
─── 「帰国報告」『日朝貿易』第89号，1974年
─── 『70年代における日朝貿易の発展と朝鮮経済の破綻』未公刊，2000年
─── 『北朝鮮の対日債務問題の顛末』未公刊，2001年
─── 『私が関わった北朝鮮：50年代，60年代，そして中国』未公刊，2001年
村山裕三『経済安全保障を考える：海洋国家日本の選択』日本放送出版協会，2003年
─── 「軍民両用技術の管理と日本の役割」黒澤満編『大量破壊兵器の軍縮論』信山社出版，2004年
モイセーエフ，V.「教訓的な経験：ソ朝経済協力」『極東の諸問題』1989年10月号
モス，ノーマン（Moss, Norman）（壁勝弘訳）『原爆を盗んだ男：クラウス・フックス』（*Klaus Fuchs: The Man Who Stole the Atomic Bomb,* 1987），朝日新聞社，1989年
森詠『黒の機関』徳間書店，1985年
森恭三『私の朝日新聞社史』田畑書店，1981年
森田芳夫『朝鮮終戦の記録：米ソ両軍の進駐と日本人の引揚げ』巌南堂書店，1986年
安井郁『朝鮮革命と人間解放』雄山閣出版，1980年
─── ・高橋勇治編『チュチェの国　朝鮮を訪ねて』読売新聞社，1973年

安江良介追悼集刊行委員会編『追悼集　安江良介　その人と思想』同刊行委員会，1999年

八濱義和・上代昌・小川茂子・富久宏太郎「木材の化学的利用法に関する研究（第1報）：木材よりグリセリン及びグリコールの製造法」『工業化学雑誌』第47編第11・12冊，1944年

ヤフニッチ，A. M. 他（山岸守永編，西澤富夫・上野友蔵訳）『ソ聯邦の工業政策』南満洲鉄道株式会社，大連，1938年

山口淑子「吹き飛んだ『感傷旅行』」藤島宇内編『今日の朝鮮』三省堂，1976年

山崎静雄『史実で語る朝鮮戦争協力の全容』本の泉社，1998年

山田秦二郎『アメリカの秘密機関』五月書房，1953年

山本剛士「日朝不正常関係史」『世界臨時増刊　日朝関係　その歴史と現在』第567号，1992年

余暇開発センター『レジャー白書』同センター，1977年，1992年

吉田敬市『朝鮮水産開発史』朝水会，下関，1954年

吉田良衛「日本の対北朝鮮貿易の現況　8の2」『コリア評論』第139号，1973年2・3月号

読売新聞社『チュチェの国：朝鮮』（『週刊読売』別冊），同社，1972年

ライオン油脂株式会社社史編纂委員会『ライオン油脂60年史』同社，1979年

李栄根監修『統一朝鮮年鑑』1965-66年版，67-68年版，統一朝鮮新聞社，1965，67年

李泳采「日朝漁業暫定合意の歴史と現状：『政治的牽制手段』から『経済的利益手段』へ」鐸木昌之・平岩俊司・倉田秀也編『朝鮮半島と国際政治：冷戦の展開と変容』慶應義塾大学出版会，2005年

李元洪（柳根周訳）『赤い濁流：これが朝総連の内幕』翰林出版社，ソウル，1970年

李燦雨「日朝経済協力の方案」ERINA（環日本海経済研究所）報告書，未公刊，2002年

李升基（在日本朝鮮人科学者協会翻訳委員会訳）『ある朝鮮人科学者の手記』未来社，1969年

───「偉大な首領金日成首相の賢明な指導のもとに成長発展してきた科学院咸興分院の輝かしい10年」『朝鮮学術通報』第8巻第2号，1971年

李鍾大『玄海灘の波濤を越えて』育英出版社，横浜，1983年

李尚珍「日朝協会の性格と役割」朴正鎮・高崎宗司編著『帰国運動とは何だったのか：封印された日朝関係史』平凡社，2005年

李昌洛「祖国の社会主義建設と在日同胞」『科学技術』第30巻第1号，1993年

李進熙『海峡：ある在日史学者の半生』青丘文化社，2001年

李忠国（文章煥訳）『金正日の核と軍隊』講談社，1994年

李東埼「在日朝鮮人の祖国貿易：その経過と現状」『朝鮮研究月報』第5・6号，1962年

李民馥「北朝鮮『食糧危機』の真相」『正論』1995年10月号

李瑜煥『日本の中の三十八度線：民団・朝総連の歴史と現実』洋々社，1980年
劉少奇著作集刊行会編訳『劉少奇著作集』第2巻，三一書房，京都，1952年
梁永厚『戦後・大阪の朝鮮人運動　1945-1965』未来社，1994年
林泳采「冷戦終結以降の北朝鮮の対日外交」小此木政夫編『危機の朝鮮半島』慶應義塾大学出版会，2006年
林永宣（池田菊敏訳）『金正日の極秘軍事機密』徳間書店，1997年
レフチェンコ，スタニスラフ（Levchenko, Stanislav A.）『KGBの見た日本：レフチェンコ回想録』（*On the Wrong Side : The Memoir of a Former KGB Officer in Japan*），日本リーダーズ・ダイジェスト社，1984年
呂永伯「希土類生産合弁の現況」『科学技術』第1号，1995年
若林熙『白頭山への旅』雄山閣出版，1988年
─────・唐笠文男編著『資料　朝鮮民主主義人民共和国』同刊行会，2000年
脇田憲一『朝鮮戦争と吹田・枚方事件』明石書店，2004年
ワグナー，エドワード・W『日本における朝鮮少数民族　1904年-1950年』現代日本・朝鮮関係史資料第1輯，湖北社，1975年
渡辺徳二編『現代日本産業講座Ⅳ　各論Ⅲ　化学工業』岩波書店，1959年
渡辺利夫編著『北朝鮮の現状を読む』日本貿易振興会，1997年
和田春樹『歴史としての野坂参三』平凡社，1996年
─────『朝鮮戦争全史』岩波書店，2002年
─────・高崎宗司『検証　日朝関係60年史』明石書店，2005年

「アカハタ1・1主張　党の統一とすべての民主勢力との団結」『アカハタ』第1540号，1955年1月1日，日刊労働通信社編『最近における日共の基本的戦略戦術（三）』同社，1956年
「ウラン捜し　ソ連核開発秘話　ユーリー・ハリントンが明かす：4」『朝日新聞』夕刊，1992年3月13日
「遠心分離器の"父"ツィッペ博士に聞く」『読売新聞』朝刊，2005年5月15日
『核燃料と原子炉材料』日本原子力文化振興財団，1984年
『北朝鮮の対日主要言論資料集』出版社記載なし，1981年
「軍事方針について」『内外評論』第2巻第6号，通巻第15号，1951年3月15日，日刊労働通信社編『最近における日共の基本的戦略戦術』同社，1953年
「血税一兆円で隠蔽した足利銀と北朝鮮の『深い闇』」『週刊文春』2003年12月11日号
「合営はわが国の実情に合うように作成されたわれわれの方式の法：朝鮮経済政策委員会副委員長の発言要旨」『日朝貿易』第297号，1984年
『国際友好・連帯運動と覇権主義：日朝関係をめぐって』日本共産党中央委員会出版局，1987年
『こんにちは朝鮮：朝・日新時代のために』朝鮮画報社，1992年
「在日朝鮮人の運動について」党中央指示，1955年1月，日刊労働通信社編『最近における日共の基本的戦略戦術（三）』同社，1956年

「在日朝鮮民族の当面する要求（綱領）草案」『セチョソン』（『新朝鮮』）号外，1952 年 7 月 23 日，朴慶植編『解放後の在日朝鮮人運動Ⅱ』朝鮮問題資料叢書第 10 巻，アジア問題研究所，1983 年
「在日本朝鮮人科学者協会 25 年の歩み」『朝鮮学術通報』第 20 巻第 1 号，1984 年
「時代のニーズに応える一大産業を目指す」『ミレ』（Mile）1991 年 8 月号
『実業の世界臨時増刊　韓半島の戦争と平和』実業の世界社，1975 年
「新綱領を提示するに当って」『内外評論』第 2 巻第 17 号，日刊労働通信社編『最近における日共の基本的戦略戦術』同社，1955 年
「人民新聞コラム　渡辺雄三自伝　第 10 回」http://www.jimmin.com/doc/0101.htm，2004 年 6 月 3 日
『全国信用組合名簿』金融図書コンサルタント社，各年
「ソ連経済圏に組み込まれる北朝鮮」『北東アジア』第 4 号，1981 年
『種まく人』（祖国防衛全国委員会「祖国防衛闘争を強力に発展させるために祖防隊の組織と行動を拡大し強化せよ」）1952 年，朴慶植編『解放後の在日朝鮮人運動Ⅱ』朝鮮問題資料叢書　第 10 巻，アジア問題研究所，1983 年
「中央民対会議の結語」1955 年 3 月 3 日，日刊労働通信社編『最近における日共の基本的戦略戦術（三）』同社，1956 年
「中核自衛隊の組織と戦術」『球根栽培法』第 2 巻第 27 号，通巻第 36 号，1952 年 2 月 1 日，日刊労働通信社編『戦後日本共産主義運動』同社，1955 年
『朝鮮民主主義人民共和国』外国文出版社，平壌，1958 年
「特集　陰謀の拠点・朝鮮大学」『全貌』1967 年 11 月号
「日中貿易友好商社一覧（昭和）42 年 8 月現在」社会運動調査会編『左翼団体事典 1968 年版』極東出版社，1968 年
「日本共産党当面の要求（新しい綱領）」『内外評論』第 2 巻第 17 号（『健康法』第 26 号）1951 年 8 月 23 日，『アカハタ』1952 年 7 月 15 日，日刊労働通信社編『最近における日共の基本的戦略戦術』同社，1955 年
『日本共産党の五十年』日本共産党中央委員会出版局，1972 年
『日本共産党の 45 年』日本共産党中央委員会出版局，1970 年
『日本社会党訪朝代表団報告　1985.5.20～25』同団事務局，1985 年
「平壌日本商品展示会展示品一覧表」『朝鮮研究』第 39 号，1965 年 5 月号
「李一卿朝鮮貿易相談話」『朝鮮研究月報』第 1 号，1962 年
「われわれは武装の準備と行動を開始しなければならない」『球根栽培法』第 2 巻第 22 号，通巻第 31 号，1951 年 11 月 8 日，脇田憲一『朝鮮戦争と吹田・枚方事件』明石書店，2004 年（付録）

（韓国・朝鮮語）（著者名ハングル辞書配列順）
康仁徳「『北韓』の対日政策発展過程に関する研究」『亜細亜研究』高麗大学校亜細亜問題研究所，第 13 巻第 1 号，1970 年
科学技術政策研究院北韓科学技術研究会『1 冊の会の対北韓科学技術協力：書信と支援目録』同院，ソウル，2003 年

国防部軍事編纂研究所編『ソ連軍軍事顧問団団長ラズバエフの6・25戦争報告書』
　　第3巻，同所，ソウル，2001年
国土統一院調査研究室『北韓経済統計集　1946-1985年』文聖景印，ソウル，1986年
金仁徳『在日本朝鮮人聯盟全体大会研究』ソンイン，ソウル，2007年
リ，チョル・シム，スンゴン『偉大なる領導者金正日同志が発表なさった先軍革命
　　領導にかんする独創的思想』社会科学出版社，平壌，2002年
リョム，テギ『朝鮮民主主義人民共和国　化学工業史(1)』平壌，1994年
バザノーバ，ナタリア（梁浚容訳）『岐路に立つ北韓経済：対外経協を通じてみた
　　その真相』韓国経済新聞社，ソウル，1992年
朴鳳瑄『金正日委員長の先軍政治研究』光明社，2007年
パク，イルチョル「祖国訪問記」『科学技術』第35巻第1号，1998年
パク，チャンモ「IT分野南北共同研究の実現」『科学技術政策』2002年3・4月号
　　（通巻第134号）
北韓研究所『北韓総覧　1983-1993年』同所，ソウル，1994年
―――『北韓総覧　1993-2002』同所，ソウル，2003年
社会科学院『朝鮮語大辞典』第1巻，社会科学出版社，平壌，1992年
産業研究院『北韓の企業』同院，ソウル，1996年
申正鉉「北韓の対日政策（1953-1979）」『亜細亜研究』第65号，1981年
辛貞和『日本の対北政策　1945〜1992年』図書出版オルム，ソウル，2004年
呉源哲「北朝鮮経済が倒壊する理由」『新東亜』1995年1月号
イム，カンテク「北韓の軍需産業政策」北韓研究学会『北韓の軍事』景仁文化社，
　　ソウル，2006年
張炳泰「朝鮮大学校自然科学分野の人材育成事業と科学研究事業であげた成果」
　　『科学技術』第1号，1996年
統一研究院編『ドイツ地域北韓機密文書集』ソンイン，ソウル，2006年
韓国戦争拉北事件資料院『韓国戦争拉北事件資料集』第1巻，同院，ソウル，2006年
ホアン，チョルホン「在日本朝鮮人科学技術協会の対北韓科学技術協力経験」『科
　　学技術政策』2002年3・4月号（通巻第134号）

「科協中央理事会事業総括報告」『科学技術』第2号，1995年
「基調報告」1995年度科学技術報告会，アジアセンター，1995年7月15日
『百科全書』第2巻，科学，百科事典出版社，平壌，1983年
『朝鮮大百科事典』第6，9，12，15，28巻，百科事典出版社，平壌，1998-2001年

（欧語）
Adler-Karlsson, Gunnar, *Western Economic Warfare 1947-67: A Case Study in Foreign Economic Policy*, Almqvist & Wiksell, Stockholm, 1968
Andrew, Christopher and Mitrokhin, Vasili, *The Mitrokhin Archive II：The KGB*

and the World, Penguin Books, London, 2005
Baran, Paul A., "The USSR in the World Economy," Harris, Seymour E., ed., *Foreign Economic Policy for the United States*, Greenwood Press, New York, 1968
Bermudez, Joseph S., "Egypt's Missile Development," Potter, William C. and Jencks, Harlan W., *The International Missile Bazaar: The New Suppliers' Network*, Westview Press, Boulder, 1994
――――"Iran's Missile Development," Potter and Jencks, *ibid*.
Cooper, Julian, "Western Technology and the Soviet Defense Industry," Parrot, Bruce ed., *Trade, Technology, and Soviet-American Relations*, Indiana University Press, Bloomington, 1985
Davies, R. W., "Soviet Military Expenditure and the Armaments Industry, 1929-33: A Reconsideration," *Europe-Asia Studies*, vol. 45, no. 4, 1993
――――, Tauger, M. B and Wheatcroft, S. G., "Stalin, Grain Stocks and the Famine of 1932-1933", *Slavic Review*, vol. 54, no. 3, 1995
Eberstadt, Nicholas, *The North Korean Economy: Between Crisis and Catastrophe*, Transaction Publishers, New Brunswick, 2007
Ellman, Michael, "The 1947 Soviet Famine and the Entitlement Approach to Famines," *Cambridge Journal of Economics*, vol. 24, no. 5, 2000
Gerschenkron, Alexander, "Russia's Trade in the Postwar Years," *Annals of the American Academy of Political and Social Science*, May 1949
Gregory, Paul R., *The Political Economy of Stalinism: Evidence from the Soviet Secret Archives*, Cambridge University Press, Cambridge, 2004
Harrison, Mark and Davies, R. W., "The Soviet Military-economic Effort during the Second Five-year Plan (1933-1937)," *Europe-Asia Studies*, vol. 49, no. 3, 1997
Holliday, George D., *Technology Transfer to the USSR, 1928-1937 and 1966-1975: The Role of Western Technology in Soviet Economic Development*, Westview Press, Boulder, 1979
Holtzman, Franklyn D., "Foreign Trade," Bergson, Abram and Kuznets, Simon eds., *Economic Trends in the Soviet Union*, Oxford University Press, London, 1963
IAEA, *Implementation of the NPT Safeguards Agreement of the Socialist People's Libyan Arab Jamahiria*, Report by the Director General of IAEA, 20 February 2004 (http:www.gensuikin.org/nw/libya0220iaea1.htm, 21 June 2008)
Kaurov, Gregory, "A Technical History of Soviet-North Korean Nuclear Relations," Moltz, James Clay and Mansourov, Alexandre Y. eds., *The North Korean Nuclear Program: Security, Strategy, and New Perspectives from Russia*, Routlege, New York and London, 2000
Kerblay, B. H., "The Economic Relations of the U.S.S.R. with Foreign Countries during the War and in the Post-war Period," *Bulletins on Soviet Economic Development* (Department of Economics and Institutions of the USSR, University of Birmingham), no. 5, March 1951

Khlevniuk, Oleg V. (trans. Saklo, V. A.), *The History of the Gulag from Collectivization to the Great Terror*, Yale University Press, New Haven and London, 2004

Lee, Chagnsoo and De, Vos George, *Koreans in Japan: Ethnic Conflict and Accommodation*, University of California Press, Berkeley, 1981

Mastanduno, Michael, *Economic Containment: CoCom and the Politics of East-West Trade*, Cornell University Press, Ithaca and London, 1992

Morris-Suzuki, Tessa, *Exodus to North Korea: Shadows from Japan's Cold War*, Rowman & Littlefield Publishers, Lanham, Maryland, 2007

Natsios, Andrew S., *The Great North Korean Famine: Famine, Politics, and Foreign Policy*, United States Institute of Peace Press, Washington, D. C., 2001

OECD, *Financing and External Debt of Developing Countries*, OECD, Paris, 1986

Pechatnov, V., "Exercise in Frustration: Soviet Foreign Propaganda in the Early Cold War, 1945-47," *Cold War History*, vol. 1, no. 2, 2001

Pipes, Richard, *Survival Is Not Enough: Soviet Realities and America's Future*, Simon and Schuster, New York, 1984

Rossijskij Gosudarstvennyj Arkhiv Ekonomiki, *Dokumenty o Sovetsko-Korejskom Ekonomitseskom Sotrudnitsestve, 1949-1970*, vol. II, photocopied, n. d.

Scalapino, Robert A. and Lee, C. S., *Communism in Korea*, Part I, University of California Press, Berkeley, 1972

Shin, Jung Hyun, *Japanese-North Korean Relations: Linkage Politics in the Regional System of East Asia*, Kyunghee University, Seoul, 1981

Shulsky, A. N., *Silent Warfare: Understanding the World of Intelligence*, second edition, revised by Schmitt, G. J., Maxwell Macmillan, New York, 1993

Smith, Glen A., *Soviet Foreign Trade: Organization, Operations, and Policy, 1918-1971*, Praeger, New York, 1973

Stone, David R., *Hammer and Rifle: The Militarization of the Soviet Union, 1926-1933*, University Press of Kansas, Lawrence, Kansas, 2000

Sutton, Antony C., *Western Technology and Soviet Economic Development, 1917 to 1930*, Hoover Institution Press, Stanford, 1968

―――, *Western Technology and Soviet Economic Development, 1930 to 1945*, Hoover Institution Press, Stanford, 1971

―――, *Western Technology and Soviet Economic Development, 1945 to 1965*, Hoover Institution Press, Stanford, 1973

Szalontai, Balazs, *Kim Il Sung in the Khrushchev Era: Soviet-DPRK Relations and the Roots of North Korean Despotism, 1953-1964*, Woodrow Wilson Center Press, Washington, D. C. and Stanford University Press, Stanford, 2005

Tucker, Spencer C. ed., *Encyclopedia of the Korean War: A Political, Social and Military History*, vol. I, ABC-CLIO, Santa Barbara, 2002

US Department of Commerce, *Statistical Abstract of the United States*, Government

Printing Office, Washington D. C., 1957
Vanin, J. V. ed., *SSSR i Koreja,* Nauka, Moscow, 1988
Wallace, Robert Daniel, *Sustaining the Regime: North Korea's Quest for Financial Support,* University Press of America, Lanham, Maryland, 2007
Weathersby, Kathryn, *Learning Mistrust: North Korea and its Allies, 1945-1991* (forthcoming)
Zaloga, Steven J., "Technological Surprise and the Initial Period of War: The Case of the T-34 Tank in 1941," *Journal of Slavic Military Studies,* vol. 6, no. 4, 1993

金日成の著作

（日本語）

金日成主席著作翻訳委員会訳『水産業を発展させるために』チュチェ思想国際研究所，1991年
『金日成著作集』第5巻-第42巻，外国文出版社，平壌，1981-97年．
以下，同所収の引用文献．
「部隊の戦闘準備と戦闘力を強化しよう」1949年8月26日，第5巻
「祖国の海を鉄壁のように守るために」警備艦41号の建造ドックで，元山造船所の働き手と海兵たちにおこなった談話，1949年8月31日，第5巻
「自力で降仙製鋼所を復旧しよう」降仙製鋼所労働者との談話，1953年8月3日，第8巻
「すべてを戦後の人民経済復興発展のために」朝鮮労働党中央委員会第六回総会でおこなった報告，1953年8月5日，第8巻
「祖国解放戦争の勝利をかため，人民軍の戦闘力を強化することについて─朝鮮人民軍最高司令官命令〇〇五七七号」1953年8月28日，第8巻
「有能な技術者を自力で大量に養成しよう」興南工業大学，咸興医科大学教職員との談話，1953年10月18日，第8巻
「すべての力を民主基地の強化のために」祖国統一民主主義戦線咸鏡南道活動者会議でおこなった演説，1953年10月20日，第8巻
「戦後の復興建設における咸鏡南道の課題」咸鏡南道の党・政権機関・大衆団体および経済機関活動家協議会でおこなった演説，1953年10月21日，第8巻
「江原道の当面の課題」江原道の党・政権機関・大衆団体および経済機関活動家協議会でおこなった演説，1953年10月23日，第8巻
「朝鮮での停戦を祝う日本人民平和友好使節団接見席上でおこなった演説」1953年11月9日，第8巻
「機械製作工業を発展させるための課題」熙川機械工場，熙川自動車部品工場の幹部および労働者協議会でおこなった演説，1954年4月10日，第8巻
「人民軍を質的に強化し幹部軍隊につくろう」朝鮮人民軍第四回煽動員会議でおこなった演説，1954年5月27日，第8巻
「黄海製鉄所は戦後経済建設の『1211』高地」黄海製鉄所の労働者，技術者，事務員との談話，1954年6月1日，第8巻

「『読売新聞』記者の質問にたいする回答」1956年11月21日，第10巻
「内外の現情勢と一九五七年度人民経済計画の樹立において留意すべき問題について」朝鮮民主主義人民共和国内閣第十回全員会議での結語，1956年12月1日，第10巻
「咸鏡南道党組織の課題」咸鏡南道の党・政権・経済機関および大衆団体の活動家におこなった演説，1957年3月26日，第11巻
「水産業の発展のために」朝鮮労働党中央委員会総会での結語，1957年4月19日，第11巻
「祖国統一問題と人民軍の課題」朝鮮人民軍軍事・政治幹部会議でおこなった演説，1957年11月27日，第11巻
「興南硝安工場の操業式でおこなった激励の辞」1958年4月20日，第12巻
「水豊発電所復旧改造工事の竣工式でおこなった演説」1958年8月30日，第12巻
「建設の質を高めるために」平壌市建設者会議でおこなった演説，1958年12月25日，第12巻
「在日朝鮮同胞が祖国に帰るのは当然の民族的権利である」日朝協会理事長との談話，1959年1月10日，第13巻
「咸鏡北道党組織の任務」朝鮮労働党咸鏡北道委員会拡大総会でおこなった演説，1959年3月23日，第13巻
「社会主義建設でひきつづき革命的高揚を堅持し，今年度の人民経済計画を完遂するために」朝鮮労働党中央委員会常務委員会拡大会議でおこなった演説，1959年5月5日，第13巻
「社会主義経済建設における当面の課題について」朝鮮労働党中央委員会総会での結語，1959年12月4日，第13巻
「兵器工業のいっそうの発展のために」全国兵器工業部門の党活動者会議でおこなった演説，1961年5月28日，第15巻
「朝鮮労働党第4回大会でおこなった中央委員会の活動報告」1961年9月11日，第15巻
「朝鮮民主主義人民共和国政府の当面の課題について」最高人民会議第三期第一回会議でおこなった演説，1962年10月23日，第16巻
「六つの目標を達成するたたかいでおさめた成果をかため発展させよう」朝鮮労働党中央委員会第四期第五回総会での結語，1962年12月14日，第16巻
「わが国人民経済の当面の発展方向について」朝鮮労働党中央委員会第四期第七回総会での結語，1963年9月5日，第17巻
「肥料はすなわち米であり，米はすなわち社会主義である」興南肥料工場党委員会拡大会議での結語，1965年2月9日，第19巻
「党活動の強化と国の経済管理の改善について」朝鮮労働党中央委員会第四期第十二回総会での結語，1965年11月15-17日，第20巻
「全国機械工業部門活動家会議での結語」1967年1月20日，第21巻
「七か年計画の重要生産目標を達成するため，チョンリマの勢いで総突撃しよう」朝鮮労働党中央委員会第四期第十七回拡大総会での結語，1968年4月25日，

第22巻
「経済指導における革命的規律と秩序の確立について」党中央委員会政治委員会，
　　　内閣合同会議でおこなった演説，1968年10月21日，第23巻
「交通運輸の緊張を緩和するために」朝鮮労働党中央委員会第四期第十八回拡大総
　　　会での結語，1968年11月16日，第23巻
「新年の辞」1971年1月1日，第26巻
「慈江道住民への給養活動を改善するための課題について」慈江道の党および国
　　　家・経済機関・勤労者団体活動家協議会でおこなった演説，1971年2月28日，
　　　第26巻
「工作機械生産の成果をかためよう」熙川工作機械工場の幹部および模範労働者と
　　　の協議会でおこなった演説，1971年10月9日，第26巻
「江原道党委員会拡大総会での結語」1972年3月23日，第27巻
「日本全国革新市長会代表団との談話」1972年5月14日，第27巻
「日本公明党代表団との談話」1972年6月1日，第27巻
「総聯組織をさらに強化するために」在日朝鮮人祝賀団との対話，1972年6月14
　　　日，第27巻
「咸鏡北道党組織の経済課題について」咸鏡北道党・政権および行政・経済機関の
　　　活動家におこなった演説，1972年6月16日，第27巻
「熱管理で革新を起こそう」全国熱管理員大会でおこなった演説，1972年6月30
　　　日，第27巻
「わが党のチュチェ思想と共和国政府の対内対外政策のいくつかの問題について」
　　　『毎日新聞』記者の質問にたいする回答，1972年9月17日，第27巻
「日本の政治理論雑誌『世界』編集長との談話」1972年10月6日，第27巻
「在日朝鮮人科学者はわが国の科学技術の発展に積極的に貢献すべきである」在日
　　　朝鮮人科学者代表団との談話，1972年12月16日，第27巻
「総聯活動家の課題について」総聯活動家との談話，1973年6月1日，第28巻
「総聯教育活動家の任務について」在日朝鮮教育活動家祖国訪問団および朝鮮大学
　　　校音楽・体育部祖国訪問団におこなった演説，1973年8月31日，第28巻
「総聯活動家は団結を強化すべきである」朝鮮民主主義人民共和国創建二十五周年
　　　在日朝鮮人祝賀団との談話，1973年9月8日，第28巻
「緑川亨岩波書店常務取締役・総編集長との談話」1973年9月19日，第28巻
「在日朝鮮人商工業者は祖国と民族のための愛国事業に積極的に寄与すべきである」
　　　第二次在日同胞商工業者祖国訪問団との談話，1973年11月19日，第28巻
「わが国の情勢と在日本朝鮮青年同盟の任務について」在日本朝鮮青年芸術・体育
　　　代表祖国訪問団，第二次在日朝鮮教育活動家祖国訪問団，在日朝鮮高級学校学
　　　生祖国訪問団成員におこなった演説，1974年9月24日，第29巻
「日本総評および中立労連代表団との談話」1974年10月9日，第29巻
「総聯の活動を確固と対人活動に転換させるために」在日朝鮮人祝賀団との談話，
　　　1975年5月5日，第30巻
「日朝文化交流協会理事長一行との談話」1975年5月17日，第30巻

「日本の学者一行との談話」1975年11月6日，第30巻
「日本の政治理論雑誌『世界』編集長との談話」1976年3月28日，第31巻
「今年の農作をりっぱにしめくくり，来年度の営農準備に万全を期するために」朝鮮労働党中央委員会政治拡大会議でおこなった演説，1976年6月22-23日，第31巻
「在日同胞商工業者は祖国の社会主義建設に積極的に寄与すべきである」第六次在日同胞祖国訪問団との談話，1976年6月30日，第31巻
「朝鮮大学校代表団との談話」1976年11月29日，第31巻
「日朝友好促進議員連盟会長との談話」1977年1月27日，第32巻
「水産業を発展させ，漁獲高を高めよう」水産部門活動家協議会でおこなった演説，1978年2月14日，第33巻
「鉄道輸送能力の不足を解消するために」鉄道運輸部門活動家協議会でおこなった演説，1978年3月13日，第33巻
「電力生産の増大と保健医療事業の改善で提起される若干の問題について」党中央委員会経済事業部および政務院の責任幹部におこなった演説，1978年3月21日，第33巻
「政務院の幹部協議会でおこなった演説」1978年3月30日，第33巻
「朝鮮の自主的平和統一支持日本委員会代表団との談話」1978年4月17日，第33巻
「日本社会党代表団との談話」1978年5月13日，第33巻
「来年度の営農準備をしっかりととのえるために」農業部門活動家協議会でおこなった演説，1978年6月12日，第33巻
「平安北道の当面の経済課題について」朝鮮労働党平安北道委員会拡大総会でおこなった演説，1978年7月25-26日，第33巻
「江原道党委員会の中心課題について」朝鮮労働党江原道委員会拡大総会でおこなった演説」1978年10月5-6日，第33巻
「農業生産計画の細部化について」党中央委員会政治委員会・中央人民委員会・政務院合同会議でおこなった演説，1979年1月10日，第34巻
「貿易港を現代化し，港湾の管理運営を改善するために」党中央委員会政治委員会・中央人民委員会・政務院合同会議でおこなった演説，1979年1月21日，第34巻
「わが国の科学技術を発展させるための在日朝鮮人科学者，技術者の課題について」在日朝鮮人科学者代表団，総聯畜産および生物技術代表団との談話，1979年4月13日，第34巻
「自由民主党所属参議院議員との談話」1979年5月13日，第34巻
「咸鏡南道党委員会と道内の重要工場，企業所党委員会の中心的活動について」咸鏡南道・咸興市党委員会および咸興市内の工場，企業所党委員会合同執行委員会拡大会議でおこなった演説，1979年6月4日，第34巻
「両江道を美しく住みよい楽園にかえよう」朝鮮労働党両江道委員会拡大総会での結語，1979年7月26日，第34巻

「南浦市を港湾文化都市としてりっぱにきずこう」南浦市の責任幹部協議会でおこなった演説，1979年12月29日，第34巻

「紡織工業と食料・日用品工業を発展させ，人民生活をいっそう向上させよう」紡織工業省，食料・日用工業省の責任幹部協議会でおこなった演説，1980年4月1日，第35巻

「人民保健医療法を貫徹しよう」朝鮮民主主義人民共和国最高人民会議第六期第四回会議でおこなった演説，1980年4月4日，第35巻

「今年度の営農における当面の諸問題について」農業部門の責任幹部協議会でおこなった演説，1980年5月2日，第35巻

「咸鏡南道の経済活動において重点をおくべきいくつかの課題」咸鏡南道の工業部門活動家協議会でおこなった演説，1980年7月10日，13日，第35巻

「清津市と咸鏡北道の経済部門活動家協議会でおこなった演説」1980年7月28日，第35巻

「今年度の農作経験と来年度の営農方向について」農業部門幹部協議会でおこなった演説，1980年9月21日，第35巻

「科学技術研究活動をわが国の実情に即して進めるために」科学技術部門従事者協議会でおこなった演説，1982年2月17日，第37巻

「科学研究活動に新たな転換をもたらすために」科学院の科学者におこなった演説，1983年3月23日，第37巻

「農村技術革命を促進するうえで提起される当面の課題について」農業部門関係者協議会でおこなった演説，1982年5月20日，第37巻

「日本の政治理論雑誌『世界』編集長の質問にたいする回答」1985年6月9日，第39巻

「技術革命の促進と金属工業の発展について」朝鮮労働党中央委員会第六期第十一回総会での結語，1986年2月5-8日，第39巻

「主体的な軽金属工業を発展させるために」経済部門の責任幹部との談話，1986年11月10日，第40巻

「化学工業をいっそう発展させ，幹部のあいだでわれわれの方式の生活する革命的気風を確立するために」化学工業部門の責任幹部協議会でおこなった演説，1987年3月20日，第40巻

「今年の営農準備と経済活動で提起される諸問題について」政務院の責任幹部協議会でおこなった演説，1987年3月30日，第40巻

「咸鏡南道の経済活動に転換をもたらすために」朝鮮民主主義人民共和国中央人民委員会・政務院合同会議でおこなった演説，1989年8月24-26日，第42巻

「麻田遊園地をりっぱに整備するために」麻田遊園地の総計画模型と図面を前にしての幹部との談話，1989年8月27日，第42巻

「社会主義経済の本性に即して経済管理を正しくおこなうために」経済学者との談話，1990年4月4日，第42巻

（朝鮮語）

『金日成全集』第45巻-第67巻，朝鮮労働党出版社，平壌，2002-06年.
以下，同所収の引用文献.
「朝鮮労働党第5回大会でおこなった中央委員会事業総括報告」1970年11月2日，第45巻
「第4次在日同胞祖国訪問団成員とおこなった談話」1971年3月11日，第46巻
「総聯は対人事業方法をさらに洗練させなければならない」在日朝鮮人代表団とおこなった談話，1971年5月7日，第46巻
「朝日輸出入商社の任務について」朝日輸出入商社代表団，東海商事株式会社代表団とおこなった談話，1973年2月12日，第51巻
「総聯の経済貿易活動家は貿易で主体性を発揮せねばならない」在日朝鮮商社代表団，在日朝鮮人記者団とおこなった談話，1973年8月4日，第51巻
「日本大阪府知事一行とおこなった談話」1973年8月25日，第52巻
「総聯に課せられた3つの課題について」第11次，12次在日同胞祖国訪問団，在日朝鮮人科学者協会代表団，在日朝鮮人商工人生産品展示会参加代表団とおこなった談話，1973年10月17日，第53巻
「総聯科学者の科学研究事業で主体を確立することについて」第4次在日本朝鮮人科学者祖国訪問団成員とおこなった談話，1975年12月14日，第58巻
「日本新潟市代表団とおこなった談話」1976年6月10日，第59巻
「日本教職員組合代表団とおこなった談話」1976年12月21日，第60巻
「総聯は対外事業をりっぱにおこない祖国統一偉業に積極的に貢献しなければならない」在日朝鮮人祝賀団とおこなった談話，1978年5月16日，第67巻

金正日の著作

（日本語）

「科学技術をさらに発展させるために」朝鮮労働党中央委員会責任幹部におこなった演説，1985年8月3日，『日朝貿易』第367号，1989年

（朝鮮語）

『在日本朝鮮人運動と総聯の任務』朝鮮労働党出版社，平壌，2000年.
以下，同所収の引用文献.
「総聯事業をりっぱに助けることについて」朝鮮労働党中央委員会責任幹部とおこなった談話，1975年3月25日
「総聯組織をさらに強化し愛国事業を力強くすすめることについて」在日本朝鮮人総聯合会中央常任委員会責任幹部とおこなった談話，1990年9月16日
「総聯は主体的な海外僑胞運動で先駆者の栄誉を続けて輝かさなければならない」在日本朝鮮人祝賀団成員とおこなった談話，1992年2月26日
「総聯は我が民族の誇りであり世界海外僑胞運動の手本である」在日本朝鮮人総聯合会中央常任委員会第1副議長とおこなった談話，1994年5月6日
「在日朝鮮人運動をあらたに高い段階に発展させることについて」在日本朝鮮人総

聯合会結成 40 周年を記念して総聯と在日同胞に送った書簡，1995 年 5 月 24 日

『金正日選集』第 12 巻，第 14 巻，朝鮮労働党出版社，平壌，1997 年，2000 年．
以下，同所収の引用文献．
「科学技術発展であらたな転換を起そう」全国科学者大会参加者に送った書簡，
　　1991 年 10 月 28 日，第 12 巻
「偉大なる首領金日成同志の祖国統一遺訓を徹底的に貫徹しよう」1997 年 8 月 4 日，
　　第 14 巻
「ジャガイモ農事で革命を起すことについて」両江道大紅湍郡を現地指導し活動家
　　とおこなった談話，1998 年 10 月 1 日，第 14 巻

人名索引
事項索引

凡　例

・本文と本文中の表の人名，重要事項，団体名をあげる．
　漢字はすべて日本語読みである．

人名索引

相川理一郎　59,69-70
飛鳥田一雄　113
安倍能成　63
池田正之輔　55
石河（元横浜市長）　193
石川一郎　17
石橋湛山　17
市川誠　113-14
伊藤律　40
糸川英夫　130
岩井章　113-15
宇都宮徳馬　75,102,111
王稼祥　41
大河内一男　80
大鷹淑子　113
大山郁夫　16,51,54,59
岡田宗司　61
岡田春夫　52
小田実　113,115

カーター　151
金丸信　164
川勝傳　106
川瀬一貫　55
韓德銖　45-49,78-80,82,102,110
許吉松　102
金圭昇　102
金正日　101,110,121,124-25,136,145,147,149,150-54,156-59,162-64,169,181,187,190-91,196,198
金達玄　160,164-65
金天海　36,38-39,44,49-50
金斗鎔　36,39,49-50
金日成　ix, x, xii, 21, 23-34, 38, 42, 44-46, 48, 50-52, 58-60, 65-69, 71-72, 77-80, 84, 89-91, 96-101, 104, 106-16, 120-28, 135-38, 143, 145, 148-52, 156-57, 160, 163, 184-92, 194, 195, 198-99
金炳植　78,102
金秉騎　147
金万有　50,124
櫛田ふき　52
久野忠治　102,113,165
クラウゼビッツ　ix
黒田寿男　52
黒田了一　113
小泉（首相）　169
小泉信三　63
黄長燁　101
高良とみ　18
後藤基夫　113
ゴルバチョフ　148

桜田一郎　75-76,183
佐々木更三　113
佐藤（首相）　102
澤池忍　166
志賀義雄　40
周恩来　44,51
白水実　57
スターリン　xii, 3, 6, 14, 19, 21, 39-41, 43, 46, 66, 198, 200
全演植　124

高木健夫　113
高橋庄五郎　56
竹入義勝　113
田中角栄　102
田中美知太郎　63
田辺稔　57,59
谷洋一　165
田村元　113
寺沢一　113

田英夫　113-14
徳田球一　40-43

永井彰一郎　75
成田知己　101-02,113-14
南漢宸　18
南日　44-45,59
野坂参三　40-41,43,49

袴田里見　40-41,43
畑和　113
畑中政春　54,60-61,64-65,71
鳩山（首相）　53
塙作楽　63
平野義太郎　16,18,52,55-56,102
福島要一　52,75,102
伏見康治　75-76,130,158
藤島宇内　113
フルシチョフ　19-20
古屋貞雄　58
帆足計　18,102
朴恩哲　39-40,46
朴成哲　160
朴日好　146
堀江正規　63

横枝元文　113-15,170
松岡武一郎　56

マッカーサー　40
マルクス　197
緑川亨　112
美濃部亮吉　80,113
三宅正一　113
宮腰喜助　18,58
宮本顕治　40
宗像英二　130
毛沢東　39,197-98
モロトフ　7,51

安井郁　113,115
安江良介　63,80,112,123
吉田龍雄　84

李升基　33,76,159,183-84
李承晩　64
李成禄　165
劉少奇　39
廖承志　44-45
梁宗高　81-82,102
レーニン　ix,197
廉成根　83,192
盧在浩　40

Curie, J.　15-16
Russell, B.　84
Toynbee, A. J.　84

事項索引

ア 行

愛国運動　157
愛国工場　121
『アカハタ』　40, 43, 76
アクリル　71-72, 99, 143-44
　——繊維プラント　74
旭化成　129
旭硝子　129
朝日新聞　54, 111
　——社　62
　——編集局長　113
足利銀行　124
アスピリン　32, 142
アセチレン　77, 103, 142, 184, 189
アセトン　142, 189
アダムサイト　91
アメリカ　→米国
アニロン　72
アルコール　153
　——製造　98
　工業用——設備　71
　高級——　189-190
　ポリビニール——　183
アルミニウム　6-7, 9, 22, 76, 106, 125, 133, 135-36, 179
　——管　181
　——工業　67-68
　——製造設備　23
　酸化——　141
　北倉——工場　136, 141
アワノメイガ　144
アンチモン　134
アンモニア　31, 179, 186
　——製造設備　134
イエローケーキ　10, 161

硫黄　22, 49, 92, 96, 143, 145, 172
イオン交換樹脂　185
イオン交換膜製塩法　190
イギリス　72
池田内閣　73
イソオクタン　77
1冊の会　126-27, 159
イネミズゾウムシ　159
イラク　101, 167
イラン　100-01, 120, 167
イラン・イラク戦争　166
イワシ　91, 106, 183, 192-96
岩波書店　63, 80, 112, 127
インテリジェンス　viii-ix, 199
　カウンター——　viii, 199
インドネシア　147
宇部興産　129
浦賀重工業　140
ウラン　22, 33, 141, 160, 179
　——化合物　143
　——鉱　10, 22
　——鉱山　68
　——精製　92, 161, 176, 179, 182
　——濃縮　152, 173, 176
　　——用遠心分離機　181
　二——酸アンモニウム　161
　六ふっ化——　161
英（英国）　5-7, 9-10, 12-14, 17, 58, 124, 166
英ポンド　65
エチルヘキサノール　189
エチレン　143, 186, 189
　——グリコール　8, 102, 142
　酸化——　142
エポキシ化大豆油　189
塩化ビニール　68, 126, 128, 143-44, 183-84, 188-90

事項索引

　　――安定剤　142
　　――可塑剤　91,142
　　――カタログ集　126,128
　　――重合設備　74,77
　　ポリ――　188
塩酸　28-29,77,189,191
　　――エフェトリン　192
塩素酸　143,174
塩田　190-91
オーストラリア　104
　　――グループ　166
オーストリア　72,124
オールド・リベラリスト　63
オシロスコープ　89,146
オランダ　6,9,71,186
オレイン酸　192,194

カ　行

カーバイド　77,98,184,186-87,191-92
外国為替令　167-68
外国人学校法　80
外国人登録法　50-51
海上保安庁　176
外為法　12,51,131,146-47,167,169
開発輸入促進先遣団　164
解放号事件　84
外務省スパイ事件　85
過塩素酸　143,174
科学技術発展3か年計画　100,125
科協　83,102,118,126,129-30,158-60,162
核・ミサイル　x,10,100,124-25,151-53,160,162,166,173-74,178,181,200
核開発　11,33,68,151-52,178,181,197
核実験　152
学習組　47
学術報告会　158
過酸化水素　143,174,179
霞石　76,125,135-36
かせいソーダ　56,178-79,184-85

可塑剤　110,141-43,189-90
　　――製造設備　71
　　――プラント　72
カナダ　6,9,12-13
鐘淵紡績　183
咸興　26-27,36,160,190
　　――科学院高分子化学研究所　192
韓国　24,27,29,33,50-51,61,63-65,69,73-74,79,91,99,105,116,123,126,147,154-55,157,165,172,180,199
　　――海軍　177
　　――からの通信　112
　　――経済　99,116
　反――　75
神田事件　85
乾電池　130,140-42,188
キエフ　31
飢餓　152-54,197
飢饉　11,19,32
　ウクライナ大――　6
帰国運動　35,54,61-66,81
帰国事業　83,85,118-19,199
帰国船　83,85,92,118
帰国問題　55,61
技術移転　x-xi
技術革命　67,69-70,97,99-100,123
技術協力　106-07,125-26,130,159
　対外――交流委員会　75
　日朝――　129
　日朝――委員会　75,126,129
技術者集団　82-83,119
技術代表団　126,129
　金属金型生産――　130
　金属化学樹脂生産――　130
熙川機械工場　28
北朝鮮臨時人民委員会　21,38
キャッチオール規制　167
教育資金　48
共産党　14-15,18-20,36-41,43-45,47,49,54-55,62-63,66,76,84,102,114,198
　　――員　36,42,499,50-51,55,63

事項索引

ソ連── 15, 19, 66
中国── 39-41
朝鮮人──員 37, 39-40
日本── 14, 35-36, 38, 40-41, 43-47, 49, 51, 57, 63, 114
教示 33, 110, 123
　1973年5月26日── 116
　2・28── 123, 160
強制収容所 6
京都大学 75, 159
京都帝国大学 183, 192
極左冒険主義 43-44
漁網 51, 187-88, 194
金 71, 92
金策製鉄所 28-29, 107
金日成勲章 111
金日成バッジ 77
金日成綜合大学 33, 126
　──電子材料研究所 159
金野湾 191
グラーグ →強制収容所
倉敷レイヨン 187
グリセリン 8, 91, 192-93, 196
　──工業 192
　代用── 102
呉造船所 74
クロム 11, 168, 174
　三酸化── 142
軍事決定委員会決定
　──第7号 24
　──第19号 25
経済産業省 176
経済文化協力協定 24
軽水炉 151
京阪練炭 129
原器 145
原種場 157
原子力供給力グループ 166
原子力平和利用協定 33
原子炉 68, 100, 160, 162, 167, 173-74
建青 38
建同 38

元山 23-24, 26-27, 39, 49, 162, 191
公安調査庁 16, 33, 155
合営事業推進委員会 124
合営法 123
黄海製鉄所 24-25, 28
硬化油 192-94
『恒久平和と人民民主主義のために』 39
工作 viii-x, 19, 35, 85, 91, 97, 102, 105, 107-08, 110-11, 115, 149
　──員 48-51, 64, 67, 78, 85, 132, 147, 149, 198
　──活動 3, 14, 47, 197
　──機械 vi, 3, 5, 9, 23, 25, 30, 57, 71, 75, 77, 88, 92, 95, 99, 121, 130-31, 137, 167
　──機械の子生み運動 99
　──工場 22
　──船 176
　──組織 ix-x, 46, 85, 199
浸透── 109
政治── 44, 198
世論── 81
対日── xii, 35, 60, 66, 115, 151, 163
対日宣伝── 112
対日貿易── 58, 104, 165, 198
対日輸出── 84
地方議会── 81
貿易── 35, 54, 67, 164
弘昇丸事件 51
公職追放 18, 38, 40, 54
合成ゴム 68, 71, 99, 127, 131, 143
降仙製鋼所 27, 134
高張力鋼材 182
興南 22, 26-27, 77, 84, 125, 193
　──油脂工場 91
　──肥料工場 25, 28-29, 134, 184
神戸製鋼 129
合弁企業 123, 129
光和精鉱 129
コークス 9, 131, 186
　──製造設備 25

──炭　22
　　　半成──　131
黒鉛　22,33,61,162,174
国際化学合弁会社　160-61,182
国際共産主義運動　ix,14-15,19,54,66,
　　73,75,96,115,197-98
国際経済会議　17-18
　　　モスクワ──　57
国際経済懇談会　17
国際原子力機関　100
国際商品展覧会　166
国際派　40
国際貿易促進委員会　17
国鉄　140
国貿促　17-18,56-57
　　──朝鮮部会　55-56
　　朝鮮──　18,59-60,71,73-74,102,
　　119,165-66
　　中国──　18,55-56
　　日本──　18,55-56,59-61,74
ココム　12-14, 20, 57, 74, 92, 132,
　　166-67,169,197
　　──規制　69,72,76,96,131
　　──やぶり　96,198
国交正常化　45, 53, 58, 60, 65, 103,
　　163-64,199
　　日韓──　99
　　日朝──国民会議　114
コミンテルン　14-15
コミンフォルム　15-16,19,39-40,43,
　　50,54
ゴムの屑　172,180
ゴムボート　91,177
コルレス契約　73,124
金剛原動機合弁会社　162

サ　行

西海閘門　136,148
在日朝鮮統一民主戦線　40
在日朝鮮人科学者　81-82,126
在日朝鮮人帰国協力会　62

在日本朝鮮居留民団　38
在日本朝鮮人科学技術協会　83,129
在日本朝鮮人科学者協会　81,83,183
在日本朝鮮人商工連合会　61,82,147,
　　187
在日本朝鮮人信用組合協会　78
在日本朝鮮人聯盟　36
在日本朝鮮民主青年同盟　38
酒田港　84
酢酸　92,142,184-86
　　──エチル　185
　　──セルロース　143
　　──ビニール　31
　　──ビニール系樹脂溶剤　102
　　ポリ──ビニール　184,188
　　無水──　92,96,142,183
サツマイモ　153-4
佐藤内閣　103
佐藤派　102
サハリン　65
晒し粉　191-92
サリスタ　146
酸・アルカリ工業　68,125
酸化防止剤　185
三池淵号　122,125,147
酸素熱法　186
酸素分離機　74,186-87
酸素法　186-187
300日間愛国革新運動　121
シアン化ナトリウム　92, 96, 141-42,
　　145,167,178-80
ジェットミル　174,176
塩工場　190
慈江道　26,100,137,147
自動化工業　109,125
脂肪酸　91,192-193
自民党　59,66,80,102,106,111,113,
　　163-165
　　反──　75
社会党　18, 52, 58, 61, 66, 84, 102,
　　113-14,163,198
ジャガイモ　153-54,160

事項索引　　　　　　　　　　　　　313

――農事革命　153-54,160
上海　50,132
　　中国共産党――市委員会　160
自由往来　73,84,108,118
重軌条　88,135
主体思想　101,112,149,198
出入国管理令　50-51,124
ジュネーブ　44,151
潤滑油　143-44
　耐寒――　102
順川　186-87
順川化学コンビナート　185
順川セメント工場　103-04,130
順川製薬工場　32
順川ビナロン連合企業所　186
硝安　29
商工業者　81,85,108-10
商工人　56,82,108-10,116,118-24,156-57,160
商品見本市　58-59
正和海運　73
所感派　40
シリア　101
ジルコン　33,162
城津製鋼所　28,30-31
シンガポール　132,147
神経ガス　141
新朝鮮建設同盟　38
新日鉄　129
新日本窒素　77
人民艦隊　49
人民軍　24-25,27-29,40,68,90,100,124,139,157
人民経済発展7か年計画　67
人民大学習堂　101
瀋陽　25,49
信用組合　78,108,110,156
　同和――　78,81
新和物産　103
水銀　22,90-92,184-85
水豊発電所　21,23,28,30
スウェーデン　9,136,177

スカッド　100-01,152
ステアリン酸　90-91,141-42,189,192,194
ステンレス　88,106,173
　――鋼　125,134,149,168-69,172
　――鋼管　88,176
青函連絡船　140
青酸ソーダ　92,142
清津　26,28-29,103,107
セイシン企業　174,176
清津港　71,103,193
清津製鉄所　22,26
『世界』　63-64,112,123,163
世界科学者連盟　15,76
世界青年学生祭典　101,122
世界平和評議会　16-17,51-52,60
世界平和擁護者大会　15-16
石炭化学　97
石油化学　77,97-99,186
石鹸　91,178,192-95
セメント　27-29,31,119,130,144
　――工業　22
　――工場　28,67
先軍政治　151
全国科学者大会　158
全国協議会
　第4回――　41
　第5回――　41
　第6回――　43
潜水艦　147,157,176-78
前線組織　ix-x,15-16,20,55-56,75,96,197-98
セントラル・インターナショナル・ハンデルス銀行　124
戦略技術貿易情報センター　131
送金　48,79,111,169,176
　闇――　122
相互往来　102
ソウル　24
　――オリンピック　101
　――大学　183
総聯　x,35,45-48,51,61-63,65-67,

78-81, 83-85, 92, 96-97, 101-02,
　　　107-11, 114, 116-22, 124-26, 132, 151,
　　　154-57, 162-64, 169-70, 173, 181, 198
ソーダ灰　179
祖国統一民主主義戦線　　27, 43
祖国防衛委員会　→祖防委
祖国防衛隊　→祖防隊
祖国貿易推進在日朝鮮人委員会　　81
祖国貿易推進在日朝鮮人大会　　81
祖国訪問　122, 132, 187
　　――　119, 121
祖防委　40, 42
祖防隊　40, 42
ソ連　xii–xiii, 3-21, 23-24, 26-31, 33, 42,
　　　52, 53, 57, 64, 66, 68, 70, 72, 87, 100,
　　　114, 120, 135, 143, 148-49, 153, 160,
　　　177, 184-85, 191, 197-200
　　――共産党　→共産党
　　――経済　19

タ　行

第一通商　93
第17回全体大会　162
大寿丸事件　84
大豆油　91, 193, 195-96
大聖貿易　146
大同江　136, 148
大同製鋼　129
第二経済委員会　163
大宝通商　146
太陽政策　180
大連　10, 56, 60
　　――港　59
竹下派　163, 164
田中派　102, 113
タブン　92, 141
タングステン　179
団体等規正令　38
チェコ　9-10, 114
チオジルフェニルアミン　185
地下工場　27-28, 100, 141

チタン　22, 125, 142, 159, 168, 174, 179
チッソ　77
中核自衛隊　42
中華人民共和国　52
中共　53, 76
中（中国）　xiii, 13, 16-17, 23, 25, 28-
　　　29, 39-40, 43, 46, 49, 51-53, 56-57, 64,
　　　66, 68-69, 100, 104, 115, 120, 132, 160,
　　　164-66, 171-72, 178-79, 182, 187, 191,
　　　196-200
　　――委員会　13
　　――共産党　→共産党
　　――銀行　59, 124
　　――軍　24, 27
　　――紅十字　44
　　――国旗事件　59
　　――人民銀行　18
　　――代表団　18
　　――東北部　65
中日貿易促進会　56
中波放送機　70, 73
チュチェ思想　109
　　――国際研究所　115, 163
朝銀　78, 110, 117-18, 122, 155-56, 181
　　――大阪　155
　　――東京　78, 155
朝鮮建国促進青年同盟　38
朝鮮国際合弁総会社　124
朝鮮金剛協同貿易商社　60
朝鮮商工会　56-57
朝鮮商事　48-49
朝鮮石材　120
朝鮮戦争　12, 14-16, 21, 24, 28, 30, 33,
　　　34, 47, 63, 65, 114, 133, 183, 190
朝鮮総聯　→総聯
朝鮮対外運輸会社　73
朝鮮対外技術交流協会　126
朝鮮大学校　48, 51, 79-80, 83, 85, 110,
　　　111, 118, 157-58, 160, 192
朝鮮中央通信　160, 169
朝鮮の自主的平和統一支持世界大会
　　　115

事 項 索 引

朝鮮の自主的平和統一支持日本委員会　114,170
朝鮮民族の統一を支持する会　114
朝鮮龍岳山貿易総会社　146,160
朝鮮労働党　25,46-48,66-68,84,101,108,114
朝ソ科学技術交流　184
朝日輸出入商社　72,119
朝聯　36-39,45-46,48-49,56
チンコム　13,72
陳東式事件　50
通化　25
通産省　74,102,107,131,147,164
敵国貿易法　12
テビロン　189
デフォルト　97,101,105,107,133
テポドン　152,155,162,169
電気化学研究所　129
電子工業　125
天津　132
デンプン　153-54,160
ドイツ（独）　5-6,8-11,98,166,181,183,186
　　西――（西独）　12,17,71,104-105,120,149,185
東亜技術工業　173,175,178
東海商事　81,92,94,120,155
東京　115
東京工業大学　160
東京帝大　36,75-76
東工物産　55-57,59,71,74,77,92,94,102
東芝　129
　　――機械　131,149
　　　　――輸出事件　131
東大　16,59,75,80,113,127,162
　　――生産技術研究所　162
東邦商会　56-57,59
東邦ベスロン　74
東明商事　146,175
トウモロコシ　127,144,153
東洋ガス化学　129
東洋拓殖　98
東洋綿花　55-56
特定船舶入港禁止法　169-70
トヨタ自動車　129,199
トラクター　3,9,28,72,176
トリニトロトルエン　7,92,96
塗料　51,128,142-43,188,195
トレボン　169,173
トンネル　45,136

ナ　行

ナイロン網　194
7か年計画　68-70,81,97
　　第2次――　99,106
　　第3次――　99-100
ナフサ　110
ナフタリン　189-90
南日声明　51-53,55
南山合弁会社　162
南北協力事業　180
南浦製錬所　28
新潟港　50,64,119,122,132
西新井病院　50,124
2重スパイ　viii,x
ニッケル　6-7,22,135-36,168
日ソ共同宣言　59
日ソ親善協会　57-58
日ソ貿易会　57,59
日ソ貿易促進会議　57
日窒　22,25,59,77,91,184
日中貿易協定　18
日中友好協会　18,44,58
日中友好商社　92
日朝協会　54-55,57-62,64-66,71,73,75,96,114
日朝親善協会　54
日朝直接貿易打開全国大会　61
日朝貿易会　18,52,54,56-57,59-61,67,69,73-77,92,96,101-02,105,119,129,132,145,164-65,188,193
日朝貿易協定　59

事 項 索 引

日朝友好促進議員連盟　102
2・28 教示　→教示
ニポリット　188
日本科学技術図書展示会　77
日本原子力研究所　130
日本窒素　22,103,184,193
　　――水俣工場　188
日本電気　103
日本電子材料工業会　159
「日本の情勢について」　39
日本平和代表団　54,193
日本貿易振興会　106
日本輸出入銀行　74,103,105
日本窯業製造　74
尿素　71-72,91,99,143

　　　　ハ　行

バーター取引制　73-74
廃棄物　127,172-73
廃タイヤチップ　172
廃電炉　187
羽賀通商　55-57
パキスタン　120,161,181
函館ドック　140
パチンコ　78
　　――産業　78,116-17
　　――店　117
発電機　9,23,30,48,70,98,172
バトル法　13
鳩山派　55
バブル　155
パリ　12,15,72
ハルビン　54
バンコ・デルタ・アジア　173
東アジア貿易研究会　106,164-66
日立造船　129
ヒドラジン　143,178-79
ビナロン　109,141,183-88,192
ビニロン　183-84,187
被覆電線　189
フロント　→前線組織

フィルム　71,121,144,188
フェルグソン石　22
武器貸与法　7-8
不正輸出　57,131,146-47
ブダペスト　51
フタル酸ジオクチル　90,142
フタル酸ジブチル　143,179
ふっ化水素　141,143,178-79
ふっ化ナトリウム　141,178
ふっ素　179
　　――ゴム　147
物理化学研究所　129
不凍液　102,172
不凍ダイナマイト　102-03
プラウダ　40
ブラザー工業　166
プラスチック　142,144,172,178,188
　　廃――　172
プラハ　15
フランス　9,71-72,104-05,120
ブリュッセル　115
古河機械金属　166
ブルドーザー　124,136-37
プルトニウム　152,173
プロピレン　142,144,189
分析試薬　148,182
ベアリング　9,48,139
平壌　22-28,30-33,43,46,50,54,56-57,
　59-61,65,70-74,76-77,83-84,92,
　101-03,106-07,112,120-21,124,126,
　129,136-37,139,145-48,152-53,160,
　162,164-66,188
　　――火力発電所　70
　　――日本機械および硅酸塩技術展覧会
　76
　　――兵器製造所　22-24,26
　　――放送　44,52,73
　　三菱製鋼――製鋼所　22
平元線　190
米（米国）　3,5-14,16-17,19,53,72,
　75,133,151-52,161,164,173,176-77,
　197-98,200

事項索引　　　　　　　317

米ソ経済協定　7
米ソ通商協定　7
平和的統一　29
ベオグラード　15
北京　18, 40, 43, 51, 56, 63, 147
ペニシリン　32
ヘルシンキ　60
ヘロイン　49, 92
ベンゼン　90-91, 96
方向探知機　89-90, 179
放射線検知機器　179-80
放射能測定器　92
ボーキサイト　22, 135
ホクシン　173
北辰電機　145, 160, 173
北鮮スパイ事件
　　第1次——　49
　　第2次——　50
　　第3次——　50
　　第4次——　51
北倉火力発電所　70
牡丹江　25
北海道大学　50, 126, 127
ポパール　183
本宮工場　103, 184-86, 188-89
香港　49, 61, 85, 124, 132, 172

　　　　　マ　行

マーキュリー社　177
舞鶴港　84
毎日新聞　111
　　——社　62
マカオ　173
マグネシウム　22-23, 76
マルスム　110
マンガン　11
　　二酸化——　140, 142, 184
万景峰号　80, 118-19
万景峰92号　157, 169-70
満洲　8-9, 21, 23, 25, 49, 65, 193, 200
マンハッタン計画　10

ミサイル
　　——開発　10, 100, 124-25, 147, 160, 162, 174, 178, 181, 186, 200
　　——技術関連レジーム　166
　　——推進薬　143, 174, 176
三井物産　92, 103, 106, 165
ミッドランド銀行　124
三菱重工　129
密輸　xiii
密輸出　48-50, 146, 176
湊商会　59
南朝鮮革命　79, 114
民科　76
民主化運動　109
民主主義科学者協会　76
民主朝鮮　50
民青　50
民戦　40-41, 44-47, 50, 126
民族学校　62, 78, 80, 85, 108, 118, 155, 158
民族対策部　39
民対　39-40, 44-47
民団　38, 64, 115
無煙炭　22, 57-59, 61, 186
無蓋貨車　144
無水マレイン酸　91
明昌洋行　173
明心合弁会社　162
メカニカルショベル　136-37
木材化学　98, 126
茂山　26, 61, 84, 103, 139, 165
　　——鉱山　22, 71
モスクワ　11, 17, 39, 41, 43, 51, 54, 57, 60
　　——放送　43
モナザイト　10, 22, 160-61
モビロン　191-92
文部省　80

　　　　　ヤ　行

薬事法　162

闇市場　37,181
ユーゴスラビア　177
輸銀　→日本輸出入銀行
油脂　23,91,143,171,178,183,192-96
輸出貿易管理令　12,69,167-68
油送管　149
横浜港　146
吉田内閣　17,44
読売新聞　59,111
　──社　62
　──論説委員　113

ラ　行

雷管　91-92
拉致　x,11,169,200
リサイクル法　172
リビア　161,167
硫安　22,30,56,142-43
隆興貿易　120,156
硫酸　92,141-42,145,179,184,189
　──亜鉛　141-42
劉少奇テーゼ　39-40
龍城ベアリング工場　139
漁大津　191
りん酸エステル　143,174,179
りん酸トリブチル　143
レーダー　89-90,137,146,177,179
レール　7,12,88-89,134
　軽──　134-35
　輸入──　135
レッドパージ　54,62
煉炭　58,129
労働新聞　169-70
労働党　→朝鮮労働党
労農党　16,52,59

ローランレシーバー　90
六ふっ化ウラン　→ウラン
ロケット　11,91,167,174,182
　──推進薬　136,174
ロシア　5,54,177
6か年（経済）計画　97,99,103,136,139
ロドン　152

ワ　行

和光交易　56-57,59,131
ワッセナー・アレンジメント　166-67,169

AA研　108
AG　166-67
BASF社　186
DOP　90,142,189
Freyn社　5
IAEA　100,161,173
JETRO　106,166
MTCR　166-67
Murphy委員会　iv
NKK　166
NSG　166-67
PVA　183-86,188-89
PVC　188-91
Scud　100
TNT火薬　8,24,92,178
WA　→ワッセナー・アレンジメント

8月1日青年製塩所　191
65号工場　24-26
95号工場　26-27
96号工場　26

A Hidden Aspect of Relations Between Japan and North Korea in the Postwar Era

―― North Korean Acquisition of Japanese Advanced Technology and Products and its Intelligence for this purpose ――

Mitsuhiko Kimura

School of International Politics, Economics and Communication
Aoyama Gakuin University

and

Keiji Abe

Former Director of Tsukuba Management Office,
Organization for Promoting Chemical Technological Strategy in Japan

Chisenshokan, Tokyo

2008

CONTENTS

Forward ·· vii

Chapter 1   Soviet Acquisition of Strategic Products from the West
               and Related Intelligence ·· 3
1. Acquisition of Strategic Products from the First Five-year Plan
   Period to the End of World War II ·· 3
2. Export Control in the West ·· 11
3. Intelligence Activities: the World Communism Movement ············ 14
4. Concluding Remarks ·· 19

Chapter 2   North Korean Economy from the Prewar Period to the
               1950s ·· 21
1. Growth of Military Industry under Japanese Rule and its
   Handover to the Communists ·· 21
2. Military Industry during the Korean War ································ 24
3. Reconstruction after the Korean War ······································ 27
4. Strengthened Military Regime and the Role of Japan ·············· 33

Chapter 3   Movements of Korean Residents in Japan and the
               Organizing of Intelligence Activities ·························· 35
1. Communist Movements of Korean Residents in Japan and
   Formation of Chosen-soren (General Association of Korean
   Residents in Japan) ·· 35
2. North Korean Intelligence in Japan ·· 48
3. Campaign for Repatriation to North Korea ······························ 61
4. Summary and Conclusion ·· 66

Chapter 4   The First Seven-year Plan and North Korean Acquisition
               of Japanese Products ·· 67
1. The First Seven-year Plan and Attempts at Plant Imports ·········· 67

2. Niccho-boekikai (Japan-North Korea Trade Association) and
Japanese Scientists and Engineers ··································· 73
3. Chosen-soren and North Korean Intelligence in Japan ················ 78
4. Acquisition of Products ·· 85
5. Summary and Conclusion ·· 96

Chapter 5 Strategies and Performances in the 1970s and 1980s ············ 97
1. Overview: the Six-year Plan and the Second and Third
Seven-year Plans ··· 97
2. Default and Thereafter ·· 101
3. Intelligence ·· 107
4. Activities of Chosen-soren ··· 116
5. Acquisition of Products ·· 131
6. Military Buildup ··· 148

Chapter 6 Acquisition of Products in the Era of Kim Jong-Il ············· 151
1. Military-first Politics ··· 151
2. Chosen-soren ··· 154
3. North Korean Intelligence in Japan and Japanese Export
Control ·· 163
4. Acquisition of Products ·· 170
5. Concluding Remarks ·· 181

Appendix Resin and Oils and Fats ·· 183

Conclusion ·· 197

Data Appendix 1. Imports from Japan, Classified According to the
Harmonized System, 1961–2006 ··· 212
Data Appendix 2. Imports from Japan, Major Metal and Machine
Products, 1961–2005 ·· 223
Data Appendix 3. Imports from Japan, Top Five Chemical Products,
1976–1996 ·· 229
Data Appendix 4. Imports from Japan, Major Chemical Products,
1976–2005 ·· 232

CONTENTS

Data Appendix 5. Imports from Japan, Non-ferrous Metal and Metal Products, 1976-2005 ·· 238
Data Appendix 6. Imports from Japan, Strategic Manufactured Products, 1981-2005 ·· 240
Data Appendix 7. Imports from the Soviet Union, Classified by Major Groups, 1955-1990 ·· 248
Data Appendix 8. Imports from China, Classified by Major Groups, 1987-2006 ·· 249
Data Appendix 9. Imports from China, Strategic Products, 1992-2006 ·· 250
Data Appendix 10. Imports from South Korea, Classified by Major Groups, 1991-2006 ·· 263
Data Appendix 11. Imports from Top Five Western Countries, 1972-2003 ·· 264
Data Appendix 12. Korean Residents in Japan According to Occupation, 1961, 1969, 1974, 1984, 1990 ································ 266
Data Appendix 13. Visitors with North Korean Passports to and from Japan and Repatriates to North Korea, 1970-2005 ················ 267

Acknowledgement ·· 269
Bibliography ·· 271
Index ·· 305

Abstract

This book discusses a long-hidden aspect of postwar Japanese-North Korean relations, that is, North Korean acquisition of Japanese advanced technology and products and its related intelligence in Japan. This aspect recently has come to attract considerable attention in Japan regarding North Korean nuclear and missile developments, because of suspicion that licitly or illicitly imported Japanese machine, chemical, metal and other products have played an important role in those developments. In fact, North Korea did use many kinds of Japanese products for them. Moreover, use of Japanese products has been a common phenomenon in military construction in North Korea. This is because Kim Il-sung prioritized the military buildup from the very start of the foundation of the state and strategically pushed for imports of Japanese products for that purpose. This book examines the process above in detail, using data on Japanese exports to North Korea from the early 1960s on and related information from formal and informal sources. Noting that North Korea politically had strong backing of the Soviet Union, this book also looks into North Korean acquisition of products from the Soviet Union and finds that the role of those products in North Korean military-industrialization was quite limited as against conventional wisdom. A major reason for this was that the Soviet Union, lacking an internal mechanism producing a ceaseless flow of technological invention, was incapable of providing North Korea with the products in need, especially, high quality industrial material and precision machines. Further, this book discusses recent emergence of China, in replacement of Japan, as a leading supplier of manufactured products for North Korea, as a result of both tightened Japanese export control and Chinese industrial growth. We note in conclusion that the overall North Korean acquisition and employment of Japanese technology and products is ultimately derived from a sharp contrast in nature of regimes between North Korea and Japan, that is, the former being militarist and the latter pacifist almost to the extreme each other. A future task is to discuss, from the same perspective, relations between Japan on the one hand and the Soviet Union and China on the other. This will have profound implications for study of impacts of Japanese industrial development *cum* popular pacifist policy on world politics in the cold war era.

木村 光彦（きむら・みつひこ）

東京都生まれ．北海道大学，大阪大学，ロンドン大学で学ぶ．名古屋学院大学，帝塚山大学，神戸大学に勤務．現在，青山学院大学国際政治経済学部教授．東アジア経済専攻．
〔業績〕『北朝鮮の軍事工業化』(安部桂司と共著，知泉書館，2003 年)，『1945-50 年北朝鮮経済資料集成』全 17 巻（共編，東亜経済研究所，2001 年)，『北朝鮮の経済』(創文社，1999 年)．

安部 桂司（あべ・けいじ）

福岡県生まれ．工学院大学で学ぶ．通産省東京工業試験所，同・化学技術研究所を経て，同・物質工学工業技術研究所主任研究官，化学技術戦略推進機構研究開発事業部つくば管理事務所所長を歴任．化学専攻．朝鮮・満洲の鉱工業史の研究に従事．『研究学園都市の概成』(STEP, 1995 年) ほか，公害対策技術，北朝鮮科学技術にかんする論稿多数．

〔戦後日朝関係の研究〕　　　　　　　　ISBN978-4-86285-040-9

2008 年 9 月 15 日　第 1 刷印刷
2008 年 9 月 20 日　第 1 刷発行

著者　木村光彦
　　　安部桂司
発行者　小山光夫
印刷者　藤原愛子

発行所　〒113-0033 東京都文京区本郷 1-13-2
　　　　電話 03(3814)6161 振替 00120-6-117170
　　　　http://www.chisen.co.jp
　　　　株式会社 知泉書館

Printed in Japan　　　　　　　　印刷・製本／藤原印刷